快速充电百科知识丛书 Kuaisu Chongdian Baike Zhishi Congshu 徜徉军事之城 博览千年战事

2000个应该知道的军事常识

2000 Ge Yinggai Zhidao De Junshi Changshi

李艳君 刘利生 编著

内蒙古科学技术出版社

图书在版编目（CIP）数据

2000个应该知道的军事常识 / 李艳君, 刘利生编著.
— 赤峰：内蒙古科学技术出版社, 2018.4（2021.1重印）
（快速充电百科知识丛书）
ISBN 978-7-5380-2903-1

Ⅰ. ①2… Ⅱ. ①李… ②刘… Ⅲ. ①军事—通俗读物
Ⅳ. ①E-49

中国版本图书馆CIP数据核字（2018）第001512号

2000个应该知道的军事常识

编　　著：李艳君　刘利生
责任编辑：季文波
封面设计：李　莹
出版发行：内蒙古科学技术出版社
地　　址：赤峰市红山区哈达街南一段4号
网　　址：www.nm-kj.cn
邮购电话：0476-8227078
印　　刷：三河市华东印刷有限公司
字　　数：418千
开　　本：710mm × 1000mm　1/16
印　　张：22
版　　次：2018年4月第1版
印　　次：2021年1月第2次印刷
书　　号：ISBN 978-7-5380-2903-1
定　　价：48.00元

如出现印装质量问题，请与我社联系。电话：0476-8237455　8225264

编者的话

所谓军事，就是有关军队和战争的事情或事务。凡是有美好理想和国防观念的人，对此都不能漠然视之。孙子曰："兵者，国之大事也，死生之地，存亡之道，不可不察也。"军事和每个人息息相关，关注它就是关注自身，关注国家。

自古以来，军事始终伴随着人类前进的脚步。在乱世中，狼烟四起，烽火连天，国无宁日，民不聊生——而此时，一个国家的军事实力、兵器配备、指挥作战人员的军事智慧便显得至关重要。即使在和平年代，一国的军事实力也会影响其国内的经济发展与社会稳定，并成为取得国际地位的重要因素。

战争是残酷的，总是让山河失色、生灵涂炭，造成巨大的危害，甚至后患无穷，改变人类历史的进程。战争的幽灵让人避之唯恐不及，非正义的攻伐侵略让人深恶痛绝。但是，在战争中也体现了高度的人类行为艺术和聪明才智；而武器，则更是人类用无数的鲜血和生命、智慧与灵感凝结而成的艺术品。出于种种原因，在现实生活中，有许多朋友成为了"军事迷"。诸如先进的战斗机、威武的航空母舰、精致的行军装备、惊险的军事故事等，无时无刻不牵动着这些"军事迷"的神经。

《2000个应该知道的军事常识》这本书，将引领读者进入神秘的军事天地，展现出了一个充满英雄传奇的血与火的世界。本书分为"中国军事常识"和"世界军事常识"两部分，浓缩了古今中外军事领域的各种知识。内容包括：历史战争介绍、军事人物简介、军事名著解读、军事理论常识、世界武器解密、战争中的故事、军事家的故事、军种军衔知识，等等。

通过阅读本书，你可以知道很多有趣有用的军事知识，比如：改变世界历史进程的几次军事战争是哪些？中外著名的军事家都有谁？最厉害的兵器是原子弹还是病毒武器？世界军队的编制和体制是怎样的？一些著名战役运用了哪种军事计谋？……

本书的知识点精练简明，深入浅出，融知识性、趣味性于一体，引人入胜。它既是一本知识储备的工具书，又是生活之余的休闲读物，还可当成是一本丰富多彩的军事辞典，供你随时查阅。

2017年12月

目 录

上卷 中国军事常识

第一辑 中国历代战争常识

第一章 中国古代战争常识

第二章 中国近现代战争常识

第三章　中国共产党领导的革命战争常识

第二辑　中国历代军队常识

第一章　中国古代军队常识

第二章　中国近现代军队常识

第三章　中国共产党领导的革命军队常识

第三辑　中国军事人物常识

第一章　中国古代军事人物常识

第二章　中国近现代军事人物常识

第四辑　中国军事谋略常识

第一章　中国军事主要著作常识

第二章　中国历代军事计谋常识

第五辑　中国军事百科常识

第一章　中国古代军事常识

第二章　中国古代兵器常识

第三章　中国现代兵器常识

下卷　世界军事常识

第一辑　世界历代战争常识

第一章　世界古代战争常识

第二章　世界近现代战争常识

第二辑 世界军队和军事人物常识

第一章 世界军队常识

第二章 世界军事人物常识

第三辑　世界军事百科常识

第一章　世界军事会议和条约常识

第二章　世界兵器常识

第三章　军事谋略和作战方式常识

上卷　中国军事常识

第一辑　中国历代战争常识

第一章　中国古代战争常识

涿鹿之战

古史传说中黄帝与蚩尤在涿鹿之野（今太行山与泰山之间的广阔原野）的战争，也即父系氏族社会后期的大规模部落战争。距今约四五千年前，发祥于今陕西渭河支流的黄帝姬姓部落和炎帝姜姓部落，因其发展壮大而向东迁徙。黄帝部落渡过黄河到达今河北北部，炎帝部落沿渭河、黄河进至河北中部。同时，发祥于今河北、山东、河南三省相邻地区的蚩尤九黎部落正向西发展，为争夺生存地和奴役其他部落，与炎、黄两大部落发生冲突。

传说蚩尤部落勇猛剽悍，长于角抵，善做兵器，他联合巨人夸父部落，凭借强大力量击败炎帝。黄帝、炎帝结成联盟，在涿鹿之战中，经反复激烈较量，最终战胜蚩尤。涿鹿之战，是中国古代战争起源的重要标志。战争的胜利者黄帝部落与东方夷人部落融合，并向南发展，与炎帝、共工及黄河流域的众多氏族部落融合，逐渐形成以黄、炎部落为核心的华夏族。传说中的黄帝、炎帝，则被后人尊崇为华夏族的祖先。

牧野之战

商朝末年，周武王为兴周灭商，统兵直捣商都朝歌（今河南淇县），与商军在牧野（今淇县南卫河以北地区）展开决战，史称“武王伐纣”。商朝自祖甲以后，在内外矛盾交织中逐渐衰敝。商纣王为加强王权，信用四方逃来的人，触犯旧贵族利益，造成统治集团内部分裂，兼因施用残暴酷虐手段，加重剥削、压迫，更激化与奴隶、平民的矛盾，导致商朝统治危机。地处今泾河、渭河流域一带，被商征服的周族方国，自周太王时开始崛起，中经王季历，到了文王继位，周西征诸戎，经略江、汉流域，势力日增，欲摆脱商朝控制。商王文丁杀季历，纣王一度囚文王，使商、周矛盾愈益加深。周武王即位后，在孟津大会诸侯，联合各个部落，率领大军一路挺进到距离纣王所居的朝歌只有七十里的牧野。商纣王闻讯后仓促部署防御，但商军主力此时正在进攻东夷，无法调回，只好武装大批奴隶，由自己亲自率领，开赴牧野迎战周师。牧野之战异常激烈，史载“血流漂杵”。商军中的奴隶阵前倒戈，商朝军队顷刻间土崩瓦解，一败涂地。纣王逃回朝歌，在鹿台自焚而死，商朝灭亡。

周公东征

西周初年（约公元前11世纪中叶），周公旦为巩固周朝统治，平定管叔、蔡叔、武庚等叛乱，征服东方诸国之战争。周武王灭商后，封纣王子武庚（又称禄父）于商故地统治商遗民，封弟管叔、蔡叔、霍叔于商故地周围进行监视。武王死，其子成王年少继位，武王弟周公旦称王摄政。管叔、蔡叔对此不满，散布周公欲篡夺王位的流言，引起王室贵族疑惧。周公以短暂奔楚之举，昭示自己竭诚辅王的心志，使管、蔡流言自破。管叔、蔡叔于是串通本有叛心的武庚，并联合东方夷人势力徐（今江苏泗洪南）、奄（今山东曲阜）、蒲姑（今博兴东南）等17个方国起兵反周，新王朝面临严重威胁。周公“内弭父兄，外抚诸侯”（《逸周书·作朋》），迅速安定王室内部，并向全国臣民发布讨伐叛军的动员令，于摄政二年初亲率大军东征，历时三年攻下殷都，杀死武庚，斩首管叔，流放蔡叔，贬霍叔为庶民，稳定了周朝统治。

“国人”起义

西周后期，王室日趋衰弱。周厉王即位后，不断对外用兵，国力耗损，任用好利的荣夷公为卿士，对山林川泽实行“专利”，横征暴敛，严重触犯“国人”（周部族）利益。国人中的广大平民，承受战争与赋敛的重负，濒于破产，纷纷抨击厉王暴政。

厉王不听大臣召公“防民之口，甚于防川”（《国语·周语》）的进谏，用卫国巫师暗察国人私议，压制民众言论，实行恐怖统治。国人忍无可忍，于公元前841年在宗周（今西安西）爆发声势浩大的武装起义。以平民为主体，包括下层贵族、军中士卒及手工业奴隶在内的起义队伍，向王宫发起攻击。厉王仓皇出逃，渡过河水（黄河），远奔于彘（今山西霍州）。起义者冲进王宫，不见厉王，又包围隐藏厉王太子的召公家，逼其交出太子静。召公迫于情势，将自己的儿子冒充太子交起义者处死，以平众怒。诸侯拥戴“好行仁义”的共伯和（有人认为即卫武公）摄行天子事，史称“共伯和干王位”，又叫做“共和行政”。国人起义，给西周奴隶主贵族统治以沉重打击，加速了西周王朝的灭亡。

长勺之战

周庄王十三年（公元前684），鲁军迎战齐军于长勺（今山东曲阜北，一说今莱芜东北），后发制人而获胜的著名战例。春秋初期，齐、鲁两个相邻军事大国争衡，时有冲突。

周庄王十二年，齐国因襄公的死发生内乱，鲁庄公以武力干预齐国立君之事，导致齐、鲁战于乾时（今山东桓台南），鲁军惨败，军力大损。齐桓公君位方定，不听主政大夫管仲“国未安”、不可轻动的意见，急于对鲁用兵，以报鲁助公子纠争夺君位之仇。次年春，齐出动大军攻鲁，长驱深入鲁腹地，进逼鲁国都。鲁庄公发兵抗御。此时，居鲁国都郊外、出身低级贵族的曹刿，认为主政者愚陋浅识，未能远谋，为救国于危难，不顾乡人劝阻，毅然求见鲁庄公，问凭何而战。庄公初以衣食分赐臣下、祭祀十分虔诚作答，曹刿以其无利于民而不然。及闻庄公所答准情度理断诉讼，方视为“中心图民”（《国语·鲁语上》），必能得到民众支持，具有制胜之本。于是自请随同庄公出战，参与指挥。

这次战争，曹刿知彼知己，正确运用“后人有待其衰”（《左传·昭公二十一年》引《军志》）的作战指导原则，采取敌疲而后击之战法，成为后发制胜的著名战例。

假途灭虢

春秋初期，晋国诱骗虞国借道以攻虢，实现灭虢亡虞的战例。晋国经过长达数十年的内部斗争，终由庶支武公取代大宗列为诸侯。晋献公继武公为君，逐个消灭各支族公子，稳定了君位，将一军扩建为二军，专力向外开拓领土。继攻灭耿、霍、魏三国，击败赤狄别种东山皋落氏，消除后顾之忧后，又欲南下攻虢（都上阳，今河南陕县境），夺取崤函险阻之地。紧邻虢北境的虞国（今山西陆北），为晋攻虢必经之地。为避免虞、虢联合抗晋，晋献公纳大夫荀息假虞国之道攻虢、各个击灭之计，于周惠王十九年（公元前658）派荀息用美玉、骏马贿赂虞公，声称：晋曾为虞复仇伐敌，今需借道攻虢以解晋患。虞公贪利，为荀息巧言所惑，不听大夫宫之奇谏阻，应允借道，且愿以军相助。当年夏，虞国之师会同晋大夫里克、荀息所率晋军攻虢，夺取重镇下阳（今平陆境），晋得以控制中条山南要冲，切断虞、虢间通道。二十二年，晋又向虞借道攻虢。宫之奇向虞公说明虞、虢地理相连，利害相关，虢亡则虞亡，犹如“辅车相依，唇亡齿寒”（《左传·僖公五年》），力谏不可借道。昏庸不识大势的虞公，以为晋、虞乃同宗之国，晋不会欺虞，且自己虔诚祀神，必得神的佑护，拒不听谏，再次借道。十月十七日，晋军围攻虢都上阳，到了十二月初一，破城灭虢，虢公逃奔王城（今河南洛阳）。晋军还师，以休整为名，驻于虞国，乘虞公毫无戒备，突然袭击，破虞，灭其国，生俘虞公。晋灭虞虢，控崤函，扼秦国东进咽喉，为尔后争胜于秦、称霸中原创造了重要条件。这次战争所昭示的“唇亡齿寒”之理，成为后世弱国联合抗击强国的重要战略思想。

崤之战

春秋中期，秦、晋两国争霸，晋军在崤山（今河南陕县东南）山谷隘道对秦军展开的一次伏击歼灭战。这次战争中，秦国为壮大实力、待机东进、徐图中原，而一味追求不可得的利益，师出无名，寄成功于侥幸，致全军覆没，“匹马只轮无反”(《公羊传·僖公三十三年》)。晋国选择有利时机、有利地形，创造伏击歼敌的著名战例。

桂陵之战

战国前期，齐军在桂陵（今河南长垣北)对魏军的一次著名截击战。这次战争，齐军料敌而谋，避实击虚，攻其必救，已握战略主动，又示弱骄敌，快速机动，巧施截击，终获败魏救赵之功，创造中国军事史上著名的“围魏救赵”战法，对后世有着深远的影响。

马陵之战

战国中期，齐军在马陵（今河南范县西南）大败魏军的一次著名伏击战。魏于桂陵之战中被齐击败，又被秦夺去河西重镇少梁（今陕西韩城西南)、旧都安邑（今属山西运城)，然其实力尚未根本削弱。周显王二十五年（公元前344)，魏又召集邹、鲁、宋、卫等国赴逢泽（今河南开封南）会盟，自称为王。齐、楚、韩等国对此不满，拒不赴会。次年，魏命庞涓率军伐韩，韩求救于齐。孙膑认为可待韩、魏两败俱伤时出兵，既可令韩完全听命于齐，又有更大的把握胜魏强兵。齐威王于桂陵战后图谋继续利用三晋矛盾，给魏以致命打击，遂用孙膑之议，暗中许诺齐将出兵，韩得此诺即全力抗魏，五战俱败之后全面倒向齐国。二十七年，齐以田忌为主将、孙膑为军师，发兵救韩。马陵一战，齐军再次运用“批亢捣虚”(《史记·孙子吴起列传》）之策，迫使魏军回救，陷于被动；针对庞涓骄傲轻敌，不过早与其决战，而以退兵减灶之计调动魏军，出奇制胜，以作战指导的高度主动性、灵活性，创造了中国古代战争史上一个出色的机动战例。

长平之战

战国后期，秦军在长平（今山西高平西北）对赵军的一次大规模围歼战。

周赧王四十六年（公元前269)，客卿范雎以远交近攻之策建议秦昭襄王结好齐国，威逼楚、赵，先攻韩、魏，逐次推进。四十九年，范雎任秦相，谋划军令，认为韩、魏借赵之势而未服秦，且韩、秦地形交错，为秦心腹之患，战必先攻韩以逼赵。五十年，秦即攻韩取少曲（今河南济源东北)、高平（今济源南)。次年遣白起攻取韩汾水旁的陉城（今山西侯马东北）等五城。五十二年又取韩南阳（今河南王屋山南)。次年，取韩野王（今沁阳)。至此，韩的上党郡（今山西长治西南）与其本土完全隔绝。韩桓惠王震恐，派阳成君赴秦献上党求和。上党郡守靳黈不从命，遂改以冯亭为守。冯亭私以上党17县降赵，欲引秦攻赵，迫赵与韩合纵抗秦。赵孝成王即派平原君赵胜赴上党受地，封冯亭为华阳君。秦本以上党为必得，即将以此为攻赵的前进基地，不容赵坐得其利。五十四年，秦以一军攻锦缑氏（今河南偃师东南），牵制韩军；另以左庶长王龁为主将，率大军攻上党，冯亭军不敌，上党民纷纷奔赵。赵派廉颇率重兵入上党郡，据守长平，以安定上党局势并加强西面防御。廉颇坚守不战，秦派人携千金向赵国权臣行贿，用离间计使赵王派赵括代廉颇为将。秦国则暗派白起为秦军主将。赵括一反廉颇布署，轻敌出战，被白起诱敌深入，分割包围，粮道也被秦军截断。赵兵被围四十六日，被迫突围，赵括被杀，四十余万赵军降秦，全部被坑杀。赵国从此一蹶不振。

陈胜、吴广起义

公元前 209 年，秦二世下令征发淮河流域的 900 名贫苦农民去防守渔阳（今北京密云），陈胜和吴广被指定为屯长。当他们走到蕲县大泽乡（安徽宿县西南）时，受到连绵阴雨的阻隔，不能如期赶到渔阳戍地。按照秦法规定，误了期限就要全部被处死。陈胜和吴广借机杀掉押送他们的两个军尉，陈胜被推举为将军，吴广为都尉，提出了“伐无道，诛暴秦”的口号，组成一支农民起义军。中国历史上第一次农民大起义爆发了。

陈胜、吴广率领农民起义军，占领大泽乡，攻下蕲县，很快攻占了五六个县城。起义军所到之处，贫苦农民纷纷响应，起义军队伍发展到几十万人，有兵车千辆。起义军攻占陈县后，建立“张楚”政权，陈胜为王。起义军乘胜前进，分三路攻秦。一路由周文率领进抵关中戏地（今陕西临潼境），逼近咸阳。秦二世急忙派遣少府章邯率领几十万在骊山修墓的刑徒，迎击起义军。同时，又从边塞调军队 30 万人，与起义军对抗。起义军作战失利，退出函谷关，驻扎曹阳（河南灵宝东），等待增援。起义军另一路人马由武臣率领，占领邯郸后在张耳、陈余怂恿下自立为赵王。陈胜为了顾全大局，勉强予以承认，并命他率军西上支援周文。张耳、陈余不但不救援周文农民军，反而割据自立，不听陈胜指挥。接着，六国旧贵族相继割地称王。这样，就造成陈胜、吴广所领导的起义军处于腹背受敌的境地。周文率军在曹阳坚持斗争三个月，终因众寡悬殊，孤立无援，周文战败自杀。不久，围攻荥阳的吴广被部将杀害。其他几支起义军，也先后被秦军击破。公元前 209 年 12 月，陈县被秦军攻破，陈胜被车夫庄贾暗杀。陈胜、吴广起义失败。起义军余部后来与项羽、刘邦等人领导的起义军会合，继续同秦军作战。

韩信破魏之战

楚汉战争中，韩信统中汉军击灭河东（今山西西南部）魏军的一次奇袭战。汉王二年（公元前 205）五月，魏王豹以省亲为名，辞汉王归河东。至则断绝沿河津渡交通，反汉附楚，使汉军侧翼受到威胁。八月，刘邦使郦食其劝降，遭拒绝，于是以韩信为左丞相，率灌婴（骑将）、曹参（步将）等击魏。战前，刘邦得知魏方大将为柏直，骑将为冯敬，步将为项佗，料其不能挡汉方三将。韩信也以柏直为庸夫，遂进兵。魏王豹料汉军从临晋（今陕西大荔东）渡河（黄河），便率主力扼守蒲坂（今永济西），阻击汉军。韩信将计就计，调集船只于临晋渡口，多布疑兵，佯示必渡，暗中率主力从上游百余里处的夏阳（今陕西韩城南），以木罂（用木条缚扎陶瓮而成的渡河工具）偷渡，复顺河而下，在东张（今永济西）大破仓皇迎战的魏军，后转向东，攻下魏后方重镇安邑（今夏县西北）。继追击魏王豹于曲阳，到了东坦（今垣曲东南），俘魏王豹。此后，汉军攻取魏都平阳（今临汾西南），尽收魏地。这次战争，韩信以声东击西战法攻灭魏军，解除了汉军侧翼威胁，并以魏地兵员输送汉军主战场，有力支援刘邦主力抗击楚军。

彭城之战

楚汉战争中，项羽重创汉军的一次远程奔袭战。汉王二年（公元前205）三月，汉王刘邦在洛阳誓师，揭开楚汉战争序幕。刘邦麾下，有已降汉的塞王司马欣、翟王董翳、常山王张耳、河南王申阳、魏王豹、殷王司马卬和自愿助汉的彭越、韩王信、陈余等。四月，刘邦经外黄（今河南兰考东南）东进。汉将曹参、灌婴等部由围津（即白马津，今滑县东）渡河，在定陶（今山东定陶西北）南击败楚将龙且、项佗军后，与汉王会合。诸侯联军56万人长驱直入，克砀（郡治淮阳，今河南商丘南）、萧（今安徽萧县西北），攻占楚都彭城（今江苏徐州）。汉军收取财宝、美女，每日宴饮，疏于戒备。在齐地作战的项羽闻讯，留部分将领继续击齐，自领精兵3万从鲁出胡陵（今山东鱼台东南）迅速南下，复取萧，切断汉军归路。拂晓猛攻彭城，到了午时大败汉军。汉军北逃，被逼入谷水、泗水，死10余万人。南退入山，又被楚军追及于灵璧（今安徽淮北市西）东，10余万人死于睢水中。刘邦被楚军重重包围，形势危急，适大风骤起，飞沙走石，得以趁乱领数十骑脱逃。其父、妻被楚军俘获。这次战争，项羽指挥果断、以少胜多。刘邦贪图逸乐，致汉军受重创，诸侯复附楚背汉。

崤底之战

东汉建武三年（27）春，刘秀军在崤山（今河南洛宁西北）谷地攻灭赤眉农民起义军的作战。

建武元年九月，赤眉军攻占长安（今西安西北），消灭刘玄更始政权。因补给发生严重困难，且军纪败坏，失去人民支持，于二年十一月焚宫室放弃长安，西向就食，遭到陇西隗嚣的截击。此时，西北有邓禹，南有刘嘉、延岑，东南有王常，赤眉军只得重返长安，驱走乘虚而入的邓禹。但是，20余万赤眉军缺粮，十二月再次放弃长安东归。三年闰正月初，冯异收集残部和当地豪强武装数万人，约赤眉会战，并先派一支假扮赤眉军的部队乘夜埋伏道旁。翌日晨，赤眉军以万人进攻冯异前部。冯异以少数兵应战，示弱诱敌。赤眉军全力猛攻，到了下午兵疲势衰。冯异伏兵突起，赤眉军惊慌溃乱，降者 8 万余人，余部向东逃去。刘秀亲率六军，以逸待劳。于闰正月十七日在宜阳将赤眉军全部包围。十九日，刘盆子、樊崇、谢直等率士卒 10 余万人投降，前后延续 10 余年的赤眉起义终告失败。

黄巾起义

东汉末年张角领导的大规模农民起义战争。起义者头裹黄巾，故称“黄巾起义”。

东汉后期，政治腐败，横征暴敛，加之灾情严重，民不堪命，农民纷纷奋起反抗。汉灵帝时，巨鹿（今河北平乡西南）人张角创立“太平道”，自称“大贤良师”，以咒符水治病为传道手段，利用宗教秘密宣传组织群众，反抗东汉暴政。十余年间，拥有徒众数十万，分布在青、徐、幽、冀、荆、扬、兖、豫等州，并按地域将其分为 36 方（部），大方万余人，小方六七千人，各有首领。还在京城发展道徒和收买宦官，作为起义内应。又以谶语宣扬“苍天已死，黄天当立，岁在甲子，天下大吉”，准备于甲子年（184）三月初五起义，后被迫提前行动。36 方“一时俱起”，达数十万人，旬日之间，天下响应，京师震动。灵帝慌忙调集各路大军进剿，各地豪强地主也纷纷起兵，配合官军镇压黄巾军。黄巾军被各个击破，张角病死，弟张梁、张宝相继阵亡，各路主力相继失败。

黄巾军几支主力被镇压后，分散各地的余部仍坚持斗争。青州黄巾军到了初平三年（192）一度拥众数十万；活动于西河郡（今山西离石）白波谷一带的黄巾军攻太原、河东，曾大败董卓军。在黄巾军起义影响下兴起的黑山军，也取得多次胜利。起义军此伏彼起，坚持斗争 20 多年。

赤壁之战

三国形成时期，孙权、刘备联军于汉献帝建安十三年（208）在长江赤壁（今湖北蒲圻西北，一说今嘉鱼东北）一带大败曹操军队，奠定三国鼎立基础的著名决战。曹操基本统一北方后，声称要决战吴地，夺取孙吴占据的地区。孙刘联军在夏口部署后，溯江迎击曹军，双方在赤壁对峙。周瑜用连环计和火攻大破曹军。曹操占据北方，刘备在荆州、益州发展，东吴孙氏政权也得到巩固，三国鼎立格局逐渐形成。赤壁之战，曹操自负轻敌，指挥失误，加之水军不强，终致战败。孙权、刘备在强敌面前，冷静分析形势，结盟抗战，扬水战之长，巧用火攻，创造了中国军事史上以弱胜强的著名战例。

潞州之战

后梁开平元年(907)五月至次年五月，晋王李克用军挫败后梁军围攻潞州（今山西长治）之战。

唐末，诸藩镇为扩展各自势力，频繁征战。天祐三年（906）八月，梁王朱全忠（即朱温）出兵进攻沧州（今河北沧州东南），企图征服割据幽、沧的卢龙节度使刘仁恭。十月，晋王李克用借应援刘仁恭之机，袭占潞州，以昭义节度使李嗣昭等率军据守，借以屏蔽河东。次年四月，朱全忠建后梁称帝，改名朱晃，改元开平。五月，命陕州节度使康怀贞率军8万，会魏博（治魏州，今大名东北）兵，经孟、怀（今河南孟县南、沁阳）、泽州（今山西晋城）北上，进攻潞州。六月，进抵潞州城下。后梁军昼夜猛攻，半月不克，于是筑垒挖堑，欲长围久困。李克用恐潞州有失，以蕃汉马步军都指挥使周德威为行营都指挥使，率军由晋阳（今太原南晋源镇）救援潞州。八月初，周德威军进至潞州西的高河，后梁康怀贞遣部将秦武率部迎击，被晋军击败。朱晃见康怀贞久战无功贬其为行营都虞侯，命李思安为潞州行营都统，率河北兵西上，到了潞州城下，增筑重城，称为“夹寨”，内以防其突围，外以拒其援军。周德威与诸将率军昼夜轮番进攻，迫使后梁军疲于应付，遂闭寨不出。十一月，李克用为牵制后梁军增援潞州，先后遣军进攻晋州（今山西临汾），袭扰洺州（今河北永年东南）。朱晃急调河中（今山西永济西蒲州镇）、陕州（今河南三门峡市西）兵救援，晋州围解。这次战争，晋军长期据城固守，消耗疲惫后梁军，以援军出其不意，突然出击，一战获胜。

黄天荡之战

南宋建炎四年（金天会八年，1130），宋军在长江黄天荡（今南京东北）东南水域，截击金军归师的著名水战。

建炎三年冬，金太宗完颜晟以完颜宗弼为统帅，率军号称10万南下攻宋。十一月，宗弼军自马家渡（今安徽马鞍山市东北）渡河。宋浙西制置使韩世忠为避其锋，自镇江（今属江苏）引军退守江阴（今江阴）。宗弼迫降建康（今南京）后，迅速挥师南下，奔袭临安（今杭州）。韩世忠料金军孤军深入，难以久据，遂将其军分为三部：前军驻通惠镇（今上海青浦北），中军驻江湾（今属上海），后军驻海口，大置海船，操练水战，伺机北上截金军归师。

次年正月，韩世忠为隐蔽企图，亲至秀州（今浙江嘉兴）过上元节，张灯结彩，歌舞欢庆。不久乘金军不备，率军八千、战船四余艘急取镇江。二月十三日，宗弼获悉，恐归路被截，率军自临安沿运河北上，企图出镇江渡江北归。后与韩世忠在黄天荡展开激战。

这次战争，韩世忠正确审料敌情，先占有利地势，凭借长江天险，充分发挥水战之长，阻扼金军40日不得渡江。

郾城之战

南宋绍兴十年（金天眷三年，1140），岳飞在进军中原时，于郾城（今属河南）

击败金军反击之战。

顺昌之战后，金都元帅完颜宗弼率军退回东京（今开封）。南宋湖北、京西宣抚使岳飞乘势大举反攻。按照以襄阳（今属湖北襄樊）为基地，联结河朔，进图中原的方略，遣将联络河北、河东义军，攻占州县，袭扰金军后方；自率数万大军，于六月中旬，由鄂州（今武汉武昌）北上，采取分进合击之战法，先后收复郾城、颍昌（今河南许昌）、郑州等重镇，切断金军东西联系，对东京金军形成威逼之势。时宗弼侦知宋淮南东路的张俊、王德军已由亳州（今属安徽）退回庐州（今合肥），乘岳飞孤军深入，兵力分散之机，于七月初八，率龙虎大王完颜突合速、盖天大王完颜赛里、昭武大将军韩常等，统领1万精骑，奔袭岳飞宣抚司驻地郾城，企图摧毁岳飞军指挥中枢，打破岳飞反攻计划。宗弼军进抵城北20里处列阵，向郾城推进。针对金军作战特点，岳飞决定先以骑兵冲杀，分割打乱金军阵势；继而以步制骑，破其精锐。令其子岳云率背嵬、游奕马军与金骑鏖战。骁将杨再兴为生擒宗弼单骑突阵，击杀金军近百人，多处受伤，仍拼死力战。正当两军激战之时，岳飞亲率40骑驰入阵中，射杀金军多人。岳飞军士气倍增，奋勇冲杀。宗弼见难取胜，遂将头戴铁盔、身披重甲的“铁浮图”和号称“拐子马”的精骑投入交战。“铁浮图”一字排阵，从正面推进；“拐子马”自两翼迂回包抄，对岳飞军形成很大威胁。岳飞临机应变，待金军进至阵前，令步卒持麻扎刀、提刀、大斧入阵，专砍马足，“铁浮图”大乱。同时令背嵬、游奕马军专门对付金军的“拐子马”军，以灵活机动之战术，忽攻其前，忽击其侧，致金军于被动。岳家军步骑密切配合，从午后战至黄昏，重创金军。宗弼率余部仓皇溃逃。这次战争，是宋金两军于平原旷野进行的大规模步骑战。岳飞利用士气旺盛、训练有素等有利条件，以坚阵和长兵器对付金骑的密集冲击，破其所长，击其所短，一举获胜。

采石之战

南宋绍兴三十一年（金正隆六年，1161），南宋文臣虞允文率领军民于采石（今安徽马鞍山市西南）阻遏金军渡江南进的江河防御战。南宋绍兴三十一年秋，完颜亮亲率大军10余万，号称40万，攻淮西。宋军连遭失败，完颜亮率军攻占两淮。宋高宗为挽救危局，命李显忠为建康府都统制，取代王权。十一月初六，中书舍人兼督视江淮军马府参谋军事虞允文连夜前往芜湖（今属安徽），催李显忠赴任，并往采石犒师。十一月初八，虞允文抵采石，见金军列阵未完成，即率已退到江南的王权军登江岸高地后，将水军海鳅船分为五队，一队载精兵于中流待战；两队载当涂民兵，沿江东西配置，护岸抗敌；两队隐蔽港内，以为后备。完颜亮令数百舟自杨林口驶出，70舟冲破宋水军防御抵达南岸，突遭宋军伏击，金兵大乱。虞允文往来指挥，身先士卒，激励斗志。部将时俊率兵出阵奋勇拼杀，全歼登岸金军。

水军以海鳅船猛冲金舟，并施放霹雳炮。金舟大部被击沉，士卒溺死4000余，被俘500余。宋军为防金军反扑，连夜布阵，封锁杨林口。初九，金军果然到来，遭突击，损舟300而遁。十二日，金军被迫转向淮东，欲与扬州（今属江苏）、瓜洲（今扬州南）军会合南渡。虞允文识破其谋，率师驰援镇江（今属江苏），于江岸布阵设防。金将见宋军有备，不愿再战，收军北还。时完颜亮闻完颜雍在东京（今辽宁辽阳）称帝，急于灭宋北归，强令将士三日内渡江。完颜元宜等将认为渡江必败，遂于二十七日夜闯入御营杀死完颜亮，率军北撤。此战，虞允文在危急时刻，敢于担当重任，组织指挥军民抵抗金军。由于部署周密，善于团结激励将士，凭借长江天堑，充分发挥宋军水上优势，从而转败为胜，使南宋再度转危为安。

鄱阳湖之战

元至正二十三年（1363），陈友谅乘朱元璋领军北援安丰（今安徽寿县）之机，率师号称60万围攻洪都（今南昌）。朱元璋闻讯，一面命其侄朱文正坚守洪都，消耗陈军；一面命正在围攻庐州（今合肥）的中书省右丞徐达、行省参政常遇春撤围，救援洪都。七月初六，朱元璋与徐达、常遇春等率舟师20万沿江西上，十六日进至鄱阳湖口，把陈军困于湖中。陈友谅围攻洪都85天不克，闻朱元璋率师救援，遂撤围移师鄱阳湖迎战。七月二十日，两军在康郎山水域遭遇，陈军大败。朱元璋乘风纵火，乘势猛攻，大败陈军。陈军受重创后，企图退保鞋山（今湖南鄱阳湖中），被朱军所阻。朱元璋为控扼长江水道，乘夜移军左蠡（今江西都昌西北）。陈友谅也移舟泊于渚矶（今江西星子南）。相持三日，陈军左、右金吾将军相继投降朱元璋，士气更趋低落。陈友谅冒险向湖口方向突围，陷入朱军伏击圈。朱元璋指挥诸军阻击，火舟、火筏猛冲。陈军混乱溃逃，至泾江口又遭朱军伏兵袭击，陈友谅中箭身亡，其子善儿等被俘。次日，平章陈荣率余部5万余人投降朱元璋，张定边与陈友谅次子陈理逃回武昌。次年二月，朱元璋率师围攻武昌，迫陈理投降，尽占陈友谅所辖长江中游广大地区。此战，朱元璋乘陈友谅军久攻坚城受挫，分兵据守鄱阳湖口，先断其退路；继集中兵力，巧用火攻，歼其主力；后水陆截击，全歼陈军于突围之际。创造了中国水战史上以少胜多的著名战例，为统一江南奠定了基础。

土木堡之战

明正统十四年（1449）秋，英宗朱祁镇亲征蒙古瓦剌，在土木堡（今河北怀来东南）突遭瓦剌军围攻，全军溃败之作战。明朝建立后，元朝残余势力败退漠北。后蒙古瓦剌部首领也先以为攻明时机成熟，以明廷刁难其贡使和毁弃婚约为由，于正统十四年七月倾全力分四路大举攻明。英宗和王振仓卒率领大军号称50万前往大同迎战，也先侦知明军主力出征，且行阵如蚁，首尾难顾，遂佯装畏惧，主动北撤，隐伏塞外，纵明军兵骄，寻机待战。也先察知明军易道北行，指挥混乱，断定并非用计，立即改变设伏之策，发挥蒙古骑兵倏来忽往、灵活机动的特点，在明援军必经之地鹞儿岭（今河北涿鹿西北）设伏待机。明军主力退至四面环山、水源缺乏的土木堡。其地道路不良，大军机动困难。王振强令大军扎营。当晚，瓦剌军占领土木堡西北、西南要地，控制了堡南的唯一水源，对明军形成包围之势。十五日，也先遣使议和，行佯退之计，麻痹明军。明军断水二日，兵马饥渴难熬。英宗和王振急欲摆脱困境，遂遣使往瓦剌军营议和。王振下令全军移营觅水，人马争路，相互践踏，阵势大乱。也先乘机指挥精骑从四面入阵。明军惊恐，指挥失灵，加之临阵配发火器，不熟悉性能，未经激战即全军大溃，死伤数十万。英宗被俘，随征将臣张辅、朱勇等50余人阵殁，王振被护卫将锤杀。史称“土木堡之变”。

萨尔浒之战

“抚清之战”后，后金军据有浑河南侧地区，明军辽东防线动摇。明朝为挽回败局，命兵部右侍郎杨镐为左侍郎兼右佥都御史，经略辽东，调各路援兵约11万，号称20万，于万历四十七年（1619）二月底匆忙分四路进发，企图合击后金都城赫图阿拉（今辽宁新宾老城）。努尔哈赤侦知明军动向，采取“凭尔几路来，我只一路去”（夏允彝《幸存录·东彝大略》）之策，率八旗军迎战。三月初，两军展开萨尔浒之战，明军三路被歼，一路溃逃，总兵杜松等战死，所部死伤约6万。从此，明辽东形势急转直下。败讯传至京师（今北京），举朝震动。后金攻占沈（阳）辽（阳），明军退守辽西，后金军获萨尔浒大捷后，乘胜扩展势力。

山海关之战

崇祯十七年（1644）正月，李自成于西安称大顺王，建国号大顺，三月十九日破北京城，迫崇祯帝朱由检自缢煤山（今景山），推翻了明朝的统治。改明五军都督府为五军部，变武将称谓，定品位，完善军制。

为瓦解明军残余势力，李自成多次遣使招降明总兵吴三桂，未果。四月十三日，率兵约10万（一说6万）往攻。在山海关之战中被吴三桂、清摄政王多尔衮联兵击败，损兵数万，退师北京，大顺军由盛转衰。此战，李自成大顺军对清军入关助战毫无准备，同时缺乏对清军骑兵作战的经验，终为清军所胜，精锐遭受重创，未能再起。清军乘势占领北京，取得全国政权。

扬州之战

清顺治二年（南明弘光元年，1645），南明大学士史可法率领扬州军民抵御清军围攻的城邑守卫战。是年初，清定国大将军多铎率兵南下，四月十八日，前锋抵扬州城郊。清军集结兵力,收罗船只，准备渡江，并派明降将李遇春等到达扬州劝降，被史可法严词拒绝。时史可法督师扬州，节制驻守淮北、泗水、临淮、庐州（今合肥）的四镇官兵，视情势危急，檄招各镇援兵，仅总兵刘肇基率4000余人自高邮（分属江苏）入城守卫。史可法泣谕士民，为死守计，督万余官兵分守各门，自守旧城西门险要。二十二日，守将李栖凤、高岐凤率部4000余人出降。清军连日集兵围攻，从四面向城内放炮，屡毁城墙。史可法率军民以草袋盛土填堵，修补城墙，多次击退清军进攻，杀伤清军数千，并血书告急，南明政权不应。二十四日，清军从泗州（今江苏盱眙西北）运来红衣大炮，围攻渐急。二十五日，多铎集巨炮猛轰城西北隅，守城军民浴血奋战，击杀清军甚众。清军叠尸为梯，蜂拥攀缘登城，城破。史可法被俘，不屈而死。刘肇基率余部与清军巷战，皆战死。清军屠城十天，史称“扬州十日”。

全州之战

清初，南明军与大顺军余部在全州（今属广西）联合反击清军的一次胜仗。顺治三年（南明弘光二年，1646），清军灭南明鲁王朱以海、唐王朱聿键政权后，随即遣平南大将军、恭顺王孔有德及智顺王尚可喜、怀顺王耿仲明率军攻湖广，于四年春占领湖南。十月，耿仲明遣将董英等率部进兵广西，于黄沙镇（全州东北）击败南明联军，进据全州。南明兵部尚书、督师何腾蛟和大学士瞿式耜，晓夕筹划，转运粮饷，急遣焦琏、郝摇旗、卢鼎、赵印选、胡一青分别扼守桂林周围的兴安、灵川、永宁、义宁各州县。十一月初，何腾蛟、瞿式耜下令五路合击，与清军大战于全州城下，败清军佟养和部，斩杀千人，夺马300匹，收复全州，诸将联营300里，迫清军退师湖南。

衡州之战

清顺治九年（南明永历六年，1652）七月，李定国率部攻占桂林，军声大振，后又北攻湖南，取永州，占衡州（今衡阳市）。清王朝为扭转湖广战局，命敬谨亲王尼堪为定远大将军，率兵10万由湖南湘潭急速南下，于十一月二十三日抵衡州。李定国得悉，即率部4万隔蒸水与清军对阵，另派兵一部设伏于衡州以北山区林中。二十四日晨，清军与李定国部战于衡州城北香水庵、草桥、黄沙湾（今衡阳北蒸水左岸）等地，互有伤亡。李部佯败，尼堪率兵追击20余里，进入伏击圈。李定国部伏兵四起夹击，清军欲撤，尼堪令有进无退，遂陷入重围，死伤甚众。尼堪督众苦战力竭，被杀，清王朝大震。未几，李定国因兵力不足，还屯武冈，清军又占衡州。

清平定三藩之战

康熙初年，清王朝对三藩尤其对吴三桂拥兵自重深为不安，开始限制和削弱其权力。六年（1667），康熙帝玄烨亲政后，决意待机撤藩。十二年三月，为削弱藩王权力，巩固中央集权，准平南王尚可喜疏请告老回辽东。七月，在平西王吴三桂、靖南王耿精忠上疏佯请撤藩实窥测朝廷动向时，玄烨认为其势已成，撤也反，不撤也反，遂下令撤除吴、耿二藩。十一月，吴三桂起兵谋反，耿精忠、尚之信起兵响应。在清平定三藩之战中，先后遣大将军勒尔锦、杰书、董额、图海、岳乐、喇布、彰泰等统军四出，赴湖南、浙江、福建、陕西、广东、四川、云南平叛。以先剪两翼、后捣腹心、剿抚兼施、重用汉将等战略措施，用兵近 40 万，历时八年，平定叛乱。

此战，康熙帝重用汉将，剿抚兼施，各个击破，平定三藩叛乱，加强了中央集权，维护了国家统一。

雅克萨之战的历史背景

雅克萨位于黑龙江省漠河县东、呼玛县西北黑龙江北岸。该地自古以来就是中国的领土。满族祖先肃慎族曾生活于此，秦汉至明清各个朝代均在此设官统辖。17 世纪上半叶，沙俄武装人员多次入侵中国黑龙江流域，烧杀抢掠，遭到当地居民的顽强反抗。清顺治年间，沙俄军队再次侵入，并在雅克萨建城堡，企图长期盘踞，被当地军民击退。康熙初年，沙俄侵略军乘清政府平定三藩之乱、无暇北顾之机，重新占领雅克萨，并在中国尼布楚（今俄罗斯涅尔琴斯克）和雅克萨修寨建堡，建立殖民据点，对黑龙江中下游进行骚扰和蚕食，还遣使对清王朝进行恫吓讹诈。康熙帝希望和平解决中俄边界争端，多次接见沙俄使团，遣使向驻雅克萨俄军交涉，均未奏效。于是，清王朝决意用武力反击沙俄入侵者。

第一次雅克萨之战

康熙二十四（1685）年正月，康熙帝改命都统彭春总管黑龙江军务，统军收复雅克萨。四月，彭春与萨布素率军 3000 余离瑷珲，水陆并进，于五月二十二日抵达雅克萨，随即向沙俄军头目托尔布津发出通牒，令其从速撤兵。托尔布津自恃城堡坚固，屯兵近千顽抗。二十三日，清军分水陆两路列营，陆师布于城南，水师集战船于城东南。二十四日，截击一队乘木筏前来助战的沙俄援军，毙、俘 40 余人。当晚，在城南筑挡牌上垒，布置弓弩，佯作攻势，潜置红衣大炮于城北，将“神威将军”铜炮等火器架设在东西两翼。次日黎明，攻城炮火齐发，城垣渐毁，又积柴草于城下，欲行火攻，沙俄军一片混乱，被击毙百余人，士气沮丧。托尔布津见援兵不到，局势难支，遂请降。经清军允准，托尔布津率部 700 余人（含少数妇女、儿童）撤到尼布楚；另有 45 人不愿归还者，被安置于盛京（今沈阳），编为佐领。清军平毁雅克萨城即还师。

第二次雅克萨之战

托尔布津返回尼布楚，与流放西伯利亚的波兰战俘杯敦（拜顿）率兵再次侵入雅克萨旧址，筑城盘踞。康熙二十五年二月，康熙帝得知沙俄军复据雅克萨，命萨布素督修战舰，水陆分进，急赴黑龙江城，再次往攻雅克萨；令建义侯林兴珠率藤牌兵400前往助战。四月，又命副都统郎坦等参赞军务。五月，萨布素率兵2000余进围雅克萨城，勒令沙俄军投降，托尔布津置之不理。六月，清军开始攻城，沙俄军率残余死守待援，清军执行长围久困之策，沙俄军粮弹消耗殆尽，战死病死甚众，仅剩66人。在此期间，清政府多次致函谴责沙俄侵略行径，建议谈判撤军。九月，沙俄先遣信使到北京，表示接受清政府建议，举行边界谈判，乞撤雅克萨之围。二十六年四月，清军后撤20里，到查克丹驻营。八月后撤到瑷珲和墨尔根。雅克萨之战结束。但沙俄军仍增兵雅克萨，众至300余。此战，清王朝以武力为后盾，政治、外交相配合，周密准备，水陆军协同，先扫外围，致沙俄军困守孤城，被迫投降，一度稳定了东北边境。此后，两国使节在尼布楚经过反复谈判，以清朝让出尼布楚，沙俄撤出雅克萨而达成和议。

二十八年七月二十四日（1689年9月7日），中俄双方签订了《中俄尼布楚条约》（即《黑龙江界约》），从法律上确定了中俄东段边界。

清王朝与准噶尔部之战

此战为清康熙、雍正、乾隆年间，清军击败卫拉特蒙古准噶尔部割据势力，维护国家统一之战争。

准噶尔部游牧于额尔齐斯河至伊犁河流域。康熙十年（1671），噶尔丹夺得该部统治权后，多次出兵兼并邻部，势力扩展至天山南北。清王朝多次抚谕，仍不能制止。二十六年，噶尔丹借沙俄支持，率劲骑3万东进漠北。次年，使正在抗击沙俄的喀尔喀蒙古腹背受敌，土谢图汗等被迫率众迁往漠南。二十九年，准噶尔军借口追击喀尔喀蒙古，挥戈南下，兵锋指向北京。七月，康熙帝下令亲征。八月，清军在乌兰布通之战中大败准噶尔军。噶尔丹不甘兵败，图谋再举，清王朝调兵备战。三十五年，康熙帝统兵近9万人亲征，五月，进行昭莫多之战，再次大败准噶尔军。次年，噶尔丹败亡，其侄策妄阿拉布坦继汗位。五十六年，准噶尔军攻入拉萨，清王朝遣军入藏，又击败准噶尔军，迫其撤出西藏。雍正五年（1727），策妄阿拉布坦死后，其子噶尔丹策零继位，继续图谋扩张，并藏匿在柴达木之战中败逃的叛乱首领罗卜藏丹津。清王朝欲发兵征讨，噶尔丹策零施缓兵计，清王朝暂停进兵。九年，清军轻敌冒进，在和通泊之战中大败。次年，清军发起光显寺之战，歼灭准噶尔军大部。十二年，噶尔丹策零向清王朝请和罢兵。乾隆十年(1745),噶尔丹策零死，达瓦齐夺得汗位后，与阿睦尔撒纳互相攻伐。十九年，阿睦尔撒纳降清。次年，清王朝乘机发兵，直捣伊犁，达瓦齐猝不及防，兵败被俘。不久，阿睦尔撒纳因统治卫拉特蒙古四部的野心未能得逞，聚众叛乱。二十二年，清王朝遣军从巴里坤（今属新疆）等地分路进击，阿睦尔撒纳全军覆没，只身逃沙俄，同年病死。清王朝与准噶尔部历经近七十年之战争，终于消除了准噶尔部割据势力，统一了天山南北。

林爽文起义

清乾隆五十一年至五十三年（1786—1788），林爽文领导台湾民众反抗地方官府统治的武装斗争。

林爽文原籍福建平和县，于乾隆三十八年随父迁居台湾彰县化大里庄，募众垦田致富。四十七年，天地会首领严烟自福建渡海至彰化传道。次年，林爽文入会，后成北路首领。天地会迅速发展，抗拒官府，清王朝令其解散。五十一年十一月，清台湾总兵柴大纪命知府孙景燧、副将赫生额等率兵三百到彰化镇压，勒令村民擒献林爽文，激起民愤。林爽文遂以“剿除贪官，拯救万民”为号召，率众起义，攻清军营垒，全歼其官兵。不久克彰化，杀孙景燧等人；释放狱囚，开仓取械；再克淡水、诸罗（今台南市佳里镇）等地。十二月，众举林爽文为盟主大元帅，建元顺天。台南天地会首领庄大田起兵响应，攻克凤山（今高雄）。嗣后，南北两路义军会攻台湾府城（今台南），久攻未克。起义军纪律严明，得到广大农民支持，仅诸罗、彰化两县就有数十万人参加，攻占台湾一府四县三厅大部。清王朝大震，于五十二年正月急调水师提督黄仕简、陆路提督任承恩等率兵四千渡海赴台增援，黄、任未能扭转败局被革职。三月，又调闽浙总督常青赴台督师，因师老无功被免职。八月，改命大学士福康安为将军、领侍卫大臣海兰察为参赞大臣，率水师渡海，于十月从鹿仔港（今彰化西南）登岸。五十三年正月初，清军多路出击，于仑仔顶和牛稠山连败义军，在老衢崎俘获林爽文，解到北京杀害。庄大田率余部退入台湾最南端的琅峤，不久也被俘杀。起义遂告失败。

第二章　中国近现代战争常识

鸦片战争

1840—1842 年间，中国军民抗击英国借口中方销毁鸦片而派兵入侵之战争。清中叶以后，英国等国向中国大量输出毒品鸦片。1838 年（清道光十八年）冬，道光帝派湖广总督林则徐为钦差大臣，赴广东查禁鸦片。次年三月，林到任后，严行查缴鸦片 2 万余箱，并于虎门海口悉数销毁。英国政府以此为借口，决定派出征军侵华，英国国会也通过对华战争的拨款案。1840 年 6 月，鸦片战争开始。最后，清政府战败，被迫签订了《中英南京条约》、《中美望厦条约》等，中国自此进入半殖民地半封建社会。

金田起义

1843 年（清道光二十三年），洪秀全创立拜上帝会，深入广西，以宗教发动农民群众。1851 年（清咸丰元年）1 月 11 日，洪秀全率领拜上帝会众在广西桂平金田村举行反清武装起义，建号太平天国，史称金田起义。洪秀全编组太平军，颁布《太平军目》，又以“十款天条”严明军纪。起义初期敌强我弱，遂率义军乘虚蹈隙，于转战各县中寻机歼灭清军，保存和壮大自己。后来，太平军建都南京，多次击溃清军和湘军，势力范围达到南方数十个省。

太平军首克武昌

武昌扼长江中游，与汉阳、汉口隔江相望，统称武汉三镇。1852年（太平天国壬子二年，清咸丰二年）12月17日，太平军撤离湖南岳州（今岳阳），分水陆两路向武汉挺进。时武昌守城清军仅3000多人，湖北巡抚常大淳、提督双福将城外兵勇全部撤入城内。为防太平军挖地道攻城，又下令尽毁城外民房，坚守待援。21日，由湖南来援的总兵常禄、王锦绣率清军千余进入武昌城内，另加团勇，守城兵勇达万余人。22日，太平军船队到达武汉江面，不久即在汉阳鹦鹉洲登岸，于次日攻占汉阳。陆师也于同日到达武昌城外，占领城东的钵盂山、洪山、小龟山、紫荆山等处，在城南挖沟筑墙，阻敌援军，并进围文昌、望山、保安、中和、宾阳、忠孝、武胜诸门。为了集中兵力攻下武昌，杨秀清命典水匠唐正才率部以铁索系巨舟，在长江上架起两道浮桥，一道由汉阳鹦鹉洲至武昌白沙洲，一道由汉阳南岸嘴至武昌大堤口，一夜建成。29日，太平军由汉阳渡过汉水，占领汉口，洪秀全、杨秀清移驻汉口。又架起一座沟通汉口、汉阳的浮桥（位置相当于今汉水铁桥）。三座浮桥的架成，为太平军攻克武昌创造了重要条件。尾随太平军的清军向荣部万余人于24日到达武昌城南的白木岭，为长虹桥太平军所阻，便绕往东南，驻营卓刀泉，于1853年1月7日夺占洪山。太平军一面分兵堵拒向荣部清军，使城内外敌军无法联结，同时以主力合围武昌，在文昌、平湖各门开挖地道，准备轰城。1月12日晨，在文昌门附近，轰塌城墙20多丈，太平军先头部队冲入缺口，其余方向的太平军则缘梯而上，攻入城内。清军四散溃逃，常大淳等自杀，提督双福、总兵常禄、王锦绣等被杀。太平军遂克武昌。这次战争，太平军先占汉阳、汉口，横江架设数道浮桥，集中兵力，合围武昌，并成功地运用了穴地攻城战法，因而迅速攻克坚城。

太平军北伐

太平天国农民战争中，太平军于1853—1855年间，为攻取北京而采取之战略行动。历时两年，其作战过程可分作三个阶段。1853年（太平天国癸好三年，清咸丰三年）5月13日，太平天国派天官副丞相林凤祥、地官正丞相李开芳、春官副丞相吉文元等率军2万多人，自浦口（今属南京）出发入安徽境。9月1日，太平军取道济源入山西，连克垣曲、绛县、曲沃、平阳（今临汾）、洪洞，于是折而东，经屯留、潞城、黎城，复入河南，占涉县、武安（今均属河北），入直隶（约今河北）境。10 月 22 日，北伐军占领天津西南的静海和独流镇，前锋到天津郊外 10 里的稍直口村，准备进攻天津。清兵加紧对太平军的围攻，最后太平军北伐失败。

太平军北伐，孤军远征，长驱六省，虽为精锐之师，但后援不继，终不免全军覆没。广大将士英勇奋战，震撼清朝心脏地区，牵制大量清兵，对南方太平军和北方人民的斗争客观上起到了支持作用。

天京保卫战

太平天国农民战争中，太平军为抗击湘军围攻天京（今南京）而进行的防御作战。

太平军安庆保卫战失败后，两江总督曾国藩吸取江南大营两次被击溃的教训，提出了“欲拔本根，先剪枝叶”（曾国藩《遵旨统筹全局折》）的方略，从东西两个方向对天京实施多路向心进击。1862 年（太平天国壬戌十二年，清同治元年）3 月下旬，湘军水陆师 2 万余人从安庆沿江东进，5 月底直抵天京城下，布政使曾国荃率陆营扎于城南雨花台一线，兵部侍郎彭玉麟率水师进抵护城河口。署江苏巡抚李鸿章则率淮军 6500 人于 4、5 月间分批船运上海，勾结英、法侵略军与“常胜军”阻挡太平军进攻上海，并作西攻苏州、无锡、常州的准备。浙江巡抚左宗棠率军万余由江西入浙，步步东逼。天京在湘、淮军的包围中最终失陷。

上海小刀会起义

1853—1855 年间刘丽川等领导小刀会在上海等地进行的城市反清武装起义。小刀会是天地会支派，19 世纪 50 年代初由福建传入上海。1853 年（清咸丰三年）春，太平天国定都南京后，闽南小刀会随之起义。夏，上海天地会首领刘丽川联合李咸池的小刀会、潘起亮的庙邦等沪上各帮会，组成秘密反清联盟，称上海小刀会，成员多为原籍粤、闽、浙等省的船夫、码头工人、失业手工业者等下层群众。是年秋，刘丽川派人与青浦抗粮首领周立春及嘉定罗汉党首领徐耀等联络，密商反清起义，确定先占嘉定，继夺上海，然后分取邻近各县的起义计划。9 月 5 日，周立春、徐耀等率部攻占嘉定县城。7 日，刘丽川等率众攻入上海县城，杀知县袁祖德，擒苏松太道吴健彰，控制全城，建立政权。江湾、洋泾等城郊乡民纷起响应。刘丽川初以“大明国统理政教招讨大元帅”名义发布告示，不久，改称“太平天国统理政教招讨大元帅”，并上书天王洪秀全，自称“未受职臣”。李咸池称平胡大都督，陈阿林、林阿福为副，潘起亮等四人为大将军。起义政权宣布对外侨秋毫不犯，要求外国势力保持中立。上海小刀会起义之后，即派出义军，分攻邻近各厅县，以为犄角。9 日，嘉定义军进占宝山。上海义军 12 日攻取南汇，13 日占领川沙厅。17 日，周立春率部夺取青浦县城。至此，小刀会起义势力以上海县城为中心，遍及周围五厅县。清政府急忙调江南大营兵力，由署江苏巡抚许乃钊率领到上海镇压，与美、英、法等国驻上海领事相勾结。小刀会起义坚持17个月，终因寡不敌众，最后以失败而告终。

第二次鸦片战争

1856—1860年间，中国军民抗击英法联军入侵之战争。因其性质与鸦片战争基本相同，史称第二次鸦片战争。19世纪中叶，伴随西方资本主义国家经济的迅速发展，其对外侵略扩张日益加剧。1854年（清咸丰四年）和1856年，英、法等国驻华公使向中国提出“修约”要求，企图攫取比《中英南京条约》更多的特权，均遭清政府拒绝。时清政府正忙于在长江中下游与太平军作战，对外国侵略实行消极避战，于是，英、法在美、俄支持下，恃其海军的优势，不惜诉诸战争，以胁逼清政府同意“修约”。1856年英国借口“亚罗号事件”，1857年法国借口“马神甫事件”，组成英法联军，于1857年12月攻陷广州，并继续北上，于1858年5月攻陷大沽炮台，进抵天津，清政府被迫与英法签订《天津条约》。1860年2月，英法扩大了侵华战争，10月攻入北京，清政府与英法订立了《北京条约》，第二次鸦片战争结束。

抗击英法联军入侵大沽之战

大沽位于海河出海口，是天津的门户，两岸建有炮台，南岸3座，北岸1座，共安炮200余门，守军3000人；另于南岸炮台后侧及海河两岸驻军5000人，由直隶总督谭廷襄指挥。1857年(清咸丰七年)12月，英法联军攻占广州后，即策划北犯，企图直接胁迫清王朝“修约”。1858年4月，英、法舰船20余艘，载兵2600余人驶抵大沽口外。5月20日，联军炮艇6艘轰击大沽两岸炮台，掩护陆战队千余人分向炮台侧翼登陆。各台守军发炮还击，击沉敌舢板2只，击伤炮艇4艘，毙伤敌近百人。当登陆之敌逼近炮台时，守军冲出炮台，展开白刃格斗。谭廷襄等在危急时刻竟弃军逃跑，后路驻军也不战自散。炮台守军孤立无援，300余官兵壮烈牺牲，南北炮台先后为敌攻占。26日，联军炮艇沿海河驶抵天津城下。6月下旬，英、法、美、俄公使胁迫清王朝签订了《天津条约》。

捻军起义

19世纪50年代初至60年代末，由捻党发展起来的，主要活动于长江、黄河间的一次大规模农民反清起义战争。捻军是在捻党（“捻”系皖北方言，为一支一股的意思）的基础上发展起来的。捻党组织产生于19世纪初（清嘉庆年间），是一种分散的农民小集团。1851年（清咸丰元年），淮河流域捻党不断起义。1853年，太平军北伐、西征经过黄、淮流域，捻党起义全面展开，小股的捻党武装斗争逐步形成大规模的捻军武装起义。起义以皖北为中心，遍布豫东南、鲁西南、苏北、鄂北地区，主要有张乐行、龚得树、苏添福、韩奇峰、侯士伟、王贯三、李昭寿、任乾、李大喜等数十支。但初期的捻军“居则为民，出则为捻”，各自为战，互不统属。1855年秋天，各路捻军首领聚集安徽亳州雉河集（今涡阳）会盟，推张乐行为盟主，称大汉永王（一作大汉明命王），统一号令，颁发布告，发布《行军条例》，确立军事纪律，建立五旗军制。捻军曾经取得了斩杀僧格林沁的巨大胜利，但是最后还是失败了。

李蓝起义

1859—1865年间由李永和、蓝朝鼎等领导的，主要活动在四川、陕西等地的农民起义。

1859年（清咸丰九年），李永和（即李短鞑）、蓝朝鼎（即蓝二顺）领导破产的农民、脚夫在云南昭通牛皮寨起义。10月，率众入川，一路攻城略地，后据铁山为基地，以“打富济贫，除暴安良”为号召，众至数十万。1860年秋，二三十万大军会师于牛佛渡（今四川富顺北、沱江左岸）。不久，由蓝朝鼎、李永和、周绍勇率所部分别向川北、川南、川东发展。次年5月，蓝部十余万人进围绵州（今绵阳），李部十余万人围攻眉州（今眉山），均屯兵坚城之下，久攻不克。时奉命督办四川军务的骆秉章率湘军入川，采取由北而南、先蓝后李的作战方针，首先集中1.9万清军攻击蓝部。9月，激战于绵州城外。缺乏严格训练的起义军错误地进行阵地战，招致惨败，仅剩万余人，被迫南退丹棱（今丹棱），与李部成犄角之势。骆秉章督军南下，转攻李部。11月，清军先打蓝部援军，继攻李永和大营。蓝部援军受阻，李部战败，伤亡3万余人，遂撤眉州之围，退据青神。骆秉章再移师猛攻丹棱。起义军据垒坚守，清军强攻受挫，改行坐困之计。起义军突围北走，蓝朝鼎督后队掩护，12月13日阵亡。1862年（清同治元年）1月，李永和率部从青神突围，回据铁山。清军接踵而至，起义军被困粮绝，再次突围，时分时合，先后移驻天洋坪（今富顺、隆昌间）、八角寨（今宜宾境）和铁山地区龙孔场等地。然始终无法摆脱清军的围追堵截，损失惨重。10月，四川布政使刘蓉令清军淹灌龙孔场，李永和等4700余人被俘遇害。至此，起义军主力损失殆尽。

左宗棠收复新疆

1876—1878年间左宗棠指挥清军驱逐侵占新疆的阿古柏侵略军，维护祖国领土完整之战争。

19世纪中叶，资本主义列强在世界范围内争夺殖民地的斗争加剧，英俄两国在中亚地区的角逐激化，对中国西部边疆安全构成直接威胁。1865年（清同治四年），中亚浩罕汗国（在今乌兹别克斯坦境）军事头目阿古柏在英国支持下，率兵侵入南疆，建立“哲德莎尔”伪政权，进而占领天山南北广大地区，实行殖民统治。清政府忙于镇压内地人民起义，无暇西顾。1871年，俄国又乘机出兵占领时为新疆军政中心的伊犁地区，加紧与英国争夺中国西北边陲。与此同时，中国东南、西南和南部边疆也面临列强侵略威胁，边疆危机日益严重。1875年（清光绪元年），清王朝采纳左宗棠等人的当务之急是出兵收复新疆的主张，任命左宗棠为钦差大臣，督办新疆军务。左宗棠统帅大军出击新疆，击败了阿古柏，粉碎了沙俄分裂中国的阴谋，维护了国家统一和领土完整。

中法战争爆发的原因

19世纪下半叶，法国金融资本迅速发展，促使其加紧推行殖民政策。1862年（清同治元年），法军大举入侵越南，占领西贡（今胡志明市）及其附近大片地区。1873年法军又侵占河内等地，越南国王请求被迫流离越南保胜（今老街）的中国广西天地会起义军别支黑旗军帮助抗法。12月21日，黑旗军统领刘永福率部大败法军于河内近郊，毙其头目安邺，迫使法国侵略者退出河内。1882年（清光绪八年）法军再次入侵越南北桥，先后占领河内、南定等地，并声言攻取黑旗军根据地保胜。刘永福又一次应邀援越抗法，1883年5月19日于河内近郊纸桥再败法军，击毙法军司令李威利（又译“李维业”）等数十人。8月，法军攻占越南都城顺化，强迫越南政府签订《顺化条约》，变越南为法国的保护国。此后，法国加快侵华步伐，威逼清政府承认法国对越南的殖民占领，要求与其签订不平等的商务协定及国境条约。遭拒绝后，法军即于同年12月中旬向应邀驻扎于北桥的中国军队发动进攻，清军被迫应战，战争爆发。

马尾海战

中法战争中，中国福建海军在福州马尾港抗击法国侵华舰队偷袭之战，又叫做马江之战。1884年（清光绪十年）7月中旬，法国远东舰队司令孤拔率舰队侵入马尾港，伺机挑衅。此时，清王朝仍幻想议和，不但严令清军不得主动出击，也未作有效的防御部署。8月22日，法国政府电令孤拔消灭中国福建海军。23日13时45分，法军8艘军舰、2艘鱼雷艇同时发起攻击。会办福建海疆事宜大臣张佩纶、船政大臣何如璋遁逃，负责指挥的副将张成开战后跳水逃命，各舰失去统一指挥，仓促应战。官兵们英勇还击，击伤孤拔座舰“窝尔达”号。管带陈英、许寿山、叶琛、林森林，督带吕翰、高腾云等英勇战死。战斗达半个多小时，中国福建海军舰艇损失殆尽。翌日，法舰又轰击福建船政局。此后数日，又轰击和捣毁了闽江下游两岸炮台。这次战争，中国福建海军被击沉击毁军舰9艘、其他船只13艘，官兵阵亡770人；法军舰艇数艘被击伤。8月26日，清政府被迫对法宣战。

镇海之战

1884年（清光绪十年）基隆马尾之战后，法军为孤立台湾清军，宣布封锁台湾海峡。1885年1月，中国南洋海军派出“开济”、“南琛”、“南瑞”、“驭远”、“澄庆”5舰由上海南下援台，以期打破法军的封锁。法远东舰队司令孤拔亲率7舰拦击。2月13日，双方舰队于浙江象山石浦檀头山附近洋面遭遇，总兵吴安康率队逃遁，“驭远”、“澄庆”两船避入石浦港内，15日晨“驭远”被法军鱼雷艇击伤后自沉，“澄庆”自沉；“开济”等3舰驶入镇海口内。孤拔遂率舰进犯镇海。镇海（今属宁波）位于甬江入海口，为浙东咽喉。法舰侵扰东南沿海以来，浙江提督欧阳利见督率守军增炮修台，挖壕筑墙，密布地雷，并充实兵力，调整部署，加强了该地区的防御。28日夜，孤拔率4舰闯入镇海洋面，欧阳利见即下令沉船堵口，命守军严阵以待。援台3舰同原泊口内的“超武”、“元凯”两舰也都做好战斗准备。3月1日下午，法舰4艘猛扑口门，北岸招宝山守军和南洋海军各舰发炮拦击，战斗约2小时许，法舰不支退走。翌日夜晚，法两舰企图进口偷袭，又被守军水陆炮火击退。3日上午，孤拔再次率舰进攻，清军岸炮和海军舰炮猛烈轰击，法舰随即掉头撤退。此后，法军又多次利用夜暗以舢板进行偷袭和鱼雷攻击，均未得逞，不得不停止进攻。这次战争，由于清军守军预有准备，水陆防守严密，协同较好，因而伤亡甚少。法军舰艇略有损伤，无功而返。

镇南关大捷

1885年初，执行越南北圻陆路反攻任务的东线清军作战失利，于2月上旬，溃退入广西镇南关。法军占领谅山后，乘势侵占镇南关；此后因兵力不足、补给困难，又退至越南文渊（今同登）、谅山，伺机再犯。其时，受命帮办广西关外军务的老将冯子材，被前线各部将领推为主帅，部署兵力，形成正面纵深梯次配置并有两翼策应的兵力部署，总计前线兵力约64营3万余人。法军冒犯，遭到黑旗军和清军的痛击，最后溃败而逃。镇南关大捷使清军在陆上战场转败为胜，转守为攻。法军败讯传至巴黎，茹费理内阁被迫辞职。

中日甲午战争的历史背景

1894年（清光绪二十年）干支为甲午，史称甲午战争。日本发动对中国的侵略战争，蓄谋已久。早在1868年（清同治七年），日本明治天皇登基伊始，便极力鼓吹军国主义，以实行对外扩张为基本国策，并将侵略矛头首先指向其近邻朝鲜和中国。明治政府抓紧改革军制，推行近代军事教育和训练，积极扩军备战。到甲午战争爆发前，日本陆军建成6个野战师和1个近卫师，现役兵力12.3万人。甲午战争中，日本实际动员兵力达240616人，其中174017人在国外参战。战前日本海军拥有军舰32艘、鱼雷艇24艘，排水量共达6.2万余吨。还派遣大批特务，到中国和朝鲜搜集军事情报，绘制详细的军用地图。清政府对日本的侵略野心有所察觉，北洋大臣李鸿章曾指出日本将为“中土之患”。1874年日本侵犯台湾事件后，尤其是中法战争后，清政府加强海防建设，以京师门户北洋为设防重点，主要防御对象为日本。1888年，北洋海军正式编练成军，有舰艇25艘，官兵4000人。到甲午战前，北洋舰队的大沽、威海卫（今山东威海）和旅顺（今属辽宁大连）三大基地建成。然清朝政治腐败，军事变革基本停留在改良武器装备的低级阶段，陆海军总兵力虽多达80余万人，但体制不顺，编制落后，管理混乱，训练废弛，战斗力低下。1894年春，朝鲜爆发“东学党”农民起义，朝鲜政府于6月3日请求清政府派兵协助镇压。清军首批部队于6月8日抵朝。早在6月2日，日本内阁就做出入侵朝鲜，进而直接与清军开战的决定。日方先以欺骗手段诱使清军入朝，继则以清军入朝为借口，大批调遣日军赴朝，迅速抢占从仁川至汉城一带各战略要地。同时设立战时大本营，作为指挥侵略战争的最高机构。7月19日，日本驻朝公使大鸟圭介据其外相陆奥宗光训令，强逼朝鲜政府废除中朝通商条约，并驱逐清军出境。23日，日军悍然攻占朝鲜王宫，成立以大院君李昰应为首的傀儡政府。25日，大鸟令大院君废除中朝两国间的一切商约，并“授权”日军驱逐屯驻牙山的清军。当天，日本联合舰队发动丰岛海战，在丰岛附近海域对中国运兵船及护航舰只发动突然袭击。日本陆军第5师的混成第9旅也于29日向由牙山移驻成欢的清军叶志超部发动进攻，清军败退平壤。8月1日，清政府被迫对日宣战。同一天，明治天皇也发布宣战诏书。

威海卫之战

中日甲午战争中，清军在山东半岛抗击日本陆海军侵犯威海卫（今山东威海）之战役。

1894年（清光绪二十年）11月下旬，日军侵占旅顺（今属辽宁大连）后，其大本营鉴于渤海湾即将进入冰封期，不便于登陆作战，遂决定暂缓执行直隶（约今河北）平原作战计划，而将战略进攻方向转至山东半岛，海陆配合攻占威海卫，企图歼灭北洋海军。为此，陆军在其第2集团军基础上组成“山东作战军”，下辖第3、第4旅和原属第6师的第11旅，共计2.5万余人。清王朝因对日军主攻方向判断错误，集重兵于奉天（今沈阳）、辽阳和京津一带，山东半岛防御薄弱。威海卫位于山东半岛东北部，遥对旅顺、大连，建有拱卫渤海门户的北洋海军基地。北洋海军各舰艇于旅顺失陷前即撤返威海港，尚有大小舰艇27艘；港区陆上筑有炮台23座，安炮160余门，守军19营；烟台、酒馆（今牟平东）、荣成（今旧荣成）等处另有驻军41营。此时慈禧太后起用恭亲王奕䜣，令其与直隶总督兼北洋大臣李鸿章共筹和议。当得知日军企图后，始作迎战准备。李鸿章令北洋舰队水陆相依，陆军同守大小炮台，舰船依托岸上炮台进行防御。由于李鸿章的错误指挥，北洋海军在日军的猛烈进攻下全军覆没，海军提督丁汝昌自杀。

抗击八国联军入侵战争

自从中日甲午战争以后，西方列强掀起了瓜分中国的狂潮。1899 年（清光绪二十五年）至 1900 年间，山东、直隶（约今河北）等省爆发义和团运动。各主要帝国主义国家以镇压义和团为借口，悍然发动战争。清军中的爱国官兵和义和团在津、京和直隶地区奋起抗战。慈禧太后对列强时而宣战，时而乞和；时而利用义和团抗击侵略军，时而命清军屠杀义和团，没有明确之战略方针。两江、湖广等省区督抚则勾结英、美，实行东南“互保”，反对与列强作战。

最后，联军在天津大沽口登陆，攻陷北京，慈禧挟光绪逃往西安。抗击八国联军入侵战争失败，八国联军洗劫了北京城及其附近，犯下了滔天罪行。

清政府与列强于 1901 年 9 月 7 日签订《辛丑条约》。条约除规定“惩办”祸首、赔款外，清政府还被迫同意各国在使馆区及京津、津榆铁路沿线驻军，清军不得在白河口、山海关、秦皇岛等处设防，京城已无屏障可言。此后，中国的民族危机更加深重，中国人民进一步掀起对外反对列强侵略，对内反对清朝封建专制统治的民主革命高潮。

东北军民抗击沙俄入侵之战

1900 年中国东北黑龙江、吉林、盛京（今辽宁）三省军民抗击沙俄军队入侵之战争。

1900 年（清光绪二十六年）夏，沙皇俄国在参加八国联军入侵中国天津、北京的同时，又企图单独攻占中国东北，以推行其“黄俄罗斯”计划。7 月 6 日，尼古拉二世宣布自任俄军总司令，以摩罗巴特金为总参谋长，征调 13.5 万余官兵，编成西伯利亚第 1、第 2、第 3 军和登陆军，在中国东北周围各战略要地集结，准备从中国瑷珲（即黑龙江城，今黑龙江黑河市南）、呼伦贝尔（今属内蒙古）、宁古塔（今黑龙江宁安）、拉哈苏苏（今同江）、珲春（今属吉林）、旅顺（分属辽宁大连）等方向，实施多路进攻，夺占齐齐哈尔（今属黑龙江）、哈尔滨、吉林、长春、奉天（今沈阳）等重要城市，以实现其分进合击，速战速决，夺取东北三省之战略目的。时京、津地区战事吃紧，清王朝无力顾及东北，当地驻军仅 9 万余人，武器装备落后，战斗力低下。三省军政要员，或主战或主和，无法进行统一的部署和指挥。俄军侵入东北后，各地义勇燃起了“御俄寇，复国土”的烽火。1901 年 1 月下旬，吉林的抗俄队伍数万人统一编成忠义军，在海龙、通化一带，声东击西、出没无常地打击俄军。沙俄政府慑于东北人民的反抗和其他帝国主义列强的反对，于 1902 年 4 月 8 日同清政府签订《中俄收交东三省条约》，虽攫取许多特权，但不得不将俄军撤出东北，其“黄俄罗斯”计划终未得逞。

武昌起义

20世纪初叶，在中国同盟会的领导、推动下，全国革命运动高涨。湖北革命团体文学社、共进会在武汉运动新军，积聚了雄厚的革命力量。1911年(清宣统三年)9月，四川保路运动演化为武装起义，清王朝急调湖北新军入川镇压，武汉清军兵力减弱。9月14日，文学社、共进会在同盟会中部总会推动下联合组成起义领导机关，推文学社蒋翊武为临时总司令，共进会孙武为参谋长，制订起义计划，定于10月10日举事。10月9日，孙武配制炸弹不慎爆炸，领导机关遭破坏，革命文告、名册、印信被抄，蒋翊武出走。10日，革命党人刘复基、彭楚藩、杨宏胜被捕遇难。在此危急关头，新军中革命党人主动联络，决定按原计划立即起义。晚8时许，驻于武昌中和门外的新军工程营、辎重营首先发难。工程营革命代表熊秉坤带队夺占楚望台军械库，推左队队官吴兆麟为临时总指挥。各营革命党人纷纷响应，陆续到楚望台集中补充弹药。当晚，起义军分三路经王府口、水陆街、保安门正街向总督府及第8镇司令部连续发起进攻。起义炮兵第8标入城，占领中和门、蛇山阵地，控制制高点，轰击督署。清军在附近构筑街垒，组织抵抗。起义士兵在炮火支援下，前仆后继，英勇战斗，突破清军防线，进围督署。湖广总督瑞澂、第8镇统制张彪逃走。11日黎明，起义军占领武昌，并相继攻取汉阳、汉口。革命党人发表宣言，改国号为中华民国，号召各省起义；成立湖北军政府，推第21混成协统领黎元洪为都督。武昌起义的成功，给清朝统治以沉重打击，湖南等省区争相响应，纷纷宣布独立，脱离清王朝，形成全国范围的革命高潮。

护国战争

由于袁世凯的倒行逆施、复辟卖国，1915年底和1916年云南等省组织护国军，反对袁世凯复辟帝制，维护中华民国民主共和制度之战争。讨袁战争失败后，袁世凯下令取缔国民党，取消国民党议员资格，并解散国会，图谋复辟帝制。为取得日本政府对复辟的支持，1915年5月与其签订卖国的“二十一条”。8月，指使其亲信、幕僚成立进行复辟帝制活动的“筹安会”。12月12日申令接受“推戴”为中华帝国皇帝，不久下令改次年为洪宪元年。在袁准备称帝期间，孙中山的中华革命党和梁启超的进步党等组织曾派人赴云南策动武装起义。前云南督军蔡锷与云南将军唐继尧等人，于1915年12月25日在昆明宣布云南独立，不久即建立云南都督府，组织约2万人的讨袁护国军。蔡锷、李烈钧分任第1、第2军总司令，唐继尧任都督府都督兼第3军总司令。计划第1军攻川，第2军入桂、粤，第3军留守云南，乘机经黔入湘，而后各军在武汉会师北伐。另由都督府左参赞戴戡一部兵力入黔策动起义。袁世凯急令北洋军和川、湘、粤等省军队共约8万人，从川、湘、桂三路攻滇，企图一举歼灭云南护国军。最后，由于袁世凯的复辟活动和反动行为不得人心、前线部队不听指挥等原因，全国反袁运动迭起。袁世凯三路攻滇计划失败，加上在广东、山东等地袁军也遭到打击，外交上又连受挫折，被迫于1916年3月22日宣布撤销帝制，但仍居大总统位。为彻底推翻袁的独裁统治，5月8日，已独立的滇、黔、桂、粤等省在广东肇庆成立对抗北洋政府的军务院。不久，陕西、四川、湖南等省相继宣布独立。袁益陷窘境，6月6日病死。蔡锷等护国军将领依靠人民支持和部队旺盛士气，适时变更部署，持重待机，重视瓦解敌军，并采用佯动、袭击、割裂等手段，使护国战争赢得胜利，推翻了洪宪帝制。但代之而起的仍是直、皖、奉北洋集团的军阀统治。护国战争是近代由中国资产阶级单独领导的仅次于辛亥革命的又一次伟大的革命运动。云南，不仅是讨袁护国首先起义的省，而且云南各族人民为护国战争做出的重大贡献和牺牲，是值得人们永远怀念的。从云南开始的护国战争粉碎了封建帝制的延续阴谋，恢复了共和制。

护法战争

1917年8月至1918年5月，孙中山为维护与恢复标志共和国体的《中华民国临时约法》和国会，发动和领导的反对北洋军阀之战争。又称“南北战争”。1917年7月，张勋复辟失败，段祺瑞重掌北洋政府大权后，通电各省拒绝恢复约法和国会，并派北洋军第8、第20师等部入湘，镇压南方革命。孙中山等率部分驻沪海军抵广州后，电邀国会议员赴粤，并致电和派人联络西南军阀陆荣廷、唐继尧等人，共同推翻以段为首的北洋政府。八九月间，在广州召开的国会非常会议，决议建立中华民国军政府，选举孙中山为军政府海陆军大元帅，兴师讨伐段祺瑞。护法军政府所统辖及响应护法的军队有湘、桂、粤军等约15万人以上，组成联军，10月在湖南与北洋军接战，开始了护法战争。11月护法联军转为优势，先后攻占长沙、岳阳。各省护法军纷纷响应。战场扩展到湖南、湖北、四川、广东、福建等省。但桂系军阀却暗中与直系军阀谋和，阻挠南方护法军的进攻，剥夺孙中山的领导权，并于1918年5月迫使孙中山辞去大元帅职务，篡夺了护法军政府实际权力，第一次护法战争宣告失败。

第二次护法战争

直系军阀在直皖战争后，控制了北京政府的主要权力，推行武力统一政策，支持桂系军阀进攻闽南护法区。1920年8月驻闽粤军回师广东讨伐桂系军阀，占领广州后，孙中山宣布重建军政府。国会议员也准备重开国会非常会议，第二次护法运动开始。1921年4月，国会非常会议通过《中华民国政府组织大纲》，选举孙中山为非常大总统。1921年6月孙中山命令粤、赣、黔、滇各军进攻广西，陆荣廷被迫下台，两广得到统一。当时陈炯明担任军政府内政兼陆军总长和粤军总司令兼广东省长，他暗中勾结直系军阀，反对北伐，准备推翻广州革命政权。1922年夏季，孙中山发动了讨伐直系军阀之战争。正值北伐军胜利进军的关键时刻，陈炯明在广州发动了反对孙中山的武装叛乱，6月16日陈部炮轰总统府，欲置孙中山于死地。孙中山适时地转移到永丰舰上，坚持与叛军斗争，8月9日离粤赴沪，第二次护法战争又告失败。

直皖战争

1920年7月，直系军阀在奉系军阀支持下，与皖系军阀为争夺北洋政府控制权在京津地区进行之战争。

1916年袁世凯死后，北洋军阀分裂为直系和皖系。奉天督军张作霖逐渐控制东北三省，形成奉系。皖系军阀首领段祺瑞先后任国务总理、参战督办，控制中央政权，与日本签订丧权辱国的《中日陆军共同防敌军事协定》和《中日海军共同防敌军事协定》，并向日本大量借款，扩充皖系军队，坚持“武力统一”政策，主张削平军事割据，组织安福俱乐部，操纵国会，排除异己，同直系和奉系等军阀发生利害冲突。以曹锟、吴佩孚为首领的直系军阀取得英、美等国支持，与皖系军阀对抗。1919年11月，吴佩孚与西南军阀唐继尧、陆荣廷等人的代表在湖南衡阳签订《救国同盟军草约》，结成反皖同盟。1920年4月，曹锟在直隶（约今河北）保定以追悼入湘阵亡将士为名，召开各省代表大会，组成直、奉两系的直隶、江苏、湖北、江西、奉天（今辽宁）、吉林、黑龙江、河南八省反皖联盟。5月，吴佩孚由西南军阀提供毫洋60万元资助，自衡阳领兵北上，直达保定，准备讨伐皖系。段祺瑞立即集结兵力于北京附近准备迎战。7月初，皖军以5个师和4个混成旅组成定国军，段祺瑞任总司令，西路陈兵涞水、涿州、固安地区，东路布防杨村以西的梁庄（今西梁庄）、北极庙（今北章庙）一带。直军以1个师和9个混成旅组成讨逆军，吴佩孚任前敌总司令，西路占据高碑店，东路驻守杨村。张作霖令奉军一部入关，占领天津马厂、军粮城等地。张作霖通电奉军协同直军向皖军进攻。在东路指挥作战的皖军参谋长徐树铮见西路失利，东有奉军迫近，于是从廊坊逃回北京，所部不战而降。19日，段祺瑞见大势已去，被迫宣布辞职。23日，直、奉两军进驻南苑，办理军事善后。皖军不久被遣散或收编。直、奉两系军阀遂共同控制中央政权。这次战争，直奉联盟，并争取西南军阀的支持，使皖系军阀陷于孤立；在战争中，吴佩孚运用侧翼迂回战法，直捣皖军指挥中枢，一举获胜。

北伐战争

第一次国内革命战争即北伐战争，又称“第一次大革命”，是1924年至1927年中国人民在中国共产党和中国国民党合作领导下进行的反帝反封建的革命斗争。1926年2月，中国共产党向全国人民明确提出了出兵北伐推翻军阀统治的政治主张。1926 年 5 月，国民革命军第 7 军一部和第 4 军叶挺独立团等作为先头部队，先行出兵湖南，援助正被吴佩孚部击败而退守湘南衡阳的第 8 军唐生智部。7 月 1 日，广东国民政府发出《北伐宣言》，7 月 9 日国民革命军的 8 个军约 10 万人，兵分三路，从广东正式出师北伐。北伐战争打击的对象是占据中国广大地区、受帝国主义支持的北洋军阀吴佩孚、张作霖和孙传芳。在西路主攻方向上，国民革命军第 4 军、第 7 军主力同第 8 军会合后，在 7 月 11 日胜利进入长沙；8 月 22 日，占领岳州；随后又攻克汀泗桥、贺胜桥，击溃吴佩孚的主力，直指武汉；9 月 6 日、7 日第 8 军主力占领了汉阳、汉口；10 月 10 日，第 4 军主力和第 8 军一部攻克已被围困月余的武昌。共产党直接领导的叶挺独立团在湖南和湖北战场一些关键性之战役，如汀泗桥、贺胜桥和武昌战役中英勇搏杀，建立了重大功勋，因此，独立团所在的国民革命军第 4 军被誉为“铁军”。北伐军中路部队进展缓慢，蒋介石的嫡系 1 军 1 师在南昌附近屡遭挫折，溃不成军，不得不向武汉求援。第 4 军、第 7 军先后转入江西，于 11 月初在南浔铁路一带发动猛烈进攻，终于歼灭孙传芳部主力，占领九江、南昌。在东路福建战场，原来留驻粤闽边境的第 1 军两个师也乘势向福建发动进攻，于 12 月中旬进占福州。在北伐军攻占汉阳、汉口的同时，冯玉祥领导的国民军也在苏联顾问团和共产党员刘伯坚、邓小平等的帮助下，于 1926 年 9 月 17 日在五原誓师，绕道甘肃东进，参加北伐。北伐军在不到半年的时间里，打垮了吴佩孚，消灭了孙传芳主力，进占长江流域和黄河流域部分地区，沉重地打击了帝国主义和封建军阀的反动统治。

1927 年 3 月，帝国主义制造了令中国军民死伤 2000 余人的南京惨案。蒋介石为首的国民党右派同帝国主义和中国资产阶级右翼勾结起来，加紧反革命阴谋活动。4 月 12 日，蒋介石公开发动了“四一二”政变。蒋介石叛变后，7 月 15 日，汪精卫指使反动军阀发动“马日事变”，大肆屠杀共产党人，第一次国内革命战争遭到失败。

汀泗桥、贺胜桥战役

北伐战争中的著名战役。1926 年 8 月，叶挺率国民革命军第 4 军独立团长驱直进，连战皆捷，屡建战功。在湖北咸宁境内汀泗桥地区击溃军阀吴佩孚军，俘敌 2400 余人，获重大胜利。国民革命军第 4、第 7 军在湖北咸宁境内贺胜桥地区击溃军阀吴佩孚军主力，俘敌 3500 余人，获重大胜利。此后，叶挺被誉为“北伐名将”，所部被称为“叶挺独立团”，为 4 军赢得“铁军”称号。

长城抗战

长城抗战系指 1933 年中国军队在长城一线抗击日军侵略之战斗。

1933 年元旦，日军进犯山海关，中国守军何柱国旅奋起抵抗，揭开了长城抗战的序幕。1933年2月日军进犯热河（今并入河北、辽宁及内蒙古）。3月初，日军侵占热河，并继续向长城一线进犯。3月9日进犯长城军事要地喜峰口、冷口、古北口，中国守军顽强抵抗，坚守阵地。其中喜峰口守军，原西北军二十九军将士组织五百人大刀队，夜袭敌营，夺回喜峰口。此役毙敌千人，五百壮士仅二十余人生还。从10日至25日，在喜峰口至罗文峪的长城线上，中国将士屡次打败日军进攻。同一时期，冷口和古北口的中国守军，也对日军实行反击。蒋介石政府对此不予援助。日军受挫后，一面进扰察东，攻占多伦、沽源、宝昌、张北诸县；一面派兵改由山海关突进滦东。4月初攻陷石门寨、海阳、秦皇岛等地，使长城线上的中国守军腹背受敌。5月下旬，中国军队相继放弃长城各口，日军突破滦河，侵入滦西，攻陷冀东22县，直接威胁平津，长城抗战失败。

福建事变

由于同蒋系的矛盾和逐渐接受共产党及红军的抗日反蒋主张，1933年11月20日，李济深、陈铭枢、蒋光鼐、蔡廷锴等人以中国国民党第十九路军为主力，在福建发动的抗日反蒋事件，简称“闽变”。1931年“九一八”事变后，李济深、陈铭枢、蒋光鼐、蔡廷锴等人由于他们的抗日要求和行动得不到蒋介石南京国民政府的支持，与蒋的矛盾日益激化。1933年6月1日《塘沽协定》签字后第二天，蒋、蔡在福州发表通电，反对蒋介石对日妥协，出卖华北。接着又在中国共产党抗日主张的影响下和“剿赤”军事失败的刺激下，放弃了抗日与“剿赤”并行的方针，于10月26日派代表至江西瑞金与中国工农红军签订《反日反蒋的初步协定》，为事变的发动创造了有利条件。

11月20日，李济深等在福州召开中国人民临时代表大会，发表《人民权利宣言》，福建事变爆发。21日，李济深等通电脱离国民党，随后联合第三党和神州国光社成员发起成立生产人民党，以陈铭枢为总书记。22日，中华共和国人民革命政府宣告成立，由李济深、陈铭枢、陈友仁等十一人任委员，李济深任主席，改中华民国二十二年为“中华共和国元年”，并宣布革命政府的中心任务是外求民族解放，排除帝国主义在华势力；内求打倒军阀，推翻国民党统治，实现人民民主自由，发展国民经济，解放工农劳苦群众。

中华共和国人民革命政府成立后，受到各地民众和海外华侨的拥护，但同时也遭到蒋介石政府的舆论攻击和军事镇压。12月下旬，蒋介石抽调进攻江西苏区的嫡系部队十余万人，以蒋鼎文为前敌总指挥，在海、空军的配合下，由赣东和浙江分路进攻延平、古田等地。1934年1月上中旬，延平、古田、福州先后被蒋军占领，中华共和国人民革命政府和十九路军总部分别迁往漳州和泉州。21日，泉州、漳州相继失守，福建事变终告失败。李济深、陈铭枢、蒋光鼐、蔡廷锴逃往香港，第十九路军的番号被取消，军队被蒋介石改编。

绥远抗战与百灵庙大捷

绥远抗战发生在1936年中国抗战由局部转向全面抗日的时期，是局部抗战取得完全胜利的重大战役。

绥远省位于内蒙古西部，是贯通华北、西北，联结内蒙古与外蒙古的重要战略地带，控制了绥远，向南可威胁河北、山西，向西则可进兵陕西、宁夏、甘肃，向北觊觎外蒙古。为此，日军制订了以政治谋略和军事进攻两手并用夺取绥远省的计划，即对傅作义先进行收买，不行则武力驱逐。1933年7月，日军侵占了内蒙古绥远部分地区后，蒙古族上层反动分子德穆楚克栋鲁普（德王）公开投降日本，成立伪蒙古军政府。1936年8月，日本侵略军指挥蒙军向绥远东北地区进攻，绥远省政府主席兼第35军军长傅作义率部奋勇抗击。

敌军进攻的首先目标是红格尔图。这是一个不大的村镇，人口不过千余人，但却是绥东的门户，是由察哈尔西部进入绥远的必经之地，且与百灵庙、大庙（西拉木楞庙）成犄角之势，地位十分重要。11月13日，日伪军在飞机、大炮的支援下，发动对红格尔图的进攻。此役一直持续到19日结束，历时7昼夜，中国守军打退了日伪军的进攻，歼灭大量敌军，取得了红格尔图保卫战的胜利。

红格尔图战役后，傅作义部队又于11月24日零时向百灵庙发起攻击。12月9日绥远驻军收复了日伪的重要据点百灵庙和大庙，重创“日蒙联军”。至这次战役全部结束。绥远抗战是中国军民自1933年开展抗战以来获得的第一次胜利，使全国军民欢欣鼓舞。

绥远抗战是中国抗战史上取得完全胜利的局部抗战，三战三捷，肃清了绥远境内的全部日伪军，挫败了日军侵犯绥远的计划。

“七七”卢沟桥事变

1937年7月7日，日本侵略军在河北宛平（今并入北京）卢沟桥制造事端，中国守军奋起抵抗之战。又叫做“七七”事变、卢沟桥事变。

1931年日本帝国主义发动“九一八”事变，侵占中国东三省后，相继入侵上海，攻占热河（今分属辽宁、河北、内蒙古），进犯河北。1935年日本政府策划华北五省自治阴谋失败后，遂企图以武力攻占北平（今北京）、天津，夺取华北。1937年6月，日本驻丰台的中国驻屯军步兵旅第1团第3营频繁进行军事演习，伺机挑起事端。7月7日夜，日军在北平西南通往河北南部的咽喉要地卢沟桥附近演习，诡称一士兵“失踪”，要求进入宛平城搜查，遭守军严词拒绝后，即炮轰宛平城，向卢沟桥发起进攻。守军奋起还击，曾一举夺回失去阵地，全歼侵占卢沟桥火车站的日军。

“七七”事变发生后，全国人民群情激奋，声讨日本侵略军。

日军进攻卢沟桥受挫后，日本政府一

面以“不扩大方针”和“就地解决”为幌子；一面向华北增兵，加紧侵略部署。7月17日，蒋介石在庐山发表谈话，表示如果和平已根本绝望，便只有抗战到底。后日军发动袭击，廊坊、北平、天津等城相继陷落。

“七七”事变，标志着日本帝国主义全面侵华战争的开始，揭开了中国人民伟大的全面抗日民族战争。从此，中国各族人民在国共合作的全民族抗日统一战线的旗帜下，同仇敌忾，共赴国难，同入侵者展开了殊死抗争。

“八一三”淞沪会战

1937年8月13日至11月12日中国军队抗击侵华日军进攻上海之战役。淞沪地区位于长江下游黄浦、吴淞两江汇合处，扼长江门户。

日本帝国主义侵占平津后，又积极策划进攻上海，沿用它的故伎，挑起事端。先是在7月24日，上海日本海军陆战队借口一名士兵失踪，制造紧张局势，不久，这名士兵被查获送还日本领事馆。日又借机撤退上海日侨，作发动战争的准备。借口虹桥机场事件，日本海军陆战队在12日晚陆续登陆。而且在杨树浦、闸北、虹口一带布防。到12日止，调集淞沪的日舰已达30余艘，海军及陆战队1.5万之众。8月13日上午9时15分起，日海军陆战队在铁甲车的掩护下，由宝山路商务印书馆旧厂址出发，于横浜桥过淞沪铁路，向宝山路我军阵地进发，并向我军阵地开枪射击。我方保安队为自卫起见，用机枪扫射，打退了敌军，日方士兵死5人，伤10余人。下午3时50分，日军开始大规模进攻，并以大炮轰击，我军奋勇抵抗，“八一三”战争爆发。

淞沪抗战历时3个多月，日军以松井石根大将为总司令，共投入12个师团及海空军、特种兵部队30余万人的兵力。中国军队先以冯玉祥为总司令，后由蒋介石兼任，共投入70余个师70余万人的兵力，伤亡高达25万人，日军在此役中共伤亡40672人。日本企图3个月灭亡中国的计划未能实现。

“八一四”空战

1937年8月14日，中国空军抗击侵华日军空袭杭州笕桥机场的空中作战，史称“八一四”空战，又称“笕桥空战”。13日，日军以重兵向上海发动进攻，国民政府军事委员会下令，将驻河南周家口的空军第4驱逐机大队调往杭州，加强淞沪地区的防空力量。

14日下午，第4驱逐机大队27架霍克－3型战斗机飞抵笕桥机场，还未加油，便遭日机空袭。大队长高志航即率队升空，同日机展开空战。高志航在分队长谭文的配合下，迅速逼近1架日机，两次开火，将其击落。随后高志航又发现3架日机，迅速占据有利位置瞄准攻击，又击落日机1架。同时，第21中队中队长李桂丹等人也发现2架日机，经连续攻击，击落、击伤各1架。空战当天，天象复杂，日机为逃避中国空军飞机的攻击，在云层中上下机动，中国空军穷追不舍，经过30分钟激战，取得击落日机3架、击伤1架之战果，中国空军无一损伤。

此次空战是中国进行全面抗战后，空军飞行员抗击侵华日军空中袭击的第一次空战，首战获胜，极大地鼓舞了中国军民的抗日斗志，增强了战胜侵略者的信心。为纪念首次空战胜利，国民政府将8月14日定为“空军节”。

太原会战

山西地势雄固，为华北天然堡垒，又是拱卫陕甘西北的屏障。山西东部从1935年起，即开始构筑国防工事，主要是从正太路的娘子关及以北的龙泉关、平型关等各主要由东向西的通道地区，构筑成有纵深配置的防御工事，为日后防御日本侵略军进攻起到了相当大的作用。太原是山西省省会，阎锡山在太原经营多年。日军在取得一系列“胜利”后，决定侵占山西，占领太原。在阎锡山晋军、国民党中央军和共产党领导的部队的统一战线下，中日在太原地区展开会战。

太原会战包括有天镇战役、平型关战役、忻口战役、娘子关战役、太原保卫战。

经过艰苦之战斗，日军步步逼近太原城。1937年11月6日，日军第五师团和蒙疆兵团向太原阵地进攻，8日由北城突入，守军向西山突围，太原陷落。日军9日陷交城，接连陷祁县、平遥后停止。中国军队退守子洪镇、韩侯镇、兑九峪。太原会战结束。

忻口会战

忻口会战是平津失陷、淞沪会战开始之后，国民党正面战场第二战区组织的一次以保卫太原为目的的大会战，这次会战从1937年9月13日至11月8日，历时近两个月。忻口为晋北通往太原的门户，是保卫太原的最后一道防线。在忻口会战中，共产党领导的八路军一一五师主力和一二九师一部先后取得了平型关大捷和夜袭阳明堡战斗的胜利，有力地配合了正面会战。但由于国民党指挥无方，作战不力，终于失去了忻口、太原。从此，华北屏障不复存在。华北正面战场无战事，共产党领导的八路军深入敌后，开辟根据地，开展游击战争，逐渐成为华北抗战的主体。

南京会战

淞沪会战后，日军华中方面军司令官松井石根即指挥7个师团另2个旅团约20万人，分两路跟踪追击中国军队。北路上海派遣军4个师团沿太湖北岸沪宁铁路（上海—南京）追击；南路第10集团军3个师团沿太湖南岸宁杭公路（南京—杭州）追击，并以其一部出广德趋芜湖阻止守军西撤。日军趁势越过吴福线(吴县—福山）和锡澄线（无锡—江阴）两道筑城防线，直逼南京。

中国政府对是否固守南京举棋不定，最后决定守南京，迁都重庆。12月4日，中日双方开始小部队接触，6日各路日军抵近栖霞山、汤山、淳化镇、秣陵镇，对南京形成三面包围。7日，日军发起攻击，最后唐生智奉命突围。13日，日军占领南京后，连日屠杀中国军民达30余万人，史称“南京大屠杀”。

徐州会战

1937年12月，日军占领南京后，为沟通南北战场，打通津浦路，会师武汉，把徐州作为他们攻取的首要目标。

徐州是江苏省西北部一个重要城市，它位于黄淮两水间，地据鲁、豫、皖、苏四省的要冲，是津浦、陇海两铁路的枢纽；徐州四周山峦重叠，河川纵横，在我国历史上历来是兵家必争之地。南京政府鉴于徐州战场的安危直接关系到全国的抗日大事，决心全力防守，在此进行一次会战。这次会战以徐州为中心，史称徐州会战。徐州会战分两期，第一期是津浦路的初期保卫战，第二期是台儿庄会战。3月20日—4月7日，中国军队在台儿庄地区取得歼灭日军1万余人的重大胜利，振奋了全民族抗战的精神。5月19日，日军占领徐州及其附近地区，随即沿陇海铁路（今兰州—连云港）向西追击。第五战区主力撤至豫皖山区。

徐州会战与李宗仁

1937年10月，李宗仁被任命为第五战区司令长官，驻节徐州，指挥津浦路沿线作战。

李宗仁受命后，即选派徐祖贻任战区参谋长，组织战区司令长官部。11月初，李宗仁奔赴徐州前线。投入这次会战的中国军队有数十万人，但部队战斗力强弱差异较大。李宗仁调兵遣将，按其所长，做了细致部署。第31军军长刘毅辖131师、135师、138师，军中班排长以上干部，均系李宗仁亲自从广西征调而来，颇有作战经验，指挥也得心应手，因此李宗仁将其部署在海州，以防敌人在该处登陆；第三集团军总司令韩复榘部的12军、55军，训练、装备以及人员素质较差，李遂让其驻扎山东境内；57军军长缪澄流，辖111师和112师，该部装备尚可，但战斗力不强，李便命其部驻防苏北；51军军长于学忠，辖113师、114师，战斗力较强，李命其在临沂方面堵截日军前进。部署就绪，李宗仁密切注视着敌人的动向。在此期间，李宗仁指挥约60万中国军队与日军展开徐州会战，以阵地战、运动战、游击战相结合，获台儿庄大捷。

台儿庄大捷

1938年2月20日，日军第10师濑谷支队南进连陷临城（今薛城）、枣庄、韩庄后，孤军深入，向台儿庄突进，企图一举攻占徐州。李宗仁以第2集团军总司令孙连仲率部固守台儿庄，第20军团军团长汤恩伯率部让开津浦铁路正面，转入兰陵及其西北云谷山区，诱敌深入，待机破敌。3月23日，日军由枣庄南下，在台儿庄北侧的康庄、泥沟地区与守军警戒部队接战。24日起，日军反复向台儿庄猛攻，多次攻入庄内。守军第2集团军顽强抗击，与日军展开激烈的争夺战。第五战区以第20军团主力向台儿庄机动，拊敌侧背，与第2集团军形成内外夹击之势，并令第3集团军进至临城、枣庄以北，断敌后路。日军为解台儿庄正面之危，速以第5师坂本支队（相当于团）从临沂驰援，进至兰陵北面的秋湖地区，即被第20军团第52军圈击包围。4月3日，第五战区发起全线反攻，激战四天，歼灭日军濑谷支队大部、坂本支队一部共万余人。其余日军残部于7日向峄城、枣庄撤退。这一重大胜利被人们称为“台儿庄大捷”。

武汉空战

1938年中国空军抗击日军飞机空袭武汉之战。1937年12月，日军侵占南京后，溯长江西犯。翌年春，日军航空兵开始重点对武汉地区空军基地进行连续大规模空袭，企图摧毁其空中抵抗力量。中国空军在苏联空军志愿队配合下，英勇抗击，1938年2—5月与日机多次空战，其中规模较大的有三次。2月18日12时许，日军轰炸机12架在驱逐机26架掩护下进袭武汉。中国空军驻汉口、孝感的第4驱逐机大队所属3个中队，在大队长李桂丹率领下先后起飞伊－15、伊－16型驱逐机29架迎击。12时45分，第21中队伊－16型驱逐机10架从汉口机场起飞，上升至2000米高度，在机场西北与日军12架轰炸机、十余架驱逐机遭遇，经几番空战，日机向东逃逸。中国空军飞行员奋勇追击，击落日机3架，击伤2架。在此同时，第22、第23中队也与日机展开激战。是日空战，中国空军击落日军飞机10架，击伤2架。大队长李桂丹等5人阵亡，损失飞机5架，伤5架。4月29日，日军出动轰炸机、驱逐机共39架偷袭武汉。中国空军对此预有防备，集中飞机67架，以伊－15型驱逐机编队钳制日驱逐机，伊－16型驱逐机集中打击日轰炸机。经激战，中国空军击落日机21架；被日机击落12架，牺牲飞行员5人，其中陈怀民击落1架日机后，在被敌包围、飞机多处受伤情况下，仍向敌机猛冲过去，与敌同归于尽。日军遭此惨败后，又于5月31日出动轰炸机18架、驱逐机36架再袭武汉。中国空军和苏联空军志愿队英勇抗击，再次粉碎了日军空袭企图。中国空军在保卫武汉的空战中，连战皆捷，打击了日军的嚣张气焰，鼓舞了全国军民的抗日斗志。

武汉保卫战

1938年6—10月，中国军队为保卫武汉，在安徽、江西、河南、湖北等省抗击侵华日军进攻的作战。又称“武汉会战”。

日军侵占南京后，国民政府虽西迁重庆，但政府机关大部和军事统帅部却在武汉，武汉实际上成为当时全国军事、政治、经济的中心。1937年12月13日，国民政府军事委员会拟订保卫武汉作战计划。在徐州失守后，即调整部署，先后调集约

130个师和各型飞机200余架、各型舰艇及布雷小轮30余艘，共100万余人，利用大别山、鄱阳湖和长江两岸地区有利地形，组织防御，保卫武汉。

1938年5月攻陷徐州后，日军决定先以一部兵力攻占安庆，作为进攻武汉的前进基地，然后以主力沿淮河进攻大别山以北地区，由武胜关攻取武汉，另以一部沿长江西进。后因黄河决口，被迫中止沿淮河主攻武汉的计划，改以主力沿长江两岸进攻。

在武汉保卫战中，国共并肩作战，中国共产党充分发动人民支援抗战，呈现出一个个感人的爱国杀敌场面。最后，中国军队处处设防，分兵把守，但是未掌握强有力的预备队，没有充分发动群众，破坏对方交通线，因此，未能重创日军。在日军已达成对武汉包围的情况下为保存力量，中国军队不得不于10月25日弃守该城。日军26日占领武昌、汉口，27日占领汉阳。

武汉保卫战，是抗日战争战略防御阶段规模最大的一次战役，中国军队英勇抗击，消耗了日军有生力量（日军承认伤亡共3万余人），迟滞了日军行动。日军虽然攻占了武汉，但其速战速决、迫国民政府屈服以结束战争之战略企图并未达到。此后，抗日战争进入战略相持阶段。

万家岭大捷

武汉会战中，日军第106师团从九江沿南浔铁路（南昌—九江）南犯。守军第1兵团第29军团和第4、第8军等部依托庐山两侧及南浔铁路北段的有利地形进行顽强抗击，日军进攻受挫。8月20日，日军第101师团从湖口横渡鄱阳湖增援，突破第25军防线，攻占星子，协同第106师团企图攻占德安，夺取南昌，以保障西进日军的南侧安全。第1兵团总司令薛岳以第66、第74、第4、第29军等部协同第25军在德安以北的隘口、马回岭地区与之激战，双方成胶着状态。9月底，日军第106师团第123、第145、第147联队和第101师团第149联队孤军深入，进至德安西面万家岭地区。薛岳指挥第4、第66、第74军等部从侧后迂回，将其包围。日军第27师团一部增援，在万家岭西面白水街地区被第32军等部击退。10月7日，中国军队发起总攻，激战三昼夜，多次击败日军反扑。日军由于孤立无援，补给断绝，战至10日，4个联队大部被歼。史称“万家岭大捷”。

兰州空战

1939年2月，在抗日战争中，中国空军和苏联空军志愿队在甘肃省兰州地区空域联合抗击日军空袭的空战。

1939年2月12日，日军29架轰炸机从山西省运城起飞空袭中国西北重镇兰州，先头9架因看错地标，将甘肃省靖远县城误认为兰州而轰炸了靖远机场，后面的20架飞机未到兰州上空即遭中国空军拦截，经空战，日机多架被击伤后逃离。20日，日军20架轰炸机从山西运城起飞，分批轰炸兰州。中国空军第3大队和苏联空军志愿队共起飞29架驱逐机分头拦击，共击落日机9架，击伤多架。23日，日机20架又从运城起飞空袭兰州。当日，中国空军6架战斗机预先升空警戒，发现日机来袭，再起飞25架飞机拦击，击落日机6架，其余日机均被击伤。此3次空战，中国空军共击落日机15架。

桂南会战

1939年11月，日本侵略军第21军司令官安藤利吉为截断中国广西与越南的国际交通线，开辟海军航空兵对滇越铁路（昆明至河内铁路）、滇缅公路作战基地，指挥第5师团等约3万余人，在海军协助下，于15日在钦州湾登陆，突破中国守军防御阵地，中日桂南会战开始。24日，日军攻占南宁。随后，日军以一部南下攻占龙州及镇南关，另一部北上攻占高峰隘、昆仑关。中国军事委员会委员长桂林行营主任白崇禧为收复南宁，恢复桂越国际交通线，指挥第四战区主力分三路反攻南宁：北路军为第38集团军共4个师，从思陇向昆仑关进攻；东路军为第26集团军共4个师，袭扰邕江南岸日军，破坏邕钦路，阻止日军增援；西路军为第16集团军共4个师，向高峰隘进攻，并阻击南宁出援的日军；预备队为第99军（少1个师）。12月18日，北路军向昆仑关发起总攻。第5军军长杜聿明以荣誉第1师从昆仑关正面发起总攻，以新编第22师向五塘、六塘攻击，迂回昆仑关侧后，19日，西路军向高峰隘、四塘、新圩、吴圩等地进攻，东路军向钦州、小董、大塘等地攻击，以配合北路军作战。北路军战至31日，歼灭日军4000余人，收复昆仑关。1940年1月上旬，日军由粤北抽调第18师团和近卫混成旅团增援桂南，28日发起进攻，至2月3日，先后攻占宾阳、昆仑关，随后收缩兵力于南宁附近。中国军队发起反击，于2月14日再次夺回昆仑关，并进至五塘等地。日军固守南宁外围，在四塘、高峰隘、蒲庙一线与中国军队形成对峙，会战宣告结束。

昆仑关大捷

1939年12月至1940年1月，在抗日战争的桂南会战中，中国军队在广西南宁地区对日军进行的攻坚战役。

昆仑关，为南宁北侧的天然屏障。1939年12月16日，桂林行营下达了反攻南宁的作战命令，白崇禧为指挥。18日拂晓，中国军队第5军荣誉第1师在战车及炮火支援下，对昆仑关发动猛烈攻击，与日军在昆仑关隘口周围的崇山峻岭上展开激战，反复争夺厮杀。

在中国军队打击下，日军被迫放弃该地，回援南宁。驻南宁日军第5师团第21旅团驰援昆仑关。24日，第5军荣誉第1师于九塘东北枯桃岭向该旅团攻击，予敌重创，击毙旅团长中村正雄少将。29日，第5军在友军协同下发起总攻。30日，中国增援部队到达，向日军发起更猛烈的进攻，相继攻占了同兴、界首及其东南各高地，打破了昆仑关日军的防线。31日拂晓，杜聿明军长把指挥所推进至大坟岭，指挥官兵向日军猛攻。至8时，第159师占领653西南高地；上午11时，新编第22师攻入昆仑关，迫使日军向九塘方面退却。

战至31日收复昆仑关，获昆仑关大捷。歼灭日军4000余人，击落、击毁日机20余架。

豫南会战

1941年1月，日第11军为了打通平汉铁路南段，解除中国军队对信阳日军的威胁，纠集步兵7个师团、骑兵1个旅团、战车3个联队的兵力，在司令官园部和一郎的指挥下，分左、中、右三路，准备向豫南发起进攻。第五战区司令长官李宗仁决定采用避实击虚之战略，留少数兵力正面抗击，主力转向两翼，待日军进攻兵力分散之时，从其两侧及背后围歼之。

1月25日清晨，日军开始进攻。29日，日军左、右翼兵团分别在接官厅、上蔡附近，遭到中国第13军、第85军的猛烈攻击，伤亡较大。而中路的日军则因中国军队主动后撤，进展较快。30日，日军中央兵团兵分两路，主力由西平向舞阳迂回，一部由遂平向上蔡攻击，企图协同两翼兵团夹击中国军队。31日，日军攻占舞阳、上蔡，形成包围圈，但中国军队已先行转移，致使日军扑空。此时，日军侧背受到中国军队攻击，正阳已被皖西第84军克复，后方交通受到威胁，遂于2月1日开始回撤。日军第3师团从舞阳撤出后，于4日攻占南阳，6日放弃该城向唐河、泌阳方向撤退。中国第13军顺势收复舞阳后，即向南阳方向追击日军。与此同时，由舞阳南撤的日军第17师团及第15师团、第4师团各一部，在象河关附近遭到中国军队猛烈打击，伤亡惨重，向南溃退。至7日，各路日军均撤回信阳附近。此役，共毙伤日军9000余人。

豫南会战以侵华日军失败、中国军队胜利而告结束。豫南会战的胜利大大增加了中国人民抗日战争取胜的信心，体现了中国军民团结的伟大力量，有力地打击了侵华日军的嚣张气焰。

中条山会战

1941年5—6月，中国军队在中条山地区抗击日军进攻的作战。又称“晋南会战”。

日军第1集团军司令官筱冢义男指挥6个师团、2个独立混成旅团及伪军一部共10余万人，在第3飞行集团和华北方面军炮兵支援下，采取两翼钳击、中央突破战术，向驻守中条山的中国军队进攻。中国第一战区司令长官卫立煌为确保中条山地区，指挥2个集团军另2个军共16个师17万余人，在第二战区一部支援下抗击日军进攻。同时，邀请八路军第129师陈赓旅挺进中条山及汾南三角地带开展敌后游击战予以配合。

5月7日，日军在航空兵支援下，以山西垣曲（今古城镇）为主要突击方向，分由中条山西、北、东部发起总攻。战至12日，日军完成对守军的四面包围。14日后，日军以一部兵力封锁黄河渡口，主力对中条山守军进行“梳篦”扫荡。中国守军一部突破重围退往黄河南岸，大部化整为零转移至吕梁区、太岳区。6月15日会战结束。此役，歼灭日军近3000人，中国军队伤亡1.3万余人。

中国远征军

太平洋战争爆发后，日本大本营为尽速攻占东南亚各国和西太平洋诸岛屿，令第15集团军司令官饭田祥二郎率2个师团由泰国麦索侵入缅甸，陷仰光后，又增调2个师团，共约9.5万人，飞机250架，分路向缅甸北部进攻。为保障中国国际交通线滇缅路（中国昆明—缅甸仰光）畅通，中国政府根据《中英共同防御滇缅路协定》，以3个军10个师共10万余人组成中国远征军第1路。1942年2月下旬，应驻缅英军总司令T．J．胡敦请求，由第1路副司令长官杜聿明率第5军、第6军入缅，于3月初接替英军仰光—曼德勒铁路以东至泰、老、越接壤地区的防务。之后，又增调第66军进至曼德勒地区，并派中国战区参谋长J．W．史迪威（美军中将）、第1路司令长官罗卓英入缅指挥作战。远征军经一个多月作战，在保卫东吁、解救英军诸战中，英勇顽强为世人所赞誉。但由于出国时机过晚、盟军作战缺少协同、多头指挥等原因，使远征军始终处于被动态势，未能达成战役企图。

远征军第二次入缅甸作战

为打通中印、中缅公路，开罗会议商定盟军从缅北发动进攻。为此，1943年10月至1945年3月，中国远征军和中国驻印军先后有8个军共22个师的兵力，在美、英军配合下，在缅甸北部和中国云南西部举行反攻。中国驻印军于1944年3月攻占缅北孟关，6月攻克莫冈，8月在美军配合下攻占密支那。中国远征军于5月实施滇西战役，次年1月在孟尤与中国驻印军会师，打通中印、中缅公路。随后，中国军队南下，3月底与英印军在皎梅会师。为配合缅北进攻，1944年1—2月，南线英军向若开地区发起攻势，迫使日军撤退。3月，日军从缅甸向印度因帕尔地区发起进攻，以牵制盟军对缅甸中部地区的进攻，7月进攻失败。在缅甸国民军配合下，盟军于1945年3—5月间先后进驻曼德勒、仰光并收复缅甸全境。第二次入缅甸作战，远征军共歼灭日军4.8万余人，收复了怒江以西国土和缅北的中心城市密支那，打通了滇缅、中印公路。中国远征军为解放东南亚人民作出了贡献，并有力地支援了盟军在亚洲、太平洋战场对日军之战略反攻。

鄂西会战

1943年5月至6月，在抗日战争中，中国第六战区部队在湖北省西部、湖南省北部地区对日军进行的防御战役。

4月下旬，日军为打通长江上游航线，攫取中国船舶及洞庭谷仓，窥伺重庆门户，调集6个师团、1个旅团的兵力和200余架飞机，在第11军司令官横山勇指挥下，对鄂西地区中国军队发动进攻。第六战区集中第33、第29、第26、第10集团军和江防军等部队，在代司令长官孙连仲指挥下，确定在既设阵地先以坚强的抵抗给日军以不断消耗，诱日军于石牌要塞至渔洋关间，然后转入攻势，歼灭日军于长江西岸的方针。

5月5日，日军第3师团主力、独立第17旅团及第40、第34师团各一部，由藕池口、华容、白螺矶向洞庭湖北岸进攻。守军第29集团军第73军在安乡、南县等地与日军血战后转移。12日，日军独立第17旅团向新安攻击被阻；第3师团向暖水街攻击；第13师团一部向新江口、班竹垱攻击，主力由枝江、洋溪间西渡长江。至15日，双方在枝江、刘家场、暖水街、大堰垱西侧一线展开激战。16日、17日，日军第58师团先后增援，守军向西转移。

30日，守军正面各军全面反攻。至31日，日军因伤亡过重全面动摇，开始东撤，其第13师团主力被围困于宜都附近。中国空军与美国空军以大编队机群，协同战斗，给日军以重大杀伤。到6月3日，江防军完全恢复战前态势，第33集团军第74军及第29集团军也先后克复暖水街、王家场、新安，进迫至公安附近。7日，宜都被围日军在飞机掩护下并施放毒气，经过激烈战斗付出重大伤亡后突出重围，其师团长赤鹿理中将也告失踪。8日，守军收复宜都，9日克枝江，到17日克班竹垱等地，日军退守华容、石首、藕池口、弥陀市一线，恢复战前态势。是役，中国军队共歼灭日军3500余人。

日军发动豫湘桂会战的目的和背景

1943年，同盟国反法西斯战争转入战略反攻，日军在太平洋战场上屡遭失败，使南洋（东南亚）各地军队的海上交通线受到威胁。日本大本营为保持本土与南洋的联系，决定打通从中国东北直到越南的大陆交通线，同时摧毁沿线地区的中美空军基地，以保护本土和东海海上交通安全，遂令中国派遣军使用累计约51万兵力，发动打通大陆交通线的作战。国民政府军事委员会以共约100万兵力进行抗击。整个作战分为豫中会战、长衡会战、桂柳会战三个阶段。

豫湘桂会战的结果

在豫湘桂会战中，国民政府军事委员会由于战略指导失误，战役指挥失当，致使豫、湘、桂大片国土被占，空军基地、场站被毁。日军尽管达成作战企图，却无力保障大陆交通线畅通，也未能阻挡美机空袭日本本土。此外，由于日军分散了兵力，为中国军队反攻提供了条件。

豫中会战

1944年 4月至6月，在抗日战争的豫湘桂战役中，中国第一战区部队在河南中部地区对日军华北方面军第12军进行的防御战役。

1943年前后，日本通往太平洋前线海上交通线已无保证。日军为挽救其不利态势，从1944年春起，集中兵力，向中国正面战场发动了代号为“1号作战”之战略进攻，企图打通大陆交通线和歼灭中国西南部空军基地。会战分三次进行。第一次于4月初始，日军从东北、华北抽调5个师团、5个旅团约15万兵力，由华北方面军司令官冈村宁次大将指挥，分三路向豫中进攻，打通平汉线南段。第一战区集中18个军约30万人，在第八、第五、第十战区配合下，由第一战区副司令长官汤恩伯统一指挥，组织抵抗。

这次战争，中国军队虽经艰苦奋战，付出了重大牺牲，终未阻止日军打通平汉线的目的，郑州、许昌、洛阳、西平等战略要地沦陷；但给予日军以相当大的消耗。中国军队主力退守豫西、皖西各要地，继续袭扰日军，使其未能有效地利用平汉线（北平至汉口）的交通。

桂柳会战

1944年8月，日军侵占湖南衡阳后，又把广西桂林、柳州作为战略目标。9月10日，第6方面军司令官冈村宁次奉命指挥第11、第23集团军、第2飞行团（飞机约150架）和第2遣华舰队一部，共约16万人，在南方军一部配合下，以打通桂越（南）公路为目标，向桂林、柳州进攻。中国第四战区司令长官张发奎指挥9个军、2个桂绥纵队、空军一部（飞机217架），共约20万人，在黔桂湘边区总司令部的3个军支援下，以分区防御抗击日军。14日，日军第11集团军攻占全州，随后调整部署，准备攻击桂林。22日，日军第23集团军陷梧州，至10月11日相继攻占平南、丹竹和桂平、蒙圩。第四战区鉴于全州地区日军尚无行动，遂调整部署，将所部编组为桂林、荔浦、西江3个方面军，南宁、靖西2个指挥所，以大部兵力固守桂林，集中一部兵力先击破西江方面之敌。21日，第64军配属桂绥第1纵队向进占桂平、蒙圩的日军独立混成第23旅实施反击；另以第135师等部向平南、丹竹攻击，策应反击。战至28日，日军第23集团军主力逼近武宣，中国军队遂停止反击退守武宣。与此同时，日军第11集团军突破桂林、荔浦方面军的防御阵地，主力于11月4日进抵桂林城郊；一部向柳州进攻。11日，桂林陷落，柳州失守。随后，日军第3、第13师团沿黔桂铁路（都匀—柳州）向西北进攻；第23集团军沿柳邕公路（柳州—南宁）向西南进攻，24日占南宁。28日，日军南方军第21师团一部从越南突入中国，向广西绥渌（今属扶绥）进攻。沿黔桂铁路进攻的日军至12月2日攻至贵州独山，遭黔桂湘边区总司令部部队的反击，撤回广西河池。10日，日军第21师团与第22师团各一部在绥渌会合。至此，大陆交通线全部打通。

中国接受日军投降

1945年上半年，苏、美、英同盟军取得战胜德、意法西斯的胜利，使日本法西斯陷于孤立无援困境。在中国遭长期抗击业已疲惫的日军，由于敌后战场和正面战场军民的全面反攻和苏、美等同盟军的打击，迅速崩溃。日本政府被迫接受波茨坦公告，于8月15日正式宣布无条件投降。按同盟军太平洋战区最高统帅部划分的受降分工，中国战区受降范围为中国大陆（东北三省和香港地区，分别由苏军、英军受降）和台湾地区及越南北纬16度线以北地区。中国政府继9月2日接受日本政府在东京湾美舰密苏里号上举行投降签字仪式后，于9月9日9时在南京陆军总司令部礼堂举行接受日军投降签字仪式。由中国战区最高统帅代表、陆军总司令、陆军一级上将何应钦接受日本帝国政府及大本营代表、中国派遣军总司令官、陆军大将冈村宁次签署并呈递投降书。随后，划分15个受降区，接受日军投降。国民政府至1946年4月，共接收日军中国派遣军总司令部及下属方面军司令部3个、集团军司令部10个、师（含坦克、飞行师）36个、独立旅（含骑兵旅）41个、独立警备队（含守备队、支队）19个、海军陆战队（含特别根据地队）6个，共1283240人，收缴枪支776096支、火炮12446门、坦克383辆、装甲车151辆、卡车（含特种车）15785辆、马74159匹、飞机1068架、舰艇船舶1400艘（总排水量约5.46万吨）。

中国共产党领导的人民军队与日军投降

中国共产党领导的八路军、新四军、华南人民抗日游击队在敌后坚持抗战八年，为战胜日本法西斯做出了重大贡献。在中国战区的受降问题上，中共领导的人民抗日武装理应有权接受敌军投降，但由于美国的无理干涉，却被剥夺了受降权。蒋介石命令日、伪军抵抗人民军队的受降。美国总统命令所有在中国（东北除外）的日本陆海空军只能向国民党政府及其军队投降，不得向中国其他武装力量缴械。八路军、新四军、华南人民抗日游击队遵照朱德总司令8月10日发布的《第一号命令》，给继续顽抗和拒绝投降的日伪军以坚决打击，迫其缴械，至1945年底，共歼日军1.37万余人、伪军38.5万余人，收缴枪支24.8万余支、火炮1300多门。

第三章 中国共产党领导的革命战争常识

八一南昌起义

土地革命战争时期，中国共产党领导部分国民革命军在江西省南昌市举行的武装起义。

1927 年 4 月和 7 月，中国国民党内的蒋介石集团和汪精卫集团，勾结帝国主义和大地主大资产阶级，在上海和武汉发动反革命政变，残酷屠杀共产党人和革命群众，使中国人民从 1924 年开始的国共合作的反帝反封建的大革命遭到失败。为了反抗国民党反动派的屠杀政策，挽救中国革命，中共中央于 7 月 12 日进行改组，停止了中央委员会总书记陈独秀右倾投降主义的领导。后来，中共中央指定周恩来、李立三、恽代英、彭湃等组成中共中央前敌委员会，以周恩来为书记，前往南昌领导起义。8 月 1 日，在以周恩来为首的中共中央前敌委员会和贺龙、叶挺、朱德、刘伯承等的领导下，北伐军二万余人举行南昌起义。起义部队经过五个小时的激烈战斗，全歼驻在南昌的敌人并控制了全城。在反动势力的围堵绞杀下，起义部队最后转移。

南昌起义，由于客观上敌人力量过于强大，主观指导上缺乏经验，没有和湘、鄂、赣地区的农民运动相结合，开展土地革命战争，而是孤军南下广东，企图打开海口，争取外援，重建革命根据地，再次举行北伐，加之两次分兵，不能集中兵力歼敌，反为敌人各个击破等原因，最后遭到失败。但这次起义的伟大历史功绩是不可磨灭的。它在全党和全国人民面前树立了一面鲜明的武装斗争旗帜，充分地表现了中国共产党和中国人民不畏强敌、前赴后继的革命精神。

湘赣边界秋收起义

土地革命战争时期，中国共产党在湖南、江西两省边界地区领导农民自卫军、工人纠察队和革命士兵举行的武装起义。

“四一二政变”后，1927 年 8 月 7 日，中国共产党中央委员会在汉口召开紧急会议，纠正和结束了陈独秀的右倾投降主义，确定了实行土地革命和武装起义的方针，号召全党和全国人民继续战斗。在此前后，中共中央还作出了在工农运动基础较好的湖南、湖北、广东、江西四省发动秋收起义的决定。

“八七”会议后，毛泽东到长沙领导秋收起义。起初各路暴动队伍均取得一些胜利，但不久即受挫。14 日，毛泽东命令停止进攻长沙。同时湖南省委也放弃了长沙暴动的计划。19 日，各路暴动队伍于浏阳文家市会合，毛泽东主持召开前委会议，决议退兵湘南。29 日，暴动队伍到达永新县三湾村，在毛泽东领导下进行了具有重要历史意义的三湾改编，并开始酝酿进军井冈山。秋收起义的爆发具有重大的历史意义，创建了我党第一支工农军队，标志着我党独立领导武装斗争的开始，具有里程碑式的意义。最后，秋收起义部队转兵井冈山，开辟了第一个农村革命根据地，找到了中国革命的正确道路，中国共产党从此由小变大，由弱变强，最终取得了中国革命的最后胜利。

海陆丰起义

土地革命战争时期，中国共产党在广东省海丰、陆丰两县领导农民武装举行的起义。早在大革命时期，海丰、陆丰两县的农民运动，在中共中央委员彭湃等人领导下就有很大的发展。1927年蒋介石、汪精卫相继背叛了革命后，5月1日，以张善铭为书记的中共海陆丰地委曾领导海丰、陆丰两县农民自卫军和农民群众1000余人，举行过武装起义。八一南昌起义后，为接应南昌起义部队南进东江地区，9月7日至17日，中共海陆丰县委（由中共海陆丰地委改称）领导农民赤卫军和农民群众3000余人，再次举行武装起义，攻占了海丰、陆丰两县城。海丰县全境，陆丰县除上沙乡外，均由工农武装占领。中旬，在彭湃主持下，两县先后成立苏维埃政府，领导农民开展土地革命和政权建设。1928年1月5日，由广州起义部队改编的中国工农革命军第4师1000余人进入海丰县城，与工农革命军第2师会合，加强了海陆丰苏区的革命武装力量。后在国民党反动派的进攻下，起义队伍转入山区进行游击战争，继续斗争。

琼崖起义

1927年4月12日，蒋介石发动政变后，国民党琼崖（今海南省）当局也于4月21日发动清党大屠杀。中共琼崖特委为适应斗争形势，于7月底将琼山、文昌、定安、琼东、乐会（今属琼海）、万宁、陵水、澄迈、临高等县农民武装共1000余人，编为琼崖讨逆革命军第1至第9路军。中共中央“八七”会议后，琼崖特委决定举行全琼武装起义。

在中共琼崖特委书记杨善集及冯平、王文明、冯白驹等领导下，从1927年9月开始在定安、琼山、万宁、陵水、乐会、文昌、琼东、儋县、临高等地先后发动起义，又称九月暴动。由于敌强我弱，起义受挫。起义军在艰苦的条件下创建工农革命军，积极开展游击战争，建立了琼崖革命根据地。1928年2月，琼崖工农革命军改称工农红军。8月12日，琼崖第一次工农兵代表大会举行，宣布成立琼崖苏维埃政府，王文明任主席。此时，琼崖的形势已十分险恶，敌我力量对比悬殊。面对国民党军队的进攻，为了保存有生力量，红军转移到母瑞山区，开辟新的革命根据地，坚持长期的革命斗争。

渭华起义

土地革命战争时期，中国共产党在陕西省渭南县、华县地区发动国民党西北军一部和农民举行的武装起义。1928年

3月，中共陕西省委根据中共中央的武装起义方针，决定在陕西省渭南、华县地区组织武装起义。4月下旬，在国民党西北军新编第3旅进行兵运工作的共产党员刘志丹、唐澍和旅长许权中（中共党员）率该旅由潼关向华县高塘镇进发，途经华县瓜坡镇时宣布起义。起义部队进驻高塘镇后改编为西北工农革命军，辖4个大队、1个骑兵队，近1000人，刘志丹任军事委员会主席，唐澍任总司令，中共陕东特委书记刘纪曾任政治委员，许权中任总顾问兼骑兵队长。5月1日，渭南县、华县万余农民在西北工农革命军的支持下，于渭南县崇凝及其附近地区举行起义，建立了崇凝区苏维埃政府和陕东赤卫队。后多次与国民党反动派交锋，起义力量被迫转移，刘志丹等少数人员分散转入隐蔽斗争。渭华起义是大革命失败后中共陕西省委领导的，以军事力量与农民运动相结合，在全国具有重大影响的起义之一。这次起义沉重地打击了西北反动统治阶级的嚣张气焰，鼓舞了西北人民的斗志。同时也教育和锻炼了陕西人民，培养了政治、军事干部，为以后创建西北革命根据地积累了经验。

平江起义

1927年5月马日事变之后，平江工农群众惨遭反动派的“清乡”镇压，激起农民的不屈反抗，湖南省平江地区的工农群众在中国共产党的领导下举行过几次暴动，并组织了游击队开展游击活动。1928年3月的“扑城”农民达十万余众。1928年7月22日，共产党人彭德怀、滕代远、黄公略等在湖南平江领导革命的士兵和农民举行起义，占领了平江县城，成立了平江县工农民主政府，建立了工农红军第五军，彭德怀任军长，滕代远任党代表。平江起义后，湖南军阀纠集六个团的兵力进行围攻。8月1日，红五军撤出平江县城，转战于平江、浏阳和江西的万载、修水、铜鼓，湖北的通山一带，进行游击战争，开辟了湘鄂赣革命根据地。12月中旬，彭德怀、滕代远率领红五军主力到井冈山与红四军会合，其余部分武装在黄公略的领导下，继续在湘鄂赣边区坚持游击战争。

这次起义成功地粉碎了平江的反动武装，成立了工农红军第五军和平江工农兵苏维埃政府，是继南昌起义、秋收起义和广州起义的又一著名起义。

百色起义

1929年5月，蒋桂战争结束。国民党政府任命俞作柏为广西省（今广西壮族自治区）政府主席，任命李明瑞为广西各部队编遣特派员。俞、李主政广西后，为巩固其地位，主动要求与中国共产党合作，逐渐发展广西警备第四大队、第五大队等武装力量。后来，俞作柏、李明瑞在南宁通电反对蒋介石，10月初，因部下被蒋收买而失败。中旬，邓斌（邓小平）、张云逸率所掌握的广西警备第四大队和教导总队近2000人离开南宁，于22日抵达右江重镇百色，部署武装起义。

12月11日，在百色的广西教导总队一部、警备第四大队和右江农军4000余人举行武装起义，成立中国工农红军第七军。起义打击了国民党反动派的气焰，成立了左右江革命苏区。

龙州起义

1929年10月，国民党广西省（今广西壮族自治区）政府主席俞作柏和广西各部队编遣特派员李明瑞倒蒋（介石）斗争失败后，在广西工作的中共中央代表邓斌（邓小平）与中共广西特委决定，由广西警备第五大队大队长、共产党员俞作豫（俞作柏胞弟）率所部撤离南宁，开赴龙州，与当地工农运动结合，准备武装起义。李明瑞随第五大队抵达龙州后，在共产党组织帮助下，拒绝蒋介石的拉拢，毅然决定参加革命队伍。12月中旬，邓斌赴龙州部署起义。1930年2月1日，广西警备第五大队和龙州工人赤卫队、农民赤卫队共2000余人，在龙州举行武装起义。成立中国工农红军第八军，俞作豫任军长，邓斌兼任政治委员，李明瑞任红七、红八军总指挥。接着，分别在龙州、凭祥、养利（今属大新）、崇善（今属崇左）等10余县成立了革命委员会。此后，起义部队转战中越边境和桂滇边界地区，10月到达凌云县（今乐业县）上岗村与红军第七军会合。11月，编入红七军。

龙源口战斗

土地革命战争时期，中国工农红军第四军在江西省永新县龙源口地区，反击国民党军对井冈山革命根据地第四次“进剿”的作战。又称七溪岭战斗。1928年6月，驻江西省国民党军第3军第9师和第31军第27师共5个团，由第9师师长杨池生担任总指挥，对井冈山革命根据地发动第四次“进剿”。红四军得悉这一情况后，主动由永新退回根据地中心区域宁冈，进行反“进剿”准备，同时组织地方武装袭扰进犯永新的国民党军。中旬，杨池生率部由吉安进占永新。22日，以2个团留守永新及其附近地区，以3个团分两路进至龙源口和白口，企图分经新、老七溪岭合击宁冈，消灭红四军。据此，以毛泽东为书记的中共湘赣边特委和红四军军委决定，由军长朱德、军委书记陈毅率红四军主力在新、老七溪岭阻击国民党军，然后相机转入反攻，求歼国民党军一部，以打破其“进剿”。23日上午，红四军第29团和第31团第1营在新七溪岭击退国民党军左路1个团的多次进攻，守住了阵地；红四军第28团向进占老七溪岭制高点的国民党军右路2个团发起多次攻击，战至下午，攻占了老七溪岭制高点，随即乘胜追至白口歼其一部，并直插龙源口，切断国民党军左路的退路。此时，红29团等部将左路国民党军1个团击溃，并跟踪追至龙源口，在红28团和地方武装的协同下，将其全歼。接着，红军乘胜再占永新城。这次战斗，红四军歼国民党军1个团，击溃2个团，打破了国民党军对井冈山革命根据地的第四次“进剿”。

黄洋界保卫战

1928 年 7 月，中国工农红军第四军主力在湘南行动受挫后转移到桂东。红四军前委书记毛泽东率领第 31 团第 3 营由井冈山赴桂东接应主力，第 32 团和第 31 团第 1 营留守井冈山。8 月中旬，国民党湘军和赣军共 5 个团，准备对井冈山革命根据地进行第二次“会剿”。红四军第 31 团团长朱云卿、党代表何挺颖等得悉敌人即将进攻的情况，根据毛泽东坚守井冈山的指示，在赤卫队和人民群众的支援下，组织部队利用山险，设置竹钉，构筑工事，进行作战准备，等待主力回师，共同粉碎国民党军的“会剿”。下旬，国民党军乘红四军主力在湘南欲回未归之际，对井冈山根据地发起第二次“会剿”。30 日晨，湘军第 8 军 2 个团由酃县（今炎陵）出发，在赣军一部的策应下，向井冈山黄洋界哨口发起进攻。黄洋界位于井冈山主峰地面，扼山险要道，为井冈山五大哨口之一。红军第 31 团第 1 营 2 个连凭险据守，连续打退湘军多次猛烈攻击。下午，正当湘军重新组织进攻时，红军以仅有的 1 门刚修复的迫击炮，轰击其在源头的后续部队。湘军误以为红四军主力回山，惧怕被歼，当夜撤回。赣军闻讯后，也停止策应湘军的行动。黄洋界战斗的胜利，为红四军主力回师井冈山，打破国民党军对井冈山革命根据地的第二次“会剿”创造了条件。

大柏地战斗

1929 年 1 月 14 日，中国工农红军第四军主力在军长朱德、党代表毛泽东率领下离开井冈山向赣南挺进，2 月 9 日转战于江西省瑞金县以北的大柏地、隘前地区。此时，尾追红军的国民党军第 15 旅两个团由旅长刘士毅率领，也自澄江进到瑞金。中共红四军前委决定，乘第 15 旅孤军冒进之机，利用大柏地以南两侧谷地的有利地形，采取伏击手段将其歼灭。当日，红军第 28 团（不含第 2 营）、第 31 团和军特务营、独立营分别埋伏于麻子坳至前村（今杏坑）两侧的树丛中；第 28 团第 2 营在隘前警戒并诱敌进入伏击区。10 日 15 时，第 15 旅进到隘前时，遭红军警戒分队的阻击，战至黄昏，双方对峙。11 日晨，红军警戒分队边战边撤。当将第 15 旅诱至麻子坳、前村时，红军伏击部队突然发起攻击，第 28 团第 1 营从右翼迂回到茶亭东，攻占了第 15 旅指挥部，截断该旅的退路，第 2 营向敌正面发起进攻；第 31 团向敌左翼进攻，并占领南侧高地；军特务营、独立营迅速迂回到前村南侧，对敌军形成包围，并乘势发起总攻，激战到中午，歼第 15 旅大部，俘其 800 余人，缴获枪 800 余支（挺）。

陕甘苏区第三次反“围剿”

土地革命战争时期，中国工农红军在陕西省北部和陕西、甘肃两省边界地区，反击国民党军第三次“围剿”的作战。

1935年7月，蒋介石调集东北军和陕西、甘肃、宁夏、山西、绥远（今属内蒙古）五省国民党军共13个师又5个旅近10万人，采取南进北堵、东西夹击之战法，组织对陕甘苏区的第三次“围剿”。下旬，中国工农红军西北革命军事委员会前敌总指挥部决定，乘国民党军“围剿”部署尚未就绪之际，集中兵力，首先消灭东线孤立突出的晋绥军一部，而后打击南线东北军第67军。8月1日，总指挥刘志丹率领红26军一部和红27军共5个团及游击队，由清涧北上，秘密进至吴堡、宋家川地区，遂以一部兵力进攻慕家塬守军，主力进至慕家塬以南地区隐蔽待机，求歼援敌。11至18日，红军在吴堡慕家塬和绥德定仙，歼晋绥军第206旅1个团又4个连，俘其1800余人，迫使晋绥军主力撤回黄河以东。从而巩固了苏区的后方，为而后集中兵力打破国民党军的“围剿”创造了条件。

中央苏区第四次反“围剿”

土地革命战争时期，中国工农红军第一方面军在江西省中部地区，反击国民党军40万兵力对中央苏区“围剿”之战役。

国民党军发起进攻，红军向苏区腹地退却，国民党军在对中央苏区的三次“围剿”失败后，被迫在较长时期内处于守势。从1932年冬开始，国民党赣粤闽边区“剿匪”总司令部陆续调集近40万兵力，组织对中央苏区的第四次“围剿”。1933年1月底，蒋介石到南昌亲自兼任赣粤闽边区“剿匪”军总司令，指挥这次“围剿”，决定采取“分进合击”的方针，企图将红一方面军主力歼灭于黎川、建宁地区。红军在总司令朱德、总政治委员周恩来指挥下，灵活应变，诱敌深入，集中兵力歼灭敌人。最终，国民党军第四次“围剿”基本被打破。此役，红一方面军共歼国民党军近3个师，俘1万余人，缴获各种枪1万余支，创造了红军战争史上以大兵团伏击歼敌的范例。

红军长征的历史背景

1933年9月至1934年夏，中央苏区红军第五次反“围剿”作战，由于中共中央领导人博古（秦邦宪）和共产国际派来的军事顾问李德（又名华夫，原名奥托·布劳恩，德共党员），先是实行冒险主义的进攻战略，后又实行保守主义的防御战略，致使红军屡战失利，苏区日渐缩小。1934年4月，中央红军（1月，由红一方面军改称）在江西省广昌与国民党军进行决战，损失严重，形势危殆。7月，中华苏维埃共和国中央革命军事委员会命令红军第7军团组成北上抗日先遣队，向闽浙皖赣边挺进，建立新的苏区；命令红军第6军团从湘赣苏区突围西征，到湘中发展游击战争。中革军委派出两个军团分别北上、西征，意在调动国民党“围剿”军，以减轻中央苏区的压力，但未能达到目的。10月初，国民党军向中央苏区的中心区域进攻，迅速占领了兴国、宁都、石城一线。

红军的机动回旋余地更加缩小，在苏区内打破国民党军的“围剿”已无可能，于是被迫退出苏区，进行战略转移。

湘江战役

1934年11月中旬，中央红军突破国民党军第三道封锁线后，由湖南省南部向广西省（今广西壮族自治区）北部前进。蒋介石为将中央红军歼灭于湘江以东地区，任命何键为“追剿”军总司令，指挥16个师共77个团分五路专事“追剿”；并令桂军5个师在全州、兴安、灌阳等地阻击红军；令粤军4个师北进粤湘桂边，阻止红军南下；令贵州省“剿共”总指挥王家烈派有力部队到湘黔边堵截，总兵力近30万人。当时，中共中央、中央革命军事委员会领导人博古和共产国际派来的军事顾问李德一味退却逃跑，消极避战，鉴于全州、兴安一线敌人兵力比较薄弱，中革军委于25日决定中央红军分四路纵队从全州、兴安间抢渡湘江，突破国民党军第四道封锁线，前出到湘桂边境的西延地区。当日，红1、红3军团击破桂军的阻击进入桂北。27日，先头部队红2、红4师各一部渡过湘江，控制了脚山铺至界首间30千米的湘江两岸渡口，但后续部队因辎重过多，道路狭窄，行动迟缓，未能赶到渡口。此时，国民党“追剿”军迅速赶到，敌桂军湘军对红军发动攻击，红军损失较大。

12月3日，中央红军主力渡过湘江。湘江战役，中央红军经过英勇奋战，突破了国民党军第四道封锁线，挫败了蒋介石企图歼灭红军于湘江以东的计划。但此役也是中央红军长征中损失最大的一次。连同前三次突破封锁线的损失（包括非战斗减员），中央红军渡过湘江后由长征开始时的8.6万余人锐减为3万余人。

四渡赤水

土地革命战争时期，中央红军长征中，在贵州、四川、云南三省交界的赤水河流域同国民党军进行的运动战战役。红军长征进至遵义，蒋介石调集30万兵力围追堵截。1935年1月上旬，中央红军长征到达贵州遵义地区。15—17日，中共中央政治局在遵义召开扩大会议，纠正了王明“左”倾冒险主义在军事上的错误，实际上确立了毛泽东在红军和中共中央的领导地位。面对蒋介石围追堵截的不利局面，毛泽东决定伺机北渡金沙江，北渡长江。

其中，经过四次渡过赤水河，成为了毛泽东用兵如神指挥战役的经典。红军一渡赤水，改向川滇黔边发展；红军二渡赤水，进行遵义战役；红军三渡赤水，由遵义再进川南；红军四渡赤水，将国民党军甩在乌江以北。四渡赤水之战，毛泽东等根据情况的变化，指挥中央红军巧妙地穿插于国民党军重兵集团之间，灵活地变换作战方向，调动和迷惑敌人，创造战机，在运动中歼灭大量国民党军，牢牢地掌握战场的主动权，从而取得了战略转移中有决定意义的胜利。这是中国工农红军战争史上以少胜多、变被动为主动的光辉战例。

强渡大渡河

1935年5月上旬，中央红军长征从云南省皎平渡巧渡金沙江后，沿会理至西昌大道继续北上，准备渡过大渡河进入川西北。蒋介石急令第2路军前线总指挥薛岳率主力北渡金沙江向四川省西昌进击；令川军第24军主力在泸定至富林（今汉源）沿大渡河左岸筑堡阻击；以第20军主力及第21军一部向雅安、富林地区推进，加强大渡河以北的防御力量。企图凭借大渡河天险南攻北堵，围歼中央红军于大渡河以南地区。大渡河是岷江的一大支流，河宽300米，水深流急，两岸是险峻的群山，地势险要，大部队通过极其困难。5月24日晚，中央红军先头部队第1师第1团，经80多千米的急行军赶到大渡河右岸的安顺场。此地由川军2个连驻守，渡口有川军第24军第5旅第7团1个营筑堡防守。当晚，红1团由团政治委员黎林率第2营到渡口下游佯攻，团长杨得志率第1营冒雨分三路隐蔽接近安顺场，突然发起攻击，经20多分钟战斗，击溃川军2个连，占领了安顺场，并在渡口附近找到1艘木船。25日晨，刘伯承、聂荣臻亲临前沿阵地指挥。红1团第1营营长孙继先从第2连挑选17名勇士组成渡河突击队，连长熊尚林任队长，由帅士高等4名当地船工摆渡。7时强渡开始，岸上轻重武器同时开火，掩护突击队渡河，炮手赵章成两发迫击炮弹命中对岸碉堡。突击队冒着川军的密集枪弹和炮火，在激流中前进。快接近对岸时，川军向渡口反冲击，杨得志命令再打两炮，正中川军。突击队迅速登岸，并在右岸火力的支援下奋勇冲杀，击退川军的反扑，控制了渡口，后续部队及时渡河增援，一举击溃川军1个营，巩固了渡河点。随后，红1军团第1师和干部团由此渡过了被国民党军视为不可逾越的天险大渡河。

腊子口战斗

1935年9月13日，中国工农红军陕甘支队（由红一方面军第1、第3军和军委纵队改编）从甘肃省俄界地区出发，继续长征北上。16日，先头部队红4团在前进中击溃国民党军新编第14师第6团的阻截，当日下午逼近甘肃省南部要隘腊子口。腊子口素称“天险”，口子宽约30米，两边绝壁峭立，中间是腊子沟，沟上有座木桥，是通过腊子口的唯一通路。国民党军新编第14师在桥头和山崖上筑有碉堡，以1个营扼守隘口，1个营配置在隘口后边的三角形谷地，师主力配置在隘口以北至岷县一带，可随时增援。红4团决定，以第6连从正面强攻，夺取水桥；第1、第2连迂回到隘口守军侧后，两面夹击，夺占隘口。入夜，攻击开始。团政治委员杨成武指挥第6连在密集火力掩护下，向桥头猛冲，国民党军居高临下，凭借险要地形和坚固工事，固守桥头堡，第6连几次猛攻均未奏效。17日凌晨，第6连又由15名战士组成3个突击小组轮番向桥头突击。此时团长黄开湘（又名王开湘）率领的第1、第2连，从守军左侧攀上峭壁悬崖，迂回到隘口守军侧后，突然发起攻击。守军腹背受击，一部被歼，其余溃逃。拂晓，红4团占领腊子口，为红军陕甘支队北上打开了通路。

直罗镇奠基战役

土地革命战争时期，中国工农红军第一方面军在陕西省鄜县直罗镇地区对国民党军的进攻战役。

1935年10月，中国工农红军陕甘支队（由红一方面军第1、第3军和军委纵队改编）长征到达陕甘苏区。与此同时，红军第15军团在陕甘苏区第三次反“围剿”中又取得劳山战役的胜利。蒋介石对此极为震惊，立即重新调整“围剿”部署，以5个师的兵力，企图首先构成沿葫芦河的东西封锁线，并打通洛川、鄜县（今富县）、甘泉、延安之间的联系，构成沿洛河的南北封锁线，限制红军向南发展，而后采取南进北堵，逐步向北压缩之战法，消灭红军于洛河以内、葫芦河以北地区。

红15军团将敌第109师残部包围于直罗镇土寨子，24日上午全歼敌军，击毙师长牛元峰。

此役共歼国民党军1个师又1个团，共计毙敌1000余人，俘5300余人，缴获各种枪支3500余支（挺），打破了国民党军对陕甘苏区的第三次“围剿”，巩固了陕甘苏区，为中共中央把全国革命大本营放在西北创造了条件，历史上又称直罗镇战役为“奠基”之战。

西征战役

1936年5月5日，红一方面军东征回师陕北后，中华苏维埃人民共和国中央政府和中国人民红军革命军事委员会发表了《停战议和一致抗日通电》。但是，蒋介石坚持内战政策，拒绝议和，并调集16个师另3个旅准备对陕甘苏区发动新的“进剿”。其中宁夏第15路军司令马鸿逵以其新编第7师一部驻守定边、盐池、豫旺（今下马关）等地；第35师（师长马鸿宾）驻守庆阳、曲子、环县、镇原地区，防堵红军西进。中革军委为贯彻中共中央提出的扩大和巩固西北抗日根据地，壮大红军，努力争取西北抗日力量大联合，实现全国性的对日抗战的任务，于18日决定，以红一方面军第1军团第1、第2、第4师，第15军团第73、第75、第78师和第81师、骑兵团等共1.3万余人组成西征野战军，由彭德怀任司令员兼政治委员，进行西征，打击宁夏“二马”，在陕甘宁三省边界地区创武装。陕北游击队在东线坚持游击战争，牵制国民党军，保卫陕甘苏区，策应西征作战。西征战役打击了敌人，巩固了陕北苏区，但是红军西路军也损失较大。

监利战斗

1930年9月中旬，活动在洪湖苏区的红军第2军团遵照中共中央指示，准备渡长江南下配合红军一方面军攻打湖南省会长沙。为在渡江前使苏区得到巩固，红2军团决定先行攻克长江北岸的监利县城。该县城是国民党军阻塞洪湖苏区南北通路的重要据点，由国民党军新编第3师教导团和监利县保安团16个连驻守。22日拂晓，红2军团在总指挥贺龙、政治委员邓中夏指挥下，在监利、华容等赤色教导军、游击队和人民群众数万人的配合下，共分3路向监利城发起进攻。首先攻克堤头、毛家口、太马河等地国民党军据点，进而人北部曾家夹堤、火把堤一线战胜守军，迅速冲进监利县城。巷战过程中，因国民党军两个连在共产党员杨嘉瑞率领下举行火线起义，当晚红2军团占领监利县城。国民党军退守城南河堤和大庙的1个营，在红军的压迫下，于23日晨缴械投降。这次战斗，共歼国民党军新编第3师教导团及保安团2000余人，缴获各种枪支1000余支（挺）、迫击炮5门。

沙洋战斗

1931年夏，湖北、湖南两省边界的洪湖苏区遭受严重水灾，国民党军乘机决堤放水，对苏区进行“清湖”围困。8月初，为打破国民党军的围困，减轻苏区负担，保存红军基本力量，中共湘鄂西中央分局和湘鄂西临时省委决定，以红军第3军第9师第25团坚持苏区斗争，第9师主力向襄河以北出击，开辟潜江、京山、天门地区。13日，红9师师长段德昌、政治委员陈培荫率主力由湖北省监利、潜江边境向北行动，先后歼灭周家矶、黄家场一线国民党军。17日拂晓抵达荆门县沙洋镇。该镇为鄂中地区物资重要集散地之一，驻有国民党军新编第3旅旅部及其第2团。红9师决心乘其不备歼灭该敌，遂迅即扫除外围哨所，继而分西、南两路向沙洋镇发起进攻。国民党军被逼至沙洋东侧正逢涨水的襄河河边，无法渡河，大部投降。这次战斗，共歼国民党军2000余人，并击毙其旅长，缴获大量武器、弹药和物资。战后，红9师以缴获的武器装备组建了第27团。

忠堡战斗

1935年5月中旬，红军第2、第6军团由湘西地区北出鄂西，寻机歼敌。这时，鄂西地区国民党军大部集中于施南、宣恩、黔江、咸丰等城镇，贺龙、任弼时遂决心以围城打援之战法，寻歼鄂军一部。6月9日夜，红军以一部兵力突然包围宣恩县城，主力则隐蔽集结在城南10千米处准备打援。12日，国民党军鄂军纵队司令兼第41师师长张振汉指挥约4个旅的兵力，编成3个支队：以第48师第144旅及新编第3旅1个团和保安第5团为右支队，第41师第123旅为中支队，第41师直属队及第121旅为左支队，分别由李家河、来凤出动西进，增援宣恩。红军在鄂军出动前即获其计划，当即以红 6 军团一部继续围攻宣恩，以红 2 军团及红 6 军团主力于 11 日南下忠堡地区截击，经 65 千米急行军，于 12 日 15 时赶到忠堡东北黄牛棚附近。这时，鄂军右支队先头已进至忠堡，中支队和左支队正向忠堡前进。红军不待其靠拢即向运动中的右支队发起攻击，歼此后卫一部，同时击溃左支队前卫营，抢占有利地形。13 日，将左支队包围于忠堡以东的皮岭山谷。14 日晨，红 2、红 6 军团集中 4 个团又 1 个营的兵力，发起向心攻击，激战至 15 时左右，将其全歼。这次战斗，共歼国民党军 1 个师部和 1 个旅又 1 个营，俘张振汉以下 2000 余人，缴获枪 2000 余支（挺），电台 2 部。

袁家沟口战斗

1934 年 12 月，中国工农红军第 25 军长征进至陕西省雒南（今洛南）地区后，即大力进行开辟苏区的工作。至 1935 年 5 月，打破了国民党军第一次“围剿”，创建了鄂豫陕苏区。是月上旬，蒋介石调集 30 多个团，对苏区发动第二次“围剿”。红 25 军在中共鄂豫陕省委和军长程子华、政治委员吴焕先领导下，决定采取诱敌深入、先拖后打之战法打破“围剿”。6 月 25 日，红 25 军转到山阳县黑山街。29 日陕军警备第 1 旅追至黑山街附近。红 25 军决定以伏击战法消灭该旅，当即以小部队与其接触后，即退至山阳县以西的袁家沟口、桃园岭一带。这是一条长约 5 千米的山沟，两侧山高林密，便于设伏。为隐蔽企图，部队撤至袁家沟口西北的红岩寺。7 月 1 日，警 1 旅追至袁家沟口。当晚，红 25 军进入预定地区，第 223 团占领袁家沟口北面一线高地，第 225 团主力占领袁家沟口西南的东沟、李家沟南侧高地，第 225 团一部由西向东堵击，当地游击师在东南高地及其附近地区担任断其退路和警戒任务。2 日拂晓，红 25 军趁警 1 旅在袁家沟口村西集合之机，突然发起攻击，激战至午后，将其全歼，计毙伤 300 余人，俘旅长以下 1400 余人，缴获轻重机枪 40 余挺，长短枪 1600 余支，粉碎了国民党军对鄂豫陕苏区的第二次“围剿”。

包座战斗

1935 年 6 月，中国工农红军第一、第四方面军长征在四川省懋功（今小金）会师后，于 8 月中旬分左右两路军北上。至下旬，由中共中央、中央革命军事委员会和红军前敌总指挥部率领的右路军（由红一、红三、红四、红三十军组成）到达班佑、巴西地区。班佑以东的上、下包座，地形险要，是红军进入甘南的必经之地，由国民党军胡宗南部 1 个团凭险防守。胡宗南得悉红军北上的消息后，急调其第 49 师驰援包座，企图堵截红军。为了打开向甘南的通路，右路军决定采取围点打援战法，求歼包座和增援之敌。战斗至 8 月 31 日，红军占领上包座。战斗中，红 10 师师长王友均不幸牺牲。包座战斗，共毙伤国民党军 4000 余人，俘 800 余人，缴获长短枪1500余支、轻机枪50余挺以及大批粮食、牛羊，打开了红军向甘南进军的门户。

平型关大捷

“七七”事变后，北平（今北京）、天津相继沦陷，华北战局危急。八路军第115师主力于1937年8月22日由陕西省三原县云阳镇出征，第120师主力和第129师主力先后于9月3日和30日，由陕西省富平县庄里镇出征，开赴华北抗日前线，执行开创抗日根据地，牵制与消耗日军，配合国民党军正面战场作战，发展壮大自己之战略任务。在八路军日夜兼程向抗日前线挺进时，沿平绥路（今北京—包头）西进的日军已侵入山西，并沿同蒲路（大同—风陵渡）南下，对中国军队形成右翼迂回包围的态势。为避免陷入日军迂回包围之中，确保战略上处于主动地位，根据中共中央军委决定，八路军3个师改变原定集中用于恒山地区之战略部署，采取疏散之战略配置，第115师挺进晋东北，第120师挺进晋西北，第129师向晋东南地区挺进，实行“独立自主的山地游击战”的作战指导方针，在日军翼侧和后方积极开展游击战争，配合退守平型关、雁门关内长城一线的第二战区国民党军部队阻止日军进犯，保卫山西腹地。9月25日，第115师于平型关附近阻击歼灭日军1000余人，取得华北战场上中国军队主动寻歼日军的第一个大胜利，振奋了全国人心，提高了共产党和八路军的声望。

发动百团大战的目的

抗日战争时期，八路军在华北地区使用105个团的兵力，向日军占领的交通线和据点发动的大规模进攻战役。1940年夏秋，日本帝国主义乘德国法西斯军队在西欧和北欧迅猛推进，美国之战备尚未完成，英国又无力东顾之机，积极准备实行“南进”政策，攫取英、美、法、荷等国在东南亚和西南太平洋上的殖民地。因而，在中国战场加紧对国民党政府进行政治诱降活动，同时以主要力量继续进攻抗日根据地，特别是在华北加紧推行1940年度“肃正建设计划”和以“铁路为柱，公路为链，碉堡为锁”的“囚笼政策”，企图摧毁华北各抗日根据地，巩固其占领区，使中国成为其“南进”的后方基地。为粉碎日本侵略者的“囚笼政策”，争取华北局势有力发展，并影响全国的抗战局势，克服国民党妥协投降的危险，八路军总部决心向华北日军占领的交通线和据点，发动大规模进攻战役。

百团大战的结果和历史意义

历时三个半月的百团大战，八路军在地方武装和广大人民群众的紧密配合下，共作战1824次，毙伤日军2万余人、伪军5000余人，俘日军280余人、伪军1.8万余人，拔除据点2900多个，破坏铁路470余千米、公路1500余千米，缴获各种炮50余门、各种枪5800余支（挺）。

八路军也付出了伤亡1.7万余人的代价。日军在遭受打击后惊呼“对华北应有再认识”，并从华中正面战场抽调2个师团加强华北方面军，对华北各抗日根据地进行更大规模的报复作战。百团大战，是抗日战争中八路军在华北地区发动的一次规模最大、持续时间最长的带战略性的进攻战役。在这次战役中，中国共产党领导的华北敌后抗日军民，齐心协力，前仆后继，同日本侵略者浴血奋战，充分表现了中华民族不屈不挠之战斗精神。百团大战严重地破坏了日军在华北的主要交通线，收复了被日军占领的部分地区，给侵华日军以强有力的打击。百团大战对坚持抗战、遏制当时国民党妥协投降暗流、争取时局好转起了积极作用，进一步鼓舞了全国人民夺取抗战胜利的信心，提高了中国共产党和八路军的声威。它在中国抗日战争史上写下了光辉的一页。也有史家后来分析，“百团大战”过早地暴露了共产党的军事力量，在很大程度上直接或间接导致了国共摩擦的升级。

易涞战斗

抗日战争时期，八路军晋察冀军区部队在河北省易县、涞源地区反击日军进攻的作战。

1938年3月中旬，日军华北方面军以第114师团步兵第115联队及炮兵、骑兵各一部，由易县经紫荆关进攻涞源，企图打通易县至涞源、涞源至蔚县公路，分割和封锁晋察冀抗日根据地。晋察冀军区以第1军分区和第3军分区一部，在地方武装配合下，依托山区有利地形，采取游击队广泛袭扰与主力部队机动出击相结合之战术，反击日军的进攻。这次战斗，晋察冀军区部队以伤亡300余人的代价，毙伤日军1400余人，缴获步枪230多支、军马150匹，打退了日军的进攻，保卫了初建的晋察冀抗日根据地。

宣村伏击战

1940年12月下旬，八路军晋察冀军区所属冀中军区第7军分区第17团主力，为在平汉铁路（今北京—汉口）定县（今定州）至新乐段伏击日军军用列车，于26日黄昏由定县城西东邸村出发，进至城南宣村以南设伏，工兵分队迅速埋设地雷、炸药。当夜，由定县方向开来的一列载有日伪军300余人和大批武器装备的列车驶入伏击地域，工兵分队首先起爆地雷、炸药，机车被炸毁，车厢大部分出轨。此时，各投弹组、射击组一起开火，突击队立即发起冲击，迅速歼灭了处于慌乱中的全部日伪军。而后，运输组指挥民兵抢运军用物资。仅半小时，战斗结束。这次战斗，第17团仅1人负伤，毙伤日伪军约300余人，焚烧和炸毁机车1台、车厢13节、汽车40辆、坦克1辆、山炮9门、野炮8门，缴获山炮2门、迫击炮7门及其他大批军用物资。

狼牙山战斗

1941年8月中旬起，日军华北方面军调集7万余人的兵力，对晋察冀抗日根据地进行大规模“扫荡”。9月25日，日军3500余人在河北省易县狼牙山地区实施“清剿”。该地区驻有八路军晋察冀军区所属第1军分区机关、部队和涞源、易县、徐水、满城四县党政机关及群众数万人。第1军分区第1团第7连奉命掩护机关、部队和群众转移。该连依托山地有利地形巧布地雷阵，运用麻雀战阻击和迷惑日军。完成任务后，为甩掉尾追的日军，遂以第6班掩护全连转移。该班5个人坚定沉着，将日军诱向狼牙山主峰棋盘坨。日军误认为已将第1团主力包围，遂向棋盘坨猛攻。该班连续击退日军4次冲击，毙伤日军90余人。最后，在子弹耗尽、日军蜂拥而至的情况下，毅然砸毁武器，跳下悬崖。班长马宝玉、战士胡德林、胡福才壮烈牺牲，副班长葛振林、战士宋学义负伤后被救。他们的壮烈举动，表现了八路军战士崇高的民族气节，被誉为“狼牙山五壮士”。

冉庄地道战

抗日战争时期，河北省中部清苑县冉庄民兵挖筑地道对日伪军进行的作战。1941年秋，冀中平原的抗日斗争进入困难阶段，日伪军“扫荡”日益残酷。冀中人民抗日武装为了保存自己的力量，长期坚持平原游击战争，开始挖掘和利用地道对日伪军进行斗争。冬初，清苑县冉庄民兵先在自己家中挖了单口隐蔽洞（俗称蛤蟆蹲），很快遭到日伪军的破坏。民兵把单口隐蔽洞改造成能进能出的双口隐蔽地道，但仍不能有效地进行战斗，多数地道又遭到破坏。1942年夏季反“扫荡”开始后，中共冀中区委和冀中军区号召冀中人民普遍开展挖地道的活动，地道的构造不断改进和完善，初步形成户户相通、村村相连，既能隐蔽、转移，又便于依托作战的地道网络，成为长期坚持冀中平原抗日斗争的坚强地下堡垒。冉庄的地道也有较大的发展，共有4条主要干线、24条支线，村内户户相通，向外可通往孙庄、姜庄、隋家坟、河坡等村，全长30余华里。地道一般宽1米、高1.5米，顶部土厚2米以上；地道内设有瞭望孔、射击孔、通气孔、陷阱、活动翻板、指路牌、水井、储粮室等，便于进行对敌斗争。

从1943年开始，地道战进入了一个新的发展阶段，在冀中平原和冀南一些地方，逐渐形成了房连房、街连街、村连村的地道网，形成了内外联防、互相配合、打击敌人的阵地。地道战开始后，敌人也曾费尽心机，采用寻找洞口和放火、放水、放毒等办法进行破坏。但是，党领导群众不断改进地道，使其更加完善。为使敌人不易发现洞口，除对群众进行必要的保密教育外，还把洞口巧妙地隐蔽起来，用墙壁、锅台、水井、土炕做掩护；为使敌人不敢进入洞内，在洞口修筑陷阱、埋设地雷、插上尖刀，或者在洞内挖掘纵横交错的“棋盘路”；为了防止敌人用水、火、毒破坏地道，还在洞内设有卡口、翻板和防毒、防水门，或者将地道挖得忽高忽低、忽粗忽细，并且设有直通村外的突围口。这样，地道便成了进可攻、防可守、退可走的地下堡垒。

地道战的广泛开展，对平原地区进行严酷的反“扫荡”斗争起了重大的作用。例如，1943 年 3 月，驻灵寿的日伪军 200 多人包围了正定县高平村。拂晓，敌人开始进攻，群众已进入地道，民兵游击组、爆炸组利用地道工事监视敌人。当敌人进入地雷阵时，先后两次拉响 4 枚地雷，炸死 20 多个鬼子，敌人吓得在街上乱跑，又接连踩响了 9 颗地雷，加上手榴弹和冷枪，打得敌人乱跑乱窜，防不胜防。至中午，敌人伤亡 40 多人，狼狈逃回据点。地道战是平原人民对敌斗争的伟大创举，在河北平原抗日斗争史上闪烁着灿烂的光辉。聂荣臻元帅曾为此亲笔题词：“神出鬼没，出奇制胜的地道战，是华北人民保家卫国，开展游击战争，在平原地带战胜顽敌的伟大创举。地道战又一次显示出人民战争的无穷伟力。”

海阳地雷战

在山东境内，海阳民兵并非最早发明和使用地雷的，但海阳民兵却在实践中发明和制造了数十种地雷，海阳的地雷战在山东是最有名气的，它在抗日战争和解放战争中发挥了巨大的作用。

地雷战是抗日战争时期山东海阳民兵最重要的作战方法之一，地雷是当时最重要的作战武器。抗战时期，海阳地雷大显神威，共毙伤敌人 1025 人，涌现出赵疃、文山后、小滩三个胶东特级模范爆炸村，并涌现出于化虎、赵守福、孙玉敏 3 名全国民兵英雄和 13 名胶东民兵英雄、99 名胶东模范、11 名胶东爆炸大王，不仅在海阳人民的革命斗争史上写下了光辉的一页，而且在胶东抗战史上涂上了浓重的一笔。

海阳地雷战有力地支援了胶东其他地区的抗战。海阳民兵不仅在海阳境内大显身手，而且还奉上级武委会之命，多次组织远征爆炸队，到周边县配合当地部队作战，为当地民兵和部队培训了若干爆炸能手，有力地支援了相关地区的抗战，从而推动了整个胶东地区的抗战，为胶东地区的抗战胜利作出了杰出的贡献。

由于海阳民兵工作突出，特别是地雷战战果辉煌，因而获得了不少殊荣。1943 年冬，山东省军区政治部授予海阳“民兵工作模范县”光荣称号。1945 年 6 月，胶东区武委会授予海阳县“战斗模范县”光荣称号。

五丈湾地雷战

1943 年 5 月，日军对晋察冀抗日根据地北岳区实施“辗转扫荡”，其独立第 11 团 700 余人由河北省曲阳县党城镇向阜平县进攻。阜平五丈湾村民兵中队长李勇率民兵在日军必经之路埋设了地雷。12 日上午，日军进入埋伏区，发现埋有地雷，遂成疏开队形缓慢通过。李勇机智地开枪射击，击毙3人。日军在慌乱中踏爆地雷数颗，亡8人、伤25人，被迫改道。当其由阜平行至龙泉关时，又踏入李勇民兵中队埋设的地雷群，死伤100余人。战后，李勇民兵中队受到晋察冀军区的通令嘉奖，李勇获“爆破英雄”称号。

肃宁战斗

八路军晋察冀军区所属冀中军区第9军分区在1944年春夏季攻势作战中，基本清除河北省肃宁县城外围据点，使该城陷于孤立，迫使城内日军主力撤走，主要由伪保安大队600余人守备。8月18日，第9军分区侦悉驻肃宁城伪军180余人赴河间城运输枪械弹药并由原路返回。军分区司令员黄寿发、政治委员陈鹏，遂令第34区队及肃宁县游击队于20日拂晓进至河间至肃宁公路北侧张庄、大史庄一带设伏。上午，由河间返回的伪军通过白家庄后，预伏部队即以一部兵力转向河间方向警戒，一部沿公路隐蔽跟踪，一部迂回包围。当伪军行至张庄时，预伏部队形成三面包围，并突然予以袭击、截击和阻击，经半小时激战，将伪军全歼。29日夜，第9军分区集中第34区队及肃宁、博野县游击队共千余人，在民兵2000余人配合下，包围肃宁城，不久即发起强攻。30日晨，突破城关，攻入城内。而后分东、西两路，向城中心压缩守敌，中午，占领肃宁全城。与此同时，第9军分区部队还击退由高阳增援的日伪军600余人。午后，第9军分区部队又乘胜攻克城东玉皇庙、梁家村两个据点，从而肃清肃宁县境内全部日伪军。这次战斗，第9军分区部队仅以伤亡12人的代价，毙伤俘日伪军、伪政府人员800余人，缴获迫击炮2门、各种枪700余支，解放人口7万多人。

雁门关伏击战

抗日战争时期，八路军第120师第358旅第716团在山西省代县雁门关地区对日军汽车运输队进行的伏击战斗。1937年10月，日军侵占大同后，继续向南进犯太原。为配合国民党军在忻口的防御作战，第358旅第716团奉命深入日军侧后，在代县的广武、雁门关、太和岭间，破坏大同经代县、忻口到太原的公路，打击日军运输队，截断日军补给线。18日，第716团主力在团长贺炳炎、政治委员廖汉生率领下，设伏于雁门关以南黑石头沟公路西侧高地。上午，日军运输汽车50余辆，满载兵员、弹药，由北向南驶入伏击区。第716团即以密集的火力进行袭击。激战中，日军又有汽车200余辆由阳明堡方向向北驶来。第716团即分兵一部阻击该敌。激战至夜间，日军援兵又至，第716团遂撤出战斗。这次战争，共毙伤日军300余人，击毁汽车20余辆。20日夜，第716团一部复占雁门关，另一部破坏了广武至太和岭间的公路及桥梁。21日晨，第716团再次设伏于黑石头沟地区。日军由南向北的汽车200余辆和由北向南的汽车数十辆相向而来，当其先头车辆驶入伏击区时，第716团居高临下，以突然而猛烈的火力展开攻击。日军在8架飞机支援下进行反扑。第716团毙伤日军一部后撤出战斗。该团两次伏击战斗，共毙伤日军500余人，击毁汽车30余辆，一度切断繁峙至忻口间交通，配合了国民党军的忻口防御作战。

黄崖底战斗

1937年10月下旬，日军第109师团经河北省九龙关向山西省进犯。为打击和迟滞西犯的日军，八路军第129师师部率第386旅于31日进至山西省昔阳县城以东地区。11月2日，日军第109师团第136联队1个大队约700人由东冶头镇经黄崖底向昔阳攻击前进。第129师决定在黄崖底利用两侧高地，采取诱伏手段歼灭日军。遂以第386旅第771团于黄崖底以南凤居村占领阵地，并派出小分队向黄崖底方向警戒，第772团隐蔽集结于黄崖底以东巩家庄一带高地设伏。当日7时，日军经南界都进至黄崖底，第771团警戒分队与其接触后，节节抵抗，退至凤居村西北高地据险把守。日军屡次反扑，退守黄崖底河滩内集结。这时，在日军翼侧的第772团集中火力，居高临下，向日军实施猛烈袭击，激战1小时，予以大量杀伤。日军集中500余人向第772团阵地连续进行3次反扑，均未得逞，复退至黄崖底村中及附近沟渠内顽抗待援。伏击部队因受到地形限制，不便出击，遂撤出战斗。这次战争，第386旅以伤亡30余人的代价，击毙日军300余人、军马200余匹，缴获长短枪100余支、电台1部。

神头岭战斗

抗日战争时期，八路军第129师在山西省潞城县东北部神头岭地区伏击日军的战斗。

1938年3月上旬，第129师奉命由正太铁路（今石家庄—太原）附近进至晋东南的襄垣地区，侧击由邯郸经东阳关向潞城、长治进犯的日军第108师团，并破坏东阳关至长治的公路。黎城是日军在邯郸至长治公路线上的重要兵站基地，潞城有日军重兵据守，两城之间为丘陵，并有浊漳河相隔。第129师师长刘伯承、政治委员邓小平决心利用这一地形，袭击黎城，调动潞城日军出援而于途中伏击歼灭之。其部署是：以第385旅第769团袭击黎城，并阻击涉县出援的日军；以第386旅在潞河村与微子镇之间的神头村以西山岭设伏，歼灭潞城出援的日军。据此，第386旅于16日拂晓前沿神头岭上公路三面设伏。3月16日4时，第769团第1营袭入黎城城内与日军展开激战，歼其百余人，于拂晓前即主动撤出城内，向西北乔家庄转移。同时，第769团主力在东黄须、西黄须击退由涉县驰援的日军，第771团特务连烧毁赵店镇公路大木桥，切断了黎城、潞城之间的交通。黎城受袭，潞城日军即以步骑兵1500余人向黎城增援。9时，其本队进至神头岭地区，日军遭到突然袭击，顿时陷于混乱，且由于狭形限制，兵力兵器难以展开，死伤惨重。战斗结束时，八路军第129师以伤亡240余人的代价，毙伤日军1500余人，俘获8人，缴获长短枪550余支、骡马600余匹及大批军用物资，给侵入晋东南的日军以有力打击。

响堂铺战斗

抗日战争时期，八路军第129师在邯郸至长治公路线上响堂铺地区伏击日军辎重部队之战斗。

1938年3月下旬，八路军第129师为打击向晋东南进攻的日军，破坏敌后方交通运输线，决定由副师长徐向前指挥部队在邯郸长治公路上黎城至涉县间的响堂铺地区伏击日军辎重部队。其部署是：以第385旅第769团主力、第386旅第771团在公路以北后宽漳至杨家山一线山地分为左右两翼设伏，以第386旅第772团主力在马家拐阻击可能由黎城、东阳关增援的日军，并掩护伏击部队侧后的安全；以第769团一部阻击由涉县可能来援的日军，并以1个连进至王堡保障该团后方安全。各部队于30日午夜进入阵地。31日拂晓，由东阳关出动的日军约200余人，向位于苏家岭的第772团第7连进攻。徐向前判断日军并未发觉设伏企图，除令第772团以1个营进至庙上村以东高地加强右后方安全保障外，仍令参战各部继续隐蔽设伏。8时许，日军第14师团辎重部队2个中队的汽车180辆及掩护部队170余人，由黎城经东阳关向涉县开进。9时许，日军车队进入设状地区，预伏部队突然发起攻击，经2小时激战，日军除30余人逃窜外，余均被歼。与此同时，担负警戒任务的第772团击溃由黎城出援的日军300余人；第769团一部击退由涉县出援的日军400余人，并歼其一部，击毁汽车1辆。16时许，日军出动12架飞机，在响堂铺地区大肆轰炸，但第129师伏击部队已撤出战斗，安全转移。这次战斗，第129师以伤亡317人的代价，共歼日军400余人，烧（击）毁汽车181辆，缴获长短枪130余支、迫击炮4门及大批军用物资。

黄崖洞战斗

在太行区1941年冬季反“扫荡”作战中，八路军驻太行区部队在民兵和群众配合下，给予日军第36师团以杀伤，使其被迫退至黎城等地。11月9日，日军以“反转电击”战术向黎城以北黄崖洞、水腰地区进攻。黄崖洞地区是八路军的重要兵工厂所在地，地势险要，易守难攻，由八路军总部特务团约1个营的兵力守卫。10日拂晓，日军在炮火掩护下，进攻赤峪、槐树坪，特务团防守分队凭险抗击，打退其10多次猛烈冲击。11日，日军复以1000余人强攻南口阵地，特务团防守分队以手榴弹、滚雷与日军展开激战，毙伤其200余人。日军两度冲击受挫后，于13日拂晓调集5000余人，并携重炮10余门，自赤峪、赵姑村轰击桃花寨东南隘口阵地后，步兵全力进攻，强夺阵地。特务团防守分队顽强抗击，毙伤日军300余人，桃花寨失而复得数次。14日，日军侵占该阵地。15日，日军分左、中、右三路进攻水窑口阵地，坚守阵地的特务团分队在三面受敌的情况下，连续打退日军11次冲击。下午，日军继续强攻，并使用燃烧弹和毒气，均未得逞。16日早晨，日军在强大火力支援下，再度发起攻击，使用喷火器烧毁了水窑口的核心工事。此时，鉴于兵工厂职工和部分机器已安全转移，守卫分队在埋设地雷后于当夜撤出战斗。17日拂晓，日军进入厂区，遭到地雷杀伤，兵工厂也遭日军破坏。这次战争历经8昼夜，八路军总部特务团以伤亡100余人的代价，毙伤日军800余人。

夜袭虹桥机场

抗日战争时期，新四军所属江南抗日义勇军第2路袭击上海市郊日军机场的战斗。1939年春，新四军第1支队为执行中共中央关于向东发展之战略方针，派遣第6团团长叶飞率部从苏南茅山地区向无锡、江阴、苏州敌后挺进。5月初，该团在武进县南部戴溪桥，与中共地方组织领导的游击武装合编，沿用当地游击武装“江南抗日义勇军”的番号（简称“江抗”），第6团编为江抗第2路。随即越过京沪铁路（南京—上海），抵达无锡梅村地区，积极开展敌后游击战。5月31日，江抗第2路途经无锡东北黄土塘，与下乡“扫荡”的数百名日伪军遭遇，当即展开激战，经勇猛冲杀，展开白刃格斗，毙伤日伪军近百名，迫其退出黄土塘。6月24日，第2路夜袭浒墅关车站，毙伤日军20余人，并烧毁车站，炸断铁路，使京沪铁路交通一度中断。而后，江抗第2路继续东进，直逼上海近郊。7月下旬，江抗第2路一部在追击伪军时袭入虹桥机场，先将机场内伪警察、伪办事人员俘获，随后分路搜索，发现机场一角停放飞机4架，决定予以烧毁。此时，驻守机场四角碉堡内的日军发觉，用步、机枪射击。江抗部队鉴于日伪军增援迅速，久留不利，遂迅速接近敌机点燃汽油，将飞机焚毁，然后安全撤出战斗。这一胜利，鼓舞了上海人民的抗日斗志，扩大了新四军的政治影响。

皖南事变的历史背景

皖南事变是抗战期间，国民党顽固派对华中的新四军军部所发动的一次突然袭击，是国民党第二次反共高潮的顶点。国民党顽固派策划消灭新四军阴谋，中共中央展开针锋相对的斗争。1940年9月，日本帝国主义与德国、意大利订立军事同盟后，图谋迅速结束侵华战争，抽兵南进，向东南亚和南太平洋地区扩张。它以撤出南宁、龙州为诱饵，加紧对国民政府进行诱降活动。英、美两国从其自身利益出发，需要中国继续抗战，牵制日本南进，对国民政府极力拉拢，故大量增加财政经济和军事援助。然而，国民党蒋介石集团把这一国际形势看成是加紧反共的有利时机，遂发动第二次反共高潮，在进攻江苏省泰兴县黄桥新四军抗日阵地失败后，又加紧策划袭击皖南新四军领导机关及所属部队的阴谋。

皖南事变中的“皓电”

抗战进入相持阶段后，国民党顽固派加紧制造反共摩擦活动。1940年10月19日，国民政府军事委员会正副参谋总长何应钦、白崇禧发出致八路军朱德总司令、彭德怀副总司令和新四军叶挺军长的“皓电”。“皓电”对中国共产党及其领导的武装力量进行了种种攻击和诬蔑，并要求在大江南北坚持抗战的八路军、新四军于一个月内全部开赴黄河以北，并将50万八路军、新四军合并缩编为10万人。与此同时，国民党当局又密令汤恩伯、李品仙、韩德勤、顾祝同等部准备向新四军进攻。“皓电”成为第二次反共高潮的起点。

皖南事变的过程

中共中央对形势发展的前途以及影响它的各种力量作出冷静的分析，提出打退国民党顽固派进攻的正确方针。要求江北部队暂时免调；对皖南方面，决定让步，答应新四军北移。11月9日，中共中央以朱德、彭德怀、叶挺、项英名义复电何应钦、白崇禧(即“佳电”)，据实驳斥“皓电”的反共诬蔑和无理要求；同时表示，新四军驻皖南部队将开赴长江以北。12月8日，何应钦、白崇禧再电朱、彭、叶、项（即“齐电”)，要求迅即将黄河以南八路军、新四军全部调赴黄河以北。12月9日，蒋介石发布命令：长江以南的新四军于12月31日前开到长江以北地区，黄河以南的八路军、新四军于1941年1月30日前开到黄河以北地区。12月10日，他又密令第三战区司令长官顾祝同、第三十二集团军总司令上官云相等，调兵围歼新四军部队。

1941年1月4日，奉命北移的新四军军部及其所属皖南部队9000余人，从云岭驻地出发绕道北上。6日在安徽泾县茂林地区，突遭国民党军队七个师8万余人的包围袭击。新四军部队英勇奋战七昼夜，终因寡不敌众，弹尽粮绝，除约2000余人突出重围外，一部被打散，大部壮烈牺牲或被俘。军长叶挺在和国民党谈判时被扣押，政治部主任袁国平牺牲，副军长项英、参谋长周子昆在突围中被叛徒杀害。1月17日，蒋介石反诬新四军“叛变”，宣布取消新四军番号，声称将把叶挺交付“军法审判”。这就是震惊中外的皖南事变。这一事变是国民党顽固派发动的第二次反共高潮的最高峰。

皖南事变的解决和结果

中共中央高瞻远瞩、总揽全局，提出在政治上取攻势、在军事上取守势，坚决击退国民党顽固派第二次反共高潮的正确方针。周恩来领导南方局在重庆，对国民党顽固派从政治上和宣传上进行了猛烈反击。周恩来为《新华日报》题写“为江南死国难者志哀！”“千古奇冤，江南一叶；同室操戈，相煎何急?!”的题词，对国民党顽固派进行了有力的声讨。中共中央军委还发布命令重建新四军军部，整编全军，继续坚持抗战。共产党的正义自卫立场，得到了各界人士、民主党派的同情和支持。国民党当局在政治上陷于空前孤立的形势下，不得不收敛其反共活动。1941年2月，蒋介石公开表示“以后决无剿共的军事”。第二次反共高潮被打退。国民党顽固派制造皖南事变，警醒和教育了对国民党抱有幻想的人们，孤立了自身。中国共产党的坚定立场和维护抗战大局的态度，赢得了多方面同情，扩大了群众影响，提高了政治地位。

天目山反顽战

抗日战争时期，新四军苏浙军区部队在浙江省天目山地区，对国民党顽固派军队进行的三次自卫反击战。1944年秋，日军为确保南京、上海、杭州三角地带，防止美军可能在浙江、福建方向登陆，先后占领温州、福州等要地，控制了浙闽两省沿海地区，国民党军纷纷西撤。中共中央华中局和新四军军部遵照中共中央关于开展东南沿海抗日斗争，发展苏浙皖边与浙江沿海地区，以准备实行战略反攻的指示，命令第1师主力南进，首先打开苏南、浙西抗日局面，再与浙东打通联系，而后相机向南发展。12月下旬，第1师3个团南渡长江，于1945年1月与在浙江长兴地区的第16旅会合。1月13日，新四军苏浙军区成立，粟裕任司令员，谭震林任政治委员（未到职），将苏南、浙东和第1师南下部队整编为第1、第2、第3纵队（4月增编第4纵队），并确定了向东南敌后进军的部署。正当苏浙军区部队积极向敌后挺进之际，国民党顽固派连续调集重兵企图聚歼苏浙军区部队。苏浙军区部队被迫于天目山地区进行了为时5个月的自卫反击作战。新四军苏浙军区部队天目山三次自卫反击战，挫败了国民党顽固派军队聚歼苏浙军区主力，驱逐新四军出江南的企图，巩固和扩大了苏浙皖边抗日根据地，为完成向东南沿海发展的战略任务创造了有利条件。

阜宁战役

抗日战争时期，新四军第3师兼苏北军区部队，在江苏省北部阜宁县城对伪军进行的进攻战役。1945年春季，新四军第3师兼苏北军区为执行扩大解放区、缩小沦陷区之战略任务，在江苏省北部对日伪军发起攻势作战。3—4月间，日军为防止美军在华中沿海登陆，加强长江下游防务，将阜宁等地的日军南撤至长江沿岸地区，以伪军接替苏北各据点守备。阜宁县城及城北各据点由刚从河南省开封地区调来的伪第2方面军第5军第41师和苏北屯垦警备第1总队等部3400余人守备。阜宁县城水陆交通便利，是盐阜区的军事要地。第3师兼苏北军区针对阜宁地区伪军失去日军支撑，忙于交接防务，城内粮食缺乏等情况，决定抓住这一有利战机，集中第8旅全部、第10旅主力、师部特务团及阜宁、阜东、射阳、建阳、盐乐等5个县独立团共11个团的兵力，由参谋长洪学智为前线指挥，发起阜宁战役。战役于4月24日午夜发起。此役，第3师兼苏北军区部队共毙伤伪军339人，俘2073人，攻克阜宁县城及其外围据点22处，摧毁碉堡143个，收复国土250平方千米，解放村镇560余处，控制了（南）通（赣）输公路中段。这一胜利，给伪军以沉重打击，扩大了苏北解放区。

高邮战役

1945年12月，新四军华中野战军在江苏省高邮、邵伯地区，对拒绝投降的日伪军进行的进攻作战。1945年8月，日本政府宣布投降后，高邮、泰州、江都等城镇仍为日伪军驻守。盘踞高邮的日伪军，自恃兵多城固，妄图与新四军对抗。12月，新四军华中野战军司令员粟裕、政治委员谭震林为消灭拒绝投降的日伪军，并为阻止国民党军由扬州北上进攻解放区创造条件，决心发起高邮战役，以第8纵队攻击高邮城，以第7纵队攻击高邮以南邵伯，以地方武装配合作战。高邮城四周为湖泊河流所环抱，城墙高厚，工事坚固。城内有日军独立混成第90旅团2个大队和伪军第42师7个团防守，且随时可得到扬州国民党军的配合。12月19日晚战役开始。华中野战军第7纵队于20日攻占邵伯，歼敌近千人，切断了日伪军南逃退路，并沿邵伯、丁沟一线构成对扬州、泰州国民党军的防御。21日，第8纵队在扫除高邮外围据点后，直逼城下，一面作攻城准备，一面对守军开展政治攻势。25日晚，攻城突击队在炮火支援下，冒雨从西北、东、南三个方向攻城，一部以云梯登城突破，与守军展开激烈争夺战，打退守军多次反扑，扩大了突破口。第8纵队主力随即投入战斗。经7小时激战，首先消灭日伪军，26日晨攻进日军旅团司令部，迫使驻守日军投降。同时，击退了由扬州北援的国民党军队。此役，共歼日军1100余人、伪军4000余人，缴获各种炮80余门、枪6000余支，拔除了残存在华中解放区内的日伪军据点。

豫南作战

抗日战争时期，新四军第5师一部挺进河南省南部，创建抗日根据地的作战行动。1944年5月下旬，日军结束河南战役转兵向湖南、广西进攻，中共中央鉴于河南境内日伪军兵力薄弱，决定以八路军、新四军各一部发展河南抗战，并指示新四军第5师以一部向河南南部挺进，创建抗日根据地。7月下旬，鄂豫边区党委和第5师决定以淮南支队5个连、信阳独立第25团5个连和第38团第3营共1000余人，组成由黄林任指挥长、任质斌为政治委员的豫南游击兵团。29日，先遣队5个连从信阳东北陡沟附近渡过淮河，突破国民党豫南挺进军等部阻击后，向北发展。8月29日晚，豫南游击兵团主力由萧王店西北黎山头奔袭驻正阳胡冲店的县保安团，俘其600余人，缴枪500余支。9月下旬，豫南游击兵团越过平汉铁路（今北京—汉口）西进。10月下旬，在确山县竹沟镇东南爬头筹歼灭土匪武装500余人。与此同时，豫南游击兵团得到第5师4次增派兵力，又吸收大批农民参军，扩充为4个团，于11月改称河南挺进兵团。10月中旬，挺进兵团留下少数部队坚持豫南地区的斗争，以第2、第4团和第1团第9连向豫中挺进，在遂平、西平、舞阳、叶县地区展开工作，创建豫中抗日根据地。1945年2月8日，第2、第4团和第39团1个营及嵖岈山游击支队，向盘踞遂平城西北母猪峡一带“皇协军”独立支队进攻，歼其300余人，并击退漯河、驻马店、舞阳、叶县等地日伪军2000余人的增援。3月26日，第38、第39团（欠1个营）和挺进第4团4个连，夹击位于舞阳城南尹集镇的伪“和平建国军”第1旅，歼灭、击溃其各1个团，俘800余人，缴枪300余支；继又乘胜攻占了确山县西南任店伪军据点，争取其一部投诚。4月13日，第2团一举攻破西平城西合水镇，歼伪“和平建国军”第2师一部，俘其师长等指挥官多人并击毙日军官佐多名，从而使叶县、方城、舞阳与西平、遂平抗日根据地连成一片。至抗战胜利前夕，控制了南起信阳、北达叶县、东自正阳、西迄泌阳间1万多平方千米的土地，成立了3个地委、专署和10多个县抗日民主政权和武装总队，与挺进河南的八路军部队共同沟通了华中与华北抗日根据地的联系。

百花洞战斗

1941年6月10日，驻广东省东莞县的日伪军600余人，利用夜暗袭击县城东南约20千米处大岭山抗日根据地中心区百花洞村，企图消灭广东人民抗日游击队第3大队。第3大队大队长曹生获悉日伪军企图后，率领三个中队200余人及自卫队近1000人，占领百花洞村周围高地。11日拂晓，日伪军进至百花洞村，遭游击队突然打击，仓皇占领村东北高地顽抗。第3大队第2、第3中队在自卫队配合下，迂回至百花洞村以西大环一带山地，切断日伪军退路，形成包围。同时，第1中队向被包围的日伪军发起攻击。战至15时许，日伪军两次施放烟幕掩护突围，均被击退。入夜，日伪军原地固守待援。游击队派出小分队不断袭扰、杀伤日伪军。12日，日军以飞机支援，空投粮弹，并由广州、石龙出动日伪军1000余人增援。第3大队及自卫队主动撤出战斗。此次战斗，共毙伤日伪军50余人。

克山城战斗

1940年秋，东北抗日联军第3路军第3支队，接连取得了诱歼嫩江森林警察队、袭击北兴镇警察署、攻占讷南镇等战斗的胜利。9月，克山县城的日伪军警出城“讨伐”，城内留守兵力仅200余人。第3路军政治委员冯仲云率领的第9支队与第3支队会合后，决定乘隙攻打克山城。25日凌晨，第3、第9支队150余人潜至城外。傍晚，第3支队以1个加强班于西门牵制日军守备队；另100余人化装成伪军，由西北城墙豁口处潜入城内。20时30分，第3、第9支队突然发起攻击：第

3支队切断电网攻入伪县公署院内，以猛烈火力歼日伪军警大部，击毙日军指导官，并迅速占据了警察署、武器库、监狱等，解救出被关押群众217人；第9支队冲入伪军团部，将伪军全部缴械。此时，日军守备队50余人乘汽车向城内增援，第3、第9支队在城西门十字街口等处，依托既得工事交替阻击，予以重创，23时30分撤出战斗。这次战争，共毙伤俘日伪军130余人，缴获迫击炮4门、步枪150支、手枪16支、子弹1.5万发、马40匹，烧毁汽车1辆。

重庆谈判

1945年8月15日，日本帝国主义宣布无条件投降。国共两党面临和平组建联合政府或进行全面内战的重大抉择。13天后，应蒋介石3次电请“共商国是”，毛泽东和周恩来、王若飞，在张治中的陪同下，由延安飞往重庆与国民党谈判。8月28日到达。当晚，毛泽东与周恩来、王若飞赴歌乐山林园出席蒋介石的欢迎宴会，美国大使赫尔利以及张群、邵力子、陈诚、张治中、蒋经国应邀作陪。接着，毛泽东与蒋介石进行了长达43天共9次直接谈判。在此期间，毛泽东广泛地接触了各民主党派和社会各界人士，会见了宋庆龄、沈钧儒、张澜、冯玉祥等，还在桂园设宴招待各国援华团体代表和国际朋友。蒋介石面临全国人民要求和平的形势，加之在谈判期间调动军队进攻解放区惨遭失败，最后于10月10日签署《政府与中共代表会谈纪要》(即《双十协定》)，表示要结束“训政”，承认各党派平等合法地位，释放政治犯，召开政治协商会议，避免内战，建设独立富强的新中国。《双十协定》并未得到遵守，全面内战很快爆发。

上党战役

1945年9—10月，晋冀鲁豫军区部队在山西省南部长治地区对国民党军进行的自卫反击作战。1945年8月日本宣布投降后，以蒋介石为首的国民党政府一面邀请中国共产党中央委员会主席毛泽东赴重庆进行和平谈判，一面调集大批军队向解放区发动进攻。8月中旬，国民党军第二战区司令长官阎锡山所部在日伪军接应下进占太原和同蒲铁路（大同—风陵渡）沿线城镇后，以第19军军长史泽波指挥4个步兵师及1个挺进纵队（相当师），连同收编长治地区（古称上党郡）的伪军共1.7万余人，乘晋冀鲁豫军区部队正在向日伪军举行大反攻之际，进占长治及其周围地区。

为了保卫抗战胜利果实，中央军委命令晋冀鲁豫军区坚决歼灭进入上党地区之敌，除去心腹之患。晋冀鲁豫军区司令员刘伯承、政治委员邓小平遵照军委指示，针对史泽波所部孤军深入、守备分散的特点，决心以所属的太行、冀南、太岳军区部队及地方武装共3.1万余人，在解放区人民群众支援下，首先逐个夺取长治外围各城，吸引史泽波的主力从长治出援，力争在运动中予以歼灭，而后收复长治。9月10日，战役正式发起。至12日，将突围的国民党军全部歼灭在沁河以东将军岭及桃川村地区，俘虏史泽波。上党战役，是抗日战争胜利后解放区部队反击国民党军进攻所进行的第一个较大规模的歼灭战，共歼国民党军3.5万余人，缴获山炮24门、机枪2000余挺、长短枪1.6万余支，军区部队伤亡约4000人，巩固了晋冀鲁豫解放区后方，加强了中国共产党在重庆和平谈判中的地位。

邯郸战役

1945年10月10日，蒋介石迫于全国人民反对内战、要求和平的压力，在重庆谈判中与中共签订了《双十协定》。当协定公布之后，蒋介石仍然实行其大规模进犯解放区的原定计划，调集兵力继续沿平绥、同蒲、平汉、津浦等铁路向华北各解放区推进，其中平汉线（北京—汉口）为国民党军进攻的主要方向。10月中旬，国民党军第11战区司令长官孙连仲所属的第30军、第40军及新编第8军共7个师4万余人组成第一梯队，在第11战区副司令长官高树勋的率领下，从新乡出发，沿平汉线及其以东北进；第32军及收编的伪军孙殿英部为第二梯队尾随跟进。国民党军企图进占邯郸、石家庄，控制平汉线。10月中旬，中共中央军委指示晋冀鲁豫军区，以一部兵力截击沿同蒲路北进的国民党军第1战区后续部队，集中主力，对付沿平汉路北进之敌。同时要求晋冀鲁豫军区以逸待劳，诱敌深入，打破敌人的迷梦。

10月24日，晋冀鲁豫军区主力部队将敌人包围在邯郸以南地区。时任第11战区副司令长官兼新编第8军军长高树勋率部起义，敌兵力锐减，部署呈现严重缺口，军心动摇。11月1日夜，我军主力一部突入马法五的指挥部。国民党军失去指挥，顿时大乱。晋冀鲁豫军区部队奋起围追，战至2日，国民党军除少数逃脱外，大部被歼灭。由石家庄、安阳出援的国民党军闻讯回撤。

邯郸战役，晋冀鲁豫军区部队伤亡4700余人，共歼灭国民党军3万余人。毙伤3000余人，俘战区副司令长官马法五以下1.7万余人，争取起义约万人。此役，对迟滞国民党军沿平汉铁路北进，掩护解放军部队向东北进军及争取国内和平的斗争，发挥了重要作用。

中原突围

中原解放区是抗日战争转入相持阶段后，由新四军第5师和王震率领的八路军南下支队在鄂、豫、皖、湘、赣五省交界地区创建的敌后抗日根据地。日军投降前，中原军区部队已发展到2个纵队、3个独立旅及3个军区共6万余人，根据地也已扩展到60多个县，并对战略要地武汉形成了包围之势。抗日战争胜利后，武汉成为国民党军从大后方进军华东、华北和东北的战略枢纽。为了抢夺抗战胜利果实和部署进行内战的兵力，蒋介石调集了20

多个师，加紧包围和蚕食中原解放区。至6月下旬，蒋介石用于包围中原军区的兵力已增至10个整编师（相当于军）约30万人。

1946年6月26日，蒋介石撕毁国共双方于1月间达成的《停战协定》，命令郑州绥靖公署主任刘峙指挥10个整编师，30余万人的兵力，首先对中原军区部队发起大规模进攻，致使全面内战爆发。中原军区遵照中共中央军委的指示，为了保存力量，争取主动，除以一部分武装分散坚持游击战争，牵制敌人，掩护主力转移外，主力在李先念、郑位三、王树声、皮定均等带领下千里突围。

中原军区部队的成功突围，打破了国民党军苦心经营半年之久的封锁和包围，胜利地完成了战略转移的任务。这一行动不仅粉碎了蒋介石企图消灭中原军区部队的企图，而且牵制了国民党军30多个旅的兵力，并将其大部调往豫西、陕南，从战略上有力地配合了其他解放区的作战。

巨野战役

1946年9月28日，进攻鲁西南的国民党军攻占定陶、菏泽等地后，以第5军和整编第11师分别沿荷（泽）巨（野）公路及潴水河南岸东犯，10月3日进至巨野县城以西龙堌集和县城以南张凤集地区。中国人民解放军晋冀鲁豫野战军司令员刘伯承、政治委员邓小平决心集中第3、第6、第7纵队歼灭位置较突出的整编第11师一部；以冀鲁豫军区部队牵制菏泽、金乡方向的整编第88、第55、第68师等部；以第2纵队阻击第5军，保障主力作战。当晚，晋冀鲁豫野战军3个纵队对张凤集守军整编第11师第11旅展开多路突击，但因敌情侦察不确，各路攻击部队均未遇敌主力。5日晚各纵队继续攻击，第3、第6纵队从两翼迂回，实施钳形攻势，又因雨后淤泥积水太多未能奏效。第7纵队一部虽突入第11旅第32团驻地，但后续部队未及时跟进，当夜未能解决战斗。6日突入张凤集的部队转入防御，击退守军多次反击，坚守了阵地。黄昏，第3、第7纵队各一部也攻入张凤集，激战至7日上午，国民党守军3000余人除200人逃脱外，全部被歼灭。与此同时，第2纵队将第5军扼阻于龙堌集以西地区，毙伤其2000余人。下午，第5军和整编第11师分别向西和西南方向退却，逐渐靠拢，晋冀鲁豫野战军遂结束战役。是役，晋冀鲁豫野战军伤亡4300余人，毙伤俘国民党军5300余人。

宿北战役

解放战争时期，中国人民解放军山东野战军和华中野战军在江苏省宿迁以北地区反击国民党军进攻的战役。1946年6月全面内战爆发后，国民党军以重兵进攻华东解放区，至11月，以损失10万余人为代价，占领了苏中、淮南、淮北地区。12月中旬，国民党徐州绥靖公署主任薛岳指挥约25个旅，分四路从江苏省东台、淮阴、宿迁和山东省峄县（今属枣庄）出动，企图先占苏北，消灭分别集结于峄县以东和盐城、涟水地区的山东、华中两野战军主力，或迫使其北撤，然后与其在山东省境内决战。在此期间，山东和华中野战军担任阻援任务的部队，在盐城、涟水和峄县以东地区坚决阻击进攻之敌，保证了主力在宿北作战的胜利。此役，共歼灭国民党军2.1万人。这是山东野战军和华中野战军会师后的第一个胜仗，初步取得了大兵团协同作战的经验。

新开岭战役

解放战争时期，东北民主联军第4纵队在辽宁省宽甸县新开岭地区反击国民党军进攻，进行的运动战战役。1946年10月，国民党军在东北已调集正规军7个军，连同地方保安部队共约40万人，但由于战线很长，仍无力向东北民主联军发动全面进攻。遂采取南攻北守、先南后北的作战方针，企图首先集中兵力消灭或驱逐东北民主联军南满部队，解除后顾之忧，而后集中全力进攻北满，以占领全东北。10月中旬，国民党军8个师10万余人，分三路向南满解放区发起进攻。左路新编第1军和第52、第71军各1个师，从营盘、兴京（今新宾）、柳河向辑安（今集安）、临江（今浑江）方向进攻；右路新编第6军2个师和第60军1个师，从大石桥、海城向庄河、大孤山方向进攻，并迂回安东（今丹东）；中路第52军2个师，分别从桥头、本溪向东北民主联军辽东军区机关所在地安东进攻。辽东军区为打破国民党军的重兵进攻，决定撤离安东、凤城等城市，集中兵力坚持东部山区，并寻机在运动中歼敌多部或一部。第4纵队司令员胡奇才、政治委员彭嘉庆奉命率所部第11、第12师，以一部兵力实施运动防御，迟滞国民党军中路的进攻，掩护军区主力集中及后方机关转移；主力隐蔽待机。此役，辽东军区第4纵队伤亡2000余人，全歼国民党军号称“千里驹”的第25师8000余人，并俘师长以下5000余人，开创了东北民主联军在一次作战中歼国民党军1个整师的先例。

三下江南，四保临江

解放战争时期，东北民主联军在南满临江、通化地区实施运动防御和适时反击，在北满松花江以南地区实施进攻，以挫败国民党军对南满根据地进攻的作战。1946年11月，国民党军东北保安司令长官杜聿明为实现其“南攻北守，先南后北”之战略计划，调集新编第1、第6军和第52、第60、第71军各一部，准备向临江地区发动进攻，企图消灭或驱逐东北民主联军南满部队；同时以新编第1军主力扼守长春、永吉（今吉林市）以北、松花江以南各要点，阻止东北民主联军北满部队过江南援。这时，东北民主联军南满根据地仅剩临江（今浑江市）、蒙江（今靖宇县）、长白、抚松等四县。鉴于坚持南满根据地对扭转东北战局意义重大，中共中央和东北局坚持南满根据地的斗争。

东北民主联军总体以少胜多，以弱胜

强，但在局部战斗中，却以多吃少，以强击弱，集中兵力打歼灭战，伏击战已退居次席，作战样式多元化，其中有张麻子沟伏击战、焦家岭围歼战、清沟子伏击战、城子街攻坚战、靠山屯围歼战、红石砬子伏击战等著名战役。

三下江南、四保临江作战，历时三个半月，民主联军南满、北满部队密切配合，东满、西满部队主动出击，共歼灭国民党军4万余人，收复城镇11座，粉碎了国民革命军南攻北守、先南后北的战略计划，保卫了南满根据地，迫使其在东北战场由攻势转为守势。

鲁南战役

解放战争时期，中国人民解放军山东野战军和华中野战军在山东省南部地区反击国民党军进攻的战役。战役期间，山东解放区组织支前民工60余万人、大小车1500余辆、担架6000余副，有力地保障了部队作战。此役历时19天，山东野战军和华东野战军伤亡8000余人，共歼国民党军5.3万余人，缴获坦克24辆、各种火炮200余门、汽车474辆，首创华东战场人民解放军一次歼灭国民党军2个整编师和1个快速纵队的纪录，挫败了国民党军进攻临沂的计划，获得了对机械化部队作战的经验，并为组建自己的特种兵部队奠定了基础。

莱芜战役

解放战争时期，中国人民解放军华东野战军在山东省莱芜地区对国民党军进行的运动战战役。

1947年1月中旬鲁南战役结束后，山东、华中两野战军合并组成华东野战军，下辖11个步兵纵队和1个特种兵纵队，主力集结于山东省临沂地区，2个纵队位于苏中、苏北坚持敌后斗争。国民党军统帅部判断华东野战军经过宿北、鲁南战役，伤亡惨重，继续作战能力不强。遂制定“鲁南会战”计划，企图在临沂地区寻求与华东野战军决战。为了实现这一计划，蒋介石亲自到徐州部署，并派参谋总长陈诚坐镇指挥。1月31日欧震集团开始北进，采取“集中兵力、稳扎稳打、齐头并进、避免突出”的作战方针，逐步推进。2月2日李仙洲集团分两路南下，先头部队于4日占领莱芜。

2月15日，南线国民党军占领临沂。蒋介石、陈诚判断华东野战军放弃临沂，是由于“伤亡过大，不堪再战”，严令李仙洲集团加速南进，实施南北夹击。华东野战军主力利用在解放区内作战的有利条件，冒严寒，踏山路，夜行晓宿，于18日到达莱芜周围地区，形成战役合围态势。

战役于2月20日发起，第8、第9纵队主力于21日在和庄地区，以伏击手段，歼灭了由博山开往莱芜归建的第73军第77师。其余各纵队经20—21日激战，将李集团指挥所及第73军主力和第46军全部包围于莱芜城。经过激战，大胆穿插，分割围歼，李仙洲集团大部被歼，李仙洲被俘。第73军军长韩浚率1000余人逃至口镇，会同新编第36师余部逃向博山，途中被第9纵队所歼灭，韩浚被俘。当李集团由莱芜开始北逃时，同中国共产党有联系的国民党军第46军军长韩练成，在陈毅委派的敌军工作干部劝告下，临阵放弃指挥，造成李集团内部混乱，对莱芜战役的胜利作出了重要贡献。

此役，华东野战军伤亡8800余人，歼灭国民党军1个绥靖区前进指挥所、2个军部、7个师共5.6万余人，连同南线及胶济路东段的作战，共歼国民党军7万余人。解放博山、淄川等13座县城，使渤海、鲁中、胶东解放区连成一片，粉碎了国民党军的“鲁南会战”计划，取得了打大规模运动战的经验。

孟良崮战役

解放战争时期，中国人民解放军华东野战军在山东省蒙阴县东南孟良崮地区对国民党军进行的进攻作战。国民党军重兵集团进攻鲁中山区，企图同华东野战军决战。华东野战军决心寻机歼灭进犯的国民党军，我军抓住敌整编七十四师冒进战机，将其四面包围。蒋介石急忙命令增援。华东野战军司令员兼政治委员陈毅、副司令员粟裕，为迅速歼灭整编七十四师，于当日13时调整部署后，即令部队发起总攻。最后，华东野战军主力仅用不到3天时间，痛快淋漓地全歼国民党军“五大主力”之一的整编第七十四师及第八十三师五十七团，毙伤俘第七十四师师长张灵甫、副师长蔡仁杰、师参谋长魏振钺和旅长卢醒、明灿等高级军官及其以下官兵共计3.2万余人，战役取得全胜。

华东野战军首长在战略守势的不利形势下，以“百万军中取上将首级”的惊人胆略和高超指挥艺术，在敌军重兵集团中寻求战机，以一比三的代价，全歼国民党军精锐主力整编第七十四师，名震中外。中共中央于5月17日发来贺电：“陈、粟、谭请转全体指战员：庆祝你们歼灭进犯军七十四师的伟大胜利。”

孟良崮战役的全胜，一举扭转了华东战局，基本粉碎了国民党军对山东解放区的“重点进攻”，标志着国民党当局这一新战略的破产，人民解放军在全国战场上开始赢得战争主动权，是人民解放军即将转入战略反攻的信号。

1947年初党中央撤离延安的原因

解放战争进行了8个月之后，国民党军战线拉长，兵力不足的矛盾日益突出。1947年3月起，被迫由全面进攻改为对山东和陕北两解放区的重点进攻，企图在战略上首先实施两翼突破，而后钳击华北。在陕北战场，国民党军集中34个旅25万余人，以第一战区司令长官胡宗南部20个旅由洛川、宜川一线向北担任主攻，以西北行辕副主任马步芳、马鸿逵部12个旅由银川、同心、镇原一线向东，以晋陕绥边区总部所属第22军2个旅由榆林向南，企图围攻延安，摧毁中共中央机关、人民解放军总部，消灭陕甘宁解放区部队于黄河以西或通过黄河，而后会同华北国民党军将其歼灭于黄河以东地区。此时，人民解放军在陕北战场仅有4个野战旅和3个地方旅2万余人，且装备很差。中共中央军委决定充分利用陕北有利的地形条件和群众基础，诱敌深入，歼其有生力量。必要时放弃延安，采用“蘑菇战术”，牵制胡宗南集团主力于陕北战场。

青化砭战役

解放战争时期，中国人民解放军西北野战部队在陕西省延安县青化砭地区对国民党军进行的伏击战。

1947年3月19日，国民党军第一战区司令长官胡宗南部占领延安后，继续寻找陕甘宁解放区部队决战。人民解放军西北野战部队在中共中央军委副主席彭德怀、中共中央西北局书记习仲勋的指挥下，以一部兵力诱敌北上安塞，主力隐蔽集结在延安东北甘谷驿、青化砭等地待机。21日，胡宗南以整编第1军所属整编第1、第90师共5个旅由延安向安塞方向急进；另以该军整编第27师第31旅旅部率第92团由延安东南的临真镇前出青化砭，保障其主力侧翼安全。23日，西北野战部队以6个旅的兵力在青化砭地区利用公路两侧山地伏击孤军冒进的第31旅。其中，第1纵队第358旅位于林坪至阎家沟公路两侧地区；第2纵队（辖第359旅、独4旅）及教导旅位于房家桥至青化砭以东地区；新编第4旅在青化砭以东赵家沟以南高地，利用有利地形隐蔽待机；第1纵队独立第1旅集结在青化砭西南地区为预备队，并担负对延安、安塞方向的警戒任务，保障主力侧翼安全。24日，胡宗南部5个旅进至安塞。25日拂晓第31旅旅部率1个团由拐峁沿公路北进，10时许进入西北野战部队预设的伏击地域。西北野战部队即采取拦头、断尾、两翼夹击之战法，突然发起猛攻，经过近两小时激战，全歼第31旅旅部及第92团共2900余人。此役，是西北野战部队撤出延安后的首战胜利，打击了胡宗南部的进攻气焰，鼓舞了解放区军民斗志。

羊马河战役

解放战争时期，中国人民解放军西北野战部队在陕西省子长县羊马河地区对国民党军进行的伏击战。

1947年3月青化砭战役后，西北野战部队主力转移到蟠龙、青化砭西北地区休整，以部分兵力与敌周旋。国民党军第一战区司令长官胡宗南急于寻找陕甘宁解放区部队决战，集中整编第1、第29军共11个旅的兵力，由安塞、延安、临真等地分三路进至延川、清涧地区。4月3日又折向子长（旧称安定），连连扑空，兵疲粮罄。遂改以整编第76师守备延川、清涧，整编第15师第135旅守备瓦窑堡，主力于5日南返蟠龙、青化砭休整补充。6日，整编第29军第12旅途经永坪时遭西北野战部队的攻击，损失

600余人。后来发现西北野战部队主力位于蟠龙西北地区，即以8个旅的兵力，于12日由蟠龙、青化砭地区向西北方向进攻，并以整编第76师第72团接第135旅防务，第135旅沿瓦窑堡至青化砭大路南下策应，企图围歼西北野战部队于蟠龙、青化砭西北地区。西北野战部队在中共中央军委副主席彭德怀和中共中央西北局书记习仲勋的指挥下，以第1纵队（2个旅）伪装主力，牵制胡宗南集团主力，诱其向蟠龙西北地区进攻；集中第2纵队和教导旅、新编第4旅共4个旅的兵力在子长县城西南羊马河地区设伏，全歼孤军南下的第135旅。13日，整编第1、第29军主力被阻于蟠龙西北李家岔、云山寺一线。14日晨，第135旅沿子长、蟠龙公路两侧高地南下，10时进至羊马河西北高地时，西北野战部队突然对其发起攻击，迅速分割包围，首先于东山歼灭其1个团，继而伺机歼灭位于西山的旅部及另1个团。激战至16时，将第135旅4700余人全部歼灭。

蟠龙战役

解放战争时期，中国人民解放军西北野战部队对陕西省北部国民党军补给基地延安县蟠龙镇进行的攻坚战。1947年4月羊马河战役后，西北野战部队秘密转移至瓦窑堡附近休整。国民党军统帅部判断中共中央机关及人民解放军西北野战部队主力在绥德地区并正在东渡黄河，遂令第一战区部队急速北上，并令驻守榆林的第22军等部南下，企图南北夹击，将其消灭于葭县（今佳县）、吴堡地区，或逼过黄河。国民党军第一战区司令长官胡宗南以整编第1、第29军共9个旅的兵力，于4月26日由蟠龙、永坪地区分两路向绥德地区急进，仅留整编第1师第167旅（少1个团）及陕西保安第3总队等部守备其补给基地蟠龙。中共中央军委副主席彭德怀和中共中央西北局书记习仲勋决心乘胡宗南集团主力北上绥德，回援不及之机，进攻孤立据点蟠龙。遂以第2纵队第359旅一部、第3纵队独立第5旅及绥德军分区部队伪装主力，引诱胡宗南集团主力继续北上；以第1纵队独立第1旅、警备第3旅各一部组成南进支队，威胁其后侧；集中第1纵队第358旅、独立第1旅和第2纵队独立第4旅及新编第4旅共4个旅的兵力攻取蟠龙；并令教导旅位于蟠龙以南，第359旅主力位于永坪以东准备阻敌主力回援。30日，各攻击部队隐蔽进入蟠龙镇附近。5月2日，胡宗南集团主力进占绥德。当日黄昏，西北野战部队对蟠龙守军突然发起攻击。守军凭借外围高地和坚固工事抗击。至4日16时，西北野战部队夺取了蟠龙东山守军主阵地，黄昏攻占全部外围阵地。接着发起总攻，战至24时，攻克蟠龙镇，全歼守军6700余人，缴获面粉1.2万余袋、服装4万余套及大批武器、弹药。蟠龙战役，连同在此之前的青化砭、羊马河战役，西北野战部队三战三捷，共歼国民党军1.4万余人，从而稳定了陕北战局，为转入战略反攻奠定了基础。

进军大别山的战略目的

解放战争进行到1947年6月，全国形势发生了显著变化。国民党军由430万人下降为370余万，虽然在兵力上仍占优势，在战略全局上也仍保持进攻态势，但因机动兵力不足，在东北和华北战场已转为守势；在南部战线，除对陕北、山东解放区实行重点进攻外，鲁西南、豫皖苏边界直至大别山地区兵力薄弱，形成两头重、中间轻的“哑铃型”态势；又因整师整旅不断被歼，士气日益低落，官兵厌战情绪增长，战斗力下降；国民党政府在政治、经济方面也已陷入困境。人民解放军则由120余万人上升到195万人，虽然在兵力装备上仍居劣势，但握有战略机动力量；在战略全局上除陕北、山东战场尚处防御地位外，其他各战场已逐步转入战略性反攻阶段；部队士气高涨，战斗力不断提高；广大解放区的土地改革已基本完成，后方日趋巩固。但大部分解放区遭受战争破坏，人力、物力损耗巨大。为了粉碎国民党军将战争继续引向解放区，进一步消耗解放区人力、物力，使人民解放军不能持久作战之战略企图，中国共产党中央委员会制定了以主力打到外线去，将战争引向国民党区域，在外线大量歼灭敌人之战略方针，并决定将战略进攻的主要方向置于战略地位重要、国民党军防御薄弱的鄂豫皖三省边界大别山地区。

三路大军经略中原

1947年6月，中共中央根据敌我战略形势的变化，果断地制定了由战略防御转入战略进攻，以主力打到外线去，将战争引向国民党区域，在外线大量歼灭敌人的战略方针；并决定将战略进攻的主要方向，置于既是敌人要害又是敌人防御薄弱地带的中原地区。根据这一方针，中共中央军委采取的战略部署是：以晋冀鲁豫野战军司令员刘伯承、政治委员邓小平率野战军主力（又叫做刘邓野战军），实行中央突破，南渡黄河，在鲁西南地区尽量多地歼灭敌军，然后以跃进方式挺进大别山地区，建立根据地；以晋冀鲁豫野战军第4纵队司令员陈赓、政治委员谢富治率野战军一部（又叫做陈谢集团）为右后路军，直出豫陕鄂边区，建立根据地；以华东野战军司令员兼政治委员陈毅、副司令员粟裕率外线兵团（又叫做陈粟野战军）为左后路军，从鲁西南挺进豫皖苏边区，扩大原有根据地。这三路大军以“经略中原”为目标，互为犄角，配合作战，开辟江淮河汉间新的解放区。以西北野战军攻打榆林，调动进攻陕北的敌军北上，以华东野战军内线兵团在胶东作战，继续把进攻山东的敌军引向海滨，来策应三军挺进中原的行动。同时，还决定其他战场的人民解放军继续在内线发动攻势，从战略上配合外线作战。

鲁西南战役

为了打破敌人的围堵，刘伯承、邓小平发起鲁西南战役。1947 年 7 月 8 日晨，第 1 纵队攻克郓城，全歼整编第 55 师师部及 2 个旅，吸引金乡之敌北援；10 日夜，第 6 纵队全歼定陶之第 153 旅，第 2 纵队收复曹县城，第 3 纵队进至定陶以东待机。此时，王敬久集团向北增援的部队已进至六营集、独山集、羊山集之线摆成一字长蛇阵。刘、邓当即率部东进，对北援的王敬久集团进行分割包围。于 14 日将整编第 70 师一个半旅和整编第 32 师 1 个旅、整编第 66 师（不含第 199 旅）分别包围在六营集和羊山集；在嘉祥以西地区歼灭整编第 32 师第 139 旅；同时，以独立第 1、第 2 旅进至万福河地区阻援。当晚，对六营集采取“围三阙一”部署，以第 1 纵队在其东面布成袋形阵地；以第 6 纵队由西向东猛攻，将向东突围的国民党军全歼于预设阵地内。15 日，第 2、第 3 纵队开始攻击羊山集。

蒋介石获悉上述情况后，于 19 日飞抵开封，令王敬久亲率整编第 58 师和第 199 旅，由金乡北上解羊山集之围；并从西安、洛阳、豫北、山东、汉口等地抽调 8 个整编师和 1 个骑兵旅向鲁西南驰援。刘、邓为争取先机之利，首先将北援之第 199 旅歼灭在万福河地区；接着集中 7 个旅于 27 日夜对羊山集发起总攻，战至 28 日晚，全歼整编第 66 师师部及 2 个旅。

至此，晋冀鲁豫野战军以 15 个旅的兵力，歼灭了国民党军 4 个师部九个半旅约 6 万人，打乱了国民党军在南线的战略部署，开辟了挺进大别山的道路。

挺进大别山的历史意义

中国人民解放军由战略防御转为战略进攻，是解放战争的一个伟大转折。在这一历史转折关头，中共中央军委以晋冀鲁豫野战军主力组成战略突击队，在各解放区军民的策应和后面两路大军的配合下，采取无后方的千里跃进的进攻样式，直捣国民党统治的大别山区，创建了大块革命根据地，威胁其首都南京和武汉两大重镇，为转入全国性的战略进攻奠定了基础。这一创造性的战略决策、独特的战略进攻样式和丰富的作战经验，给毛泽东军事思想增添了新的内容。

清风店战役

解放战争时期，中国人民解放军晋察冀野战军和地方部队一部、在河北省保定以南清风店地区对国民党军进行的运动战战役。

1947 年秋，经过晋察冀军区部队连续打击，国民党北平（今北京）行辕被迫将所部主力 5 个军收缩于北平、天津、保定三角地带，以 1 个军驻守石家庄地区，企图依托铁路线，确保平、津、保战略要地。9 月中旬，东北民主联军发起秋季攻势作战，蒋介石令北平行辕抽调 5 个师至北宁铁路（今北京—沈阳）沿线或出关增援东北。晋察冀野战军司令员杨得志、政治委员罗瑞卿、第二政治委员杨成武遵照中共中央军委和晋察冀军区指示，决心在平汉铁路（今北京—汉口）保定以北地区发起攻势作战，调动和歼灭国民党军一部，策应东北民主联军的秋季攻势。遂率所部第2、第3、第4纵队和炮兵旅及冀中军区独立第7、第8旅向保定以北地区出击，采取围城打援战法，以一部兵力围攻徐水，吸引国民党军增援，以主力集结于徐水东北地区，寻机歼灭国民党援军。在获知徐水危机后，敌人调第3军1.3万人增援，被我军包围于清风店地区。发起总攻后，全歼第3军军部、第7师主力及第22师1个团，俘敌主帅罗历戎。此役，共歼灭国民党军1.7万余人，内俘1.1万余人，击落飞机1架，对扭转华北战局起了重要作用，并策应了东北民主联军的秋季攻势作战。

胶东保卫战

解放战争时期，中国人民解放军华东野战军东线兵团在山东省东部地区反击国民党军进攻的战斗。1947年8月，华东野战军主力（不久组成西线兵团）进入鲁西南地区转入外线作战，策应晋冀鲁豫野战军主力挺进大别山；东线兵团留在内线作战。国民党军统帅部组织中原防御深感兵力不足，企图迅速结束山东战事，以便转用兵力于中原战场。为此，蒋介石亲自飞赴青岛，制订“九月攻势”作战计划，由陆军副总司令范汉杰指挥整编第8、第9、第25、第45、第54、第64师及整编第74师第57旅等部共20个旅组成胶东兵团，在海、空军配合下，出潍县至青岛一线进攻胶东解放区，企图首先攻取平度、莱阳、烟台，逐步将华东野战军东线兵团压缩在胶东半岛的“牛角尖”内加以消灭。胶东地区三面环海，腹地多山，是华东野战军的主要后方基地。东线兵团司令员许世友、华东野战军区副政治委员兼东线兵团政治委员谭震林遵照中共中央军委关于多打中小规模歼灭战，牵制、阻击国民党军，保卫胶东解放区的指示，决定发起胶东保卫战。华东野战军东线兵团在内线运动防御，另一部在诸城地区作战威胁敌侧背，寻机在运动中歼敌。9月22日阻击中歼敌14000余人。处于敌后的华野内线兵团施计使敌回援，歼敌12000余人，俘少将旅长张忠中等。从此，山东战场人民解放军开始转入战略反攻。在此期间又击退青岛增援蓬莱之敌8个旅的兵力。至此我军收复了胶东大片土地，迫使敌人收缩于青岛及烟台、福山、蓬莱、龙口等几个孤立的据点。持续4个月的胶东保卫战，我军共歼国民党军63000余人，彻底打破了蒋介石企图占领胶东半岛的计划，根本改变了山东战场的形势，有力地配合了外线兵团的作战。

沙家店战役

解放战争时期，中国人民解放军西北野战军在陕西省米脂县沙家店地区对国民党军进行的进攻作战。

1947年8月16日，西北野战军撤围榆林后，以一部兵力掩护后方机关伪装主力于葭县（今佳县）附近东渡黄河，主力集结于榆林东南、沙家店西北地区隐蔽待机。国民党西安绥靖公署主任胡宗南判断西北野战军将东渡黄河避战，遂令所部整编第1军军部率整编第1师3个旅守备绥德，以整编第29军军部率5个旅由绥德经义合镇向葭县方向急进，整编第36师师部率2个旅自榆林经归德堡南下，企图合击西北野战军于葭县西北地区。8月17日，整编第29军进至吉征店以南；整编第36师师部及第165旅大部为后梯队进至镇川堡，第123旅附第165旅1个团为前梯队向沙家店以东乌龙铺前进。西北野战军司令员兼政治委员彭德怀决心以一部兵力牵制整编第29军5个旅，集中主力乘整编第36师孤军冒进、侧翼暴露的有利时机，将其歼灭于沙家店地区。18日上午，西北野战军第3纵队及绥德军分区部队在乌龙铺以北与整编第36师前梯队接触，第1、第2纵队及新编第4旅、教导旅在常高山附近向整编第36师后梯队发起攻击。整编第36师迅即收缩于沙家店、泥沟则、张家坪地区。因山洪暴发，西北野战军前进道路被阻，遂停止进攻。20日拂晓再次发起攻击，第1、第2纵队及新编第4旅、教导旅将整编第36师前后梯队分割包围于沙家店和常高山以南地区，战至黄昏，将其全歼。与此同时，第3纵队及绥德军分区部队在乌龙铺东南地区阻击整编第29军军部所率3个旅（欠1个团）的增援，并歼其一部。此役，西北野战军共歼国民党军6000余人。至此，基本粉碎了国民党军对陕北的重点进攻，扭转了陕北战局。

石家庄战役

石家庄位于石德、平汉、正太三条铁路交会处，是华北战略要地。国民党军在原侵华日军构筑的工事基础上，经连年加修，至1947年已构成完备的环形防御体系。石家庄守军总兵力2.4万余人。晋察冀军区司令员兼政治委员聂荣臻与野战军司令员杨得志、政治委员罗瑞卿、第二政治委员杨成武等研究制订了作战计划。

11月5日夜，攻城部队南渡滹沱河，突然包围石家庄外围各据点。6日拂晓全线发起攻击，主力继续向内市沟守军阵地推进，最后全歼守军。

此役，共歼国民党军2.4万余人，缴获坦克9辆、火炮100余门、枪1万余支、铁甲车5列、机车90台、汽车280辆及大批弹药、物资，拔除了国民党军在华北的一个战略要点，使晋察冀和晋冀鲁豫两大解放区连成了一片，开创了人民解放军夺取重要城市的先例，为而后进行城市攻坚战提供了宝贵经验。

襄樊战役

解放战争时期，中国人民解放军中原野战军和中原军区部队各一部，对驻守湖北省襄阳、樊城地区的国民党军进行的进攻作战。

1948年6月，人民解放军华东野战军主力和中原野战军一部发动豫东战役，迫使国民党军从豫南、鄂北抽兵北上增援，在鄂北襄阳、樊城（今襄樊）地区仅留第15绥靖区司令官康泽率3个旅担任守备。其绥靖区司令部和第104、第164旅分别位于襄阳、樊城，第163旅旅部和1个团位于谷城，1个团位于老河口。中原野战军决定集中所部第6纵队和中原军区所属桐柏、陕南军区部队主力共14个团，由桐柏军区司令员王宏坤统一指挥，发起襄樊战役，夺取川陕鄂三省要冲襄阳、樊城。7月2日，第6纵队向河南省新野地区西进，袭占老河口。守军经谷城南撤，谷城守军也随即南逃。3日，陕南军区第12旅于谷城以南进行截击，将第163旅大部歼灭；桐柏军区主力也于茨河西北截歼其辎重营。随后，第6纵队等部沿汉水南下，于7日开始襄樊外围作战，准备首先攻取襄阳。襄阳城三面环水，一面靠山，北与樊城隔汉水相对，城南右羊祜山、虎头山等制高点，地势险要，工事坚固。攻城部队于10日攻占了襄阳城外东西两面守军的一些阵地。樊城守军惧歼，于11日渡河撤入襄阳。攻城部队鉴于襄阳南山主要阵地不易攻占，而城东、城西守军防御薄弱等情况，遂打破历史上取襄阳必先夺南山的惯例，以一部兵力牵制南山守军，集中优势兵力，用“猛虎掏心”战术，从东西两面、重点置于西面，钳击城内守军。战至13日，攻城部队占领西关和东关大部。南山守军于14日退入襄阳城内，企图固守待援。15日夜，第6纵队和桐柏、陕南军区部队主力发起总攻，分别从西门、城东南与东北角3个方向攻入城内，并展开激烈巷战。三路部队密切协同、向心攻击，于16日下午合击杨家祠堂第15绥靖区司令部，全歼守军。此役，共歼灭国民党军2.1万余人，俘康泽。

济南战役

解放战争进入第三年即1948年秋时，形势变得更有利于人民解放军。解放区空前扩大，部队士气高昂，装备改善，攻坚作战能力提高。国民党军力量不断削弱，被迫改“分区防御”为“重点防御”，一面加强大城市的设防，一面组织若干机动兵团准备随时救援，以求保持对重要点线的控制。在华东战场，华东野战军山东兵团接连取得周张、潍县及兖州等战役胜利后，已形成对济南的包围之势。华东野战军西线兵团、山东兵团、苏北兵团已经会合。蒋介石为屏障徐州，隔断华北、华东两解放区的联系，并迟滞华东野战军南进，作出确保济南的决定，令第二绥靖区司令官王耀武率部固守济南，并在徐州及其附近地区集中3个兵团，准备待华东野战军进攻济南受到一定消耗后，伺机北上举行会战，还决定集中162架战斗机、42架轰炸机进行空中支援。中共中央军委和毛泽东主席根据华东野战军领导人提出的作战方案，确定了“攻济打援”方针，令华东野战军秋季作战以攻克济南为主要目标，并准备歼灭徐州北援的国民党军。

整个“攻济打援”作战由华东野战军代司令员兼代政治委员粟裕指挥，攻城部队由山东兵团司令员许世友、华东野战军副政治委员兼山东兵团政治委员谭震林指挥。攻城部队攻势迅猛，以4天时间扫清了守军的外围据点，从四面包围了济南市区。接着于1948年9月26日解放了济南。国民党军先后弃城撤逃。至此，山东全省除青岛及少数边沿据点和岛屿外，均获解放。战役期间，中原野战军严密监视和牵制中原战场的国民党军，有力地策应了攻济作战。华东军区所属各军区和豫皖苏、冀鲁豫军区部队及民兵也积极配合，主动出击当面敌人，攻克据点数十处。济南战役，华东野战军经8昼夜激战，以伤亡2.6万余人的代价，共歼灭国民党军10.4万余人（内起义2万余人），俘其高级将领23名，缴获各种火炮800余门、坦克和装甲车20余辆、汽车238辆，击毁、击伤飞机3架。济南战役的胜利，开创了人民解放军夺取国民党军重兵坚守的大城市的先例，动摇了其据守大城市的信心，锻炼和提高了人民解放军攻取大城市的能力，并使华北、华东两大解放区连成一片，为华东野战军会同中原野战军南下陇海铁路以南举行更大规模的歼灭战创造了有利条件。

塔山阻击战

解放战争时期，中国人民解放军东北野战军第4、第11纵队等部在辽沈战役中，为保障主力夺取锦州，于辽宁省锦州西南塔山地区对增援锦州的国民党军所进行的防御作战。塔山阻击战鏖战六昼夜，东北野战军阻援部队共歼国民党军6000余人，守住了阵地，保障了主力部队的侧后安全和攻锦作战的胜利。

锦州战役

锦州西距山海关近200千米，东距沈阳230千米，是国民党军东北“剿总”与华北“剿总”连接的枢纽，战略地位十分重要。遵照中共中央军委关于集中主力、东野大军首先攻占锦州的指示，东北野战军司令员林彪、政治委员罗荣桓决定以5个纵队16个师和炮兵纵队主力夺取锦州。锦州攻坚战分为两个阶段：第一阶段，扫清锦州外围据点；第二阶段，总攻锦州城垣。1948年10月14日10时，东北野战军集中火炮360余门，向锦州城发动猛烈轰击，为步兵突击扫除障碍。11时左右，突击部队迅速突入城内，在打退守军的多次反扑后，继续向纵深发展。后续梯队及时投入巷战。15日拂晓，攻城部队胜利会师，歼灭范汉杰指挥所和第6兵团部。此时，残余守军约1.6万余人退守锦州老城，企图凭坚顽抗。东北野战军第7纵队由南门和城东南角突破，第2纵队由城西北角突破，并迅速攻克该城，至18时战斗结束。

此战，东北野战军伤亡24548人，歼灭国民党军10万余人，其中俘范汉杰以下官兵8万余人，缴获大批武器弹药和其他军用物资。解放军迅速攻占锦州，使东北战局急转直下，对国民党军形成了“关门打狗”的态势。

辽沈战役

1948年9月至11月，中国人民解放军东北野战军在辽宁西部和沈阳、长春地区与国民党军展开的战略性决战，是解放战争三大战役之一。1948年，国民党军队遭到我军多次打击后，战斗力已经大大削弱，其在东北共有14个军共计44个师，加上地方保安团，约55万人。这些部队被我军分割在长春、沈阳、锦州三个互不相连的狭小地区，失去了机动作战能力。而我军已拥有12个步兵纵队，一个炮兵纵队，一个铁道兵纵队，17个独立师，加上地方部队，总兵力达到105万。部队兵源、粮源、支前民工充足，我军在东北战场上已占明显优势。

1948年9月12日，辽沈战役首先在北宁线义县至唐山段打响。10月14日，我军对锦州发起总攻，15日攻占锦州，全歼守敌，俘获范汉杰以下10万余人，而后长春和平解放。锦州、长春被我军解放后，东北蒋军全军覆灭的命运已成定局。但蒋介石仍想夺回锦州，令廖耀湘兵团继续向锦州进发，并令52军主力抢占营口，企图将东北的残敌经陆路或海路撤逃。26日，我军在黑山、大虎山、新民地区全线出击，对廖耀湘兵团展开大规模围歼。经两日一夜的激战，至28日全歼廖耀湘兵团10万余人。

11月2日，我军解放沈阳，歼敌13.4万人。辽沈战役胜利结束，共歼敌47万人。东北全境获得解放。辽沈战役是一场规模宏大的战略决战，解放了东北全境，使全国的军事形势出现了一个新的转折点，从此，人民解放军不仅在质量上占了优势，而且在数量上也占了优势。辽沈战役的胜利，使得人民解放军拥有了一个稳定的战略后方，为后面两大战役的胜利创造了有利的条件。

淮海战役

解放战争时期，中国人民解放军华东野战军和中原野战军在华东、中原军区和华北军区所属冀鲁豫军区部队配合下，在以徐州为中心，东起江苏省海州（今属连云港），西迄河南省商丘，北至山东省临城（今薛城），南达淮河的广大区域内，同国民党军刘峙集团进行的战略决战战役，是解放战争具有决定意义的三大战役之一。

1948年11月6日，人民解放军华东野战军、中原野战军联合举行淮海战役，整个战役由邓小平、陈毅统一指挥。东北国民党军全部被歼，徐州地区国民党军有南撤的迹象。据此，中共中央军委采取粟裕的建议，决定以60万兵力，全歼国民党军主力于淮河以北、陇海铁路以南、平汉铁路以东地区。11月6日，淮海战役开始。12日，开始围歼国民党军黄伯韬兵团，并将李延年兵团、刘汝明兵团分别阻于蒙城、固镇地区。蒋介石为重战宿县，调集兵力，分三路并进，淮海战役总前委决心先歼孤军冒进的国民党军第十二兵团。

11 月 24 日，国民党军黄维第十二兵团被中原野战军合围，多次突围，均被击退。12 月 4 日，国民党军杜聿明集团被华东野战军包围。15 日，中原野战军全歼国民党军第十二兵团，生俘兵团司令黄维。遵照中央军委指示，为配合平津战役作战，对杜聿明集团暂不做最后消灭，华东野战军自 12 月 16 日起，一面休整，一面围困杜聿明集团。1949 年 1 月 6 日，华东野战军发动总攻。10 日，全歼杜聿明集团，生俘杜聿明。至此，战役结束。淮海战役历时 66 天共歼国民党军 55 万余人，解放了长江中下游以北广大地区。

淮海战役胜利结束，国民党反动派的老窝南京，就完全暴露在我人民解放军的直接威胁之下。淮海战役的胜利，连同辽沈、平津战役的胜利，使国民党赖以发动反革命内战的精锐部队基本上归于消灭，中国人民革命战争的全国胜利局面，业已确定了。

平津战役

解放战争时期，中国人民解放军东北野战军和华北军区部队将国民党军傅作义集团抑留于北平、天津、张家口地区，予以各个歼灭之战略决战性战役，是解放战争具有决定意义的三大战役之一。

辽沈战役结束，全国军事形势发生新转折，蒋介石决定暂守北平、天津。1948 年 11 月，中共中央军委明确提出了抑留并歼灭傅作义集团于华北地区的作战方针，并决定发起平津战役。

战役第一阶段，人民解放军完成对傅作义集团的分割包围，切断其南撤西逃之道路。战役第二阶段，人民解放军在完成了对傅作义集团的战略包围和战役分割之后，按照毛泽东的指示精神，采取先打两头、后取中间的战法，逐次歼灭新保安、张家口、天津国民党军。战役第三阶段，天津解放后，北平国民党守军 25 万人，陷入了人民解放军的重重包围之中。中共中央军委为保护这一文化古城，决定继续进行谈判，争取以和平方式进行接管；同时，也训令部队做好强攻的准备。傅作义率部接受改编，北平和平解放。

平津战役历时 64 天，东北野战军和华北军区部队成功地将国民党军傅作义集团抑留于华北地区，进行战略包围和战役分割，予以各个歼灭，并以军事压力与政治争取相结合，实现了对北平守军的和平改编。共计歼灭和改编国民党军华北“剿匪”总司令部及 3 个兵团部、1 个警备司令部、13 个军部、51 个师（包括战役中新建和重建的军、师），连同非正规军总计 52.1 万人。人民解放军伤亡 3.9 万人。平津战役的胜利，连同辽沈战役、淮海战役的胜利，是毛泽东关于战略决战思想的伟大实践，使国民党丧失了三大精锐战略集团，国民党的统治基础发生了根本动摇，为解放战争在全国胜利奠定了巩固的基础。

绥远和平解放

1949年初，解放战争已取得决定性胜利。国民党绥远省（今属内蒙古）政府主席、华北“剿总”驻归绥（今呼和浩特）指挥所主任董其武率1个兵团部、1个军部、8个师、8个旅及保安部队等共6.5万人驻守归绥、包头地区，处境孤危。北平（今北京）的和平解放，对绥远国民党军政当局产生巨大影响，上层开始分化，董其武等主张走和平解决的道路。2月22日，中共中央主席毛泽东接见为北平和平解放作了重要贡献的傅作义将军，同时就解决绥远问题进行商谈。3月，中共七届二中全会提出采用和平手段解决绥远问题的“绥远方式”，即有意地保存一部分国民党军队，争取其在政治上站在革命方面，或者保持中立，以便人民解放军集中力量首先解决残余国民党军的主要部分，在一段时间后再将暂时保留的国民党军改编为人民解放军。接着，由华北人民政府和傅作义互派代表在北平谈判，拟定了包括军队划界驻防、平绥铁路通车、在绥远使用人民币和互派联络员等项内容的《绥远和平协议》草案，征得董其武同意后于6月8日签字生效。7月中旬，华北人民政府联络处进驻归绥，协助进行起义的准备工作。国民党总裁蒋介石为阻止绥远问题和平解决，不断派遣人员以威逼利诱、策动哗变等手段破坏和平协议，并于7月25日加委董其武为西北军政长官公署副长官。8月25日，中共中央委托傅作义赴绥远协助组织起义。9月19日，在解放战争胜利形势的影响和中国共产党政策的感召下，以董其武为首的39名绥远军政各界和各族代表通电宣布起义，绥远和平解放。随后起义部队改编为中国人民解放军第36、第37军，1950年12月合编为第23兵团，董其武任司令员。

太原战役

解放战争时期，中国人民解放军华北军区部队和第一、第四野战军各一部对国民党军坚固设防的山西省太原市进行的攻坚战。

1948年7月下旬晋中战役结束后，山西省除太原、大同外均告解放。国民党太原绥靖公署主任阎锡山的所辖部队已被歼灭，余部5个师和1个暂编总队收缩于太原及其外围地区，企图依托险要地形和坚固设防进行固守。为夺取太原，歼灭阎锡山集团，华北军区第一副司令员兼第1兵团司令员和政治委员徐向前奉中共中央军委命令，统一指挥11.5万余人，乘晋中战役胜利之势进逼太原，发起太原战役。乘守军脱离筑城地带予以歼灭，我军顺势夺占东山要塞。随后，在中共中央军委统一部署下缓攻太原，休整部队和开展政治攻势。

1949年2月15日，阎锡山乘飞机逃离太原，我军各部队在强大炮火支援下，采取勇猛穿插、分割包围、各个歼灭的战法，迅速突破守军防线，解放了太原城。太原战役，人民解放军伤亡1.5万人，歼灭国民党军1个绥靖公署、2个兵团部、6个军部、20个师，共毙伤俘13.5万余人。太原解放后，大同国民党守军万余人见大势已去，也于4月29日接受改编，大同和平解放。至此，山西全省解放，结束了阎锡山对山西省人民长达38年的统治。

渡江战役

解放战争时期，中国人民解放军第二、第三野战军和第四野战军一部，在长江中下游强渡长江，对国民党军汤恩伯、白崇禧两集团进行之战略性进攻战役。经过辽沈、淮海、平津三大战役以及在战略决战阶段的其他战役，国民党军大部主力已被歼灭，人民解放军已解放东北全境、华北大部、西北一部和长江中下游以北广大地区，各解放区已连成一片。人民解放军的总兵力已发展到400万人，士气高昂，装备得到进一步改善，大兵团作战的经验更加丰富，已完全有把握在全国范围内战胜国民党军。国民党军以70万兵力组织长江防御，企图阻止人民解放军渡江。

在蒋介石下野、李宗仁任代总统后，国共开始“和谈”，李宗仁妄图“划江而治”，最后拒绝在和谈协议上签字，1949年4月21日，我军发起渡江战役。

渡江战役历时42天，人民解放军以木帆船为主要航渡工具，一举突破国民党军的长江防线，并以运动战和城市攻坚战相结合，合围并歼灭其重兵集团。此役，人民解放军伤亡6万余人，歼灭国民党军11个军部、46个师共43万余人，解放了南京、上海、武汉等大城市，以及江苏、安徽两省全境和浙江省大部及江西、湖北、福建等省各一部，为而后解放华东全境和向华南、西南地区进军创造了重要条件。

李宗仁所谓“划江而治”

在蒋介石之后由代总统李宗仁领导的国民党南京政府于1949年春提出了“和谈”的要求，其真正的企图，是通过和谈，达到“划江而治”的目的。掌握军事实权的蒋介石，之所以退居幕后，同意让李出面谈和，更是企图阻止人民解放军渡江，而将残余部队全部撤至长江以南，组织长江防线，并在江南征集新兵，编练第二线兵团，伺机卷土重来。与此同时，蒋介石指示国民党军加紧进行战争准备，并决定在西南地区编组18个军。其国防部兵役局于3月9日宣布本年内征兵200万。4月间，在江南各省设置了14个编练司令部，组训新兵，企图将国民党军重新扩充到350万至500万人。李宗仁的真实企图是：“希望早日举行和平谈判，今后可以有一个划江而治的政治局面，希望中共军队不要渡过长江。”“将来就以长江为界，暂时南北分治。”党中央毛泽东识破了李宗仁的目的，于1948年12月30日新年献词中，发出“将革命进行到底”的伟大号召。

上海战役

解放战争时期，中国人民解放军第三

野战军主力对国民党军重兵据守的上海市进行的城市攻坚战。

1949年4月下旬解放军发动渡江战役以来，已歼灭了汤恩伯的大部分有生力量，其剩下的25个师约20万人退守淞沪地区，企图凭借永久工事，继续抵抗。为了解放上海，解放军第三野战军分别从浦东、浦西迫近吴淞口，阻敌退路。解放军在做了充分准备之后，发动上海战役。至22日，解放军已扫清上海外围之地，逼近市区，并完成对汤部的合围。解放军于23日晚发起总攻，部队迅速跃进，很快占领了市区和高桥、吴淞口。亲临督战的蒋介石见大势已去，遂命汤恩伯逐次掩护，从海上撤出。上船逃走的仅残兵败将5万余人。其余15万人全部被歼。5月27日，苏州河以北最后一股蒋军被消灭。上海战役宣告胜利结束。

上海战役，除汤恩伯率5万人乘军舰撤逃外，第三野战军歼灭国民党军第51、第37军和5个交警总队全部及第123、第21、第12、第75、第52军大部，共15.3万余人；缴获各种炮1370门，坦克、装甲车119辆，汽车1161辆，舰艇11艘。上海的解放，为继续肃清华东国民党军余部，保卫东南沿海国防，以及恢复国民经济创造了有利条件。

汉浔间渡江作战

解放战争时期，中国人民解放军第四野战军先遣兵团和中原军区部队一部入湖北省武汉至江西省九江强渡长江，对国民党军的进攻作战。1949年4月渡江战役开始后，人民解放军第二野战军一举突破国民党军长江下游防线，解放了国民党政府所在地南京。在此形势下，位于武汉的国民党华中军政长官公署长官白崇禧急令所部收缩长江中游防线，将主力撤至湘赣边地区。5月上旬，武汉（简称汉）至九江（简称浔）间长江两岸仅有第126军及第46军一部防守，武汉至嘉鱼由第19兵团两个军防守，武汉市由第58军担负城防，总兵力约8万人，其防御重点为长江南岸。人民解放军第四野战军为突破国民党军长江中游防线，并继续向中南地区进军，根据渡江战役的统一部署，决定由第12兵团司令员兼政治委员萧劲光率领先遣兵团（辖第40、第43军）共约12万人，在中原军区一部兵力配合下，于武汉至九江间发起渡江作战。此役，解放了武汉和大冶等16个市、县，毙伤俘国民党军16万余人，接收国民党军起义部队2万余人。

兰州战役

解放战争时期，中国人民解放军第一野战军在甘肃省兰州地区同西北国民党军进行的决战性作战。

1949年7月扶郿战役后，国民党西安绥靖公署主任胡宗南所部退至秦岭及其以南地区。西北军政长官公署长官马步芳、副长官马鸿逵为阻止人民解放军第一野战军沿西（安）兰（州）公路西进，将所部分别退守兰州、同心及其以北地区。8月中旬，在人民解放军第二、第三、第四野战军风卷残云般的进军下，国民党政府撤逃台湾、广州、重庆等地，幻想保住西南四省，重整军备，伺机卷土重来，急需胡、马各部在西北地区作战略配合，遂在广州召开“西北联防会议”，拟制订“兰州决战计划”，企图以马步芳部依托兰州的坚固城防和黄河天险，吸引和消耗人民解放军兵力，会同宁夏地区的马鸿逵部和陕南陇南地区的胡宗南部，挫败第一野战军于兰州外围。兰州是西北第二大城市，为马步芳经营多年。

8月4日，第一野战军司令员兼政治委员彭德怀根据中共中央军委关于向全国进军的战略部署和对兰州作战的指示，发出攻取兰州、西宁的作战命令。8月9日至12日，第一野战军各兵团先后从陇东地区向兰州、西宁攻击前进。经过两次激烈战斗，兰州解放，接着又解放了西宁和青海。

兰州战役，包括在青海省境内的作战，第一野战军共歼灭国民党军4.2万余人，使西北国民党军主力丧失大半，打开了进军宁夏、新疆的门户，奠定了解放西北全境的基础。

宁夏战役

1949年8月，国民党军西北军政长官公署代长官马步芳所部主力在兰州战役中被歼灭后，副长官马鸿逵逃往香港，由其子马惇静指挥宁夏兵团（辖第128、第11军及贺兰军）及第81军等共7万余人的兵力，依托黄河天险，分别在同心、靖远、景泰、中卫、中宁、金积、灵武地区组成三道防线，企图阻止人民解放军北进宁夏。人民解放军第一野战军决定以第19兵团并指挥西北军区独立第1、第2师进军宁夏。第19兵团司令员杨得志、政治委员李志民指挥所部第63、第65军于9月5日和8日先后由兰州地区出发，第64军和西北军区独立第1、第2师于11日由固原、海原地区出发，分三路向银川挺进。至14日，先后解放靖远、同心、中宁等县城。15日，景泰守军新编骑兵第15旅投降。第63军主力于16日进至中卫县城以南常乐堡，歼第81军2个团。第63军第188师由景泰经腾格里沙漠于17日抵近中卫城西，与我军主力形成夹击第81军之势。在军事压力与政治争取下，19日，原国民党西北军政副长官马鸿宾与其子、第81军军长马惇靖起义（起义部队于同年12月19日改编为中国人民解放军西北独立第2军）。同日，第64军进攻金积、灵武等城镇，至21日，马部的三道防线已被全部摧毁。马敦静乘飞机逃到重庆，宁夏兵团失去指挥，贺兰军和第11、第128军相继溃散。24日，第19兵团进驻银川，宁夏遂告解放。此役，共歼灭和改编国民党军4万余人，从此结束了马氏家族对宁夏36年的封建统治。

河西战役

解放战争时期，中国人民解放军第一野战军对溃退甘肃省河西走廊地区的国民党军进行的追击战。1949年9月兰州、西宁等地解放后，国民党西北军政长官公署及所属第91、第120军等部自景泰向河西走廊地区溃退。人民解放军第一野战军司令员兼政治委员彭德怀决心以第2兵团（辖第3、第4、第6军并配属野战军炮兵团、战车营）和第1兵团部率第2军分别沿甘（肃）新（疆）、西（宁）张（掖）两条公路呈钳形实施追击。9月4日，第2兵团由兰州地区向西挺进，沿途国民党军纷纷起义、投诚。至22日，第2兵团占领永登、古浪、武威、永昌、山丹、民勤等县城。9月10日，第1兵团部率第2军从西宁地区向北迂回，翻越海拔4000余米的祁连山，于17日攻占民乐县城，歼灭国民党军骑兵第15旅旅部及1个团。18日，又在该县西南三堡、六霸等地歼灭西北军政长官公署警卫团和第120军1个团。19日，攻克张掖县城，再歼第120军2个团和保安部队1个团。20日，第91、第120军各1个团投诚。21日，第1、第2兵团会师张掖。24日，逃至酒泉地区的国民党西北军政长官公署机关、后方联合勤务第8补给区司令部、甘肃河西警备总部和第91、第120军残部共3.5万余人，在人民解放军的军事压力和政治争取下，宣布起义。25日，第2兵团组织的快速部队进占老君庙油矿（今玉门油田）。28日，第1兵团第2军一部进驻酒泉、安西等城镇。至此，河西战役结束。是役，共歼灭（含起义、投诚）国民党军4万余人，解放了河西走廊地区，为进军新疆创造了有利条件。

长沙和平解放

1948年6月，在中国人民解放军不断取得胜利的形势下，蒋介石为稳住华中阵脚，并牵制桂系，任命原武汉行辕主任程潜为长沙绥靖公署主任兼湖南省政府主席。中国北产党湖南省工作委员会鉴于程潜曾与中共领导人有过合作，与蒋介石及副总统李宗仁矛盾较深，决定争取程潜靠拢人民，谋求湖南和平解放。经过政治争取和长沙各界进步人士的推动，程潜于年底下定决心伺机脱离国民党政府走和平道路。1949年2月，程潜早年的学生、第1兵团司令陈明仁所部由湖北调驻湖南长沙等地区。程潜向陈明仁表达了走和平起义道路的意向，陈明仁表示愿与其一致行动。4月，中共中央主席毛泽东委托民主人士转达对程潜走和平道路的殷切期望。4—5月，人民解放军发起渡江战役，解放南京、上海、杭州、武汉、南昌等地。国民党华中军政长官白崇禧率指挥所退驻长沙，破坏湖南实现和平。6月，根据中共湖南工委提议，程潜向中共中央和毛泽东递送了起义“备忘录”。7月下旬，宜沙、湘赣战役后，人民解放军第四野战军第12、第13兵团从东西两面逼近长沙，并对其形成环形包围之势，迫使白崇禧率指挥所退到衡阳，以策应程潜、陈明仁起义。同时，第四野战军根据中共中央军委指示，派出代表团赴长沙进行谈判。程潜和陈明仁接受《国内和平协定》，于8月

4 日率长沙绥靖公署、第 1 兵团部和所属 3 个军部、9 个师、3 个保安师通电起义。长沙和平解放后，程潜任湖南人民临时军政委员会主任委员，陈明仁任湖南省临时政府主席。起义部队除部分叛逃外，实有 7.7 万余人，于 1949 年 10 月改编为中国人民解放军第 21 兵团，陈明仁任司令员。

赣南战役

1949 年 4—5 月渡江战役中，中国人民解放军第二野战军和第四野战军先遣兵团分别解放赣东北和赣西北地区。7 月上中旬，第四野战军发起湘赣战役，解放赣西地区。此时，滞留在江西省南部地区的国民党军有第 4 兵团部及所属第 23、第 70 军，驻赣州及其周围地区，连同驻兴国、会昌、信丰等地的保安部队共 2.5 万余人，为保存实力，准备继续南撤。第四野战军为掩护所属主力部队休整和夺取进军广东的前进基地，令第 48 军军长贺晋年、政治委员陈仁麒率所属 3 个师共 4.2 万余人由上高、南昌地区南下，发起赣南战役。7 月 26 日，第 48 军第 142 师经吉安、遂川向赣州以西推进，8 月 12 日攻占唐江，守军南撤，第 142 师在追击中歼其一部，并于 14 日占领南康，切断了赣州地区国民党军向西南撤逃的道路。第 48 军主力沿赣江以东南下，占领兴国、雩都（今于都），然后向赣州进击。赣州守军大部向龙南，一部向会昌方向退却。第 48 军于 14 日解放赣州后，分兵继续追击。第 143 师攻占信丰、安远，在信丰以南连续突破国民党军三道阻击阵地，解放龙南、定南、虔南（今全南）等地，歼国民党军一部；第 144 师解放会昌、瑞金、宁都；第 142 师一直追至赣粤边界地区，29 日战役结束。是役，第 48 军仅伤亡 200 余人，歼灭国民党军近万人，解放县城 14 座，为第四野战军主力而后进军广东创造了有利条件。

长山列岛战役

长山列岛位于山东半岛与辽东半岛中间，扼渤海湾门户，由南、北长山岛等 17 个岛屿组成。山东省大部解放后，退据长山列岛的国民党军陆战第 2 团等部，破坏渔业生产和海上交通，妄图封锁渤海湾。1949 年 8 月，中国人民解放军山东军区指挥第 24 军第 72 师、炮兵第 13 团和警备第 4、第 5 旅进行解放长山列岛的作战。11 日晚，第 72 师和警备第 4、第 5 旅分别从蓬莱县刘家旺、栾家口、解宋营起渡。12 日凌晨，警备第 4、第 5 旅攻占长山列岛两翼大小黑山岛、大小竹山岛，牵制停泊在南北长山岛的国民党军舰艇。第 72 师在友军配合下，接近南北长山岛，并在炮火掩护下迅速登岛，与守军展开激战，上午攻占南长山岛，下午占领北长山岛。而后以警备第 5 旅为主，向砣矶岛、大小钦岛、南北皇城岛发起进攻。至 18 日下午，守军残部弃岛逃遁，战役结束，山东省全境解放。

衡宝战役

解放战争时期，中国人民解放军第四野战军主力和第二野战军一部在湖南省衡阳、宝庆地区，对国民党军白崇禧集团进行的进攻作战。1949年8月长沙和平解放后，人民解放军第四野战军主力和第二野战军一部挺进到江西省南部和湖南省东北部地区。由湖北省南撤的国民党军华中军政长官白崇禧集团被迫调整部署，将其主力5个兵团11个军31个师共20万余人退据以衡阳、宝庆（今邵阳）为中心的湘南地区，与华南军政长官余汉谋集团组织“湘粤联合防线”，企图在川湘鄂边区绥靖公署主任宋希濂集团呼应下阻止人民解放军南进，战况不利时再退向广西、海南岛或贵州、云南，或逃往国外。国民党军主要集结防守于衡阳、宝庆等地。为歼灭白崇禧集团，第四野战军司令员林彪、第二政治委员邓子恢遵照中共中央军委主席毛泽东关于对白崇禧集团取大迂回动作，插至敌后，先完成包围，然后再回打的方针和部署，统一指挥第四野战军第12、第13、第15兵团和第二野战军第4兵团，分成中、西、东三路进军华南，同时发起衡宝战役和广东战役。参加衡宝战役的中、西两路军共约40万人。

白崇禧发现人民解放军突破其“湘粤联合防线”左右两翼，并已楔入腹心，即令所属主力向广西方向撤退，改守湘南新宁、零陵、新田、嘉禾一线。在衡宝地区仅留第14军第10、第62师等部于桃花坪、宝庆间警戒，掩护主力撤退。第四野战军发现白崇禧集团已全线收缩，即令各部队坚决进行阻击和追击，白崇禧集团大部逃往广西。

衡宝战役，是人民解放军向中南进军中具有决定意义的战役之一，历时34天，歼灭国民党军4.7万余人，解放了湘南和湘西大部地区，为而后第四野战军主力进军广西全歼白崇禧集团和第二野战军经湘西进军西南创造了有利条件。

新疆和平解放

1949年5月，中国人民解放军第一野战军在司令员兼政治委员彭德怀指挥下开始进军西北，对国民党军实施战略追击。至9月，歼灭了西北地区国民党军大部，解放陕西、甘肃、宁夏、青海四省，挺进甘肃河西走廊，主力集结于酒泉、玉门、安西、敦煌一线，威逼新疆。早在1949年3月中共七届二中全会上，中共中央主席毛泽东就提出了解决天津、北平（今北京）、绥远三种方式。8月，中共中央提出和平解放新疆的主张，并派出人员赴新疆做促进和平解放的工作。9月10日，曾担任过国民党西北行营主任兼新疆省主席、年初到北平同中共谈判未归的国民党政府首席代表张治中，受毛泽东委托，致电国民党军新疆警备总司令陶峙岳和新疆省政府主席包尔汉，敦促起义。陶峙岳、包尔汉接受了中共中央提出的八项和平条件。9月23日，陶峙岳派代表到兰州，与彭德怀商谈和平解放新疆事宜。同时，陶峙岳和包尔汉共同挫败了新疆国民党军中的少数顽固分子企图破坏和平解放新疆的阴谋。9月25日至26日在迪化（今乌鲁木齐）先后通电，率所部7万余人起义。新疆宣告和平解放。

福州战役

解放战争时期，中国人民解放军第三野战军第10兵团对福州地区国民党军进行的进攻作战。1949年4—5月间，人民解放军举行渡江战役，解放了南京、上海、武汉和苏南、皖南、浙西、赣东北、闽北等广大地区。败退的国民党军以第6、第22、第8、第12兵团在福州、厦门、漳州和闽粤交界地区设防，企图阻止人民解放军向闽中、闽南推进，以屏障台湾。福州为福建省省会，地处闽江下游，毗连重要军港马尾，闽江横贯市区南部，北部、东部有大、小北岭和鼓岭为屏障。国民党福州绥靖公署主任朱绍良、第6兵团司令官李延年率5个军13个师约6万人驻守福州地区。7月，国民党总裁蒋介石到福州，布置增修工事，调整兵力，加强防御。第三野战军第10兵团（辖第28、第29、第31军）在上海战役后奉命进军福建。战役于8月6日打响。17日晨，第10兵团攻占福州市区后，留一部兵力担任警备任务，主力追击逃敌，至23日，除第96军一部逃往漳厦地区外，其余均被歼灭于福清、永泰以北和乌龙江以南地区。此役共歼灭国民党军4万人，解放了福州市和周围县城9座及军港马尾。

漳厦金战役

1949年8月下旬福州解放后，国民党军固守以漳州、厦门、金门岛为重点的福建省南部沿海地区，以屏障台湾。第三野战军第10兵团司令员叶飞、政治委员韦国清根据当时敌情，决定首先攻歼漳州地区及金门、厦门岛外围守军，扫清南下的海陆通道，而后同时攻取金、厦两岛。9月10日前后，第10兵团主力由福州、福清南下泉州、安溪地区，稍作准备后即发起漳厦金战役。第29军直插云顶岩、曾厝按、黄厝，第31军直插厦门市区。17日晨，第31军1个营再次攻击鼓浪屿，登陆成功，守军投降。至11时解放厦门全岛，歼守军2.7万余人，其第166师逃往小金门。此役，共歼灭国民党军近4万人，解放了福建省南部大陆和除金门、马祖、东山等岛以外的全部沿海岛屿。金门岛登陆作战受挫，为而后渡海登陆作战提供了经验教训。

成都战役

1949年12月，中国人民解放军第二野战军主力在四川省成都地区围歼国民党军胡宗南集团等部的作战，是进军西南的决定性战役。人民解放军第二野战军主力及第四野战军一部，在第二野战军司令员刘伯承、政治委员邓小平指挥下，自1949年11月初开始进军西南以来，以大迂回、大包围动作，先后解放了湖北省西部，贵州全省和四川省东部、南部广大地区，并从东南西三面逼近成都。由第一野战军转隶属第二野战军建制的第18兵团在西北军区司令员贺龙指挥下，于秦岭地区完成抑留川陕甘边区绥靖公署主任胡宗南集团的任务后，于12月初兼程南下，对南撤的胡宗南集团跟踪追击，从北面逼近成都。11月30日，重庆解放前夕，国民党总裁蒋介石偕要员逃到成都，企图以撤退到成都地区的国民党军保住川西地区，背靠康、滇山区，等待时机，图谋反攻，敌军共约32万人。由于第二野战军各部队正向成都地区进逼，国民党华中军政长官白崇禧所部也已在广西被歼灭，蒋介石眼看割据西南、待机反攻之战略企图已经破灭，于是任命胡宗南为西南军政长官公署副长官兼参谋长，代行长官职权，全权指挥川西地区国民党军进行抵抗，自已则飞往台湾。刘邓指挥第二野战军部队将数十万国民党军全部被包围于成都地区，节节推进。国民党军投降的投降，起义的起义，成都宣告解放。30日，第二野战军第18兵团进驻成都。此役，第二野战军以强大军事压力和政治攻势，使成都地区国民党军30余万人大部起义，一部被歼，只有少数溃散和逃往西昌地区。至此，国民党军在大陆上的最后一个战略集团被歼灭。国民党当局盘踞川西、待机反攻的企图被粉碎。

舟山群岛战役

1949年8月至1950年5月，中国人民解放军第三野战军一部对驻守舟山群岛的国民党军进行的进攻作战。

1949年夏，上海市和浙江省解放后，国民党军第75、第87军和暂编第1军等共10个师约6万人退据舟山群岛，企图对上海、杭州地区实行海上封锁，并屏障台湾。第三野战军第7兵团奉命以第22军指挥第21军第61师，采取逐岛攻占方针，解放舟山群岛。8月18日晚，渡海登陆部队分三路向舟山外围岛屿发起进攻，逐次攻占舟山外围岛屿30多个，取得了渡海作战经验，夺取了前进阵地，为进攻舟山本岛创造了有利条件。作战期间，国民党军陆续从台湾、金门等地调兵增援，使舟山本岛总兵力达5个军，连同海、空军及特种部队约12万人，并加筑工事，抢修机场，企图固守。1950年4月，第三野战军为保证战役全胜，决定增至6个军和特种兵纵队炮兵一部参战，组成南、北两个集团，分由第7、第9兵团指挥，并延长了进攻舟山本岛的准备时间。各参战部队筹集船只，进行渡海登陆训练。在进攻舟山本岛作战即将发起之际，国民党军鉴于海南岛已失，为集中兵力确保台湾，遂于5月13日开始将据守舟山的部队秘密撤退。16日，第7兵团组织部队渡海登岛，追歼逃敌，相继占领定海、朱家尖、岱山、普陀山、长涂山等岛，至19日舟山群岛全部解放。此役，共歼国民党军8850余人。舟山群岛的解放，打破了国民党军对长江口的封锁，对建设上海和巩固浙东海防具有重要意义。

西昌战役

1949年12月28日，从成都逃往海南岛的国民党西南军政长官公署代长官胡宗南返回西康省（今分属四川、西藏）西昌，与西昌警备司令贺国光纠集由四川逃出的国民党军第27、第56、第2、第124军等残部及西昌警备司令部所属1个多师共约3万人，盘踞西昌地区，企图建立“游击根据地”。1950年3月12日，中国人民解放军西南军区暨第二野战军以第14、第15、第62军各一部，共13个团的兵力发起西昌战役。大军对西昌形成南北夹击之势。胡宗南、贺国光仓皇乘飞机逃跑，守军纷纷溃逃。第27、第56军残部逃向西昌以北小相岭山区。第62、第15军随即对其实施合击，在彝族群众的帮助下，至4月5日，全歼被围困在小相岭山区的国民党军，毙原西南军政长官公署副长官、四川第1路游击总指挥唐式遵等。第14军和桂滇黔边纵队各一部于3月20日分别由禄丰、宾川北进，渡金沙江，猛追八昼夜，在宾川、邓川（今属洱源）一带歼灭由西昌地区南逃的第124军残部。第62军另一部于3月17日由雅安西进，至24日，解放泸定、康定，歼第127军残部。此役，歼灭国民党军1万余人，解放了西昌地区和巧家、华坪、康定、泸定等18座县城。

平而关战役

1949年12月广西战役中越国境外逃的国民党军第17兵团部及所属第100军残部，于1950年1月31日在兵团司令官刘嘉树率领下，辗转回窜广西龙津县水口关（今龙州水口街）东北地区，企图寻机经平而关进入十万大山，逃往海南岛或台湾。正在南宁地区担负剿匪任务的中国人民解放军第45军第134师奉命歼灭该敌。由于得到的情报是国民党军仅1000余人，决定就近调集4个多营约3000人的兵力，由副师长张晓冰指挥，以1个营隐蔽集结于水口关以南那菊卡、龙村地区，2个营秘密进至龙州西北科甲地区，1个营集结于南宁西南苏圩地区，准备待国民党军深入内地后，采取分进合击战术予以歼灭。2月1日，国民党军攻击水口关，第134师驻水口关1个排阻击后即主动撤离。4日，国民党军由水口关南进，5日进至平而关地区。第134师在苏圩的1个营即乘汽车疾进，占领平而关以南的南大山，截断了国民党军去路；其余3个营同时急速南进，于5日下午将其包围于平而关地区。此时，才发觉国民党军有6700余人。第134师遂进行火线政治动员，同时组织部队猛烈攻击。国民党军为了打通前进道路，全力争夺南大山，连续冲击10余次，均被击退。6日上午，第134师将国民党军压缩在平而关南面的河谷内，激战至7日上午将其全歼。此次战斗，第134师行动迅速，战术灵活，打得勇猛，取得了以少胜多之战绩。

海南岛战役

解放战争时期，中国人民解放军第四野战军第15兵团部指挥两个军，在琼崖纵队接应下渡海登陆，对退守海南岛的国民党军进行的进攻作战。海南岛又称琼崖，为中国第二大岛，面积3.2万多平方千米，海岸线长1584千米，北隔琼州海峡，宽11～27海里，与雷州半岛相望。中国人民解放军琼崖纵队在中共琼崖组织领导下，坚持斗争23年，建立了以五指山为中心的根据地，至1949年底，部队发展到2.5万人。岛上国民党军为海南防卫总司令薛岳所部总兵力10万余人，组成“立体防御”，企图凭险固守，把海南岛当做反攻大陆的基地。

第四野战军根据中共中央军事委员会关于慎重从事，充分准备，争取于1950年春夏解决海南岛问题的指示，以第15兵团司令员邓华、政治委员赖传珠指挥第40、第43军及炮兵、工兵各一部共10万余人，组成渡海作战兵团，征集大小帆船，准备解放海南岛。在琼崖纵队独立团接应下，大军两次渡海成功，逐步推进，解放了海口、三亚等城市。薛岳所部紧急逃亡至台湾。是役，人民解放军歼灭国民党军3.3万余人，创造了以木帆船为主，配以部分机帆船进行大规模渡海登陆作战，摧毁了国民党陆海空军“立体防御”体系的战例，为解放其他岛屿的作战提供了宝贵经验。

万山群岛战役

1950年5—8月，中国人民解放军中南军区陆、海军各一部对国民党军据守的广东省万山群岛进行的进攻作战，是人民解放军海军初建时期协同陆军进行的首次登陆作战。

万山群岛有48个岛屿，位于广东省珠江口外，居香港与澳门之间，扼广州门户。主要岛屿有垃圾尾（今桂山）、外伶仃、东澳、三门、大小万山岛和担杆、佳蓬列岛等。1950年5月1日海南岛解放后，国民党海军企图控制进出香港、澳门的主要航线，封锁珠江入海口，阻止人民解放军解放万山群岛。人民解放军第15兵团积极备战，为统一指挥，在兵团副司令员兼广东军区江防部队司令员洪学智指挥下，由各参战部队主要指挥员组成联合指挥所。5月8日参战部队在中山县沿海集结，5月25日凌晨，登陆输送船队和火力支援船队由唐家湾起航，26—28日，登陆部队相继占领牛头、垃圾尾、蜘洲、大碌、大头洲、东澳及大小万山等岛。8月7日，我军攻占蚊尾洲，战役结束。

万山群岛战役历时75天，人民解放军攻占了万山群岛各岛屿，共毙伤俘国民党军700余人，击沉其舰艇4艘，击伤11艘，缴获舰船11艘。万山群岛的解放，打破了国民党军对珠江口的海上封锁，对于巩固华南海防、保证海上渔业生产和交通运输的安全具有重要意义。

一江山岛战役

中国大陆解放后，国民党军残余部队退据东南沿海部分岛屿。台湾国民党当局企图利用这些岛屿作为护卫台湾的屏障，反攻大陆的跳板，袭扰大陆的基地。国民党军在浙东沿海所据守的岛屿，经过几年经营，已构成防御体系，其防务由“大陈防卫区司令部”组织实施，刘廉一任总指挥。守军主要是美械装备的第46师和6个突击大队，还有10余艘海军舰艇经常在此海域游弋，总兵力达2万余人。一江山岛由南一江、北一江两岛组成，是国民党军威胁浙江的主要据点。1954年5月中旬，人民解放军华东军区部队攻占了东矶列岛、头门山、田岙、雀儿岙等岛。1955年1月18日，中国人民解放军华东军区陆海空军各一部发起一江山岛登陆作战。此役，共毙俘国民党军1086人。

一江山岛解放后，浙东前指为了实现解放大陈等浙东沿海岛屿的既定计划，于1月30日下达准备攻占大陈岛的预令。台湾当局被迫于2月5日决定将国民党军撤离以大陈岛为中心的台州列岛。至2月25日，在美国海空军掩护下，国民党军全部撤离。至此浙东沿海岛屿全部解放。

一江山岛战役，是人民解放军陆海空军首次联合登陆作战。解放一江山岛，改变了台湾海峡的斗争形势，初步取得了联合兵种协同作战的经验。

炮击金门

新中国成立后，台湾国民党当局在美国支持下，不断派遣陆海空军，以金门、马祖等岛屿为前哨据点，对大陆东南沿海地区进行袭扰和破坏活动，妄图进而“反攻大陆”。

1954年12月，美国政府和台湾当局签订《共同防御条约》，企图使入侵台湾海峡的美国军队取得合法地位，并增加兵力，扩建军事基地，继续给予台湾当局大量军事援助并制造“两个中国”，以阻挠中国人民解放台湾。在这个条约的策划阶段，人民解放军福建前线部队奉命于1954年9月3日和22日两次炮击金门，惩罚国民党军，表明反对美国干涉中国内政的严正立场。

1958年7月，在美国、英国先后出兵侵略黎巴嫩、约旦之际，台湾国民党当局在美国支持下，企图趁火打劫，叫嚷“加速进行反攻大陆的准备”，中国人民解放军福建前线部队为了对据守福建省金门岛的国民党军进行惩罚，进行了大规模炮击封锁行动。

1959年1月9日，中共中央军委决定“今后逢单日不一定都打炮”。此后福建前线部队炮击次数逐渐减少，只是在1960年6月17、19日，即美国总统艾森豪威尔访问台湾前夕和离台时，进行了更大规模的示威性炮击，发射炮弹数万发。由于精心观测和射击，弹着点都在滩头、水洼和阵地之间，未造成伤亡。1961年

12月中旬起，遵照中央军委关于保持台湾海峡局势稳定，不主动打击金门国民党军的指示，福建前线部队只在单日以宣传弹进行射击。1979年1月1日，中美两国建交,美国政府和台湾国民党当局的《共同防御条约》即告终止。同日，中国全国人民代表大会常务委员会发表《告台湾同胞书》，宣布争取和平统一祖国的方针。国防部部长徐向前发表《关于停止炮击大、小金门等岛屿的声明》，福建前线部队对金门的炮击即告停止。

抗美援朝战争的历史背景

1950年6月25日，朝鲜内战爆发。美国为了维护其在亚洲的霸权地位，推行侵略政策，立即出兵干涉。26日，美国总统H.S.杜鲁门命令美国驻远东的海、空军参战，支援南朝鲜（韩国）军。27日，杜鲁门发表声明，宣布派兵入侵朝鲜，并令美国海军第7舰队侵入台湾海峡，侵占中国领土台湾。美国操纵联合国,制定了干涉朝鲜的决议。9月15日，美军以其第10军在朝鲜西海岸仁川登陆，并越过38度线，企图迅速占领全部朝鲜。朝鲜民主主义人民共和国处境危急。中共中央作出“抗美援朝、保家卫国”的决策。1950年10月19日，中国人民志愿军在司令员兼政治委员彭德怀率领下，跨过鸭绿江，开赴朝鲜战场，与朝鲜人民军并肩作战。

抗美援朝战争第一次战役

1950年10月25日，志愿军发起抗美援朝战争第一次战役，以1个军的主力配合朝鲜人民军在东线进行阻击，集中5个军和1个师于西线给“联合国军”以突然性打击，将其从鸭绿江边驱逐到清川江以南，毙伤俘敌1.5万余人，挫败了“联合国军”企图在感恩节（11月23日）前占领全朝鲜的计划,初步稳定了朝鲜战局,并取得了以劣势装备同具有现代化装备的美军作战的初步经验。

抗美援朝战争第二次战役

1950年11月7日至12月24日，中国人民志愿军在朝鲜人民军配合下，将美国为首的“联合国军”及其指挥的南朝鲜（韩国）军诱至预定战场后，对其突然发起反击之战役。11月24日，“联合国军”发起旨在圣诞节结束朝鲜战争的总攻势。志愿军按预定计划,故意示弱,将“联合国军”诱至预定地区后，立即发起反击，予以出其不意的打击。“联合国军”兵败于西部战线的清川江两岸和东部战线的长津湖畔，被迫弃平壤，丢元山,分从陆路、海路退至“三八线”以南。志愿军在朝鲜人民军配合下，又赢得抗美援朝战争第二次战役的重大胜利，毙伤俘敌3.6万余人,其中美军2.4万余人,扭转了朝鲜战局。

抗美援朝战争第三次战役

“联合国军”在战场上连遭失败，为挽回败局，美国于12月14日操纵联合国大会通过成立所谓“朝鲜停战三人委员会”的决议，打出“先停火，后谈判”的幌子，企图争取时间，整军再战。为不给“联合国军”以喘息时机，在政治上取得更大主动，毛泽东决定志愿军立即越过“三八线”。据此，志愿军同朝鲜人民军一起于1950年除夕发起抗美援朝战争第三次战役。这次战役，采取稳进的方针，志愿军集中6个军，在人民军3个军团协同下，对依托“三八线”既设阵地进行防御的“联合国军”发起全线进攻，将其从“三八线”击退至北纬37度线附近地区，占领汉城，并适时停止了战役追击，第三次战役结束，共毙伤俘敌1.9万余人。

抗美援朝战争第四次战役

“联合国军”在中朝人民军队第一、第二、第三次战役的打击下，丢失汉城，退至北纬37度线附近地区。为恢复攻势，挽回其失败影响，美国操纵联合国大会第一委员会通过所谓“立即安排停火”的“五步方案”，同时从美国本土和其他地区迅速抽调大批老兵补充在朝部队。1951年1月25日，美军在全线发起大规模进攻。中朝人民军队停止休整，转入防御作战。为争取时间，掩护后续兵团集结，大量杀伤敌人有生力量，中朝人民军队决定以志愿军1个军和人民军1个军团组成西集团，在西线抗击敌人主要进攻集团；以志愿军4个军组成中央集团，以朝鲜人民军3个军团组成东集团，在东线寻敌弱点，实施反击。在西线，中朝军队将进攻之敌阻止在汉江以南的内飞山、文衡山、武甲山、杨子山一线。在东线，南朝鲜军和美军一部进到砥平里、横城、下珍富里、江陵一线，其中，南朝鲜军第8、第5、第3师前进至横城以北约10公里，态势突出，翼侧暴露。中朝人民军队决心乘此有利时机，采取两翼突击和正面攻击相结合的战法，实施横城反击作战。2月11日，中朝人民军队向横城以北之敌发起反击。中央集团经一昼夜激战，将南朝鲜军第8师3个团、美军第2师1个营和4个炮兵营歼灭。东集团在突破后，向平昌、宁越方向发展。中央集团攻砥平里未克，遂停止进攻。3月7日，“联合国军”集中兵力，开始在整个战线发动猛烈进攻。中朝人民军队节节阻击，大量地杀伤敌人。至4月21日，将敌阻止在开城、涟川、华川、杆城一线，迫使其基本上停止了进攻，第四次战役遂告结束。

此役，中朝人民军队历时87天，毙伤俘敌7.8万余人，完成防御任务，赢得时间，掩护了志愿军后续兵团集结，为进行第五次战役创造了有利条件。

抗美援朝战争第五次战役

1951年4月22日，中朝人民军队发起抗美援朝战争第五次战役。首先集中志愿军11个军和人民军1个军团于西线实施主要突击，再次越过“三八线”，直逼汉城；接着，志愿军又转移兵力于东线，同人民军一起给予县里地区的南朝鲜军以歼灭性打击。胜利后，中朝人民军队为保持主动，向北转移，准备新的作战，至6月10日，将战线稳定在“三八线”南北地区，此次战役历时50天，毙伤俘敌8.2万余人。

上甘岭战役

抗美援朝战争中，中国人民志愿军为粉碎美国为首的“联合国军”及其指挥的南朝鲜（韩国）军“金化攻势”，于1952年10月14日至11月25日，在上甘岭地区依托坑道工事，所进行的坚守防御作战。1952年秋，志愿军和朝鲜人民军全线性战术反击作战取得节节胜利，“联合国军”处境愈加被动。在朝鲜停战谈判中，美方坚持所谓“自愿遣返”原则，企图强行扣留中朝人民军队被俘人员，并于10月8日单方面宣布无限期休会。时值美国总统选举和联合国第七届大会召开前夕，“联合国军”为适应政治斗争需要，谋求在停战谈判中的有利地位，并伺机夺取志愿军中部战线要点五圣山以改善防御态势，摆脱战场上的被动局面，于10月14日发动“金化攻势”，向上甘岭地区的597.8高地和537.7高地北山实施进攻。

志愿军为坚持持久作战，巩固已有阵地，创造性地建成了以坑道工事为骨干、同野战工事相结合的支撑点式的坚固防御体系。从而由带机动性质的积极防御，转为带坚守性质的积极防御；由主要用于坚守战线、消耗敌人的阵地防御，逐渐转向以歼灭敌人为主的阵地进攻，攻防作战均处于更加主动地位，取得了上甘岭战役的胜利，粉碎了“联合国军”发动的规模较大、持续时间较长的“金化攻势”。

金城战役

抗美援朝战争1953年夏季反击战役中，中国人民志愿军第20兵团在第24军配合下，于7月13—27日，在金城以南地区向南朝鲜（韩国）军4个师防守的坚固阵地实施的进攻作战，是抗美援朝战争的最后一次战役。此役历时15天，毙伤俘敌5.2万余人，有力促进了朝鲜停战的实现。

奇袭白虎团

抗美援朝战争1953年金城战役中，中国人民志愿军第68军第203师穿插至直木洞以南地区，袭击南朝鲜（韩国）军首都师第1团（白虎团）的作战。7月14日零时，由第609团第2营和第607团侦察班组成的穿插营，在师主力攻占南朝鲜军第一线主阵地的同时，迅速通过3千米的炮火封锁区，向其纵深疾进。途中遇南朝鲜军约1个连的兵力向北增援，穿插营先头第5连当即以猛烈的火力将其大部歼灭。零时50分，进至三南里后，第5连向上枫洞方向前进；第4、第6连以侦察班为先导，向二青洞猛插。1时40分，在二青洞沟口与乘坐40余辆汽车的南朝鲜军机甲团第2营遭遇，当即对其首尾夹击，予以大部歼灭。由副排长杨育才带领的侦察班（12人），化装成护送美军顾问的南朝鲜兵，巧妙越过多道岗哨，冲破南朝鲜军增援部队阻拦，迅速插至白虎团团部，趁敌开会之际，突然开火，毙伤参加会议的机甲团团长以下54人，俘16人，缴获了白虎团团旗，捣毁了该团指挥系统。穿插营继续分路作战，先后击毁2辆坦克，歼灭多管火箭炮连和美军第555榴炮营，于2时40分占领421.2高地及其以南诸高地，完成了穿插任务。这次战争，对师主力全歼白虎团起了重要的配合作用。

朝鲜停战谈判

中国人民志愿军以顽强的意志、无比的勇气和智慧，战胜了许多困难，同朝鲜人民军并肩作战，取得了抗美援朝战争的胜利。面对一连串的失败和军事上的重创，美国和南朝鲜（韩国）在武力取胜无望的情况下，被迫表示愿进行停战谈判。最后，1953年7月27日，战争双方在朝鲜停战协定上签字。至此，历时2年零9个月的抗美援朝战争，以中朝军民的胜利和美国的失败而宣告结束。

援越抗美

1965—1973年，中国人民解放军派出防空、工程、铁道、后勤保障等部队及海军扫雷工作队，对越南人民抗美救国战争所提供的军事援助。

1954年7月，美国逐步取代法国渗入越南南方，扶植西贡政权，阻挠越南南北统一，企图变越南南方为美国的殖民地和军事基地。越南南方人民奋起进行武装反抗。美国为消灭越南南方人民武装力量，对越南的侵略逐步升级，特种战争升级为“局部战争”。

中国是日内瓦协议签字国之一，对维护中南半岛和平负有责任。早在1962年夏，为援助越南南方人民抗击美国侵略，中共中央、中国政府就决定无偿给越南提供各种枪9万支。随着战争规模扩大，中国无偿提供的军事援助也不断增加。中国人民解放军于1965年5月—1973年8月，先后派出防空、工程、铁道、后勤等部队23个支队和海军扫雷工作队（12艘扫雷艇、4艘保障艇）共32万余人，到越南北方担负防空作战、国防工程建设和扫雷等任务。

1968年5月13日，越美两国政府在巴黎开始谈判。11月1日起，美军停止轰炸和炮击越南北方。经中越两国政府商定，中国防空、工程、铁道、后勤等部队于1970年7月9日前全部撤离越南。1973年8月，海军扫雷工作队在越南东北沿海完成扫雷任务，也撤离越南回国。中国政府对越南抗美救国战争提供全面的军事援助，保卫了越南北方重要目标的安全，加强了越南北方的防御能力，保障了越南北方铁路、公路和重要港口、航线的畅通，为越南人民抗美救国战争取得完全胜利作出了重大贡献。

中印边境自卫反击战

印度1947年独立后，不仅继承了英国殖民主义者侵占中国的部分领土，还进一步扩大占领范围。到1951年前后，印度军队先后侵占了中印边界东段传统习惯线以北、非法的“麦克马洪线”以南约9万平方千米的中国领土，中段2000平方千米以及西段的巴里加斯，并企图侵占西段的3.3万平方千米的中国领土。印度政府还私自改画地图，把已占领和想占领的中印边界东段、中段、西段的中国领土划入印度版图。印度政府加紧进行进攻中国的准备和部署，中国政府多次提出通过谈判解决边界问题的建议，均遭印度政府拒绝。

1962年10月20日，印度军队在中印边界东段和西段，向中国发动了大规模全面进攻。当天，中国边防部队被迫进行自卫反击。反击战分为两个阶段。在第一阶段，中国边防部队在东段收复了达旺地区被印军占领的中国领土。11月14日、16日，印度军队再次在中印边境发起进攻，中国边防部队被迫实施了第二阶段的反击。在东段击溃各路进犯之敌，并拔除印军据点16处，一直追击到传统习惯线附近。在西段，中国边防部队收复了班公湖地区。11月21日，中国政府发表声明，宣布中国边防部队自翌日起在中印边界全线主动停火。中印边境自卫反击战的胜利，维护了国家尊严，提高了中国和中国军队在国际上的威信，并开创了胜利之师主动停火、主动后撤、主动交还缴获物资和俘虏人员的先例。

西沙自卫反击战

1974年1月，中国人民解放军海军南海舰队一部与陆军分队、民兵协同，对入侵西沙群岛的南越军队进行的反击作战。位于南海的南沙群岛、西沙群岛、中沙群岛和东沙群岛，历来是中国领土。但在20世纪50年代后半期，越南南方当局侵占西沙群岛的珊瑚岛等岛屿，并对南海其他诸岛怀有领土野心。1973年9月，南越当局又非法宣布将南沙群岛的南威、太平等10多个岛屿划入其版图。1974年1月11日，中华人民共和国外交部发言人发表声明，谴责南越当局对中国领土主权的肆意侵犯，重申中国对南沙、西沙、中沙和东沙各群岛拥有领土主权，中国政府决不容许南越当局对中国领土主权的任何侵犯。南越当局不顾中国政府的严正警告，于1月15日派驱逐舰16号（“李常杰”号）侵入西沙的永乐群岛海域，后强占金银、甘泉两岛，企图作为继续侵占其他岛屿的据点。中国人民解放军海军南海舰队奉命派出海军，执行巡逻任务，保护中国渔轮安全生产。

中国人民解放军海军南海舰队遵照上级指示，向被南越军队侵占的甘泉、珊瑚和金银三岛逐岛发起攻击，至13时45分收复三岛，全歼入侵的南越军队。这次战斗，中国人民解放军海军南海舰队共击沉南越海军护航炮舰 1 艘，击伤其驱逐舰 3 艘，俘 49 人（战斗结束后不久，中国即将全部俘虏遣返），收复被南越军队侵占的永乐群岛中的 3 个岛屿。这一胜利，沉重打击了南越当局的扩张主义，维护了国家领土主权。

珍宝岛自卫反击战

珍宝岛位于黑龙江省虎林县境内，在乌苏里江主航道中心线中国一侧，向为中国领土，中国居民祖祖辈辈在这里进行捕鱼等生产活动。自 1967 年 1 月至 1969 年 2 月，苏联边防军先后 16 次侵入该岛，干涉中国居民的正常通行和生产活动，阻止中国边防部队执行正常巡逻勤务，打伤中国边民和边防战士多人。中国一再严正要求苏联方面停止其武装入侵活动，苏联却置若罔闻。1969 年 3 月 2 日，苏联边防军出动 70 余人，分乘 2 辆装甲车和 2 辆军车，从珍宝岛上游的下米海洛夫卡和下游的库列比业克依内两个方向侵入珍宝岛，袭击中国边防部队巡逻人员，打死打伤 6 人。中国边防部队被迫自卫反击，将入侵的苏军逐出珍宝岛。15 日，苏联边防军 3 次出动 50 余辆坦克、装甲车和步兵 200 余人，在直升机、炮火支援下向守卫珍宝岛的中国边防分队发起猛烈进攻，并用多种火炮轰击中国境内纵深地区。中国边防部队激战近 9 小时，顶住了苏联边防军的 6 次炮火急袭，挫败其进攻。17 日，苏联边防军又出动步兵 70 余人，在坦克支援下入侵珍宝岛。中国边防部队以炮火将其击退。中国边防部队的珍宝岛自卫反击作战，保卫了国家的领土，维护了中华民族的尊严。

法卡山战斗

法卡山位于中国广西壮族自治区宁明县上石地区边缘，海拔 500 米，由 3 个高地组成，面积为 1 万多平方米。越南军队侵占法卡山后，利用其有利地形，经常袭击中国边境军民。1981 年 5 月 5 日，中国人民解放军广西边防部队某部第 2 营第 4 连进行反击，收复了法卡山，并随即转入保卫法卡山的战斗。10 日黄昏，越军向法卡山发射炮弹约 2000 发，随即以 1 个加强连的兵力发起进攻，占领第 4 连前沿阵地。第 4 连在友邻分队配合下实施反冲击，夺下了前沿阵地。16 日晨，越军又以猛烈炮火轰击法卡山，以 1 个团的兵力分三路发起进攻。接替第 4 连坚守阵地的第 5 连面对 10 倍于己的越军，顽强奋战 2 小时，终因寡不敌众，部分阵地失守，情况十分危急。此时，在山下的第 6 连主动增援，登上法卡山主阵地，勇猛地将越军击退，夺回了失去的阵地，而后连续打退越军的 7 次进攻，恢复了法卡山的防御态势。19 日和 6 月 7 日，越军又各以约 1 个营的兵力向法卡山及其两侧高地进攻，均被击退。至此，越军 5 次进攻法卡山均遭失败。

老山战斗

老山位于中国云南省麻栗坡县船头以西，主峰海拔1422.2米，扼越南西北部河江市通向中国云南省的咽喉要道。1979年春，越南军队第313师第122团抢占了老山主峰及附近有利地形，建立4个军事据点群，频繁袭扰我边境。至1984年3月，侵占老山地区的越军向麻栗坡县境内发射炮弹2.8万余发，打死打伤中国边民300余人，炸毁民房上百幢。中国人民解放军云南边防部队于1984年4月28日发起老山反击作战。当日凌晨，炮兵对老山主峰和662.6高地实施火力急袭，突击部队采取两翼多路攻击和侧后穿插之战法，不到5个小时即收复了老山主峰。另一支部队只用了9分钟即收复662.6高地，1426高地的越军也于当日奔阵撤逃。5月15日，云南边防部队又清除了封锁中国船头通道的八里河东山越军据点。至此，全部收复老山地区被越军侵占的中国领土。

第二辑 中国历代军队常识

第一章 中国古代军队常识

西六师、殷八师

西周的主要军事力量有“西六师”、“殷八师”、“成周八师”几种。西六师又称“六师”，驻扎在西土的都城丰镐；殷八师驻扎在原殷的王畿卫国；成周八师驻扎在成周。

西周军队的重要职责之一，就是“征四方责”：夷戎部落被征服后，就成为西周的纳贡之臣，向西周进贡币帛、物产和劳动力，如不服从规定，就要受到讨伐。西周金文记载，成周八师曾用于征伐南夷，殷八师用于征伐东夷。“六师”和“八师”等，既是国家的军事组织，又是自由公民的地域组织。“师氏”既是军队的军官，又是乡邑的行政长官，他们除统率军队以外，还参加重要的射礼，担任贵族子弟的军事教练，掌管乡邑和降服的夷戎部落。乡邑的长官“邑人”直属于“师氏”。从金文记载看，军队的师氏可以掌管乡邑的“邑人”和“奠人”，前者相当于《周礼》中的乡大夫，后者相当于《周礼》中的野人。此外，师氏还掌管许多集体奴隶性质的夷戎部落，这应当是在奴役这些夷戎以外，把他们当做警卫队。

武卒

在古代，武卒有两个概念。

第一种，战国时魏国按规定标准选拔的步兵，称作“武卒”。中选条件是：身穿三套拥身甲，能拉开十二石的弓，背着能装五十只箭矢的器具，把戈扛在肩上，头戴盔帽，腰挂利剑，带三天的干粮半天疾行一百里。考中武卒的，就免除他家的徭役和宅田税。退役后依然享受上述权利。

第二种，指军队、士兵。汉代陈琳的《檄吴将校部曲文》说：“(夫差）及其抗衡上国，与晋争长，都城屠于勾践，武卒散于黄池。”唐代李白的《大猎赋》说：“又命建夔鼓，励武卒。”明代唐顺的《重修泾县儒学记》：“汉兴，立博士，置辟雍，桥门观听，缙绅动色，蕃夷武卒莫不受经。”

技击

技击，指用于搏斗的武术。《荀子·议兵》：“齐人隆技击，其技也，得一首者则赐赎锱金，无本赏矣。”杨倞注：“齐人以勇力击斩敌者，号为技击。”《汉书·刑法志》：“齐愍以技击强，魏惠以武卒奋，秦昭以锐士胜。”颜师古注引孟康曰：“技巧者，习手足，便器械，积机关，以立攻守之胜。”《新唐书·淮阳王道玄传》：“淮阳壮王道玄，性谨厚，习技击，然进止都雅。”清代恽敬《罗台山外传》：“台山少好技击，兼治兵家言。”

南北军

西汉初设置在长安城内的禁卫军统称为南北军。南军属卫尉统领，北军属中尉统领。南军分别驻扎在未央、长乐两宫之内的城垣下，负责守卫两宫。长安城除宫城范围以外，皆归中尉守护，城门及城郊由城门、步兵校尉掌管。未央、长乐两宫位于长安城南部，所以卫尉统率的军队称南军，长安城北部归中尉，中尉后改名执金吾，中尉或执金吾所部为北军。

西汉时南军由卫士组成，总数一两万人。因北军有几万，实力上超过南军，成为护卫和稳定京城秩序的重要力量。如吕后死后，周勃掌握北军，诸吕就难以取胜；武帝时卫太子在长安城内进行武装政变，后因得不到北军支持而为丞相兵所败。

皇帝为了更好地控制南北军，又常派亲信为卫将军加以统率。文帝曾派宋昌镇抚南北军，宣帝曾任张安世为卫将军，统领两宫卫尉和北军、城门兵。

东汉初将西汉的八校尉减并为五校尉，当时人称五校为五营。又置北军中侯以监五校。东汉与西汉不同，北军是指五校所率的禁军。东汉时不见南军名称。东汉初以后，北军的名称也不再见于文献记载。

屯田兵

中国古代且耕且戍，主要从事农业劳动，直接或间接为军事目的服务的武装人员的泛称。屯田兵的劳戍方式，称为军屯。军屯，起源于汉武帝时期。狭义的军屯，指作战部队的屯田。广义的军屯，还包括戍卒和田卒的屯垦。荒远地域，人口稀少，粮秣奇缺，欲长期守卫，最好的办法就是选择能够耕种之处，以兵屯田。这样，集兵、民职能于一体，既可劳作自给，省却国家长途运输的负担；又可随时投入战斗，避免贻误战机。军屯的地点，一是边塞要害，二是战略要地，三是交通要冲。此后，各个朝代均有不同的屯田兵和屯田制度。中国历史上，将军屯发展到高峰的，是明太祖朱元璋。还在元末，朱元璋就立民兵万户府，寓兵于农，实行军屯。明初，确立卫所制，以军隶卫，以屯养军，军屯自给，减轻国家负担。

清朝以屯养兵，本不重视军屯。直到统一新疆后，才开始在伊犁地区大力屯垦。

屯田兵因防务而兴。最初，以兵农结合、长期戍边为主旨；此后，衍生出且耕且战、屯垦待机和也兵也农、屯垦筹粮等特征。历代形制不同，作用有异。

绿林军

新莽天凤年间，荆州一带遇到连年的大饥荒，农民相率到野泽中掘草根为食。新市（今湖北京山境）人王匡、王凤替人家排难解纷，被推为首领。他们人数越聚越多，形成一支武装力量，不时攻击附近的乡绅。他们隐蔽在绿林山中（今湖北当阳境），因此被称做绿林军。几月后，绿林军发展到七八千人。但是那时他们还没有攻城略地的打算，只盼望年成好转，能够返回田间。地皇二年（公元 21 年），王莽的荆州牧发兵进攻绿林军，绿林军出山迎击获胜，部众增至数万人。绿林军获得昆阳之战大捷，全歼王莽主力。此后，绿林军将领离心离德。而赤眉、绿林两大农民军的矛盾也日趋激化，发展为兵戎相见。刘玄投降后，绿林起义告终。

赤眉军

新莽末年兴起于今山东东部的一支农民起义军名称。为便于区别，用赤色染眉，故名。

赤眉军于天凤五年（公元 18 年）在莒（今山东莒县）起事，首领为琅琊人樊崇，以泰山山区一带为根据地，与政府军对抗。几年之间发展到数万人，其中主要由农民组成，大多不识字，因此以口头传令为主。组织包括地位最高的三老，其次有从事、卒史等名称，大多沿用汉朝乡官的名称。

随着赤眉军的发展，在地皇三年（公元 22 年）王莽派出王匡、廉丹率约十万军队进攻赤眉军惨遭挫败。赤眉军发展到十万人以上，势力扩及青州、徐州、兖州、豫州各地。公元 23 年，更始皇帝刘玄已即位，此时赤眉军攻入长安，先是愿意降于更始，但双方随即再度开战。公元 25 年，赤眉军兵分两路，由樊崇和徐宣分别率领，进攻关中，并拥立汉宗室刘盆子为帝，徐宣任丞相，樊崇因为识字，任御史大夫。同时更始军内部产生内争，将领王匡投奔赤眉军，随即赤眉军攻入长安，杀死刘玄。

赤眉军入长安时，当地残破不堪，赤眉军只能四处找寻粮食，遇大雪损失惨重，随后被刘秀派将领邓禹击败，赤眉军遂决定离开关中，公元 27 年，在崤（今河南洛宁）和宜阳再被刘秀军打败，樊崇投降，最后被杀害，起义遂告失败。

武科考试

科举制度中专为选拔武官而设的科目。始于唐武则天长安二年（702）。这一科目与其他常科考试的安排、要求一样，但考试内容大为不同，射箭、马枪、举重、负重等是武科考试的重要内容。射箭有远距离射靶、骑马射箭等。对射箭技能要求很高，既要远而准，又要平而直。马枪是骑在马上用枪击刺物体。举重要求双手举起关闭城门用的大门闩。负重是背起重型物体。此外，参加武科考试的，身高要在六尺以上。

唐代武科为选拔军事人才而设，效果也比较显著。在平定“安史之乱”中发挥了重要作用的唐朝名将郭子仪就是从武科进入仕途，开始他戎马一生、屡立战功的军旅生涯的。武科的影响也很大，以后各朝代都沿袭设立了这一科。

宋仁宗曾亲试武举，先阅骑射，而后策问。神宗时又立武学。南宋时，武科录取者有“武举及第”、“武举出身”等名目。金也有武科，考试内容除挽弓、远射、以枪刺板等外，又有问孙吴兵法书。元不设武举，专用将家子弟。明也有武学、武举。宪宗成化十四年（1478），设武科乡、会试，如文科。思宗崇祯四年（1631），举行武殿试。清沿袭，考马箭、步箭、弓、刀、石，是为外场；又以默写武经为内场。院试、乡试、会试、殿试及童生、生员、举人、进士、状元等名目，均同文科，但加“武”字以示区别。光绪二十七年（1901）废除。

牙兵

牙兵，即亲兵或卫兵。亲军，我国自古有之，而五代十国的牙兵，则是中唐以后节度使的私兵，是节度使专兵的产物。亲卫为什么称牙兵呢？这是从“牙旗”一词引申出来的，牙通衙，古代大将出镇，例建牙旗，仗节而行，因而他们的官署称牙，后作衙。唐朝节度使是独镇一方的将帅，他们出镇，赐双旌双节，行则建节，树六纛。援古例称官署为牙，称所树的旗为牙旗，称所居的城为牙城，所居的屋为牙宅，称朝见主帅为牙参，称所亲的将为牙将，卫队为牙队，而亲兵则称牙兵。

牙兵成为藩镇军阀割据自雄、控制下属的重要力量，翻云覆雨，左右逢源，也是五代时期政权频繁更替的根源之一。宋代以后，“牙兵”消失。

禁卫兵

侍卫帝王及保卫京城的军队。其名号、编制等历代有异。通常称禁军、禁兵、禁旅、卫士、卫兵、宿卫兵、侍官等。

唐“六军”

唐太宗李世民时，选有才勇者置北衙七营，置左右屯营于玄武门，号“飞骑”；又从“飞骑”中选善骑射者百人，名曰“百骑”。武后改为“千骑”。中宗时发展为“万骑”。高宗改左右屯营为左右羽林军，仍号“飞骑”。玄宗将“万骑”从左右羽林军中分出，置左右龙武军，仍号“万骑”。肃宗至德年间，置左右神武军，号“天骑”。左右羽林军、左右龙武军、左右神武军，合称北衙“六军”。

唐神策军

中晚唐禁卫军最重要的力量是神策军，该军原是玄宗为防御吐蕃而设置的戍边军，由具相当作战能力的西北边兵组成。代宗广德年间，兵归禁中，由宦官统领。神策军成为中央禁军后，分为神策左右厢，收编几支久经征战的方镇军队，其实力大增。德宗贞元年间，改神策左右厢为左右神策军，立护军中尉两名为最高指挥官。时边兵也多遥隶神策军，称神策行营，兵至 15 万。神策军除担负保卫京城任务外，还多次出征。唐末，神策军腐化衰败。昭宗天复三年（903），朱温诛杀宦官，神策军同时被解散。

乡兵

封建社会中由官府控制的地方性武装。历代多有，具体名称、组织编制、指挥关系等，因时因地而异。乡兵源于部曲。东汉末年，兵祸连绵，土地兼并严重。各地豪强地主为保护自己生命财产，建庄园，筑坞堡，组织私人武装，使聚族而居的农民和无所归依的流民变成其佃户、家兵和部曲。南北朝时期，家兵、部曲是地方士族、豪强、地主借以割据的主要军事力量；西魏、北周时期，宇文泰将家兵、部曲纳入府兵系统，使之演变为乡兵。乡兵均立兵籍，统归六柱国系统指挥，下设大都督和帅都督。乡帅由地方豪族“首望”、“乡望”充任。乡兵主要守卫本地，也随时受命出征。

元代乡兵，由沿边少数民族武装组成。有辽东的纠军，云南的寸白军，福建的畲军等，一般不出戍他方。明代乡兵，“随其风土所长应募，调佐军旅缓急”（《明史·兵志三》），有隶军籍与不隶军籍之分。隶军籍者，实为正规军。戚继光就曾用浙兵抗倭及守卫蓟门。不隶军籍者，即为地方武装。乡兵在保卫乡里、防边抗倭中起到一定作用。清代雍正、乾隆年间，为镇压农民反抗而设置乡兵，其名号也很多，有团练、民壮、乡团、猎户、渔团、沙民等。多属临时招募，聚散无定。其任务是驻守地方或随营征战。曾国藩、李鸿章为镇压太平军所募湘军、淮军，始以乡兵上升为正规军队。

蕃兵

蕃兵是由少数民族组成的地方军，始于唐朝。唐太宗在北方内附的突厥、契丹、回纥、党项等少数民族部落中以骑士为主组建蕃兵，其部落首领为蕃将。蕃兵骁勇，是唐初守边拓疆战斗力很强的一支部队。北宋蕃兵是指西北边境少数民族地方军。北宋中期，为适应对西夏作战，于宋夏接壤的陕西沿边秦凤、泾原、鄜延、环庆、熙河五路和河东路的府、麟（今陕西府谷、神木西北）、岚、石、隰（今山西岚县北、离石、隰县）等州，招募内附的党项、吐蕃部落壮丁创建蕃兵。应募者右手虎口刺“忠勇”二字。为防汉兵盗杀，后改左耳刺“蕃兵”字。组织编制因部族而异，有的分为甲和队，有的设都和指挥。宋神宗实行“将兵法”，蕃兵单独编成将，或与汉兵合编成将。将以下按指挥和都的序列编成。宋廷按部族大小封其首领以军职（职官上至指挥使，下至十将），使之统率本部族壮丁，戍守边境。蕃兵首领的军职可由后代承袭。凡补军职者，月给军俸及“添支钱”，十将以下皆给田。北宋对蕃兵甚为歧视，蕃官不论官位高低，必须隶属于汉官之下，许充汉官差遣，出战时皆受汉官指挥。蕃兵熟悉边情，勇悍善战，在抵御西夏、保卫北宋西部边疆的作战中，起过重要作用。

岳家军

岳飞是南宋时期抗击金朝进犯的名将。南宋时起义军蜂拥而起，有很多都投靠了岳飞（岳飞虽然级别不是最高的，但在民间威望很高)。然后那些归顺岳飞的农民军队就自称为岳家军，这个称呼也得到了广大民众的认可。而且岳飞在金兵中也颇有名声，岳家军的称呼常常出现在两军对垒自报家门时，可以起到震慑敌军的作用。

当时诸军多以主将姓氏称某家，如韩世忠部称韩家，张俊部称张家。岳家军以牛皋、董先各部义军为主干，后陆续收编杨么等农民军部众，吸收山东两河忠义社梁兴、李宝等，汇成大军。岳飞申明纪律，加强训练，号“冻死不拆屋，饿死不掳掠”。“岳家军”作战十分勇猛，从没打过败仗。金贵族有“撼山易，撼岳家军难”之语。部队久驻鄂州（治今湖北武昌）、襄阳，世居其地，南宋末年抗击金蒙的将士，犹多其子孙。

岳家军只是民间的说法，岳家军只是口头的称呼，并不是一个编制。在正式的场合是不会出现的，并不是官方承认的。

八字军

1127年秋，南宋名将王彦率部7000人抗击金兵，数战失利，仅率700人突围退到共城（今河南辉县）西。为了发展力量，坚定抗金决心，王彦在每个抗金义士的脸上都刺上“赤心报国，誓杀金贼”8个字，名曰“八字军”。后来，这支仅数百人的抗金义军，联络黄河以北的孟德、傅选、刘泽、焦文通等19寨义军，发展到10多万人，其地盘绵亘数百里，多次击败进犯的金兵，威震河朔。建炎二年(1128)，王彦率军渡河南下，投东京留守司，从宗泽守卫东京（令开封）。不久因反对宋廷乞和，被夺兵权，称疾致仕。王彦用兵果断，善于治军，所部八字军，号称天下精兵，在南宋抗金战争中起了重要作用。

探马赤军

元朝时期的一种军队。“探马赤军”意为“探马官”。对“探马”一词，学界考释甚多。有的认为此即汉语“探马”，指先锋；有的认为“探马赤”来自突厥语“达摩支”（泛称达官，见《大慈恩寺三藏法师传》)；也有人认为来自契丹语“挞马”（扈从官，见《辽史·国语解》）；还有的认为来自蒙古语词根Tama，意为“收集”。

元朝时期，从各千户、百户和部落中拣选士兵，组成精锐部队，在野战和攻打城堡时充当先锋，战事结束后驻扎镇戍于被征服地区，称为探马赤军。与蒙古军由各自千户的士兵编成不同，探马赤军是由各部拣选的士兵混合组成的，因而《经世大典·序录》上说："探马赤则诸部族也。"1217年，成吉思汗命木华黎攻金，从兀鲁兀、忙兀、札剌也儿、弘吉剌、也乞烈思五个蒙古部落的各千户、百户中，挑选矫捷有力的士兵组成五投下探马赤军。这支部队颇立战功，驻屯中原。窝阔台汗时，命搠里蛮（又译绰儿马罕）出征波斯，作探马赤军留在该地镇戍；也速迭儿征高丽，在那里作探马赤军镇守。元代始终保持探马赤军的建制。

怯薛

蒙古和元朝将其禁卫军称作"怯薛"，它是"番直宿卫"的意思（见《元史·兵志二》）。汉译多作宿卫，轮流值宿守卫之意。怯薛是蒙元时期护卫宫廷和扈从大汗出征的军队。怯薛成员称怯薛歹，复数作怯薛丹。怯薛起源于草原部落贵族亲兵，带有浓厚的父权制色彩，后来发展成为封建制的宫廷军事官僚集团，元代官僚阶层的核心部分。成吉思汗所建怯薛共一万四千人。担任宿卫的怯薛人员从万户、千户、百户子弟及随从中选拔，分四班宿卫，称四怯薛。怯薛平时分四番入值，三天一更，护卫大汗或从事汗廷的各种差役；战时作为大中军扈从大汗出征，常充主力攻坚。成吉思汗曾指定"四杰"博尔忽、博尔术、木华黎、赤老温分任四番怯薛长，后来此职由他们子孙世袭或大汗指定任命。怯薛长作为大汗内臣，参决军政要务，享有多种特权。

中统元年（1260）起，忽必烈建立以汉人为主的侍卫亲军，加强都城及宫廷的防卫，但仍保留怯薛万名以上，怯薛长都担任朝中重要官职。怯薛歹初为蒙古人，后逐步吸收少数色目人和汉人；到成宗铁穆耳时又诏令不准汉人、南人加入。怯薛人数历朝多有变动，常额保持万人，多时达1.4万。拥有封地的宗王也建有各自的怯薛，护卫王帐。元朝后期，备受统治者宠信的怯薛歹，营私舞弊，敛财跋扈，日趋腐败。

红巾军

红巾军，又称红军，是元朝末年起来反抗元朝的主要起事力量，最初是与明教、弥勒教、白莲教等民间宗教结合起事的，因打红旗，头扎红巾，故称做"红巾"或"红军"，又因焚香聚众，又被称做香军。

红巾军最初起于北方，以韩山童、刘福通等为首领，宣传弥勒下世、明王出世等教义，至正十一年（1351年），元顺帝以贾鲁治黄河，动用大量民工，民怨沸腾，韩山童等人决定在5月发动起事，但事泄，韩山童被捕杀，刘福通带韩山童之子韩林儿杀出重围，占领颍州，许多人民纷纷加入，在河南一带势盛，而北方其他起事如徐州的芝麻李、彭大，濠州的郭子兴等，均打着红巾旗号起义。

北方红巾军兴起之后，南方长江流域也纷纷打着红巾军的旗号起事，元朝对于红巾军的起事随即展开镇压。后来，红巾军内部也发生争执分裂，势力渐弱，1363年，北方红巾军在安丰之役中败给新兴并降元的张士诚，刘福通战死，韩林儿投奔朱元璋，随后被杀。南方红巾军将领陈友谅于1360年，杀徐寿辉自代。此后各群雄互相争战，已渐失去原本红巾军的性质。

五军营

明代京军三营之一。明太祖时设大都督府，以节制中外诸军，京城内外置大小二场，分教48卫卒。成祖北迁后，增为72卫。永乐八年（1410年）始分步骑军为中军、左右掖、左右哨，称为五军。除在京卫所外，每年又分调中都、山东、河南、大宁各都司兵16万人，轮番到京师操练，称为班军。

三千营

明永乐时京军三大营之一，以塞外降丁三千骑兵组成。嘉靖中改名神枢营。之所以叫三千营，是因为组建此营时，是以三千蒙古骑兵为骨干的，当然后来随着部队的发展，实际人数当不止三千人。三千营与五军营不同，它下属全部都是骑兵，这支骑兵部队人数虽然不多，却是朱棣手下最为强悍的骑兵力量，他们在战争中主要担任突击的角色。

神机营

神机营是中国明朝永乐前期创建的京军三大营之一，也是中国和世界上最早建立的火器部队，担负着“内卫京师，外备征战”的重任，是朝廷直接指挥之战略机动部队。神机营的任务是主管操练火器及随驾护卫马队官兵。经多方考证，神机营约建于永乐七至八年（1409年至1410年）之间，比欧洲最早成为建制的西班牙火枪兵（创建于1510年），要早一个世纪左右。

1861年（清咸丰十一年）署步军统领文祥仿照明制，创立神机营，挑选八旗各营精锐，使用洋枪进行训练，是为创设八旗练军的最初尝试。

白杆兵

所谓“白杆兵”，就是以持白杆长矛（长枪）为主的部队。这种白杆长矛是明末忠贞侯、四川总兵秦良玉根据当地的地势特点而创制的武器，它用结实的白木（不需要染色）做成长杆，上配带刃的钩，下配坚硬的铁环，作战时，钩可砍可拉，环则可作锤击武器，必要时，数十杆长矛钩环相接，便可作为越山攀墙的工具，悬崖峭壁瞬间可攀，非常适宜于山地作战。

八旗兵

八旗兵制是清代军队的编制。清朝统一后，为扩大军事实力和笼络人心，又建立汉军八旗和蒙八旗，各旗有扩军、前锋、骁骑、健锐、火器和步军等营伍。八旗兵分为京营和驻防两类。京营是清驻防京师的满洲等八旗军的总称，由朗卫和兵卫组成。侍卫皇室的人，称朗卫，且必须是出身镶黄、正黄和正白上三旗的旗人。驻防指分镇各省者。八旗都统直接指挥骁骑营，由都统或统领指挥前锋营、扩军营、健锐营、火器营、步军营。下五旗亲军属于各王公。京营总兵约十万，驻防兵10.7万人分驻各省要冲。

禁旅八旗

清朝定都北京后，集八旗兵力之半驻京城，俗称“禁旅八旗”。八旗中的镶黄、正黄、正白上三旗为皇帝亲军，是清代宿卫军的核心力量。“禁旅八旗”按任务分为郎卫和兵卫。郎卫由领侍卫内大臣统领，负责宿卫帝室和王宫。兵卫先后设骁骑营、护军营、前锋营、健锐营、火器营、步军营、神机营等，由都统或统领率之，负责守卫京城和随从皇帝出巡。京师宿卫军总计约十余万人。甲午战争后，设立禁卫军，由摄政王统领，未及训练，清朝已告灭亡。

绿营兵

清代军制。其制与满洲八旗兵不同，是招募汉人组成的，因用绿色旗而名绿旗兵，又因是以营为主要基层编制又叫做绿营兵。绿营兵除在京师五城戍卫以外，绝大部分分驻全国各省。在京师担任卫戍的称为巡捕五营，与八旗步军营同隶步军统领。步军统领下辖左右翼总兵及16门(内城9门，外城7门）千总。绿营兵的最高组织为“标”，下设“协”、“营”、“汛”。标分督标，由总督统辖；抚标，由巡抚统辖；军标，设于四川、新疆，由将军统辖；河标，由河道总督统辖；漕标，由漕运总督统辖；提标，由提督统辖；镇标，由总兵统辖。实际各省绿营独立组织为提标、镇标。提督为各省绿营的最高武官，分为陆路与水师，共设水陆提督23人，唯东北三省不设。提标一般设左、右、中、前、后5营，并辖城守营与分防营。所辖军队一般为五六千人或六七千人。统辖镇标的总兵是仅次于提督的武官，也分陆路与水师，共有83人，镇标所辖一般为三营、二营，兵力一般为三四千人。各军标下设协，由副将统领，协下设营，由参将、游击、都司、守备分别统领，营下设汛，由千总、把总分别统领。兵分步兵、马兵两种。绿营兵直辖于兵部，将官的铨叙也属于兵部。绿营兵初期作为清王朝的辅助兵力，配合八旗兵驻守京师与全国各地，并受到八旗兵的监视和控制，中叶以后变为主力，其兵额时有增减，最多时达到60多万。清末渐裁，仅存营制而已。

第二章 中国近现代军队常识

鸦片战争中的青州兵

1840年至1842年，英帝国主义借中国禁止鸦片毒品进口对中国发动侵略战争。英军入侵长江后，清朝政府将原驻守山东青州的400多青州兵移驻江防要地镇江象山炮台，后又调到镇江城内，分守东西南北城门，所有守军与英军浴血奋战，城防失守后，无一投降，许多青州兵拼死抱住登城之敌，跳下城楼与敌人同归于尽，余者又在城里多处地方与敌展开巷战，直至阵亡殉国于战场。对此，恩格斯在《英人对华的新远征》一文中高度评价了镇江守军："驻防旗兵殊死奋战，直到最后一人，如果这些侵略者到处都遇到同样的抵抗，他们绝对到不了南京。"鸦片战争结束后，当年镇江府为褒扬青州兵英勇杀敌的爱国主义精神，1843年在镇江西门月城建造青州兵忠烈祠，知府崔光笏为之立碑撰文。后忠烈祠毁于战火，碑也失存。近年镇江市烈士陵园在为烈士纪念馆征集资料时，得知当年青州府曾派人来镇江按原碑复制一碑立于青州，便派专人三赴青州，终于发现了这块石碑。碑阳记载了青州兵英勇抗敌的事迹，碑阴刻有部分烈士的英名。

团练

团练有两重含义：第一，即团结兵。第二，是指中国地方武装的一种。主要指地方乡绅自行征集壮丁编制成团，施以军事训练，用以捍御盗匪、保卫乡土的武装。《六部成语 · 兵部团练注》有："聚集壮丁而团练。"1851年太平天国革命爆发后，清王朝谕令各省举办团练，就是这种性质的军队。

湘军

湘军是晚清时对湖南地方军队的称呼，或称湘勇。太平天国运动兴起后，清朝正规军无法抵御，不得不利用地方武装，湘军就是在这时发展起来的。曾国藩利用湖南地方武装，组织团练，镇压太平军起义，湘军后来成为维护晚清封建统治的重要武装力量，形成了诸如曾国藩、曾国荃、李续宾、胡林翼等著名湘军将领。在民国初期，也有湘军的说法，特指湖南地区的军阀武装。

淮军

在曾国藩组织湘军镇压太平天国运动时，他又指使李鸿章招募淮勇编练军队。淮军出于湘军。1861年（咸丰十一年），太平天国向上海进军，上海清军不能作战，英国侵略军增兵又未到。时曾国藩为两江总督，驻安庆，上海地方官派代表向他求援。曾国藩早有用湘军制度练两淮勇丁的计划，即命他的得力幕僚李鸿章招募淮勇，于1862年3月（同治元年二月）在安庆编成一军，称"淮勇"，又称"淮军"。此后，淮军乘英国轮船，闯过太平天国辖境，前往上海，与英国侵略军合作对抗太平军。

淮军成立时有6500人。1862年4、5月间抵上海后，又以外国侵略者的支援和上海海关税收购置洋枪洋炮，扩编部队。至1864年，淮军先与英、法侵略军和"常胜军”相勾结，在上海附近对抗太平军，继而配合湘军在苏、浙等地进攻太平天国。太平天国首都天京（今江苏南京）陷落后，1864 年秋冬，淮军经过裁撤，尚存一百零四营，5 万余人。1865 年至 1868 年间，先后在曾国藩、李鸿章率领下，在安徽、湖北、河南、山东、江苏、直隶（约今河北）等地，作为清军主力与捻军作战。捻军被镇压后，淮军担负北自天津、保定，南迄上海、吴淞，南北数千里江海要地的防守。李鸿章以淮军势力为基础，掌握了国家外交、军事和经济大权，成为晚清政局中的重要人物。淮军主要将领张树声、刘铭传、周盛波、潘鼎新、吴长庆、丁汝昌、叶志超、卫汝贵、聂士成等，形成淮系军阀，是统治阶层中一个重要的武装政治集团。

练军

练军，清代军队编制的名称。清代练军的创建，酝酿于咸丰年间。同治元年于天津创练洋枪队。同治二年，以直隶额兵酌改练军。同治四年，兵部、户部诸臣会议选练直隶六军，始定练军之名。各省练兵是踵行的。练军虽在额设制兵内选择，而营哨饷章均按湘淮军制，与防军相同。练军驻屯于通都重镇，其作用也与防军相同。光绪中叶后，防、练军均改为巡防队。光绪、宣统之间又改为陆军。

防军

清代在八旗兵、绿营兵外另行招募的军队，其士兵称“勇”，以示与原有的“兵”有别。乾隆、嘉庆时镇压农民和少数民族起义时，暂募勇营，事后随即撤销。太平天国运动失败后，清政府在各地以勇营驻防，始有防军的名称。其饷较绿营高，同治年间，在额兵内挑选士兵，提高饷银，采用新式武器，加以训练，叫做练军，实际上也就是防军。光绪中叶后，防军、练军改称巡防队。

北洋海军

中法战争后，清王朝再次讨论海军发展事宜，决心“大治水师”，并调整其发展计划，拟先由北洋练成一军，其他地区分年次第兴办。1885 年 10 月 12 日，任命醇亲王奕譞总理海军事务，节制调遣所有沿海水师，以庆亲王奕劻和李鸿章会办，善庆、曾纪泽帮办。24 日，设立“总理海军事务衙门”，内设管理海疆、管理款项、管理船政、管理器械等四股，职权范围超过原总理各国事务衙门海防股。它统一负责沿海防务，审批进口海防器械，筹集和指拨海防经费，创办昆明湖水操学堂，但重点在于北洋海军的编练。1886 年，奕譞奉旨出京，偕李鸿章巡阅南、北洋海军，以促进海军建设的发展。1885—1887 年间，在德、英等国订购的每艘排水量达 7335 吨的铁甲舰“定远”、“镇远”，以及巡洋舰“济远”、“致远”、“靖远”、“经远”、“来远”和一批鱼雷艇先后到华，划归北洋海军。加上原先进口及国产军舰，北洋海军舰船总数计约 30 艘，

“定远”为旗舰。1888年颁布《北洋海军章程》，标志北洋海军成军，舰队被列入清军正式建制。丁汝昌为北洋海军提督，林泰曾、刘步蟾为左右翼总兵，下辖5副将、4参将、9游击、27都司。舰艇官兵共约4000余人。1891年奕譞去世后，奕劻继任总理海军事务大臣，无所作为。同年，清王朝暂停南北洋进口船只军火，北洋海军发展受阻。后来，在甲午中日战争中，北洋海军全军覆没。

南洋海军

清末新式海军之一。1875年，南洋大臣沈葆桢受命督办南洋海防事宜。南洋海军共有舰船26艘，大部分为江南制造总局和福州船政局所制，驻泊江苏、浙江海面及长江口，各兵舰“新旧大小不齐”，兵额不一，实力远逊北洋海军。另有广东、福建海军，受南洋大臣管辖，但不归其指挥。甲午中日战争中北洋海军覆没后，南洋一些舰船曾调防北洋。1909年，南、北洋各舰改编为巡洋舰队和长江舰队。

福建海军

晚清巡防福建海面的海军部队。1865年，清政府创办江南机器制造总局，次年创办福建船政局，打算通过发展造船工业，创建近代海军。1867年，丁日昌首先提出建立“北洋、中洋、南洋”三支轮船水师，无事出洋梭巡，有事则一路为正兵，两路为奇兵，联合作战。在此前后，东南沿海各省相继购买和制造了一批蒸汽舰船，分散巡防于南北洋各海口。广东于1867年前后从英法等国购买炮舰数艘。福建凭借福建船政局的造船能力，舰船实力初期发展较为迅速。1870年，福建船政局设“轮船统领”（后改称“轮船总统”），由驻节厦门的福建水师提督李成谋兼任，负责其舰船的操巡事宜。次年制订《轮船出洋训练章程》和《轮船营规》。

中法战争中，1884年8月23日马尾之战，福建海军所属舰船遭法国舰队袭击，全军覆没。南洋海军舰船奉命增援台湾，次年2月，“澄庆”和“驭远”两舰在浙江石浦（今象山东南）遭遇法舰，“驭远”受伤后自沉，“澄庆”自沉。3月，在镇海之战中，“南琛”、“南瑞”等舰依据炮台，击退法国舰队。后有所恢复。福建船政局因经营管理不善，于1907年关闭。

晚清海军的历史地位和影响

晚清海军是清政府在民族危机日益严重的形势下，为建立近代海防，抵御列强入侵，学习和移植西方海军技术、制度的产物。它使中国的海上武装力量从传统的陆军辅助兵种上升为独立军种，成为晚清时期中国军队近代化最早和最重要的成果之一。不仅培养了中国第一代海军人才，推动了军制改革和装备更新，在一定程度上遏制了日本军国主义在东亚的扩张步伐；并且带动了造船、铁路、采矿、电报等新兴工业的发展，促进了中国社会的近代化。

但是，由于清政府对近代海军的重要性认识不足，缺乏明确的海军发展规划和海防理论，额定经费长期拖欠，致使海军事业发展缓慢。而分区域组建舰队的方针，则使海军带上明显的地方利益集团色彩，不利于集中指挥。在封建体制下，引进的西方海军制度多难实施。海军受旧官场旧水师腐败风气影响，纪律松弛，训练懈怠，管理混乱，弊端丛生，作战能力受到影响，在对外战争中屡遭败挫，海防危机愈益严重。

新军

1894 年，清王朝在甲午战争中惨败，湘军、淮军、防军、练军又相继腐败不堪用，于是又有“新建陆军”、“自强军”代之而起。因其武器装备全用洋枪洋炮，编制和训练尽仿西方军队，故称新军。

抗击八国联军入侵战争失败后，清王朝为挽救其统治，被迫宣布推行“新政”，大规模改革国家军制。1901 年 9 月 12 日，清帝诏令各省督抚将原有旧军严行裁汰，从中精选若干营，分为常备、续备、巡警等军，一律操习新式枪炮，确立了由常备军、续备军、巡警军组成的新的武装力量体制。同年，清政府宣布废除武科举，创办军事学堂，以培养新人。

新式陆军较之旧军，在体制编制、官兵构成、军事训练、营伍饷章诸方面均有许多新的特点。各镇由多兵种合成，可以独立执行作战任务。战时可根据需要，合数镇为一军。士兵来源征募结合，要求年龄在 20 到 25 岁间，身高 4 尺 8 寸以上，力能平举 100 斤以上，体格健壮，无犯罪前科，并有乡村官员保举具结者方能入伍。军官任用比较熟悉近代战争战法的军事学堂毕业生和归国留学生。官兵薪饷优厚，饷银高出旧军。每月按册把饷银直接发到士兵手中，禁止官长“吃空额”和克扣粮饷等流弊。武器装备统一采用进口快枪、马枪、左轮手枪和格鲁森快炮，其他如军服、雨衣、水壶、望远镜等也多购自国外，近代化水平有很大提高。军事训练以操法、战法、行军、筑垒和养护枪械为基本内容，训陈方法仿照德、日陆军，多由外籍教官或归国留学生教练，在战术、技术、营规诸方面，都有很大改观。

新军在精神教育方面仍以封建伦理纲常为内容，灌输“报效皇恩”和“忠于长官”等思想。特别是袁世凯培植的“北洋六镇”，具有较浓厚的封建统治意识。南方一些省分的新军，由于受到资产阶级民主革命思潮的影响和革命党人的策动，在辛亥革命战争中反戈一击，成为推翻清王朝的主要武装力量。

清政府本想通过军事制度改革收回全国兵权，但招募、发饷等操于将帅手中，武器装备有赖于外国，军队的私属性质毫无变更。至宣统末年，新军只练成 13 镇，由于辛亥革命爆发，便随清亡而终。

北洋军

清末民初以袁世凯为首的北洋军阀集团建立和掌握的军队。1901 年（清光绪二十七年）袁世凯任直隶总督兼北洋大臣，以武卫右军为基础，着手进行北洋常备军的建设。1905年5月，以北洋常备军、京旗常备军和原武卫右军、自强军一部为基础，在京、津、鲁地区建成北洋六镇，共7万多人。1909年，袁世凯因权重被清廷开缺还乡。1911年武昌起义爆发，清廷陆军部大臣荫昌率北洋军南下镇压起义军，因袁世凯暗中控制而指挥不灵，清廷被迫起用袁世凯为内阁总理大臣。袁世凯凭借控制的北洋军，既要挟革命党，又逼清帝退位，取得了政权。1912年北洋政府改北洋军镇、协、标、营为师、旅、团、营，并大肆扩军，增编12个师、16个混成旅。1916年6月袁世凯死后，北洋军阀内部各派乘机发展自己的势力，北洋军分裂演变为三大派系：以冯国璋为首的直军，以段琪瑞为首的皖军和以张作霖为首的奉军。三派军阀为争夺北洋派系的领导权和北洋政府的统治权，先后爆发了直皖战争、第一次直奉战争和第二次直奉战争。1927年国共合作进行的北伐战争开始，北伐军先后打垮直军、奉军，北洋军的历史结束。

直军

袁世凯死后，北洋军中以直隶人冯国璋、曹锟为首的军阀派系。主要控制苏、鄂、湘、直、赣等省，主要人物有冯国璋、曹锟、李纯、王占元、陈光远、陆建章、吴佩孚、孙传芳、冯玉祥、萧耀南、齐燮元等。冯国璋1912年9月任直隶都督，次年被派南下镇压国民党人发动的二次革命，攻占南京，任江苏督军，其部属驻守长江下游一带。1917年7月张勋复辟失败后，冯国璋到北京任代总统，其部下曹锟、李纯、陈光远、王占元分别任直隶、江苏、江西、湖北等省督军，构成了直军的基本势力。直军在英美帝国主义的支持下，同以段祺瑞为首的皖军为争夺中央政府的权力展开了激烈的斗争。1919年冯国璋死后，曹锟、吴佩孚成为直军首领。1920年7月同奉军联合发动直皖战争，在京汉线的涿州、高碑店、琉璃河等地打败了皖军，与奉系一起控制北京政府。直皖战争后，直奉之间在地盘和权力的分配上，矛盾日益尖锐，1922年4月爆发首次直奉战争，结果奉军战败，退出关外，直军独掌北京政权。1924年9月第二次直奉战争爆发，直军战败，退出北京。至1926年6月北伐战争前夕，吴佩孚拥有兵力约20万人，占据湖南、湖北、河南和陕西东部、河北南部；孙传芳拥有兵力约20万人，占据江苏、安徽、浙江、福建、江西等省。国民革命军北伐后，先在湖南、湖北消灭吴佩孚主力，接着在江西、福建击溃孙传芳军队。不久，直军的残部也分别被消灭，直军退出历史舞台。

皖军

袁世凯死后，北洋军中以安徽人段祺瑞为首的军阀派系。主要控制皖、陕、鲁、浙、甘、闽等省，主要人物有段祺瑞、徐树铮、靳云鹏、段芝贵、傅良佐、倪嗣冲、曲同丰、卢永祥等。1916 年 6 月袁世凯死后，段祺瑞以国务总理兼陆军总长掌握北京政府大权，大举外债，编练“参战军”，扩充皖军实力，鼓吹以武力统一全国。1917 年秋发动内战，企图消灭以孙中山为首的南方护法势力，受到直军将领抵制。1920 年 7 月直皖战争爆发，皖军被直、奉军击败。段祺瑞下野，皖军重要头目被通缉，皖系军阀逐步被消灭。

奉军

袁世凯死后，北洋军中以奉天（今辽宁）督军兼署省长张作霖为首的军阀派系。主要控制奉天、吉林、黑龙江等省，主要人物有张作霖、张学良、吴俊升、张作相、孙烈臣、张景惠、杨宇霆、李景林、张宗昌等。张作霖利用民国初年的混乱局面，在日本支持下实行地方割据和武力扩张，逐步建立了对东北奉天、吉林、黑龙江三省的统治。在 1920 年的直皖战争中，奉军与直军联合击败皖军，共同控制了北京政权。但直、奉两系矛盾逐渐加剧，奉军转而与皖系合作，并联合孙中山的广东政权组成反直“三角同盟”。1922 年 4 月第一次直奉战争爆发，奉军战败，撤回关外，宣布“东北自治”。1924 年 9 月第二次直奉战争爆发，直军兵败南逃，奉军重新控制北京政权，势力扩张到热河、直隶、山东、安徽、江苏等省及上海市。1926 年 11 月，为阻止国民革命军北伐，张作霖组织安国军，自任总司令。1928 年 6 月，国民党军队进逼京、津，张作霖败退出关，在皇姑屯被日本人炸死，其子张学良继任“东三省保安司令”。张学良不顾日本的反对，于 1928 年 12 月 29 日宣布东北易帜，服从南京国民政府。奉军改编为东北边防军，简称东北军。

桂军

桂军是民国时期广西实力派所辖军队的习称。其前身为旧巡防队和广西新军（辖 1 混成协另 2 标）。武昌起义爆发不久，新军大部分赴武昌、南京支援革命军作战。广西副都督陆荣廷被推举为都督后，大肆扩充军队。至 1913 年，将广西陆军扩编为第 1、第 2 师和混成旅及国民军，开始形成桂系军阀集团。1916—1919 年，陆荣廷先后以广东督军、两广巡阅使等名义，将桂军扩编为 7 个军，其中在广西的第 1 军至第 3 军，由陆裕光、林俊廷、韦荣昌分任军长；在广东的第 1 军至第 4 军，改称粤军（后一部投陈炯明，大部仍称桂军），分由马济、林虎、沈鸿英、刘志陆任军长。其间，桂军曾在桂、湘、粤等地同北洋军及依附北洋集团的龙济光等部作战。1920—1923 年的两次粤桂战争中，桂军被支持孙中山的粤军、滇军等击败，内部分化，各自为政。1924—1925 年，李宗仁的定桂军和黄绍竑的广西讨贼军联合组成定桂讨贼联军，先后击败陆荣廷和沈鸿英部，结束了旧桂系军阀的统治。李任广西绥靖公署督办兼第 1 军军长，黄任会办兼第 2 军军长，白崇禧任公署参谋长。桂军整编为广西陆军第 1、第 2 军，共辖

12个纵队、1个独立旅和1个支队，约3万人。1926年3月绥靖公署与广州国民政府商定，第1、第2军合编为国民革命军第7军。李、黄、白分任军长、党代表、参谋长，辖第1步兵旅至第9步兵旅和部分特种兵。北伐战争期间，第7军主力转战湘、鄂等地，战绩显著，自身实力也得到扩充。至1928年第二期北伐前，陆续发展成为第7、第13、第15、第18、第19军，夏威、白崇禧（兼）、黄绍竑、陶钧、胡宗铎依次任各军长，加上收编唐生智的湘军，被扩编为国民革命军第4集团军。1929年3月蒋桂战争爆发，6月桂军战败，第4集团军瓦解，李宗仁逃往香港。11月，李等回南宁正式组成护党救国军。李、黄分任总司令、副总司令，白任前敌总指挥。桂军共6个师和1个独立旅。12月，救国军向拥蒋（介石）的粤军反攻，被击败。1930年蒋冯阎战争爆发，李与阎锡山、冯玉祥组织讨蒋联军。桂军与张发奎部合编为第1方面军(桂张联军)，李、黄、白分任总司令、副总司令、参谋长，辖第1路军至第3路军。桂军战败，后经充实调整恢复第7、第15军建制。“七七”卢沟桥抗战爆发后，除原有部队外，新建第31、第48、第84军，并在此基础上，逐步扩编为第11、第16、第21集团军。李品仙、夏威、廖磊依次任各集团军总司令。大部曾分别参加淞沪抗战、徐州会战、武汉保卫战和随枣会战等。解放战争期间，桂系部队在江西、湖南、广西等地大部被人民解放军歼灭。

川军

民国时期四川各实力派所辖军队的习称。其前身主要为四川新军暂编陆军第17镇。1902年（清光绪二十八年）四川着手编练新军。至1911年（宣统三年）建成第17镇，朱庆澜任统制。武昌起义爆发后，新军中的同盟会组织和保路同志军纷纷宣告独立，分别建立大汉蜀北军政府、重庆蜀军政府等。同年底，新军和保路同志军等合编为四川陆军3个镇，宋学皋、彭光烈、孙兆鸾分任第1镇至第3镇统制。不久增编第4镇，刘存厚任统制。共辖步、骑、炮兵20标，工兵、辎重各1营。1917—1925年，川军与滇黔军之间，以及川军内部，先后爆发刘(存厚)罗(佩金)之战及川黔军驱杨（森）之战等。进一步形成以同乡、同学等不同关系的各个军阀集团，并分别占有一定地盘，形成“防区制”，各自扩充军队，建制混乱。1926年在北伐战争节节胜利形势下，川军归附国民革命军，改编为第20军至第24军，第28、第29军。杨森、刘湘、赖心辉、刘成勋、刘文辉、邓锡侯、田颂尧依次分任各军军长，另由原杨森部分化出来的部队又叫做第20军，郭汝栋任军长。总兵力达30余万人。形式上虽有统一编制，但仍分别为刘湘、杨森为首的“速成系”，邓锡侯、田颂尧为首的“保定系”等各集团所控制。抗日战争爆发后，大部川军先后出川，分别参加淞沪、徐州、武汉等地会战，阵亡官兵26万余人，涌现出许多优秀将领。解放战争期间，川贵军刘文辉、邓锡侯等分别率领第 24、第 95 军等部起义；其余部队在安徽、山东等地相继被人民解放军歼灭，部分逃往台湾。

西北军

民国史上有两个西北军，一个是冯玉祥的国民军，可称为大西北军或前西北军；一个是杨虎城的 17 路军，可称为小西北军或后西北军。大西北军中，又分正宗西北军和杂牌西北军，国民一军可称为正宗西北军，国民二、三军和后来加入的部队只能算杂牌西北军。

国民革命军

国民革命军，简称“国军”，由中国国民党在 1925 年，师法当时俄国共产党“以党建校，以校领军”的模式，并参考苏联军事制度后创设。早期国民革命军内部的将领和军官由中国国民党在广州创设的黄埔军校加以培养训练，军队也效忠国民党，为北伐、抗战、国共内战的国民政府军事主力。

中央军

中央军是指隶属于国民党中央军委的武装力量，同“地方军”和杂牌军有所区别。国民党中央军以与蒋亲疏关系来看，大体分为以下 3 个层次：

第一，黄埔嫡系将领统率的部队，称中央军嫡系。

第二，蒋在北伐及历次的军阀混战中不断收编的部队，在中央序列内，但是仍保持相对独立人事体系的，称中央军旁系，多为被收编的北洋部队。这类部队不少被中央嫡系部队吞并改造，变为嫡系。

第三，在军阀混战中被蒋（或其他军阀）打败，失去地盘，编入中央序列，但是仍保持相对独立人事体系的。与上一类不同的是，这些部队出于地方实力派，失去势力后仍与地方保持着千丝万缕的联系，例如广东的 19 路军，广东的薛岳，湖南的谭延闿、鲁涤平等部。

蒋介石中央军系统分类

中原大战时期，严格意义的中央军只有 6 个师，这是蒋军嫡系的雏形。

第 1 师：北伐时期的刘峙第 2 师，后来交到胡宗南手上，扩展为第 1 军，“西北王”的核心部队。

第 2 师：北伐时期的第 3 师、第 14 师等合成，师长先后有顾祝同、楼景樾、黄杰、郑洞国等，后与 25 师合编为关麟征的 52 军。

第 3 师：北伐时期的第 20 师，师长先后有钱大均、陈继承、李玉堂，后来发展为第 10 军，以方先觉守衡阳闻名。

第 9 师：北伐时期王柏龄的第 1 师。北伐中在南昌受创，回后方整编，重编序列后为第 9 师，后来发展为蒋鼎文、李延年的第 2 军。

第 10 师：由两部组成，一是黔军王

天培部的残余，师长杨胜治、方鼎英；二是国民军方振武投蒋后编成的45师，师长卫立煌。后来第10师与45师合并，仍称第10师，师长卫立煌、李默庵，由于部队渊源不好，以及卫立煌与蒋的关系一般，这一部又称中央军的杂牌。

第11师：原福建周荫人部，投降北伐军，先编成17军，后改11师，师长曹万顺、陈诚。这是陈诚“土木系”的根基。

中原大战后，又按德式编制建成了张治中的教导师，随后教导师一分为三，教1师冯轶裴、教2师张治中、教3师钱大均。教1师发展的36、87、88师即后来的71军；教2师发展为第4、25师，第4师是汤恩伯系的班底，25师编入关麟征52军；教3师发展为第14、89师，后来14师归陈诚，89师归汤恩伯。

上述这些构成国民党中央军嫡系的最原始根基。

叶挺独立团

国民革命军第四军独立团（通称叶挺独立团），1925年11月21日在肇庆成立，全团2100多人，共产党员叶挺担任团长，是中国共产党创建和领导的第一支正规部队。担任北伐先锋，被誉为“铁军”。参加“八一”南昌起义，开创了中国共产党独立领导革命武装斗争的新时期，为中国革命作出了不可磨灭的历史贡献。

叶挺独立团是北伐战争中的左路军急先锋。1927年8月，朱德、贺龙、叶挺、陈毅等率领北伐军三万多人，打响了南昌起义的第一枪。10月，与毛泽东的秋收起义部队在井冈山会师。随后，改编为国民革命军第五纵队，队长是朱德，政委是陈毅。1928年1月，改编为中国工农红军第一师，师长仍然是朱德，政委仍然是陈毅。1928年8月，改编为红四军28团，团长是林彪，政委是何挺颖。1929年2月，又改编为红四军第一纵队，队长林彪，政委陈毅。

红军二万五千里长征中，叶挺独立团也是开路先锋。抗日战争中，叶挺独立团一直是八路军的主力部队。1937年参加平型关大战，痛击日寇。1945年攻打淮安，歼灭吴清泉。1946年4月，参加四平保卫战。1948年10月，辽西围歼廖耀湘兵团，解放天津。继续挥师南下，1950年解放海南岛。1951年广西剿匪。

1979年，是参加广西对越自卫反击战的英雄部队。1984年到1985年，是老山、者阴山的铁军雄狮。

1998年8月，紧急奔赴长江洪湖地区高桥闸堤段投入抗洪抢险，被誉为“铁军铁人铸铁堤”。

保安队

国民党政府绥靖地方、维护政权的地方武装。“九一八”事变后，国民党政府推行“攘外必先安内”的方针，于1932年6月在庐山召开豫鄂皖赣湘五省“剿共”会议，制定《豫鄂皖湘赣闽粤各县保安总队及保安大队组织纲要》，规定各县设保安总队或保安大队。随后，国民党政府军事委员会颁行《“剿共”区内各省民团整理条例》，对地方武装实行统一编制和指挥，规定各县武装民团一律改称保安队。1934年7月，国民党政府军事委员会颁布《各省保安制度改进大纲》和《保安团管区暂行条例》。据此，全国各省陆续将原有的保卫团、民团、警备队等统一改编为保安团，直属于省，由省政府主席兼任全省保安司令，在省政府内设立保安处，省以下分区设立保安司令部，县设保安总队部或大队部，下辖若干保安队，负责绥靖地方，维护政权。1940年2月，国民党政府军事委员会颁布《保安团队调整办法》，对保安团队的编制、经费、训练、考核、使用、军官任免等进一步作了明确规定，使各项制度更趋完备。保安队组建后，配合国民党正规军进攻人民革命武装，镇压群众革命运动。抗日战争期间，部分保安队参加过对日作战，也有少数投敌。解放战争期间，随着国民党军在大陆的溃败，各地保安队相继被人民解放军歼灭。

察哈尔民众抗日同盟军

在日军加紧向察绥蒙发动侵略时，爱国将领冯玉祥、吉鸿昌等人于1933年5月26日在张家口建立的抗日武装。又称察绥抗日同盟军。1933年4—5月，日军越过长城，进逼平津，并侵占察哈尔省（今分属内蒙古自治区和河北省）多伦、沽源等地。蒋介石坚持不抵抗政策，准备与日军签订停战协定。冯玉祥接受中国共产党的建议和帮助，于5月26日在张家口通电成立民众抗日同盟军，自任总司令，先后响应加入者七八万人。同盟军接受中共河北省前线工作委员会的指导。6月下旬，任命方振武为北路前敌总司令，吉鸿昌为北路前敌总指挥，在吉鸿昌率领下，接连收复康保、宝昌、沽源三县城。7月12日，再克多伦。对同盟军的抗日斗争，蒋介石始则阻挠破坏，继则武力镇压。日军也同时向察省调动。8月5日，冯玉祥在蒋军及日军的双重压迫下，通电结束抗日军事行动，取消同盟军总部，离开张家口。吉鸿昌、方振武等按照中共河北省前线工作委员会的决定，将队伍转移张北，由方振武出任代总司令（后改称讨贼联军）。9月转入河北，与蒋介石的军队和日军周旋于昌平、高丽营、大小汤山一带。10月中旬，弹尽粮绝，终于失败。此后，方振武被迫流亡国外；吉鸿昌在天津法租界被捕，在北平（今北京）牺牲。

武学

宋代创立的教习兵书、武艺的军官学校。北宋仁宗庆历三年（1043），下诏建武学，不久即罢。神宗熙宁五年（1072），在东京（今河南开封）重建武学，生员以百人为额。徽宗崇宁至宣和年间，诸州州学增置武学斋舍，生员增多。南宋高宗绍兴十六年（1146），在临安府（今杭州）复置武学。宁宗庆元五年（1199），复置各州州学武士斋会，教习武艺。武学生员主要学习诸家兵法、历代战例及步骑射。其所学兵法，最初规定为《孙子兵法》、《吴子兵法》、《六韬》。元丰三年（1080）四月，神宗命武学博士何去非等校定《孙子兵法》、《吴子兵法》、《司马法》、《尉缭子》、《六韬》、《三略》和《唐太宗李卫公问对》，辑为《武经七书》，作为武学主要教材，选派通晓军书的文武官员任教授，后改设博士和学谕。生员来自未授差遣的使臣和荫补子弟及平民，皆由京官保荐。除武臣路分都监和文官转运判官以上可各奏举一人免试入学外，其余皆验试人材和弓马，合格后方准入学。武学生多安置散官，表明武学并非武将升迁捷径。至孝宗隆兴以后，才量其材品和考任，授予职，使之守边屯戍，谙练军政。明建文四年（1402），建京卫武学。永乐中罢。正统六年（1441）复设，后置各卫武学。崇祯十年（1637），令各府州县皆设武学。生员为各卫年轻武官、应继承武官禄位的子弟及武生。设教授和训导堂教。学习内容除军事科目外，与儒学相类。

马尾船政学堂

马尾船政学堂是中国第一所近代海军学校，在船政大臣沈葆祯的主持下于1866年在福州设立。初建时称为“求是堂艺局”，为求人才沈葆祯主持了求是堂艺局的首次录取考试，亲自为考试制定、批阅试卷，求是堂艺局首次录取考试的第一名考生就是后来成为北洋水师学堂教习的严复。1867年马尾造船厂建成后搬迁至马尾遂改名为船政学堂，分为前后两学堂。前学堂为制造学堂，又称“法语学堂”。目的是培育船舶制造和设计人才，主设有造船专业，开设有法语、基础数学、解析几何、微积分、物理、机械学、船体制造、蒸汽机制造等课程。优等生后被派往法国学习深造。后学堂为驾驶学堂，又叫做“英语学堂”。旨在培养海上航行驾驶人员和海军船长，主要专业为驾驶专业，以后增设了轮机专业，下设英语、地理、航海天文、航海理论学等课程，学习优异者选送英国留学。学生称为艺童，堂长称为监督。同年为了培养工程绘图人才在前学堂内又附设了绘事院。1868年沈葆祯为了培养技术工人又在前学堂内增设一所技工学校——艺圃，艺圃的艺徒半天上课半天学习，学习期限3年，毕业后择其优者随前学堂学生赴法国各大船厂实习，其余分配于船政各厂。

船政学堂的学风极为严谨，在教学中十分注重理论联系实际，前学堂的学生到各船厂实习，而后学堂的学生则上练船实习，船政为此专门制造和购买了数艘练船。1871年船政学生（其中包括刘步蟾、严复、方伯谦、林泰曾等）驾驶练船“建威”完成了北起辽东南至新加坡的远洋训练。1877年船政首批派出留学生赴英、法等国学习。在沈葆祯的苦心孤诣下船政学堂培养出了中国的第一批近代海军军官和第一批工程技术人才，由船政毕业的学生成为了中国近代海军和近代工业的骨干中坚。李鸿章曾盛赞马尾船政学堂为“开山之祖”，作为中国近代海军摇篮的马尾船政学堂将永远彪炳史册。

天津水师学堂

光绪六年（1880）七月十七日，经直隶总督李鸿章奏准，派前船政大臣吴赞诚在天津筹办水师学堂练船事宜。光绪七年（1881），水师学堂建成，派严复为总教习，聘用英国军官教练，仿英国海军教习章程制订条例和计划。经费由北洋海防经费内开支。分驾驶、管轮两科，驾驶科专习管驾轮船，管轮科专习管理轮机。开设英文、算学、几何、代数、三角、重学、天文、舆地、测量、驾驶、化学、格致等课程，兼习经史文义，训演外国水师操法。学生入学年龄十四至十七岁，学制五年，其中四年在学堂学习各种课程，一年上练船实习。学生毕业后任职北洋海军，或选送外国留学。学堂设于天津机器局附近，至光绪二十六年（1900 年）毁于兵火止，共毕业驾驶、管轮专业学生各六届，200 余人，均被吸收进北洋舰队。学堂的著名毕业生有黎元洪、谢葆璋、张伯苓、刘传绶、伍光鉴等。

北洋武备学堂

又名天津武备学堂，晚清培养新式陆军军官的著名学校。1885 年（清光绪十一年）2 月，直隶总督兼北洋大臣李鸿章创设于天津。道员李宗濂为首任总办，军事教习多聘用德国退役军官，首期百余学员，系从淮军中选拔的“精健聪颖”弁兵。学堂初设步、马、炮、工程四科，1890 年后增设铁路科。课程设置分学、术两科，学科教授中国经史、天文、舆地、格致、测绘、算学、化学、战法、兵器等；术科教授马、步、炮队操演阵式，枪炮技艺和营垒工程等。意在通过新式教育培养新型军事人才。学制 1 年。学堂取德国教学法，注重实际演练和考核。每日教习以德语授课，学生靠翻译听讲。隔三五日到军营一次，演练筑垒、操炮技术和步、马、炮、工各队攻守战法，检验所学军事知识。精神教育内容陈旧，每日摘“古训”于黑板，令学生背诵，以激发“忠义”之心。考试制度严格，每逢月考、季考，李鸿章或派司道大员前往监考，或亲往检验甄拔。毕业考试成绩合格者派回本营，量才任用，不合格者留堂补学。1889 年曾派段祺瑞、商德全等 5 名学生赴德国留学。毕业学生多数成为各省新军骨干。其中段祺瑞、冯国璋、王士珍、曹锟、吴佩孚等，后成为北洋军阀首领。该学堂的学规章程，奠定了晚清陆军学堂内部制度的基础，后为湖南、安徽、陕西、河南、山西等省创办武备学堂所参用。1900 年八国联军攻陷天津，学堂被焚毁。

保定陆军军官学校

保定陆军军官学校（简称保定军校）是中国近代史上第一所正规陆军军校，位于河北保定市，前身为清朝北洋速成武备学堂，北洋陆军的陆军速成学堂、陆军军官学堂。1912 年至 1923 年期间，保定军校办过九期，毕业生有 6000 余人，当中不少人后来成为黄埔军校教官。在国民党及共产党内都有保定学生。若从北洋军学堂算起，保定训练了接近一万名军官，当中超过一千六百人获得将军的头衔。

保定军校主要功能为训练初级军官。学习期为两年，分步、骑兵、炮、工、辎重五科，学制章程参照日本士官学校，教官也以日本士官学校毕业者居多。保定军校先后任职共八位校长，其中第二任校长为民国最著名的军事家蒋方震。

陆军大学校

民国时期北洋政府和国民党政府培养中高级军官的最高军事学府。其前身为清末在保定建立的北洋军官学堂。1911 年更名为陆军预备大学堂。民国成立后迁至北京，定名为陆军大学校，隶参谋本部。1928 年 6 月由国民党政府接收，蒋介石兼任校长，黄慕松代行校长职务。1931 年冬迁南京，杨杰任校长。1935 年蒋介石再兼校长，参谋本部参谋次长杨杰兼教育长。抗日战争爆发后迁长沙，继迁遵义、重庆，先后由蒋方震、陈仪、徐永昌任代校长，学校隶军事委员会军令部。1945 年学校校务机构有人事科、会计室、政治部及总务、编译、教务处，教研机构有兵学研究院及战术、机甲、空军、后方勤务、战史、军制等系，学员班有正则班、特别班、将官班、战术教官研究班、参谋补习班及临时增设的班次、教导部队等。正则班、特别班学制两年半（抗战胜利后为三年），其他各院、班为一月至一年不等。课程设有战略、战术（含海空军及海岸要塞战术）、参谋业务、战史、军制、兵器、筑城、地形、交通、航空、化学战、军队机械化、陆海军兵要地理、通信、谍报勤务、后方勤务、军队教育、各国兵备、国家总动员、政治训练等 30 余门。1946 年学校迁回南京后，随着中央军事机构的改组，改隶于国防部。至 1948 年，正则班毕业 21 期，特别班毕业 7 期，毕业生约 3100 余人，加上其他各班总计毕业生 6000 多人。1949 年迁往台湾。

黄埔军校

黄埔军校建于 1924 年，建校时的正式名称为“中国国民党陆军军官学校”。因其校址设在广州东南的黄埔岛，史称黄埔军校。

黄埔军校是孙中山先生在中国共产党和苏联的积极支持和帮助下创办的，是第一次国共合作的产物。作为中国现代历史上第一所培养革命干部的新型军事政治学校，其影响之深远，作用之巨大，名声之显赫，都是始料所不及的。

黄埔军校建立以来，以孙中山的“创造革命军队，来挽救中国的危亡”为宗旨；以“亲爱精诚”为校训；以培养军事与政治人才，组成以黄埔学生为骨干的革命军，实行武装推翻帝国主义和封建军阀在中国的统治，完成国民革命为目的。一方面积极进行孙中山革命的三民主义教育，一方面灌输马克思列宁主义的思想。军校采用军事与政治并重，理论与实践结合的教学方针，为中国革命培养了大批军事政治人才。广大黄埔师生在反帝反封建、争取国家统一与民族独立的斗争中立下了赫赫战功，为中国革命作出了重大贡献。

黄埔军校自1924年6月在广州创办到1949年底迁往台湾，在大陆共办了二十三期，其毕业生包括各分校、训练班在内，计有二十三万余人。名将辈出，战功显赫，扬威中外，影响深远，在中国现代史上占有显赫地位。

中央陆军军官学校

国民党政府培训陆军初级军官的军事学校。简称“中央军校”。1927年国民党政府定都南京后，蒋介石在南京筹设中央军事政治学校，不久定名为“中央陆军军官学校”。次年3月开学，隶属于军事委员会。1933年,先后开设洛阳、武汉、成都、广州、昆明、南宁等分校。1937年“七七”卢沟桥抗战爆发后，本校迁四川铜梁。为适应部队扩编和补充的需要，除扩大本校招生外，并将原有的分校依次改为第一分校至第六分校，学制也相应缩短为一年半至二年。学校组织机构也有所调整。1938年3月在甘肃天水（后迁西安）成立第七分校。11月，本校迁成都，并将成都第三分校并入本校。随后于江西瑞金、湖北均县（今丹江口市）、新疆迪化（今乌鲁木齐）成立第三、第八、第九和宝鸡特种兵联合分校以及军校驻鲁、冀、苏各干训班、特科干部教育班等。1946年改名为“陆军军官学校”。1949年12年迁往西昌途中，所属成员大部被人民解放军歼灭。1950年在台湾复校。

庐山军官训练团

1933年7—9月中国国民党在江西省庐山举办的训练中初级军事干部的组织。正式名称为中国国民党赣粤闽湘鄂北路“剿匪”军军官训练团。1930—1932年，国民党军队在“围剿”中国工农红军之战争中屡遭失败，蒋介石认为是各部队的中初级军官武德、武学尚欠深造所致，遂决定在江西省庐山举办军官训练团，以图提高部队之战斗力。训练团由蒋介石亲自领导，以陈诚为团长，罗卓英、刘绍先、柳善分任团副，杨杰任总教官，并聘请德国军官为教官和顾问。1933年7月18日正式开学，9月18日结束，先后举办三期，每期半个月左右，共轮训7600余人。中国国民党赣粤闽湘鄂北路“剿匪”军30余师和其他一些军事单位团以下、排以上军官几乎全部参加了训练。课程设有政治、战术、射击、筑城、通讯、卫生等。政治课主要进行反共宣传和封建法西斯主义教育。军事课除讲授一般理论外，野外演习占整个训练时间的大部分。毕业时发给文凭,并赠予蒋介石照片和刻有“成功成仁，蒋中正赠”字样的“军人魂”短剑，以示宠信。

中国近代军事工业

19世纪60年代至20世纪40年代，

中国陆续兴建的一批使用机器生产的兵工企业，是中国军事近代化的重要组成部分。19世纪60年代初，清政府在鸦片战争、第二次鸦片战争和太平天国农民战争的冲击之下，深感旧式冷热兵器已落后于时代。为提高清军战斗力，决计大规模引进西方近代军事科技，发展中国军事工业。1861年（清咸丰十一年）初，奕䜣奏请咸丰帝发布上谕，令两江总督曾国藩等派人学习西方先进军工技术。中国近代军工建设由此开始。

安庆内军械所

晚清时期清政府创办最早的以手工制造近代武器的军工作坊，又称“内军械所”。1861年（清咸丰十一年）底由两江总督曾国藩筹设于安徽安庆。规模较小，以手工仿制开花炮、弹药及轮船，为湘军提供部分武器装备。所内“全用汉人，未雇洋匠”，集合了一批当时中国著名科学技术专家，如徐寿、华蘅芳、龚芸棠、徐建寅、张斯桂、李善兰、吴嘉廉等，还有上百名工人。1862年（清同治元年）8月，制造出我国第一台蒸汽机。同年底，试制成一艘小火轮，成为尔后“黄鹄”号的雏形。1863年初开始生产各种劈山炮和开花炮弹。1864年湘军攻陷南京后，迁往南京，后并入金陵机器制造局。该所的创办，是晚清近代军事工业和中国近代工业的发轫。

金陵机器制造局

金陵机器制造局（今南京晨光机器制造厂的前身）诞生于1865年，是晚清洋务运动中开办较早、规模较大的工厂，其主要产品有枪、炮、弹药、火药、水雷等。

1865年5月，李鸿章代理两江总督，移营南京。在南京聚宝门（今中华门）外扫帚巷东首西天寺的废墟上兴建厂房，筹建金陵制造局，又叫做金陵机器局，简称宁局。1866年8月竣工，12月苏州洋炮局移入，由刘佐禹任总办，马格里任督办。设机器厂、翻砂厂、熟铁厂和木作厂，制造开花炮弹、抬枪和铜帽等产品。投产时，有员工兵约400人。

1869年，宁局已能制造多种口径前膛炮、炮弹以及炮车和枪弹。1870年7月，在通济门外神木庵旧址兴建火箭分局。1871年9月，在通济门外九龙桥兴建火药局，后于1875年（光绪元年）被焚毁。

天津机器制造局

清政府创办的以生产弹药为主的北方最大的兵工厂。又称天津机器局、北洋机器局。1867年（清同治六年），清政府为建立一个由中央直接控制的兵工厂，令三口通商大臣崇厚创设于天津。建立之初，专任英人密妥士总管局务。1870年冬李鸿章就任直隶总督兼北洋大臣后，从江南机器制造总局调沈保靖总理局务。经整顿扩充，规模迅速扩大，产品种类不断增加。

该局包括东西两局：东局在天津城东贾家沽，主要生产火药、子弹，兼造步枪和水雷；西局在城南海光寺，制造开花弹、炮车和军用器具。共设有铸铁、熟铁、锯木、碾药、洋枪、枪子、水雷、火药、炼钢和修船等分厂，以及机器房、火药库等。还建有司艺厂、电机学堂、水雷学堂和电报学堂，作为培养各种新式人才的教育机构。雇用工人最多时达2700人，规模仅次于江南机器制造总局。开办经费约58万两白银，常年经费由天津、烟台两海关和海军衙门解拨，每年约35万两白银。至1890年（清光绪十六年），共支银708万余两。机器设备和主要原材料多由英国进口，技师也由英人担任。年产各种火药60余万磅，枪弹100万～400万发不等，炮弹6万余发；同时还制造少量的林明敦后膛枪、水雷和布雷艇以及各种军用器具。产品主要供应北洋诸军及京畿一带驻军，部分接济东三省、河南及分防江南的水陆各军。中法战争和中日甲午战争期间，工人日夜赶造，为支援清军作战作出了贡献。1900年八国联军进攻天津，该局毁于战火，后未能恢复，部分机器设备被直隶总督袁世凯移往山东德州另行设厂。

汉阳兵工厂

初名湖北枪炮厂，又称汉阳枪炮厂。晚清、民国时期制造枪械、火炮和弹药的大型综合兵工厂。

1888年（清光绪十四年）两广总督张之洞拟于广州设立枪炮厂，在德国订购机器设备。次年张之洞调任湖广总督，遂决定将机器设备移到湖北。1892年在汉阳大别山下正式开始建厂，次年厂房落成，机器到齐，至1895年开始制造。后几经扩充，计有枪厂、炮厂、枪弹厂、炮弹厂、炮架厂和火药厂等分厂，蔡锡勇为首任总办，雇用工人约1200人。经费主要来源于湖北盐税、厘金，以及江汉关和宜昌关的关税。开办经费约296万两白银，常年经费初期约40万两，后渐至80余万两。生产仿德国毛瑟1888年式7.9毫米口径步枪，仿制德国格鲁森式37、53、57毫米口径山炮及所配用的枪、炮弹。20世纪初期可日产步枪30支、无烟火药600磅，月产大炮8门、枪弹80万发、炮弹7万发。产品以步枪闻名，所仿德国毛瑟步枪又称“汉阳式步枪”，一直生产到1928年，共产68万余支。

辛亥革命时，北洋军攻陷汉阳，工厂遭破坏。1912年后逐步恢复生产。1915年隶属北洋政府督办兵工厂事务处，1917年改隶陆军部，1929年归国民党政府军政部兵工署管辖。其间陆续添置设备，增加了机关枪厂等新厂。1930年时有员工4000余人。这一时期，先后于1913年仿制成德国克虏伯式75毫米口径山炮，1921年仿制成“三十节”式7.9毫米口径重机枪、“自来得”手枪，1924年仿制成75毫米口径迫击炮，1925年仿制成德国柏格门式9毫米冲锋枪。此外，还能生产航空炸弹。1937年抗日战争爆发前，可月产步枪4700支、重机枪35挺、迫击炮107门、大炮2门、手榴弹3.95万枚、步枪弹600万发、机枪弹2万发。1938年6月，该厂奉命迁往湖南辰溪，1939年9月再度内迁重庆。由于途中机器设备损失较多，至重庆后与由河南内迁的巩县兵工厂合并，正式成立“军政部兵工署第一兵工厂”，于1941年始恢复生产。

第三章　中国共产党领导的革命军队常识

中国人民解放军

中国共产党缔造和领导的人民军队，中华人民共和国的主要武装力量。中国人民解放军诞生于1927年8月1日。土地革命战争时期称中国工农红军，抗日战争时期称八路军和新四军，全国解放战争时期和中华人民共和国建立后称中国人民解放军。它在中国共产党领导下，以马克思列宁主义、毛泽东思想为指导，以全心全意为人民服务为宗旨，为夺取新民主主义革命胜利、保卫和建设社会主义祖国作出了巨大贡献，赢得了中国各族人民的爱戴与拥护。

中央军委

中央军事委员会，简称中央军委。中国共产党和中华人民共和国的最高军事统帅机构，领导全国武装力量。

中央军委是中国共产党在领导中国人民进行革命斗争的过程中创建的。早在国共合作的北伐战争时期，为适应全国工农群众革命运动发展的需要，1925年10月，中共中央扩大的执行委员会会议提出建立军事运动委员会。1926年2月，中共中央设立了军事委员会，后称中央军事部，负责指导党在国民革命军和其他旧军队中进行的宣传、组织工作，并领导工农群众，组织工农自卫武装，支援北伐战争。土地革命战争时期，为适应独立领导武装斗争的需要，中共中央于1927年11月设立军事科。1928年7月恢复军事部，1930年3月改设中央军事委员会，作为党的最高军事指导机关。1931年11月，中国共产党领导的中华苏维埃共和国临时中央政府设立了中央革命军事委员会，后称中国工农红军革命军事委员会，朱德任主席，下设总参谋部、总政治部和总经理部。毛泽东曾指出：中央革命军事委员会的建立，统一了全国红军的领导，使各个苏区、各个战线的红军部队，开始在统一之战略意志下，互相呼应与互相配合，这是由散漫的游击队进至正规的、大规模的红军部队行动的关键。长征途中，1935年1月，中共中央政治局扩大会议后，成立了毛泽东、周恩来、王稼祥三人军事指挥小组，负责处理最紧急的军事工作，指挥红军的作战行动。抗日战争时期，为进一步加强对全军的领导，1937年8月，中共中央政治局扩大会议决定成立新的中央革命军事委员会，毛泽东任书记。解放战争后期，1949年初，改称中国人民革命军事委员会，毛泽东任主席。中央军委长期作为中国人民革命的最高军事统帅机构，领导军事建设，指挥武装斗争，为夺取各个时期革命斗争的胜利，发挥了极其重要的作用。中华人民共和国成立后，中央军委逐步过渡为党和国家共同的军事领导机构。

中国人民解放军军旗

军旗，是象征军队或建制的旗帜。中国人民解放军军旗为红色，上缀金黄色的五角星及“八一”两字，表示中国人民解放军自 1927 年 8 月 1 日南昌起义以来经过艰苦卓绝的长期斗争，终于在党的领导下取得了中国革命的伟大胜利。中国人民解放军军旗的规格按照总参 1951 年 1 月颁布的条令执行。

军旗可以授予团级以上部队和院校，授旗时可以举行仪式。军旗主要用于参加典礼、检阅、隆重集会、游行等场合，由掌旗员掌握军旗，左右各有一名护旗兵，位于部队的前列。中国人民解放军军旗是中华人民共和国武装力量的标志，是中国人民解放军荣誉、勇敢和光荣的象征。它激励全体指战员牢记自己的神圣职责，忠于祖国，忠于人民，忠于党，不惜牺牲自己的生命来捍卫祖国的神圣领土和尊严。

中国人民解放军最早的军旗

中国人民解放军的第一面军旗，诞生于土地革命战争初期。它就是毛泽东领导的秋收起义中的“工农革命军第一军第一师”的旗帜，现陈列在军事博物馆革命战争馆。

秋收起义后的 1927 年 9 月初，毛泽东到达安源，在张家湾召开湘赣边界秋收起义军事会议，决定正式组建工农革命军第一军第一师。何长工、杨立三、陈明义等奉党中央之命集体研究设计工农革命军第一军第一师的军旗。经反复研究，确定军旗应突出军队是在共产党领导之下、军队是工农子弟兵的性质和为革命不怕流血牺牲的主题。由此进一步确定了军旗的样式为：红色为底，象征革命；旗中央为白色五星，代表共产党的领导；星内镶镰刀斧头，表示工农联盟；旗面靠近旗杆的一侧制一白色布条，竖写楷体字“工农革命军第一军第一师”十一个大字，这就是我军的第一面军旗。含义为：工农革命军第一军第一师是中国共产党领导下的工农革命武装。该旗式样经毛泽东同意，制作了 100 面。

中国人民解放军军徽

军徽是军队或军种标志的象征。中国人民解放军的第一枚军徽诞生于 1949 年新中国建立前夕。是年 6 月 15 日，中央军委发布命令，公布中国人民解放军军徽的样式。命令中规定，中国人民解放军军徽的样式为镶有金黄色边的五角红星，中间嵌有金黄色的“八一”二字，简称“八一”军徽。“八一”军徽表示在中国共产党的领导下，中国人民解放军诞生于 1927 年 8 月 1 日的南昌起义。从 1951 年起，中国人民解放军海军、空军的军徽定为以“八一”军徽为主体，海军军徽藏蓝色底，衬以银灰色铁锚，蓝色象征海洋，铁锚代表舰艇；空军军徽衬以金黄色飞鹰两翼，象征人民空军英勇果敢，飞行无阻。中国人民解放军陆军和海军、空军军徽还用作帽徽、领花图形和飞机、舰艇、坦克等装备上的标志。

中国人民解放军军歌

向前，向前，向前！
我们的队伍向太阳，
脚踏着祖国的大地，
背负着民族的希望，
我们是一支不可战胜的力量。
我们是工农的子弟，
我们是人民的武装，
从无畏惧，绝不屈服，英勇战斗，
直到把反动派消灭干净，
毛泽东的旗帜高高飘扬。
听！风在呼啸军号响，
听！革命歌声多嘹亮！
同志们整齐步伐奔向解放的战场，
同志们整齐步伐奔赴祖国的边疆，
向前，向前！
我们的队伍向太阳，
向最后的胜利，向全国的解放！

此歌作于1939年冬，原名《八路军进行曲》，为《八路军大合唱》之一。解放战争时期对歌词作了部分修改，改称《中国人民解放军进行曲》。1988年7月，中央军委决定将《中国人民解放军进行曲》定为《中国人民解放军军歌》。

民兵

民兵，是指不脱离生产的群众武装组织。通常是国家或政治集团的武装力量的组成部分，常备军的助手和后备力量。有的则同预备役相结合，既是武装力量的组成部分，又是预备役的一种组织形式。我国民兵是中国共产党领导的群众武装组织，是中华人民共和国武装力量的重要组成部分，是中国人民解放军的后备军，是巩固基层政权、维护国家安全与社会稳定的一支重要力量，是进行现代条件下人民战争的基础。

中国人民解放军总部

中国人民解放军总部是在中央军事委员会直接领导下负责人民解放军军事、政治、后勤、装备等工作的最高领导机关。目前分为总参谋部、总政治部、总后勤部、总装备部。它们既是中央军委的工作机关，又是掌管全军军事、政治、后勤、装备工作的领导机关。其基本任务是保障中央军委关于作战和建军的战略决策和各项方针、政策的实现。

总参谋部是负责组织领导全国武装力量的军事建设，组织指挥全国武装力量的军事行动的军事领导机关。设有作战、情报、通信、军训、军务、动员、装备、机要、测绘、外事、管理以及各兵种业务部门。

总政治部是负责全军党的工作，组织进行政治工作的领导机关。设有组织、干部、宣传、保卫、纪检等部门。

总后勤部是负责组织领导全军后勤工作的领导机关。设有财务、军需、卫生、军事交通、油料物资、基建营房等部门。

总装备部是负责组织领导全军装备工作的领导机关。设有综合计划、军兵种、陆军装备科研订购、通用装备保障等部门。

"八一"建军节

中国人民解放军的诞生纪念日。1927年8月1日，中国共产党领导国民革命军2万余人在江西南昌举行起义，打响了武装反抗国民党反动派的第一枪，标志着中国共产党独立地领导武装斗争的开始。南昌起义保存下来的部队，成了中国工农红军的骨干之一。1933年7月11日，中华苏维埃共和国临时中央政府根据中央革命军事委员会6月30日的建议，决定8月1日为中国工农红军成立纪念日。从此，每年8月1日就成为中国工农红军和后来中国人民解放军的建军节。

中国工农革命军

土地革命战争初期，中国共产党创建和领导的人民军队。1927年8月下旬，中共中央根据8月7日汉口紧急会议精神，通过《中国共产党的政治任务与策略的决议案》，决定创建新的军队，建立工农的革命军。此后，湖南、湖北、江西、广东、福建、河南、陕西等省中共组织领导起义组成的部队均称工农革命军。1928年5月以后，根据中共中央《军事工作大纲》的规定，各地工农革命军陆续改称红军。

中国工农红军

土地革命战争时期，中国共产党领导的人民军队，其前身为中国工农革命军。1928年5月25日，中共中央颁布《军事工作大纲》，其中规定中国工农革命军正式定名为红军。据此，全国各地工农革命军及其他工农武装陆续改称红军。1930年5月全国红军代表会议后，各地红军又陆续改称中国工农红军。1928年5月至1933年5月，红军在广大人民群众的支援下，在反对国民党军的"进剿"、"会剿"和"围剿"的斗争中不断发展壮大，总兵力达30万人。抗日战争全面爆发后，根据中国共产党同中国国民党达成的协议，中国工农红军主力部队于1937年8月改编为国民革命军第八路军，留在南方八省的红军和游击队于同年10月改编为国民革命军陆军新编第四军。

井冈山革命根据地

土地革命战争初期，中国共产党在湖南、江西两省边界的井冈山地区实行工农武装割据，创建的战略基地。井冈山地区位于罗霄山脉中段，包括江西的莲花、永新、宁冈、遂川和湖南的酃县（今炎陵）、茶陵等县。这个地区在大革命时期建立过共产党的组织和农民协会，并有一支由共产党员袁文才和旧式农民武装首领王佐领导的农民自卫军。1927年10月，毛泽东率湘赣边界秋收起义的工农革命军到达井冈山北麓的宁冈县茅坪，随即在周围各县恢复和建立共产党组织，并建立了中心县委或特别区委。同时，把袁文才、王佐的农民自卫军编入工农革命军。工农革命军先后攻占茶陵、遂川县城，建立了两县工农兵政府和赤卫队，领导群众开展打土豪斗争。1928年2月，工农革命军打破江西国民党军第一次“进剿”，占领宁冈全县，成立了宁冈县革命委员会。于此，井冈山革命根据地初步形成。

八路军

抗日战争时期，中国共产党领导的在华北敌后坚持抗战的人民军队，全称国民革命军第八路军。为实现全民族抗战，中国共产党在西安事变和平解决以后，即就红军改编为国民革命军和开赴抗日前线等问题，同国民党当局进行谈判，至抗日战争全面爆发始达成协议。1937年8月22日，国民政府军事委员会宣布，在陕甘宁边区的红军主力部队改编为国民革命军第八路军，辖第115师、第120师、第129师。每师辖2个旅，每旅辖2个团，每师编制定额为1.5万人。

山西新军

抗日战争时期，由中国共产党倡议创建并实际领导的、隶属第二战区国民党晋绥军建制的一支特殊形式的人民抗日武装。1936年5月，中共中央在中国工农红军结束东征后，为开创团结抗日新局面，对阎锡山采取争取和团结的策略，促使其依靠共产党和社会进步力量抗日拒蒋、争取生存，实行“联共抗日”的政策。同年秋，中共与阎锡山集团建立了抗日民族统一战线关系，并推动和帮助其建立实际上由中共领导的、动员和组织山西人民抗日救亡运动的“牺牲救国同盟会”（简称“牺盟会”）。组成以薄一波为书记，杨献珍、韩钧、董天知、周仲英等参加的中国共产党的工作委员会（简称公开工委）。薄一波等根据中共北方局指示，提出建立30万国民兵的计划，得到阎锡山同意。“七七”事变后，薄一波正式向阎锡山提出组建新军的建议。阎锡山以派遣旧军官担任各级军事指挥员为条件，同意先试建1个总队（团）。8月1日，即以原军政训练班、民政干部教练团和国民兵军官教导团一部为基础，组成新军第一支战斗部队——山西青年抗敌决死队第1总队(下辖3个大队)。日军侵入山西后，山西旧军节节败退，阎锡山被迫接受薄一波建议，同意继续组建5个旅。新军在抗战中不断壮大，到1939年12月，列入正式建制的山西新军部队共有46个团另4个游击支队，总兵力约5万人。新军的发展引起了阎锡山的恐慌。1939年12月，阎锡山出动旧军6个军向新军进攻，被新军击败。1940年春，新军各部重新整编为27个团，仍保留晋绥军番号，实际上加入了八路军序列，继续坚持抗日。抗战胜利后，阎锡山积极配合蒋介石发动内战，新军正式编入中国人民解放军建制。

中国人民抗日军事政治大学

抗日战争时期，中国共产党及其领导下的八路军、新四军培养和训练军事政治干部的高等学府。1936年6月1日，中共中央、中央军委将创办在陕北的“中国工农红军学校”改称“中国工农红军大学”，简称“红大”。1937年1月19日，“红大”更名为“中国人民抗日军事政治大学”，简称“抗大”。并随中共中央机关迁至延安，同时将驻甘肃庆阳地区的红大第三科改为附设步兵学校。毛泽东为“抗大”制定了“坚定正确的政治方向，艰苦朴素的工作作风，灵活机动的战略战术”的教育方针和“团结、紧张、严肃、活泼”的校风，并多次到校作报告和讲课。他的哲学著作《实践论》、《矛盾论》就是在抗大的演讲稿。林彪、徐向前先后任校长和代校长。从1939年春至1945年春，还陆续在晋冀鲁豫、晋察冀、山东、华中、鄂豫皖等抗日根据地建立了12所抗大分校。抗日战争期间，抗大总校连续办了8期，连同各分校共培养和训练了20余万名军事、政治干部，其中有的成为统率千军万马的高级指挥员，对于取得抗日战争和解放战争的胜利起了很大作用。抗大的教育方针和校风，成为中国人民解放军院校建设和部队建设的优良传统。

八路军办事处

八路军办事处是抗日战争时期，中国共产党领导的八路军在国民党统治区的一些主要城市设立的办事机构。抗日战争全面爆发后，中国共产党与国民党谈判达成协议，将中国工农红军主力部队改编为国民革命军第八路军。八路军在国民党统治区一些主要城市陆续设立了办事机构。一般称办事处，有的称通讯处或交通站，其主要任务是宣传中共的抗日主张，开展统一战线工作，推动群众性的抗日救亡运动，联络友军，采购与转运军需物资，接待中共过往人员，输送爱国人士参加八路军和新四军，掩护中共地方组织的活动，营救被捕的共产党人和进步人士等。八路军改称第18集团军后，八路军办事处改称第18集团军办事处，但通常仍称八路军办事处。

新四军

抗日战争时期，中国共产党领导的在华中敌后坚持抗战的人民军队，全称国民革命军陆军新编第四军。1937年抗日战争全面爆发后，根据中国共产党与国民党当局的协议，在江西、福建、浙江、安徽、河南、湖北、湖南、广东等八省境内14块游击区（广东省琼崖地区除外）坚持游击战争的中国工农红军和游击队于10月改编为国民革命军陆军新编第四军（简称新四军）。12月14日，中共中央为加强对新四军的领导，决定成立中共中央革命军事委员会新四军分会，中共中央东南分局（后改为东南局）书记项英兼任军分会书记，陈毅任副书记。12月25日，新四军军部在湖北汉口成立。1938年1月6日，移驻江西南昌。叶挺任军长，项英任副军长，张云逸任参谋长，袁国平任政治部主任。

1941年1月，国民党顽固派在第二次反共高潮中制造了震惊中外的皖南事变，叶挺被扣押，项英、袁国平牺牲。皖南事变后，中央军委决定重建新四军军部，陈毅任代军长，刘少奇任政治委员，张云逸任副军长，赖传珠任参谋长，邓子恢任政治部主任。

经过八年抗战，新四军主力部队和地方武装发展到31万余人，民兵、人民自卫武装发展到96万余人，共歼灭日伪军31.7万余人，同时付出了伤亡8.9万余人的代价，建立了地跨江苏、浙江、安徽、河南、湖北等省的华中抗日根据地，为坚持和发展华东人民革命斗争奠定了坚实的基础，为抗日战争的胜利作出了重大贡献。

东江纵队

抗日战争时期，中国共产党在广东省东江地区领导创建的一支抗日游击队，是开辟华南敌后战场和坚持华南抗战的人民抗日游击队主力部队之一。东江纵队在抗日战争中进行大小战斗1400余次，歼灭日伪军9000余人，建立了总面积约1.5万平方千米、人口约450万的抗日根据地和游击区，有2500余名指战员牺牲。

东北抗日义勇军

“九一八”事变后，东北各族人民和东北军部分爱国官兵，在中国共产党抗日号召影响和推动下，纷纷组成救国军、自卫军、大刀会、红枪会等抗日武装，共50余万人，统称东北抗日义勇军，在东北各地抵抗日军侵略。由于日军进攻，加上缺乏统一领导和后勤保障等原因，至1932年，东北抗日义勇军陆续遭到挫败而大部失散。其间，中共满洲省委派省委军委书记周保中和共产党员李延禄等到东北抗日义勇军的一些部队中进行团结改造工作，建成绥宁反日同盟军、抗日救国游击军。这些抗日游击队共3000余人，至1933年春在中国东北等地30余个县境，开辟了磐石红石砬子、延吉王隅沟、汤原太平川、饶河暴马顶子等数十个小块抗日游击区，先后进行了磐石地区、渔浪村、学田地反“讨伐”作战和参与攻克巴彦、安图、东宁、虎林县城等1000余次战斗。

东北人民革命军

1933年1月26日，中共中央指示满洲省委要加强党的领导，克服“左”倾关门主义，建立反日统一战线，扩大游击战争。中共满洲省委据此于5月16日作出决定，以游击队为基础，组建东北人民革命军，使部队的组织纪律性和战斗力不断提高，成为新型的人民抗日武装。在中共满洲省委和各地党组织的领导下，人民革命军大力开展创建抗日游击根据地的工作。至1935年末，第1军在磐石、河里，第2军在延吉、和龙、珲春、汪清，第3军在珠河，第4军在密山、勃利，第5军在绥宁，第6军在汤原，由饶河游击队改编的第4军第4团在虎林饶河，第8军在五常等地，共建立起8个游击根据地。在游击根据地内普遍建立反日会、农民协会、农民自卫队、妇女会、儿童团等组织，河里、珠河等地还建立抗日地方政权。东北人民革命军各军积极开展反日武装统一战线工作，多方团结争取东北抗日义勇军余部共同作战。其活动区域达到辽宁省东部、吉林省东南部和黑龙江省部分地区共50余个县境，进行了数千次战斗，攻克日伪军占领的数十个城镇，打破日伪军多次“讨伐”，部队发展到1万余人，成为坚持东北抗日游击战争的中坚力量。

东北抗日联军

1936年2月20日，东北的中共组织和东北人民革命军领导人，根据中共中央的抗日救国政策和东北抗日斗争的发展形势，决定将东北人民革命军改称东北抗日联军。东北抗日联军发展到11个军，总人数达3万余人。

东北抗日联军的建立及其逐步发展壮大，严重威胁日本在东北的殖民统治。日本关东军与伪满洲国军政部于1936年4月制订“三年治安肃正计划”，调集重兵对抗日联军进行大“讨伐”。从1936年4月至1937年上半年，东北抗日联军经数千次战斗，共歼灭日伪军1万余人，不仅取得了反“讨伐”作战的胜利，而且把游击区扩展到70余个县境，建立了三大片抗日游击根据地。“七七”事变后，日本帝国主义发动全面侵华战争，东北抗联的战略任务由独立作战转变为配合全国其他抗日战场共同抗战。抗联各军紧密依靠群众，广泛开展游击战，积极打击日伪军。多次歼灭敌人，取得斗争胜利。后来日军采取更残酷的“围剿”手段，东北抗联被迫转战、远征，虽遭到很大损失，但部队英勇奋战，取得新的胜利。

东北抗日联军在非常困难的环境里，独立奋战14年，历尽艰苦，战斗数万次，牵制与消灭大量日本关东军和伪满洲国军及警察，振奋了民族精神，推动了全国抗日救亡运动，有力地支援和配合了其他抗日战场的作战，为中国抗日战争的胜利作出了重要贡献。

第一野战军

全国解放战争时期中国人民解放军的主力部队之一，由抗日战争末期晋绥解放区和陕甘宁解放区的八路军和地方武装发展成立。

1945年8月11日，中央军委命令成立晋绥野战军，贺龙兼司令员，关向应兼政治委员。1946年11月10日，中共中央军委决定，取消晋绥野战军和晋北野战军番号，将两野战军部队统一组成晋绥军区第1、第2、第3纵队。为了迎击国民党军对陕甘宁解放区的重点进攻，1947年2月10日，中共中央军委决定以晋绥军区第1纵队和陕甘宁晋绥联防军所辖新编第4旅、教导旅、警备第1、第3旅，共6个旅2.8万余人组成陕甘宁野战集团军，张宗逊任司令员，习仲勋任政治委员。为了加强陕北地区的作战指挥，3月16日中共中央军委决定，成立西北野战兵团，撤销陕甘宁野战集团军番号。彭德怀兼西北野战兵团司令员和政治委员，张宗逊任副司令员，习仲勋任副政治委员。下辖第1、第2纵队、教导旅和新编第4旅，共2.6万余人。1947年7月31日，中共中央军委决定，西北野战兵团正式定名为西北野战军，彭德怀任司令员兼政治委员，张宗逊任副司令员，习仲勋任副政治委员。8月初，晋绥军区第3、第4纵队入陕拨归西北野战军建制，西北野战军总人数达4.5万人。9月20日，由警备第1、第3旅和骑兵第61师组成西北野战军第4纵队。10月11日，由教导旅、新编第4旅组成西北野战军第6纵队。至此，西北野战军已发展到5个纵队和1个直属山炮营，共7.5万人。1948年7月，以晋绥军区独立第10、第12旅，组成西北野战军第7纵队。同月以晋绥军区第11、第14旅和骑兵旅组成西北野战军第8纵队。1949年2月1日，遵照中共中央军委1948年11月1日颁布的《统一全军组织及部队番号的规定》和1949年1月15日关于各野战军番号改按序数排列的决定，西北野战军改称中国人民解放军第一野战军，彭德怀任司令员兼政治委员。所属各纵队依次改称第1、第2、第3、第4、第6、第7、第8军，骑兵第1、第2旅改称骑兵第1、第2师，总兵力15.5万人。为加速西北解放战争的进程，根据中共中央军委决定，6月，第18兵团、第19兵团由晋入陕归第一野战军建制。同时，第一野战军原属6个军组成第1、第2两个兵团。第一野战军总兵力已达34.4万人。11月30日，中共中央军委决定，第一野战军与西北军区合并，称中国人民解放军第一野战军暨西北军区。彭德怀任司令员，习仲勋任政治委员。1950年4月，根据中共中央军委决定，第一野战军和兵团番号撤销，所属部队归西北军区建制。

第二野战军

全国解放战争时期中国人民解放军的主力部队之一，由抗日战争时期的晋冀鲁豫边区八路军和地方武装组建和发展建立。

1945年8月20日，中央军委决定各战略区就现有兵力迅速抽出二分之一或五分之三，编为野战兵团。遵照这个指示精神，刘伯承、邓小平令所属太行、太岳、冀南和冀鲁豫的八路军部队，分别编组成1万～3万人的野战兵团。同时，党中央决定成立晋冀鲁豫军区，以刘伯承为司令员，邓小平为政治委员，辖冀鲁豫、冀南、太行和太岳4个二级军区。9月初，晋冀鲁豫军区为组织上党战役，以冀南军区主力编为冀南纵队、太行军区主力编为太行纵队、太岳军区主力编为太岳纵队。10月7日，冀鲁豫军区主力编为第1纵队，冀南纵队改为第2纵队，太行纵队改为第3纵队，太岳纵队改为第4纵队。11月中旬，以太行军区主力组成第6纵队，以冀鲁豫军区主力组成第7纵队。1946年6月，国民党军队向解放区发动全面进攻。为粉碎敌人的进攻，晋冀鲁豫军区于6月27日，以第3、第6、第7纵队（后增加第2纵队）和冀鲁豫军区主力一部组成野战军，由刘伯承、邓小平等率领，担负豫东方向的作战任务。1947年6月10日，由刘伯承、邓小平率领第1、第2、第3、第6纵队组成晋冀鲁豫南征野战军，执行挺进中原创建大别山根据地的战略任务。为适应解放战争形势发展的需要，党中央和中央军委于1948年5月9日指示重建中原军区，并将晋冀鲁豫野战军团改称中原野战军。中原军区由刘伯承任司令员，邓小平任政治委员，陈毅任第一副司令员（仍兼华东野战军司令员和政治委员），下辖7个纵队。1949年2月5日，中原野战军遵照中央军委关于统一全军组织和部队番号的命令，改名为中国人民解放军第二野战军，刘伯承任司令员，邓小平任政治委员，辖第3、第4、第5兵团，共9个军，总兵力达28万余人。1950年2月22日，中央军委指示，以第二野战军的领导机构为基础，成立西南军区，贺龙任司令员，邓小平任政治委员，下辖西康、川西、川北、川东、川南、云南、贵州、西藏8个军区。5月，根据党中央和中央军委的决定，第二野战军并入西南军区，取消兵团和野战军机构。

第三野战军

解放战争时期中国人民解放军的主力部队之一，由抗日战争时期的新四军和八路军山东军区部队一部逐步改编扩建而成。

抗日战争胜利后，遵照党中央和中央军委关于“向北发展，向南防御”的战略方针，罗荣桓等率领山东军区部赴东北，陈毅等率领新四军军部及第7师、第2师第4和第5旅、第4师第9旅、苏浙军区第2和第4纵队及苏中军区教导第1旅等部，由华中先后北上，执行巩固和发展山东解放区的任务。留在华中的新四军部队，于1945年10月25日成立华中军区，兵力13.5万余人。同年11月10日，正式组成华中野战军，粟裕任司令员，谭震林任政治委员，下辖第6、第7、第8、第9纵队，全部兵力4.7万余人。华中野战军在建制上属华中军区，在战略行动上受陈毅指挥。1946年1月7日，遵照党中央指示，新四军军部兼山东军区领导机关，新四军军长陈毅兼山东军区司令员，政治委员饶漱石兼山东军区政治委员。与此同时，组成山东野战军，陈毅任司令员，黎玉任政治委员，辖第1纵队、第2纵队、第7师、第8师，总兵力7.4万余人。5月，华中野战军第8纵队改为第1师，第6纵队改为第6师，第7、第9纵队番号不变，华中第5军分区基干武装改编为第10纵队。至此，山东与华中野战军13万余人。1947年第一季度，山东与华中野战军进行统一整编，撤销山东军区、山东野战军和华中军区、华中野战军，组成华东军区和华东野战军。华东野战军以陈毅为司令员兼政治委员，粟裕为副司令员，谭震林为副政治委员，辖第1、第2、第3、第4、第6、第7、第8、第9、第10纵队，共有27.5万余人。1949年2月，遵照中央军委的统一命令，华东野战军正式改编为中国人民解放军第三野战军，陈毅为司令员兼政治委员，粟裕为副司令员兼第二副政治委员，谭震林为第一副政治委员，辖4个兵团和1个特种兵纵队。至1949年12月，第三野战军发展到82.5万余人。1950年8月，组成新的华东军区党委，以陈毅为第一书记，粟裕为第二书记，唐亮为第三书记，第三野战军部队全部归华东军区领导。

第四野战军

解放战争时期中国人民解放军主力部队之一，由抗日战争转入大反攻后进军东北的八路军、新四军主力各一部及东北抗日联军逐步发展而成。

抗日战争胜利后，中共中央依据“向北发展，向南防御”的战略方针，决定从关内各解放区抽调一批部队和干部挺进东北，会同东北原有部队执行发展东北的战略任务。先后调进东北的部队有：八路军山东军区6万余人，新四军第3师3万余人，陕甘宁边区万余人，晋绥、冀中、冀鲁豫各1个团。以上连同先期进入的冀热辽部队一部共11万余人。1945年10月31日，组成东北人民自治军，林彪任总司令，彭真任第一政治委员，罗荣桓任第二政治委员。11月14日，东北人民自治军改称东北民主联军。1948年1月1日，东北民主联军改称东北人民解放军，区分为东北军区和东北野战军，以原民主联军总部机关为军区兼野战军领导机关，林彪任司令员兼政治委员，高岗任第一副司令员兼副政治委员，罗荣桓任第一副政治委员。为便于作战指挥，8月14日，建立了单独的东北野战军领导机关，由林彪兼司令员，罗荣桓兼政治委员，下辖2个兵团部，12个步兵纵队，15个独立师，1个炮兵纵队，1个铁道纵队，3个骑兵师，1个坦克团等共70余万人。11月13日，东北野战军所属第1至第12纵队，按照中央军委规定的统一序列，改称中国人民解放军第38、第39、第40、第41、第42、第43、第44、第45、第46、第47、第48、第49军，另以长春起义的国民党军第60军编为第50军。根据中共中央军委1949年1月15日和3月7日的命令，东北野战军于3月11日改称中国人民解放军第四野战军，林彪任司令员，罗荣桓任政治委员，下辖第12、第13、第14、第15兵团。3月下旬，第四野战军组成先遣兵团开始自华北地区南下，野战军主力于4月中旬南移。5月12日，中央军委决定，第四野战军领导机关与中原军区领导机关合并，组成第四野战军兼华中军区领导机关。林彪任司令员，罗荣桓任第一政治委员。1950年1月1日，华中军区改称中南军区，全军区共150万人。1955年4月，中南军区奉命改称广州军区，第四野战军番号撤销，部队归广州军区指挥。

华北野战军

解放战争时期与四大野战军齐名，由毛泽东和中央军委直接领导的解放军主力部队，由抗战时期八路军晋冀鲁豫军区部队主力和晋冀鲁豫部队一部，经编组改建而成。

抗日战争胜利后，晋察冀军区根据中共中央军委命令，将所属主力部队编成第1、第2野战军。1946年9月，组成晋察冀野战军，萧克任司令员，罗瑞卿任政治委员，下辖第1、第2、第3、第4纵队。1948年5月，晋察冀野战军与晋冀鲁豫野战军一部合编成华北野战军，并成立华北军区，聂荣臻任司令员，薄一波任政治委员，徐向前、滕代远、萧克分任第一、第二、第三副司令，下辖第1、第2兵团，北岳军区第1纵队，冀中军区第7纵队等部。后增编第3兵团。1949年1月，遵照中央军委命令将所属3个兵团依次改编为第18兵团、第19兵团、第20兵团。太原战役后，第18、19兵团于5月拨归第一野战军建制。

中国人民解放军军事政治大学

解放战争时期和中华人民共和国成立初期，中国人民解放军训练和培养军事、政治干部的学校。

为适应抗日战争胜利后形势的需要，人民解放军以各地的抗日军事政治大学（简称“抗大”）分校为某础，陆续组建训练和培养军队干部及地方青年学生的军事政治学校。这些学校的教学内容有马克思列宁主义哲学、政治经济学和科学社会主义、毛泽东军事思想等基础理论，解放战争的作战方针和作战原则，国内外形势和中国共产党的路线、方针、政策，攻防战术和射击、刺杀、投弹等。教学中注重思想政治教育，强调理论联系实际，学以致用。随着形势的发展，这些军事政治学校先后扩建为东北、华北、华东、西北、中原、中南、西北等7所军事政治大学（简称“军大”）。各军事政治大学坚持毛泽东为抗大规定的“坚定正确的政治方向，艰苦朴素的工作作风，灵活机动的战略战术”的教育方针和“团结、紧张、严肃、活泼”的校风，发扬“官教兵、兵教官、兵教兵”的光荣传统，共培养和训练了数十万军事、政治干部，其中包括部分身经百战、统率千军万马的各野战军军以上高级指挥员，对于夺取解放战争的胜利起了重要作用。

中国陆军概况

陆军是人民解放军的主要军种，是陆地作战的主力，在人民解放军各军兵种中历史最久，在新中国建立前后的历次作战中发挥最出色，也是社会主义现代化建设和各种抢险救灾中的中坚力量。

现陆军主要由步兵（摩托化步兵、机械化步兵）、炮兵（地面炮兵、高射炮兵）、装甲兵、工程兵、通信兵、防化兵和侦察、电子对抗、汽车、测绘、气象等专业部队组成。陆军的编制序列为军种总部、集团军、师、旅、团、营、连、排、班。

中国人民解放军陆军主要担负陆地作战任务，最高领导机关为中央军事委员会。2017年4月，中央军事委员会决定，以原18个集团军为基础，调整组建13个集团军。此次调整组建新的集团军，更是对陆军机动作战部队的整体性重塑，是建设强大的现代化陆军迈出的关键一步，对于推动解放军由数量规模型向质量效能型转变具有重要意义。

五大战区及集团军

东部战区：71集团军、72集团军、73集团军。

南部战区：74集团军、75集团军。

西部战区：76集团军、77集团军。

北部战区：78集团军、79集团军、80集团军。

中部战区：81集团军、82集团军、83集团军。

中国装甲兵

中国人民解放军以坦克和其他装甲战斗车辆为基本装备的兵种，包括坦克和装甲步兵等部（分）队。

中国人民解放军装甲兵，是解放战争时期以缴获国民党军的坦克、装甲车辆为基础逐步发展起来的。1945年12月1日，东北人民自治军坦克大队在沈阳市郊马家湾子成立。1946年9月，成立晋冀鲁豫军区坦克队，1948年2月，成立晋察冀军区坦克区队。1948年5月，晋冀鲁豫军区坦克队与晋察冀军区坦克区队合编为华北军区坦克队。1949年1月，成立第二野战军战车大队。至1949年11月，中国人民解放军坦克部队已拥有9700余人，410辆日、美式坦克，编成2个战车师和2个战车团。

中国工程兵

中国人民解放军担负工程保障任务的兵种，包括工兵、舟桥、建筑、伪装、野战给水工程、工程维护等部（分）队。

中国铁道兵

中国人民解放军担负铁道工程技术保障任务的兵种，主要由线路、隧道、桥梁、建筑、通信、舟桥等专业工程部（分）队编成。

中国人民解放军铁道兵的前身，是1945年12月20日为保护铁路运输安全而组成的东北人民自治军护路军。解放战争中，铁道部队之战斗口号是："野战军打到哪里，就把铁路修到哪里"，先后抢通了东北、华北、华东、中南和西北地区的15条铁路干线，铺路1600余千米，修复桥涵976座和大量铁路设施，保证了铁路运输，有力地支援了辽沈战役、平津战役、渡江战役、进军江南和解放大西北的作战。1950年，为恢复国民经济，转入以担负主要铁路干线、桥梁为重点的复建工程。1984年，铁道兵并入国家铁道部。

中国防化兵

中国人民解放军担负防化保障与喷火、发烟任务的兵种。包括防化（观测、侦察、洗消）、喷火、发烟等部（分）队。抗日战争时期，侵华日军多次使用化学武器袭击抗日军民。为防御日军的化学武器袭击，1938年八路军在抗日军政大学第1分校设立防化学队；八路军留守兵团举办防毒训练班，培训防化骨干，学员结业后分配到各师、旅、团任防化学主任或参谋，组织指导部队防毒。解放战争后期，华东野战军第7、第9、第13纵队分别组建了防化分队，第二野战军军政大学设立了防化学队。

基本建设工程兵

中国人民解放军担负国家基本建设重点工程和国防工程施工任务的兵种，简称基建工程兵。

1966年8月，为适应国家经济建设和国防建设的需要，解决地方施工队伍家属拖累较大、跨区调动困难等矛盾，中央直属的部分施工队伍开始整编为基本建设工程兵。基建工程兵受国务院、中央军委双重领导。基建工程兵认真贯彻执行人民解放军的建军原则和本兵种“劳武结合，能工能战，以工为主”的建设方针，发扬艰苦创业精神，奋战在29个省、市、自治区。先后完成了湖北省化工厂和化肥厂、陕西省桑树坪煤矿、辽阳石油化学纤维总公司以及潘家口水库等国家大中型建设项目和重点单项工程132项；修筑和改造秦岭、天山、川藏和青藏等公路2300千米；完成华北、东北、西北和西南等地224万平方千米的水文地质普查任务，填补了国家雪线以下350万平方千米中最艰苦地区的大面积水文地质空白，为经济和社会发展提供了基础资料；探明了一批铀和黄金矿床；完成了北京地铁第二期工程，为北京和其他一些大中城市建起了大批教学、科研楼房以及民用住宅；参加了河南省抗洪救灾和辽南、唐山以及松潘等地的抗震救灾斗争。在完成各项任务的过程中，部队涌现出一批先进集体和以中央军委命名的“雷锋式好干部”姚虎成为代表的英雄模范人物，为社会主义现代化建设作出了重要贡献。1982年8月，为适应国家经济体制改革和军队精简整编的需要，国务院、中央军委作出《关于撤销基建工程兵的决定》。基建工程兵大部按系统对口集体转业到国务院各有关部、北京市和其他省、市、自治区，水文地质部队转隶有关军区、战备通信部队移交总参谋部通信部，水电、交通、黄金地质部队划归中国人民武装警察部队。1983年11月，基建工程兵领导机构撤销。

防空军

中国人民解放军的一个军种，担负国土防空作战任务。1957年5月17日同中国人民解放军空军合并。

1948年8月，中共中央军委提出对城市、要地实行积极防空的方针。1950年12月16日在北京成立中国人民解放军防空司令部，周士第任司令员（后杨成武），钟赤兵任政治委员（后唐天际）。按照“边打、边稳、边建”的原则，防空部队由单一的城防高炮部队逐渐发展为包括探照灯、雷达、通信等诸兵种合成的军种。空军歼击航空兵部队在执行防空作战任务时也归防空司令部统一指挥，初步形成了较完整的国土防空作战体系。1955年8月，防空部队正式改称中国人民解放军防空军。在保卫社会主义建设中，防空作战共503次，击落敌机42架，击伤136架，有效地抗击了国内外敌人的空袭和空中侦察、骚扰活动，为保卫国家政治经济中心、工业基地、交通枢纽和海、空军基地等重要目标作出了重要贡献。

炮兵

中国人民解放军以火炮和战役战术导弹为基本装备的兵种，包括地面炮兵、高射炮兵和战役战术导弹部（分）队。1944年12月，以八路军总部炮兵团为基础成立延安炮兵学校，为炮兵的发展创造了条件。解放战争时期，人民解放军炮兵日益发展壮大。1950年8月1日，中国人民解放军炮兵正式成立，直属中共中央军委领导。抗美援朝战争期间，遵照中共中央军委关于“大量发展新的炮兵，同时加强老的炮兵”的总方针，炮兵学校、部队得到迅速发展。中共十一届三中全会以后，炮兵装备科研有了新的发展，多种新型火炮、导弹以及侦察、射击指挥系统陆续装备部队，炮兵部队的现代化、正规化建设又上了一个新的台阶。

第二炮兵

中国人民解放军以地地战略导弹为主要装备的兵种。担负核反击战略作战任务，在战略上配合其他军兵种作战，是实现积极防御战略的主要核打击力量。中国人民解放军地地导弹部队创建于1957年12月，属军委炮兵。1966年6月组建中国人民解放军第二炮兵领导机关，直属中共中央军委领导。周恩来总理主持筹建工作，第二炮兵领导机关于同年7月1日正式成立。到1967年底，原在军委炮兵建制内的导弹部队、院校和相应的机构，陆续归属第二炮兵建制。到1976年，第二炮兵初具规模。它的主要任务是遏制敌人对中国使用核武器，在敌人对中国发动核袭击时，遵照统帅部的命令，独立地或联合其他军种的战略核部队对敌人实施有限而有效的自卫反击，打击敌人的重要战略目标。

地地战略导弹部队是一支具有一定规模和实战能力的主要核威慑和战略核反击力量。它由近程、中程、远程和洲际导弹部队，工程部队，作战保障、装备技术保障和后勤保障部队组成，是一支具有一定规模和实战能力的主要核威慑和战略核反击力量。目前，第二炮兵已建成了一批不同型号和不同发射方式的作战阵地，初步形成了多种型号导弹武器装备系统，快速机动作战能力和准确打击目标能力进一步提高，在保卫社会安全、维护世界和平中发挥着重要作用。在履行军队新世纪新阶段历史使命中有着特殊重要的地位与作用。

中国特种部队

现代战争中，特种部队的作用越来越大。如1991年海湾战争中，多数“飞毛腿”导弹是美军特种部队消灭的，美国特种部队常常比美国最先进的隐形飞机更有效，更经济。只是由于保密的原因，特种部队的动向不易为人所知，不过各国军界如今都注意到特种部队的重要性，并纷纷加强其建设。近十几年来，中国特种部队已发展为世界上为数不多的，曾大规模参加实战的特种部队之一，曾经在中越战场上令对手闻风丧胆。近年，中国特种部队在突出实战传统的同时，更特别加强现代高科技武器的装备与训练，战斗力达到世界一流水平。

中国的军衔制度

现行军官军衔设下列三等十级：

1. 将官：上将、中将、少将。

2. 校官：大校、上校、中校、少校。

3. 尉官：上尉、中尉、少尉。

军官军衔依照下列规定区分：

1. 军事、政治、后勤军官：

上将、中将、少将，大校、上校、中校、少校，上尉、中尉、少尉。海军、空军军官在军衔前分别冠以“海军”、“空军”。

2. 专业技术军官：

中将、少将，大校、上校、中校、少校，上尉、中尉、少尉。在军衔前冠以“专业技术”。

中央军事委员会主席不授予军衔。中央军事委员会副主席的职务等级编制军衔为上将。中央军事委员会委员的职务等级编制军衔为上将。

军事、政治、后勤军官实行下列职务等级编制军衔：

人民解放军总参谋长、总政治部主任：上将；

正大军区职：上将、中将（正大军区职包括总参副总长，总政副主任，总后部长政委，总装部长政委，大军区、海军、空军、二炮司令政委，国防大学校长政委，军事科学院院长政委）；

副大军区职：中将、少将；

正军职：少将、中将；

副军职：少将、大校；

正师职：大校、少将；

副师职（正旅职）：上校、大校；

正团职（副旅职）：上校、中校；

副团职：中校、少校；

正营职：少校、中校；

副营职：上尉、少校；

正连职：上尉、中尉；

副连职：中尉、上尉；

排职：少尉、中尉。

专业技术军官实行下列职务等级编制军衔：

高级专业技术职务：中将至少校；

中级专业技术职务：大校至上尉；

初级专业技术职务：中校至少尉。

上将：中央军事委员会副主席、委员、总参谋长、总政治部主任的编制军衔，正大军区职的主要军衔，副大军区职的辅助军衔。

中将：副大军区职的主要军衔，正大军区职、正军职的辅助军衔。

少将：正军职、副军职的主要军衔，副大军区职、正师职的辅助军衔。

大校：正师职的主要军衔，副军职、副师职的辅助军衔。

上校：副师职、正团职的主要军衔。

中校：副团职的主要军衔，正团职、正营职的辅助军衔。

少校：正营职的主要军衔，副团职、副营职的辅助军衔。

上尉：副营职、正连职的主要军衔，副连职的辅助军衔。

中尉：副连职的主要军衔，正连职、排职的辅助军衔。

少尉：排职的主要军衔。

现行士兵军衔按兵役性质分为：

1. 志愿兵役制士兵：六级士官、五级士官、四级士官、三级士官、二级士官、一级士官；

2. 义务兵役制士兵：上等兵、列兵。

士兵军衔按等级分为：

1. 高级士官：六级士官、五级士官；

2. 中级士官：四级士官、三级士官；

3. 初级士官：二级士官、一级士官；

4. 兵：上等兵、列兵。

海军、空军士兵在军衔前分别冠以“海军”、“空军”二字。

兵：服现役第一年的义务兵，授予列兵军衔；服现役第二年的列兵，晋升为上等兵军衔。

初级士官：义务兵服现役期满，被批准为第一期士官的，授予一级士官军衔；第一期服现役期满，被批准进入第二期服现役的一级士官，晋升为二级士官军衔。

中级士官：第二期服现役期满，被批准进入第三期服现役的二级士官，晋升为三级士官军衔；第三期服现役期满，被批准进入第四期服现役的三级士官，晋升为四级士官军衔。

高级士官：第四期服现役期满，被批准进入第五期服现役的四级士官，晋升为五级士官军衔；第五期服现役期满，被批准进入第六期服现役的五级士官，晋升为六级士官军衔。

军事科学院

社会主义革命和建设时期，中国人民解放军的高级军事科学研究机关，全军军事科学研究工作的计划协调机构。1958年3月15日，军事科学院在北京正式成立。军事科学院建院以来，取得了许多重要的研究城果，其中主要的有：译编马恩列斯军事文选、文集，选编毛泽东军事文选、文集和邓小平军事文选，研究和编写马克思主义军事理论著作；编写和修订人民解放军合成军队条令、条例；开展国防建设、军队建设和作战重大现实问题的研究，为中央军委和总部提供了一批研究报告；撰写了《战略学》、《战役学纲要》、《国家军制学》、《中国人民解放军战史》、《中国人民志愿军抗美援朝战史》、《中国军事史略》、《孙子兵法新注》等重要军事著作；组织全军编纂了《中国大百科全书〈军事〉》、《中国军事百科全书》、《军用主题词表》等重要工具书；运用计算机建立了若干个作战模拟系统；编译提供了大量的外军学术信息。

国防大学

国防大学是中华人民共和国最高军事学府。1985 年 12 月 24 日，中央军委发布成立中国人民解放军国防大学的命令，国防大学在北京正式成立。国防大学建校以来，在中央军委和总部的领导下，已经为全军培训、轮训了大批各级各类干部。学校注重发扬人民军队光荣传统，不断进行改革创新，为建设现代化、正规化革命军队作出了重要贡献。

新疆生产建设兵团

社会主义革命和建设时期，中国人民解放军在新疆创建的屯垦戍边的军垦组织，全称为中国人民解放军新疆军区生产建设兵团。

1949 年 9 月下旬，新疆和平解放。新疆起义的国民党军改编后，积极开展大生产运动，转业为农业建设部队和工程建设部队，担负起经济建设任务。1954 年 10 月 7 日正式成立新疆生产建设兵团领导机构，1955 年 6 月，改称新疆军区生产建设兵团。新疆生产建设兵团经过多年的艰苦奋斗，逐步成为较大的农工商经济联合体，总人口发展到 200 余万，拥有 9600 万亩耕地和草原，1500 多个工、交、建、商企业，分布在新疆 54 个县、市，占地达 25.6 万平方千米，工农业总产值每年以 14%的速度增长。新疆生产建设兵团为开发边疆，建设边疆，保卫边疆，加强民族团结，巩固国防作出了重要贡献。

第三辑　中国军事人物常识

第一章　中国古代军事人物常识

伊尹

商初大臣。名伊（另说名挚），尹为官名。今莘县人。出仕前，曾在“有莘之野”躬耕务农。传说他为了见到商汤，遂使自己作为有莘氏女的陪嫁之臣，说汤而被用为“小臣”。后为成汤重用，任阿衡，委以国政，助汤灭夏。汤死后，历佐卜丙（即外丙）、仲壬二王。仲壬死后，太甲即位，因不遵汤规，横行无道，被伊尹放之于桐宫（今山西省万荣县西，另说今河南省虞城东北），令其悔过和重新学习汤的法令。3年后，迎回太甲复位。死于沃丁时。他为商朝理政安民60余载，治国有方，权倾一时，世称贤相，三代元老。另说伊尹放逐太甲后，篡位自立，太甲潜回，将其杀死。

武丁

商朝国君，军事统帅。子姓，名昭。商王小乙之子。相传少年时期遵父命行役于外，与平民一同劳作，得以了解民众疾苦和稼穑艰辛。继位后，勤于政事，任用工匠出身的傅说及甘盘、祖己等贤能的人辅政，励精图治，使商朝政治、经济、军事、文化得到空前发展。武丁发动了周边方国、部族之战争，拓展了商朝版图和势力范围，促进了中原地区与周边部族的经济、文化交流，使商朝成为西起甘肃，东至海滨，北及大漠，南逾江、汉流域，包含众多部族的泱泱大国，史称“武丁中兴”。在位59年而卒，被追谥为高宗。

姜太公

中国商周之际军事家。生卒年不详。名尚，姜姓，吕氏，字子牙。齐国始祖，称太公望，俗称姜太公，是周灭商的重要筹谋者。周文王采纳吕望谋略，卑事商纣，暗中积蓄力量，乘隙翦商羽翼，造成“三分天下有其二”（《论语·泰伯》）的局面，奠定了灭商基础。周武王即位后，尊吕望为尚父。武王伐纣前，吕望亲入商都探察情况，并协助制定乘虚进军、奔袭商都的作战方略。商、周牧野之战，吕望率一部精锐士卒，迅猛冲击商军前阵，商军前队倒戈，周军主力乘势进攻，一举灭商。周成王亲政后，吕望以周朝开国重臣受封于齐（今山东北部）。史称吕望有著述，难以凭信。传世《六韬》，当是战国至秦汉间人托名吕望之作。

齐桓公

春秋时齐国国君（前685—前643），姜姓，名小白。其兄齐襄公被杀后，由莒回国即位。任用管仲改革，选贤任能，加强武备，发展生产。号召“尊王攘夷”，助燕败北戎，援救邢、卫，阻止狄族进攻中原，国力强盛。联合中原各国攻楚之盟国蔡，与楚在召陵（今河南郾城东北）会盟。又安定周朝王室内乱，多次会盟诸侯，成为春秋五霸之首。

先轸

春秋中期晋国主政的卿，名将。食采于原（今河南济源西北），故又称原轸。晋献公时，为公子重耳近臣，与狐偃、赵衰等随重耳长期流亡国外。及重耳回国即位为文公，任大夫。周襄王十九年（前633），因宋国背楚从晋，楚联合陈、蔡、郑、许等国，出兵围攻宋都商丘（今商丘南）。先轸明察大势，主张抓住时机，出兵援宋，以求取威、定霸，促使晋文公定下以武力与楚争夺霸权的决心。随即在晋军由二军整编为上、中、下三军之时，被任命为下军副将，始入晋卿之列。次年，为实施攻楚盟国曹、卫以调动楚军北上的决策，出谋首先攻取与齐、鲁靠近的卫地五鹿（今清丰西北），与齐结盟，迫鲁中立，使晋军得以避免两面作战。不久以知兵善谋而升任中军元帅，指挥全军。在与楚国争霸的城濮之战、与秦国的崤之战中，击败对手，为晋国的争霸立下功劳。

孙武

孙武，字长卿，即孙子，春秋末著名军事家。齐国人。曾以《兵法》十三篇见吴王阖闾，受任为将。领兵打仗，战无不胜，与伍子胥率吴军破楚，五战五捷，率兵6万打败楚国20万大军，攻入楚国郢都。北威齐晋，南服越人，显名诸侯。所著《孙子兵法》是我国最早的兵法，被誉为“兵学圣典”，置于《武经七书》之首，被译为英文、法文、德文、日文，成为国际间最著名的兵学典范之书。

勾践

勾践，春秋末越国国君，又称菼执。越系古代越人所建之国，越王允常时其国渐强，故楚国联越以制吴。前496年，当越王勾践即位不久，即打败吴国。两年后，吴王夫差攻破越都，勾践被迫屈膝投降，并随夫差至吴国，臣事吴王，后被赦归返国。勾践自战败以后，时刻不忘会稽之耻，日日卧薪尝胆，反躬自问："汝忘会稽之耻邪？"他重用范蠡、文种等贤人，经过"十年生聚又十年教训"，使越的国力渐渐恢复起来。可是吴对此却毫不警惕。前 482 年，吴王夫差为参加黄池之会，尽率精锐而出，仅使太子和老弱守国。越王勾践遂乘虚而入，大败吴师，杀吴太子。夫差仓促与晋定盟而返，连战不利，最终吴国灭亡。

吴起

战国初期著名的政治改革家，卓越的军事家、统帅、军事理论家、军事改革家。卫国左氏（今山东省定陶，一说曹县东北）人。后世把他和孙子连称"孙吴"，著有《吴子》，《吴子》与《孙子》又合称《孙吴兵法》，在中国古代军事典籍中占有重要地位。

吴起喜好用兵，一心想成就大名。曾经在孔子弟子曾参门下求学，在鲁国为臣。周威烈王十四年（前 412 年），齐国进攻鲁国，鲁国国君想用吴起为将，但因为吴起的妻子是齐国人，对他有所怀疑。吴起由于渴望当将领成就功名，就毅然杀了自己的妻子，表示不倾向齐国，史称杀妻求将。鲁君终于任命他为将军，率领军队与齐国作战，最后大获全胜。

孙膑

孙膑，战国时齐国人，孙武的后代，与庞涓同学，拜鬼谷子为师，是鬼谷子最有成就的学生之一。庞涓被魏惠王拜为大将，先后打下了一些小国，后来把齐国也打败了。因此庞涓常常居功自傲。但他知道孙膑本事比他高强，又是吴国大将孙武的后代，只有他才知道祖传《孙子兵法》的下落。

魏惠王也听说过孙膑，当他听庞涓说孙膑是他的同门师弟时，便叫庞涓派人把孙膑请到了魏国。由于庞涓动机不纯，意欲窃取《孙子兵法》，又害怕孙膑对自己构成威胁，便在魏惠王面前诬陷孙膑私通齐国。魏惠王听信了谗言，把孙膑打入大牢，还在脸上刺字，同时剜下他的双腿膝盖。由于这种刑罚叫膑刑，故叫他孙膑。后来，孙膑被齐国使者偷偷地救到了齐国，被齐威王看重。公元前 354 年，孙膑采用"围魏救赵"之战术，一举解了赵国的危机。公元前 341 年，韩国向齐国告急，希望得到帮助。孙膑仍然采用"围魏救赵"的打法，救了韩国，在这次战斗中，魏军大败，太子申被俘，庞涓兵败自杀。一时间，孙膑用兵如神，声名大振，传遍了诸侯各国。

赵武灵王

赵武灵王（约前 340 年—前 295 年）名雍，战国时期赵国国君，杰出的政治家、军事家、军事改革家。赵肃侯之子。公元前 325—前 299 年在位。他所推行的"胡服骑射"政策，对于当时赵国乃至以后中国社会的发展都产生了积极的影响。经过赵武灵王对赵国国家结构的整体改造，对赵国国家性格的重新塑造，赵国一跃成为当时的超级强国，与秦国共同成为战国后期争霸战的主角。

乐毅

乐毅，生卒年不详，中山灵寿(今河北灵寿西北)人。战国后期杰出的军事家，拜燕上将军，受封昌国君，辅佐燕昭王振兴燕国，报了强齐伐燕之仇。

乐毅少年聪颖，喜好兵法。深得赵人推崇。赵武灵王时，因避沙丘之乱来到魏国都城大梁(今河南开封西北)当了大夫。

此时，燕昭王因为子之的叛乱而被齐国打得大败，燕昭王时刻不忘为燕国雪耻。乐毅适于此时替魏出使到燕国，燕昭王用客礼厚待乐毅。乐毅谦辞退让，最后终于被昭王诚意所动，答应委身为臣，燕昭王封乐毅为亚卿(仅次于上卿的高官)。

周赧王三十一年(公元前284)，率燕国军队破齐，连克70余城，随即集中兵力围攻仅存的莒(今山东莒县)和即墨，齐国危在旦夕。齐将田单利用反间计，离间燕君臣关系，改派骑劫代乐毅，失去兵权后的乐毅，奔逃到赵国，被赵人封于观津（今河北武邑东)，号望诸君，以客卿身份往来燕、赵间，后死在了赵国。

田单

齐国名将，生卒年不详，战国后期，凭借孤城即墨(今山东平度东南)，由坚守防御转入反攻，一举击败燕军，收复国土。

时齐愍王被杀，其子法章在莒被立为齐王，号召齐民抗燕。乐毅兵困即墨，即墨被围不久，守将战死，军民共推田单为将。田单利用两军相持的时机，集结7000余士卒，加以整顿、扩充，并增修城垒，加强防务。他和军民同甘共苦，深得军民信任。田单在稳定内部的同时，为除掉最难对付的敌手乐毅，又派人入燕行反间计，燕惠王中计，派骑劫取代乐毅。齐军使用火牛阵大破燕军，收复失地，迎齐襄王回临淄（今山东淄博东北)。田单受封安平君。此战,田单创立的“火牛阵”制胜，成为中国军事史上的著名战例。

廉颇

战国末期赵国名将。周赧王三十二年(公元前283)，率军攻齐，取晋阳（今河北晋州西北),因功封为上卿。曾居功自傲，不服蔺相如位居其上，后感其顾全大局，负荆请罪，结成生死之交，合力抗秦，留下了“将相和”的故事。后来，赵王困于秦的攻伐，欲复用廉颇，然其使者受权臣郭开贿赂而毁之。赵王认为廉颇老了，就没任用他，廉颇也就没再得到为国报效的机会。

楚国听说廉颇在魏国，就暗中派人迎接他入楚。廉颇担任楚将后，没有建立什么功劳。他说“我思用赵人”，流露出对祖国乡亲的眷恋之情。但赵国终究未能重新启用他，致使这位为赵国作出过重大贡献的一代名将，抑郁不乐，最终死在楚国的寿春（今安徽省寿县）。

蒙恬

秦朝名将。秦将蒙骜之孙、蒙武之子。祖籍齐国。秦始皇帝二十六年（前221），凭家世为将，随将军王贲攻齐。后拜为内史。

秦始皇统一中国之后，蒙恬奉命率领三十万军队北上反击匈奴，然后驻守北部边境。后来又支持修建万里长城，西起陇西的临洮（现在中国西部甘肃岷县），东到辽东（现在中国东北部辽宁境内），将原来燕、赵和秦国的长城连接起来，对防御北方的匈奴骚扰起了积极作用。

公元前210年，秦始皇出巡途中病死，赵高和李斯联合制造假诏书，命扶苏和蒙恬自尽。扶苏不辨真假，自杀身亡。蒙恬不愿自尽，请求向胡亥申诉。赵高派的使者则将他囚禁起来。蒙恬被囚禁之后，赵高曾经想放了他，但又担心蒙恬兄弟卷土重来，在胡亥面前他无法专权，所以就在胡亥面前诬陷蒙恬弟弟蒙毅曾经在秦始皇面前说胡亥的坏话，最后胡亥听信了赵高的谗言，将蒙毅杀死，然后又派人去杀蒙恬。蒙恬再次请求使者给他申诉的机会，但使者没有答应，蒙恬只好含恨服毒自尽。

韩信

秦末汉初著名军事家。淮阴（今江苏淮阴西南）人。陈胜、吴广起义后，韩信始投项梁，继随项羽，后从刘邦。汉高祖元年（前206），经丞相萧何力荐，始为大将，协助刘邦制定了还定三秦以夺天下的方略。

楚汉战争期间，韩信率兵数万，开辟北方战场。破魏之战，针对魏军部署，佯作正面渡河之势，暗从侧后偷渡，攻其不备，俘获魏王豹。井陉之战，背水为阵，使将士死地求生，人自为战，大破赵军。潍水之战，借助河水，分割楚军，将齐、楚联军各个击灭。汉高祖四年二月，被封为齐王。参与指挥垓下（今安徽灵璧南）决战，击灭楚军。韩信熟谙兵法，战功卓著，为汉王朝的创建作出了重要贡献。其用兵之道，为后世兵家所推崇。刘邦虽用韩信而心存疑忌，故在项羽败亡后，即夺其兵权，徙为楚王，继又黜为淮阴侯。吕后知刘邦疑忌韩信，于是与萧何定计，于汉高祖十一年正月诱韩信至长乐宫，以谋反罪名杀之。

韩信自言用兵“多多益善”，实则“择人而任势”，因势用兵，以兵造势，故能出奇制胜，战必胜，攻必取。著有兵书三篇，已失传。

李广

西汉名将，陇西成纪（今甘肃秦安）人。做过骑郎将、骁骑都尉、未央卫尉、郡太守，镇守边郡使匈奴不敢犯多年，被称为“飞将军”。元狩二年（前121），以郎中令率4000骑出右北平击匈奴，行数百里，被左贤王部4万骑兵围困。先遣其子李敢领数十骑往来冲击，示敌不足畏，以安军心，继以圆阵对敌，又亲发强弩射杀匈奴裨将数人，使敌沮丧，后援兵赶至，化险为夷。

其一生未得封侯，或许时运不济，有历史典故“冯唐易老，李广难封”。公元前119年，在漠北之战中随卫青出征匈奴，因无向导，迷失道路，未能如期与主力会合，获罪自杀。李广骁勇善射，前后对匈奴70余战。为将宽缓不苛，与士卒同甘共苦，受赏赐辄分部属，家无余财，深得军心。《汉书·艺文志》载《李将军射法三篇》，已佚。

卫青

西汉著名将领。河东平阳（今山西临汾西南）人。字仲卿。系县吏郑季与平阳侯府中婢女卫氏的私生子。幼为家奴，饱尝酸辛，及长，为侯府骑奴。建元二年（前139），因其同母异父姊卫子夫得幸武帝，始以卫为姓，入宫当差。不久被武帝升为建章监、待中，迁大中大夫。多次同匈奴交战，击溃匈奴主力，被封为大司马。卫青一生七次率兵击匈奴。卫青率军与匈奴作战，屡立战功，所得封邑总共有一万六千三百户。虽然战功显赫，权倾朝野，但从不结党干预政事。他和霍去病不同，对士卒体恤较多，能与将士同甘苦，威信很高。

公元前106年，大司马大将军卫青去世，汉武帝命人在自己的茂陵东边特地为卫青修建了一座像卢山（匈奴境内的一座山）的坟墓，以象征卫青一生的赫赫战功。平阳公主死后，与卫青合葬。

霍去病

西汉著名将领。河东平阳（今山西临汾西南）人。卫青外甥。一生以除边患为己任，有“匈奴未灭，无以家为”（《史记·卫将军骠骑列传》）的壮言。元朔六年（前123），霍去病被汉武帝任为骠姚校尉，随卫青击匈奴于漠南（今蒙古高原大沙漠以南），以800人歼2000余人，受封冠军侯。元狩二年（前121）任骠骑将军。于春、夏两次率兵出击占据河西（今河西走廊及湟水流域）地区的匈奴部，歼4万余人。同年秋，奉命迎接率众降汉的匈奴浑邪王，在部分降众变乱的紧急关头，率部驰入匈奴军中，斩杀变乱者，稳定了局势，浑邪王得以率4万余众归汉。从此，汉朝控制了河西地区，打通了西域道路。四年夏，与卫青各率5万骑过大漠（今蒙古高原大沙漠）进击匈奴。霍去病击败左贤王部后，乘胜追击，深入2000余里，歼7万余人。后升任大司马，与卫青同掌兵权。他用兵灵活，注重方略，不拘古法，勇猛果敢，每战皆胜，深得武帝信任。元狩六年（前117）因病去世。

夏侯渊

三国时期曹魏名将。字妙才，沛国谯（今安徽亳州）人。是曹操同族兄弟，在曹操起兵时率众来投，从此随曹操南征北战。夏侯渊性格刚烈，十分勇敢，作战总是冲锋在前，先后参加官渡、赤壁、平马超、灭张鲁等战，战功卓著。夏侯渊用兵神速，尤重视后勤保障，常亲督粮运，作战获胜后也首先取粮。曹操常告诫其“为将当有怯弱时”。后来，夏侯渊留守汉中，与刘备军交战，在定军山中蜀将法正之谋，为蜀将黄忠突袭斩杀。

张辽

三国时期曹魏名将。字文远，雁门马邑（今山西湖州）人。少为郡吏，后任州从事。入京先后属何进、董卓，继归吕布为骑都尉。汉献帝初平三年（192），随吕布败走，东出武关，投袁术、张扬、袁绍。198 年，率众降曹操。

从曹操以后，张辽随军征讨，多有战功，曹操也益待之如亲信；又从劝关羽降于曹操。赤壁战中，张辽亲载曹操脱难，并射伤东吴名将黄盖。赤壁战后，曹操独任张辽引李典、乐进等守合肥，以御孙权。后孙权果引军入寇，张辽智激李典后三人一同出战，自率二千余骑打败敌军十万，威震逍遥津，名扬天下。曹丕即位后，升前将军，封晋阳侯。黄初三年，带病率军攻吴，破吴将吕范。不久病卒于江都（今江苏扬州西南）。一生征战，以果敢著称，也有谋略。

司马师

即晋景帝，晋武帝司马炎的伯父。中国三国时期魏大臣。字子元，河内温县（今河南温县西）人，司马懿长子，西晋奠基人之一。司马师沉着坚强，且有雄才大略，与夏侯玄、何晏齐名。魏景初年间，拜散骑常侍，累迁中护军。曾与其父司马懿谋划诛杀曹爽，以功封长平乡侯，食邑千户，不久加卫将军。司马懿死后，以抚军大将军辅政，独揽朝廷大权。

司马昭

三国后期曹魏名将。字子上，河内温县（今河南温县西）人。司马懿次子，晋武帝司马炎之父。初为洛阳典农中郎将，后任散骑常侍。魏正始五年（244）随大将军曹爽攻蜀，兴势之战受挫之时，劝曹爽急退，并奋勇断后，使全军免遭覆没。正始十年（249），随父及兄司马师诛曹爽，使司马氏得以独专朝政。

司马昭随父司马懿抵御诸葛亮伐魏，多有军识。司马师死后，司马昭为大将军。手握兵权，专揽国政，并阴谋代魏。甘露五年，杀魏帝曹髦，另立曹奂为帝。景元四年，司马昭分兵伐蜀。蜀灭亡后，钟会阴谋造反，司马昭率领大军亲讨。未至，钟会业已败亡。回朝后自称晋公，后加晋王。立子炎为世子。咸熙二年，昭中风猝死。数月后，子司马炎代魏称帝，追尊司马昭为文皇帝。司马昭继父兄之业，较重视发展生产，稳定政局，统军用兵也善筹谋，随情而变，终成代魏大业。

关羽

在中国古代层出不穷的名人之中，被后世戴上炫目光环并尊之为“圣人”者，仅有二人，他们就是被民间尊称为“文圣”的孔子和“武圣”的关羽。

关羽，三国时期著名将领。字云长，本字长生。河东解县（今山西运城解州镇）人。美须髯。早年随刘备起兵涿郡（今河北涿州），曾参与镇压黄巾起义，与张飞同为平原相刘备的别部司马，分统部曲，三人亲如兄弟。汉献帝兴平元年（194）入徐州，随刘备征战，先后击败袁术、吕布等。后为曹军用，斩袁绍大将颜良，解白马（今河南滑县东）之围，封汉寿亭侯。不久回归刘备。次年随刘备入荆州，后刘备与孙权联合，大败曹操军于赤壁。并与诸葛亮等随刘备夺取武陵、长沙等四郡。继任襄阳太守、荡寇将军，驻江陵。十六年，刘备西入益州，关羽奉命坐镇荆州。二十四年，任前将军。秋，出兵攻襄阳、樊城，趁汉水泛滥，迫降曹将于禁，擒杀庞德，围困曹江、吕常，威震中原。后因曹操遣兵增援，吴将吕蒙袭取江陵，关羽军心动乱，败走麦城（今当阳东南）。十二月，与子关平等潜逃，被吴军擒杀于临沮章乡（今远安境）。关羽作战勇猛，人称“万人敌”。关羽以忠贞、守义、勇猛和武艺高强称著于世，历代封建统治者都需要这样的典型人物来作为维护其统治的守护神，渲染其忠、义、勇、武的品格操守，希望有更多的文臣武将能像关羽那样尽忠义于君王，献勇武于社稷。

张飞

三国时期蜀汉名将。字翼德，涿郡（今河北涿州）人。早年与关羽随刘备起兵，曾参与镇压黄巾起义，与刘备关羽三人亲如兄弟。建安十三年，刘备兵败长坂（今当阳境），仓皇弃妻、子而逃。张飞率20骑断后，据水断桥，怒目横矛，曹军为之疑惧，不敢近前，刘备方得脱险。随即参加赤壁之战，追曹操败回北方。又与诸葛亮、关羽等奉命夺取荆州数郡，继任宜都太守、征虏将军，封新亭侯。十八年，奉命随诸葛亮溯江而上，克白帝城（今四川奉节东），破江州（今重庆），俘太守严颜，进取德阳（令遂宁东南），入巴西（治阆中，今属四川），于次年与刘备会师，攻取成都，兼任巴西太守。二十年，曹将张郃进攻宕渠（今渠县东北），张飞率兵迎战，相持50余日后，示弱撤退，待张郃军追入狭窄山道，突然反击，致其前后不能相救，张郃大败，仅带十余人逃走，收兵退回汉中（今属陕西）。后任右将军。蜀汉章武元年（221）任年骑将军兼司录校尉，不久，奉命率部自阆中会师江州以攻吴，出发前，被部将刺杀。张飞作战勇猛，指挥果断，与关羽同被当世誉为“万人敌”。

赵云

三国时期蜀汉名将，字子龙，常山真定（今河北正定南）人。初从公孙瓒，建安五年（200），与刘备重逢于邺（今河北临漳西南），并秘密募兵数百，皆称刘备部曲，壮大其力量。次年随刘备南入荆州。十三年，刘备兵败长坂（今湖北当阳境），赵云救其妻、子脱险，因功升牙门将军。赤壁之战后，随刘备夺取武陵、长沙等四郡，以偏将军兼桂阳太守。十六年，刘备入益州，赵云与诸葛亮、关羽等仍屯荆州，为留管司马。十八年，奉命随诸葛亮溯江（长江）西上，至江州（今四川重庆）后，自率军克江阳（今泸州）、健为（今彭山东），于次年与刘备、诸葛亮会师，攻取成都，升翊军将军。二十四年三月，曹操率军南进，欲夺回汉中。某日，赵云分兵随黄忠出击，欲截取曹军军粮，逾时未归。赵云率数十骑接应，与曹军遭遇，退回军营，偃旗息鼓，大开营门。曹军追至，疑有伏兵而退。赵云急令齐击战鼓，发射劲弩，曹军败走。刘备赞曰："于龙一身都是胆也。"蜀汉建兴元年（223），升中护军、征南将军，后任镇东将军。五年，随诸葛亮进驻汉中，次年为掩护主力攻祁山，领军为疑兵牵制魏大军，虽寡不敌众而失利，但仍能聚众固守，亲自断后，安全撤退。七年，病卒军中。赵云戎马生涯约40载，善筹谋，作战勇猛，时人赞其一身是胆。有远见卓识，力主维护孙、刘联盟；巴蜀初定时，曾劝阻刘备分田赐将，以安抚民众，增强国力。

周瑜

东汉末年东吴名将，字公瑾，庐江舒县（今安徽庐江西）人。出身士族，与孙策为挚友。初随孙策起兵，平定江东，授建威中郎将，吴郡人皆称之为周郎。建安五年（200）四月，孙策遇刺身亡后，周瑜任中护军，与张昭共同掌管军政大事，辅佐孙权。建安十三年（208），曹操率军南下，欲取江东，东吴群臣多主降，周瑜力排众议，坚决主战。遂任左督，统军3万，与刘备联合，在赤壁用火攻大败曹军，奠定三足鼎立局面。后任偏将军，兼南郡太守，屯兵江陵。建安十五年(210)十二月病逝于巴丘（今湖南岳阳），年仅36岁。

吕蒙

三国时期孙吴名将。字子明，汝南富陂（今安徽阜阳境）人。少依姐夫孙策部将邓当。邓当死后，代领其众，任别部司马。因治军严整，为孙权赏识，增其兵。汉献帝建安十三年（208），从孙权攻江夏太守黄祖获胜，升横野中郎将。继随周瑜、程普等大破曹操于赤壁，迫曹仁离南郡，升偏将军。十七年，随孙权拒曹操于濡须水，并建议孙权夹水口立坞，坞成后吴军在防御作战中多次获益。十九年，建议攻皖城（今安徽潜山），破坏曹魏屯田，并速决获胜，俘数万人。随即任庐江太守，还屯寻阳（今湖北黄梅西南）。次年，率兵2万拒蜀将关羽，夺回长沙、桂阳郡，又智降零陵郡守郝普，引军赴益阳助鲁肃，迫刘备求和撤军。继从孙权攻合肥，被曹将张辽等袭击，与凌统等备力死战，使孙权幸免于难。二十二年，奉命为督，以强弩万张守濡须坞，击退曹操，升左护军、虎威将军。鲁肃亡后，率军西屯陆口（今嘉鱼陆溪口），领其军万余人，兼汉昌太守。二十四年，乘关羽离江陵北围襄阳、樊城（今襄樊）之机，率军袭取江陵，于十二月遣将追斩关羽。转任南郡太守，封孱陵侯，不久因病去世。吕蒙征战20余年，少时果敢有胆识，为将后好学，文武兼备。荐用人才，不计私怨。

陆逊

三国时期吴国军事家。本名议，字伯言，吴郡吴县（今属江苏）人。世为江东大族，孙策婿。少孤，随叔父庐江太守陆康。汉献帝建安八年（203）从孙权，初为东西曹令史，出任海昌屯田都尉，兼管县事。天灾之年开仓济民，发展生产，深得民心。继募兵平会稽山越人之乱，渐有部曲2000余人。不久，任定威校尉。建议孙权大举平乱以稳定江东，得到赞许，任帐下右部督。随即率军攻丹阳（郡治今安徽宣州）费栈等，乘夜潜入山，鼓噪而前，一举获胜。并整顿会稽、丹阳等东三郡，选强壮者为兵，得精卒数万。后屯芜湖（今属安徽）。二十四年，陆逊助吕蒙奇袭江陵，夺取荆州，任宜都太守，拜抚边将军，封华亭侯。继攻取秭归、巫（今四川巫山）等地，升右护军、镇西将军。蜀汉章武元年（221），刘备大举攻吴，陆逊为大都督率兵5万相拒，先避蜀军锐气，主动后撤，集中兵力于夷陵（今湖北宜昌境）、猇亭（今枝城北）一线，坚壁不战。次年，待敌兵疲意懈，采用火攻，大败蜀军，升辅国将军，兼荆州牧。吴黄武五年（226），陆逊建议扩大军屯，得孙权赞许。七年，魏大司马曹休举兵10万人皖，陆逊率军击破魏军，追至石亭，歼万余人，缴获甚多，使曹叡即位后的首次大举攻吴告败。黄龙元年（229），升上大将军、右都护，镇武昌（今湖北鄂州），辅太子，并掌荆州及豫章、鄱阳、庐陵三郡事。嘉禾五年（236），奉命取襄阳，因军机泄露，又遇沔水（汉水）骤减，进军不利，便佯示进攻，并夺占安陆（今属湖北）等地，乘魏军惊疑不定，安然还师。赤乌七年（244）任丞相。次年因病去世。陆逊是三国鼎立时期吴国最杰出的将领，长于谋略，用兵慎，变化多；治军严整，宽待士卒；顾全大局，善待老将。

刘裕

南朝宋开国皇帝，军事家。字德舆，小名寄奴。祖籍彭城（今江苏徐州），后迁居京口（今镇江）。年轻时务农，兼做樵夫、渔夫及卖履小贩。应募参加东晋北府兵，初为冠军将军孙无终司马。东晋隆安三年（399）转任前将军刘牢之参军，随其镇压孙恩农民起义军，常率所部以少胜多。五年，迁建武将军、下邳太守。元兴元年（402），刘牢之死后，任徐、兖二州刺史桓修中兵参军，参与镇压卢循农民军。刘裕入建康，后控制朝政。

元熙二年（420）六月，代晋称帝（是

为宋武帝），国号宋。宋永初二年（421）九月，使人杀晋恭帝。三年五月，病逝于建康。

刘裕一生征战，善于因机制变，以谋取胜；把握全局，计划周详；长于料敌，知己知彼；在强敌面前，临危不乱，处变不惊，出奇用诈，避实击虚，常以少胜多。且治军严明，择贤任将，爱护士卒，故兵为之用。称帝前后，对政治、经济进行若干变革，如抑制豪强，加强中央集权，减轻赋役，奖励生产等，故刘宋王朝一度成为南朝疆土最大、经济较发展、政治也较稳定的政权。

王世充

隋朝将领，地方割据者。字行满，本姓支。祖籍西域，后徙新丰（今陕西临潼东北）。广涉经史，尤好兵法。隋开皇中，以军功授议同、兵部员外郎。大业中，任江都郡丞。因善阿谀顺旨，颇受隋炀帝宠信。多次镇压隋末农民起义军，炀帝被杀后，于东都拥立越王杨侗为帝。后杀元文都等大臣，任尚书左仆射、总督内外诸军事，执掌军政大权。乘瓦岗军与宇文化及军在童山大战消耗较大之机，率精锐2万余于偃师（今偃师东南）北邙山击败瓦岗军，得李密将卒十余万及许多州县。唐武德二年（619），废杨侗称帝，国号郑，年号开明，成为河南地区的重要割据势力。三年，所据州县多为唐攻占。四年，洛阳被围，兵败援绝，遂降唐。入长安（今西安）后，为仇人所杀。

窦建德

隋末河北农民起义军首领。贝州漳南（今河北故城东北）人。世为农民，后投奔聚于清河（今清河东北）的高士达起义军。在高士达阵亡后，继为首领，攻取饶阳（今属河北），收集散兵数千人，自称将军，归附者甚众，起义军迅速发展至十余万人。次年正月，称长乐王，唐武德元年(618)称夏王。随后兼并魏刀儿起义军，大力扩展属地。二年闰二月，围攻聊城（今山东聊城东北），擒杀自立为帝的原隋大将宇文化及。后被秦王李世民击败于武牢（即虎牢，今河南荥阳汜水镇西），受伤被俘，七月被杀于长安（今西安）。

李靖

唐朝初期的著名将领，雍州三原（今陕西三原县东北）人。本名药师。其舅韩擒虎为隋朝名将。封卫国公，世称李卫公。李靖归唐时已年过半百，他善于用兵，长于谋略，15年中四次统兵作战，皆获全胜。既有深厚的军事理论基础，又有丰富的战争实践经验。李渊称赞其谋略可与古代名将韩（信）、白（起）、卫（青）、霍（去病）媲美。后人评论其用兵“临机果，料敌明”。太宗时名相王珪称其“才兼文武，出将入相”。著有数种兵书，大都亡佚。

尉迟恭

唐初名将。字敬德，朔州善阳（今山西朔州）人。以武勇著称。隋大业末从军，后为刘武周偏将。唐武德二年(619)，随武周大将宋金刚攻唐，大败永安王李孝基等于夏县(今属山西)。三年，宋金刚兵败，举介休（今属山西）降唐，任右一府统军。随秦王李世民讨王世充，当李世民率500骑察看地形，被王世充万余骑围困时，跃马大呼，将追击李世民的王世充骁将单雄信横刺坠马，掩护世民冲出重围；又率兵还战，大败王世充军。四年，从李世民击灭窦建德军。五年，击刘黑闼时，率壮士奋战，冲破重围，救出李世民。不久，又从李世民破徐圆朗。以功授秦王府左二副护军。因不肯归附太子李建成，遭齐王李元吉诬陷下狱，得李世民营救获释。九年，参与"玄武门之变"，射杀李元吉，助李世民夺取帝位，拜右武侯大将军，封吴国公。不久，任泾州道行军总管，大破突厥于泾阳（今属陕西)，杀千余人。因常当廷指责大臣得失，颇以功自负，于贞观三年（629）出任襄州都督，后迁同州刺史。曾在侍宴时因对座次不满，拳击任城王李道宗，受唐太宗严厉警告。十一年，任宣州刺史，改封鄂国公。后历鄜、夏二州都督。十七年，上表请求归养，授开府仪同三司。十九年，任左一马军总管，参与唐太宗攻高丽之战。晚年笃信方术，杜门不出。

秦叔宝

唐初名将。名琼，齐州历城（今济南）人。以勇悍著称。初为隋将来护儿部属。隋末，从齐郡通守张须陀镇压卢明月、孙宣雅等起义军，以功授建节尉。张须陀击瓦岗军败死，率残部往投河南讨捕大使裴仁基。隋大业十三年（617)，从裴仁基降于瓦岗军首领李密，任帐内骠骑。在童山（今河南浚县西南）与宇文化及作战中，独骑奋战，救出中箭坠马的李密，又收兵力战，击败追兵。李密败后，归附王世充。因恶世充猜忌多诈，于唐武德二年（619）降唐，任秦王府马军总管。随秦王李世民击刘武周，与唐将殷开山破武周骁将尉迟恭于美良川（今山西夏县北)，授秦王右三统军；又破刘武周大将宋金刚于介休（今属山西)，拜上柱国。四年，随李世民讨王世充，常为前锋；又从击窦建德，以精骑数十先陷其阵。封翼国公。五年，从李世民破刘黑闼。征战中，常跃马挺枪刺敌骁将，深得李世民器重。九年，参与"玄武门之变"，助李世民夺取帝位，拜左武卫将军。一生经历大小200余战，数重创。贞观十二年因病去世。

哥舒翰

唐朝将领。突厥族哥舒部人。安西副都护哥舒道元之子。世居安西（今新疆库车)。年40余，客居京师，遭长安尉侮慢，遂发愤，投河西节度使王倕，参与谋划击吐蕃于新城（今青海门源）。后事节度使王忠嗣，被补为衙将。任大斗军副使，率军攻吐蕃，击杀违命副将，军中服其威。迁左卫郎将。与吐蕃战于苦拔海，持半段枪迎击顺山而下的三路吐蕃兵，所向披靡，由是知名。唐天宝六年（747），授陇右节度使、都知关西兵马使、河源军使。天宝十二年进封凉国公，加河西节度使，不久封西平郡王。十四年二月入朝，因病留居长安（今西安）。后因安禄山反唐，拜为皇太子先锋兵马元帅，统兵镇守潼关。因玄宗屡催出战，不得已抱病出战，兵败被擒，后降于安禄山。至德二年十月，在安庆绪兵败撤离洛阳时被杀。

朱温

五代十国时期后梁太祖。军事统帅。降唐后赐名全忠，称帝后改名晃。宋州砀山（今属安徽）人。唐乾符四年（877），参加黄巢起义军。中和二年（882），任义军同州防御使，数为唐河中节度使王重荣所败，继降唐，镇压农民起义军，逐渐成为实力最强的藩帅，欲控制朝廷。后应召入长安，尽杀宦官，总揽朝政，强迫昭宗李晔自长安迁都洛阳（今属河南）。天祐四年（907）四月，废唐称帝，建都开封（史称后梁），年号开平。开平四年十二月，遣军北进，于柏乡之战中被晋王李存勖击败。乾化二年（912），亲率军渡河攻晋，兵败枣强（今属河北）。回师洛阳，愧愤病重中为其次子友珪所杀。

李存勖

五代十国时期后唐开国皇帝，军事统帅。小字亚子。出生于晋阳（今太原南晋源镇），沙陀族人，唐河东节度使、晋王李克用长子。少习《春秋》，及壮，善骑射，胆略过人。唐乾宁中，随父征讨王行瑜，受命献捷于京师，得昭宗李晔钟爱。

公元923年攻灭后梁，统一北方，四月，在魏州（河北大名县西）称帝，国号为唐，不久迁都洛阳，年号“同光”，史称后唐。后唐统治确立后，心满志移，荒淫骄矜，宠信宦官、伶人，疑忌将臣。同光四年，刘皇后密令皇子魏王李继岌谋杀重臣郭崇韬，进而株连虐杀，激起魏州等地兵变。在都城洛阳亲军哗变时，李存勖中流矢死。

耶律阿保机

辽太祖，开国皇帝，著名军事统帅。姓耶律氏，契丹名阿保机，汉名亿，契丹迭剌部人。耶律阿保机出生于契丹贵族家庭，成人后掌握了契丹的兵马大权。此后，他率军南征北战、西讨东伐，大破室韦、于厥及女真，进而升为于越（官名，地位仅次于可汗），总管军国大事。907年，阿保机废传统选汗制，即皇帝位，上尊号天皇帝。后梁贞明二年（916），正式废除契丹的传统部落联盟制度，在临潢府（今内蒙古巴林左旗）称“大圣大明天皇帝”，建元神册，国号大契丹。天显元年（926）

东灭渤海，归途中病逝于扶余府（今吉林四平西）。

耶律阿保机经过多年的征战，把北方各族统一在自己的政权统治之下，建立起幅员广阔的辽王朝。密切了北方各民族间的政治、经济和文化交流，推动了契丹及北方各民族的发展和进步。阿保机勇谋兼备，善于治军用兵，统一安抚诸族，为辽朝200年统治奠定了基础，也为日后中国的统一奠定了基础，作出了贡献。

赵普

宋初谋臣。字则平，幽州蓟（今北京城西南）人，徙居常山（今属浙江），后迁洛阳。刚毅果断，多谋有略。后为赵匡胤幕僚，累官节度掌书记。参与策划陈桥驿（今河南开封东北陈桥镇）兵变，拥立赵匡胤称帝，授右谏议大夫，充枢密直学士。建隆元年（960），从宋太祖赵匡胤平阳义节度使李筠之乱，建议倍道兼行，攻其不备，并自请从征，以功迁兵部侍郎、枢密副使。同年，又请速平淮南节度使李重进之乱。三年，任枢密使。乾德二年（964），任宰相。参与制定先南后北、先易后难的统一战争方略，并根据唐末以来藩镇权重，君弱臣强，兵骄逐帅的教训，提出强干弱枝、罢禁军统帅和节镇兵权，实行枢密院掌兵籍和发兵之权，三衙（殿前司、侍卫马军司、侍卫步军司）统兵，以文臣知州，置诸州通判，选精卒为禁兵等一系列重大措施，均被太祖采纳。对辽力主防御，反对以武力收复燕云十六州。后恩宠渐衰，出为河阳三城节度使。太平兴国六年（981）复相。后出为武胜军节度使。端拱元年（988），再次入相。淳化元年（990），又出为西京留守。三年，因病去世。

杨业

北宋名将。本名重贵，又名继业。麟州新秦（今陕西神木北）人。出生将门，智勇兼备，号称“杨无敌”。初为北汉将领，屡立战功，官至建雄军节度使。太平兴国四年（979），北汉亡，归宋，授左领军卫大将军。不久知代州兼三交驻泊兵马都部署。治军严明，整饬所部，针对边地及辽军作战特点，悉心钻研战法，亲临教场，严格督教。次年，辽军10万攻雁门关（今山西代县西北），杨业率精骑迂回关北，与宋军主力南北呼应，杀辽将萧咄李，俘都指挥使李重诲，大获全胜。雍熙三年（986），宋军分三路攻契丹（辽于983—1066年重称契丹），任云应路行营副都部署，与都部署潘美、监军王侁率军出雁门关，连克寰（今朔州东）、朔、应、云（今应县、大同）等州。后因东路军在岐沟关（今河北涞州西南）溃败，契丹军乘胜西进复占寰州，奉命与潘美掩护四州民众南撤。力主避敌锋锐，分兵诱其向东，设伏阻扼契丹军南下，保障民众转移。潘美、王侁不纳其策，强令趋朔州迎战契丹军。杨业知这次战争必败，临行前约潘美在陈家峪口（今山西宁武北）接应。遂挥军奋进，陷入重围，苦战终日，退至陈家峪口时，潘美已违约撤军。因孤军无援，部众多战死，身受重伤被俘，绝食而死。

狄青

北宋名将。字汉臣，汾州西河（今山西汾阳）人。初为仁宗侍卫。宝元元年（1038）应诏戍边，先后任延州指挥使、都监等职。在宋与西夏军作战中，他每战披头散发，戴铜面具，一马当先，所向披靡，在4年时间里，参加了大小25次战役，身中8箭，但从不畏怯。在一次攻打安远的战斗中，狄青身负重伤，但“闻寇至，即挺起驰赴”，冲锋陷阵，在宋夏战争中，立下了累累战功，声名也随之大振。皇祐四年（1052）六月，推枢密副使。后虽然多次立下战功，但是受到猜忌，不得志而死。

李纲

北宋末、南宋初抗金名臣。字伯纪，祖籍邵武（今属福建），后迁无锡（今属江苏）。政和二年（1112）进士。宣和七年（1125）为太常少卿。金宋战起，上疏宋徽宗禅位于太子，以便广开言路，更新政局，号召国人抗金。钦宗立，任兵部侍郎。靖康元年（1126），任尚书右丞、亲征行营使，许便宜从事。反对议和，主张整饬军队，联合民众，固守京师，坚决抗金。金攻东京（今河南开封），亲率军民抗击，多次登城督战，击退金军，斩杀数千人，挽回危局。金军退，任知枢密院事。不久任河北、河东路宣抚使，援太原，后因失利被召还。金再举攻宋，陷太原，李纲被贬为保静军节度副使，建昌军（今江西南城）安置。未几，金军复围东京，起为资政殿大学士，领开封府事。不久率湖南兵援京师，未至而北宋亡。二年五月，南宋高宗立，拜尚书右仆射，兼中书侍郎。进献内修政事外御强敌的兴国十策。建议设河北招抚司、河东经制司，招募两河（今山西与河北中、南部一带）义勇；沿黄河、淮河、长江各置帅府、要郡作为防御要点，建立梯次防御；积极推荐重用宗泽、张所、傅亮等抗金将领，均为宋廷所纳。后遭主和势力诋毁，罢相谪居鄂州（今武汉武昌）。绍兴二年（1132），起为荆湖南路宣抚使，兼知潭州。五年，授江南西路安抚制置大使兼知洪州。一再上抗金中兴之策，终不见采用。九年，授荆湖南路安抚大使，力辞不就，次年因病去世。

李纲一生尽忠为国，受命于危难之时，以文臣统军，败金军于东京城下。有功遭贬，但不计得失。其抗金思想对南宋军民有广泛影响。

韩世忠

南宋名将。字良臣，延安（今属陕西）人，一说绥德人。智勇兼备，善于用兵。青年应募从军。崇宁四年（1105），随军攻西夏银州（今陕西榆林南），破关入城，杀其守将。

韩世忠多次击败西夏军队和辽军、金军，屡获擢拔。绍兴元年（1131），率军赴福建镇压范汝为起义。同年，任建康、镇江、淮东宣抚使，在大仪镇之战中，俘金将挞孛也等200余人，乘势追击，迫金军退出淮南。六年，改京东、淮东路宣抚处置使，驻守楚州（今淮安），招集散亡，联结义军，加固城池，屡挫金兵与伪齐军，加横海、武宁、安化军三镇节度使。十一年，被夺兵权，授枢密使。后因面责权相秦桧制造岳飞冤狱，被迫解职。晚年自号清凉居士，不言兵事。二十一年病逝。后追封蕲王，谥忠武。韩世忠起于行伍，历经百战，严于治军，善待士卒。所部号为"韩家军"，与"岳家军"齐名，是南宋初期的抗金劲旅。韩世忠性格耿直，轻财重义，平生战功赫赫，全身刀痕箭疤累累，双手仅余4指，还不能活动。特别对兵器设计独具匠心，克敌弓、连锁甲及骑马跳涧、洞靶射箭的方法都是韩世忠首创。

文天祥

南宋抗元名臣。原名云孙，字履善，一字宋瑞，号文山，吉州庐陵（今江西吉安）人。宝祐四年（1256）进士第一。德祐元年（1275）正月，闻元军东下，即在赣州组织义军，开赴临安（今杭州，当时南宋的京城）。次年被任为右丞相兼枢密使。景炎二年（1277），进兵江西，收复州县多处。后兵败被俘，妻子儿女皆被执，将士牺牲甚众，天祥只身逃脱，于是退广东继续抗元。后因叛徒引元兵袭击，同年十二月，在五坡岭（今广东海丰县）被俘。元将张弘范迫其招降张世杰，于是书《过零丁洋》诗以斥之云："人生自古谁无死，留取丹心照汗青。"后被解至元大都（今北京），元世祖忽必烈亲自劝降，许以宰相的职务。文天祥大义凛然，宁死不屈，1283年于大都就义，年仅47岁。

哲别

蒙古名将，蒙古别速部人。初随泰赤乌部作战，后降成吉思汗，被赐名哲别（蒙古语"神箭手"的意思），也译"者别"。在统一蒙古诸部时多建战功，誉称"四狗"（即四先锋）之一。蒙古成吉思汗元年（1206），世袭千户。太祖六年（1211），成吉思汗将兵南下攻金。金筑乌沙堡拒之。成吉思汗命哲别攻之，破乌沙堡、乌月营。蒙古军拔德兴府，金居庸关守将遁去。哲别率兵入关，抵金中都（今北京）。十三年（1218）奉成吉思汗命，率2万人讨伐屈出律，执斩之，灭西辽。十四年（1219），随成吉思汗西征。1223年，于阿里吉河（今乌克兰日丹诺夫市北）战役中击溃斡罗思诸国王公与钦察汗的联军，进掠斡罗思南境，又转攻也的里河（今伏尔加河的突厥名，又译也的勒）上的不里阿耳国，然后东返蒙古，病死在归途。

拖雷

蒙古军统帅，成吉思汗第四子。英勇有谋。初常随父征战，被视为"那可儿"（伴当）。成吉思汗七年（1212），攻金德兴府（今河北涿鹿），率先登城，克之。次年冬，蒙古军分三道遍掠金境，随父率中路军攻占河北、山东诸州县。十四年起，从父西征花剌子模国，取布哈拉、撒马尔罕；后自率一军入呼罗珊（今阿姆河以西地区），取马鲁（今土库曼马里）、尼沙不耳（今伊朗内沙布尔）、也里（今阿富汗赫拉特）诸城。十九年班师漠北。后按蒙古族以幼子继承父业习俗，得成吉思汗大部军队和牧地。二十二年，在成吉思汗病逝后，监国近两年，推举兄窝阔台为大汗。窝阔台汗二年（1230），从窝阔台攻金，多次击溃金军。不久，随窝阔台北返，死在了途中，年约40岁。

拔都

蒙古西征军统帅，成吉思汗孙。

1227年术赤去世，拔都受诸兄弟推戴，继承父位，统领术赤兀鲁思。1229年，率术赤系诸王赴怯绿连河（今蒙古克鲁伦河）大斡耳朵参加忽里台，推举窝阔台为大汗。1235年，窝阔台召集忽里台大会，决定由各系宗王居长者统兵远征钦察（今俄罗斯乌拉尔河以西伏尔加河流域）、斡罗思、孛烈儿（今波兰）、马札儿（今匈牙利）等国，拔都为诸王之长，统领先锋速不台和术赤诸子、窝阔台长子贵由、拖雷长子蒙哥、察合台子拜答儿等，率军15万出征。1251年，蒙哥即位，拔都因拥立有功，取得更大权力。又将斡罗思、塔剌思及河中地区置于自己的控制之下。蒙哥又将谷儿只(今格鲁吉亚)授予拔都弟别儿哥为分地。术赤兀鲁思遂成为大蒙古国中领土最大的宗藩之国，罗思诸公国。斡罗思人称拔都大营为“金帐”，因拔都家族立国于钦察草原，称之为钦察兀鲁思，金帐汗国、钦察汗国之名即出于此。其疆域东起也儿的石河流域，南至里海，西含斡罗思诸公国，北迄也的勒河上游。四年后拔都死在了也的勒河畔。因对将士宽厚，被称为“赛因汗”（好汗）。

蒙哥

即元宪宗，蒙古国大汗（1251—1259年在位），军事统帅。成吉思汗孙，拖雷长子。刚明雄毅，沉勇决断。蒙古窝阔台汗二年（1230）起随窝阔台汗攻金，屡立战功。七年，从宗王拔都西征。九年，攻入钦察（里海、黑海以北的突厥语部族）地区，俘酋长八赤蛮。继入斡罗思（俄罗斯），破也烈赞城（梁赞）。十二年，班师漠北。蒙哥汗元年（1251），被诸王拥为大汗。历三年攻灭大理国。八年春，大举攻宋，督主力攻合州钓鱼城(在今合川东)，遭宋将王坚依险抗击，历时五月不克。时值盛夏，军中病疠蔓延，蒙哥执意冒暑攻城，受挫。因负伤（一说染病），七月死在了温汤峡（今重庆北温泉）。

刘福通

元末农民起义领袖，北方红巾军统帅。颍州（今安徽阜阳）人。

至正十一年（1351）五月，与栾城（今

河北栾城西）人韩山童等以白莲教组织民众，利用元朝征民夫开黄河故道之机，在颍上（今属安徽）密谋起义，事泄，韩山童被杀，不久与杜遵道等聚众攻占颍州。部众以红巾为号，故称红巾军或红军（也因烧香拜佛，又称香军）。队伍迅速发展至十余万人，连克朱皋（今河南固始北）、真阳（今正阳）、确山等地。江淮和黄河中下游一带民众纷起响应，逐步形成全国性元末农民战争。多次击溃元军，后因内部互不协调，被元军各个击破。最后，被朱元璋部将廖永忠溺死于瓜步（今江苏六合瓜埠）江中。

徐寿辉

元末南方红巾军首领。又名真一、真逸。罗田（今属湖北）人。初以贩布为业。至正十一年（1351）八月，与邹普胜等继红巾军首领刘福通之后，利用白莲教在蕲州（今蕲春西南）以红巾为号组织起义。九月，率军击败元成顺王宽彻不花，攻占蕲水（今湖北浠水）及黄州路（治今黄州）。十月称帝，国号天完，建元治平。与元军多次交锋，十六年正月，定都汉阳，以倪文俊为丞相。继分路出兵，之后攻占湖广北部、四川东部、江浙中部许多州县。十七年九月，在倪文俊图谋篡位被部将陈友谅杀死后，大权旁落。十九年，被陈友谅挟持，移都江州。二十年闰五月，被陈友谅杀于采石（今安徽马鞍山西南）。

朱元璋

即明太祖。明朝开国皇帝（1368—1398年在位），元末农民起义军首领。著名军事家、政治家。字国瑞，濠州钟离（今安徽凤阳东北）人。

元天历元年九月十八日（1328年10月21日），生于贫苦农民家庭。至正四年（1344），逢大饥疫，父兄相继去世，遂入皇觉寺为僧。后游食庐州（今合肥）、光州（今河南潢川）、汝州、颍州（今安徽阜阳）等地，历二年复返寺。十一年，元末农民战争爆发。次年，参加农民起义军郭子兴部。郭子兴卒后，统其军，逐渐壮大起来。后采纳儒士朱升“高筑墙，广积粮，缓称王”（《明史·朱升传》）的建策，歼灭陈友谅、张士诚，完成对元残余势力的追击，建立了明王朝。因为其少年曾出家做过和尚，被人们称为“和尚皇帝”。

刘基

明初军事谋略家。字伯温，浙江青田人。通经史，晓天文，精兵法，时人比为诸葛亮，曾为元朝官吏，后被朱元璋聘至应天（今南京），充任谋臣。针对当时形势陈时务十八策，提出避免两线作战、各个击破，为朱元璋采纳。辅佐朱元璋集中兵力，先西后东，攻灭陈友谅、张士诚、方国珍等势力。二十四年，朱元璋自立为吴王，命刘基为太史令。二十七年，升御史中丞兼太史令，参与朱元璋制定先取山东，转师河南，然后进兵大都（今北京）的灭元方略，并得以实现。共参与军机八年，筹划全局，朱元璋赞其有定策之功。明洪武元年（1368），奏立卫所军制，加强沿海边防建设。三年封诚意伯。后遭诬陷，忧愤成疾，八年四月死于故里，年65岁。有《诚意伯文集》行世，载其军事谋略等论述。

朱棣

即明成祖，世称永乐皇帝（1402—1424年在位）。著名军事家、政治家。明太祖朱元璋第四子。明洪武三年（1370）封燕王，十三年就藩，拥有重兵，镇守北平（今北京）。安定北方边境，多次击败元军残余。后发动“靖难之变”，夺取了南京政权，即帝位，迁都北京。在位时，建长城，抗元军残余，派郑和出使西洋，国力空前繁盛。

戚继光

明朝名将，民族英雄，军事家。字元敬，号南塘，晚号孟诸。祖籍河南卫辉，后迁定远（今属安徽），再迁山东登州（今蓬莱）。

嘉靖七年闰十月初一（1528年11月12日）生于鲁桥（今山东济宁东南）。出身将门，自幼喜读兵书，勤奋习武，立志效国。戚继光军队纪律严明，被人们称为“戚家军”。创造鸳鸯阵战法，屡败倭寇。三十七年，倭寇犯台州、温州，转攻岑港（今舟山西），再掠柯梅（今舟山北），俞大猷和参将戚继光督率军民进剿，迫其泛海南移福建。四十年四月，戚家军在台州九战皆捷，击败倭寇万众。戚继光入闽，一举捣毁横屿岛倭巢，福建倭患暂平。四十二年春，福建倭患复烈，戚继光进剿，巩固了福建海防。倭寇万余围攻仙游，福建总兵戚继光率兵前往解围，大败倭寇于城下，乘胜追歼大部。至此，基本荡平入侵福建的倭寇。四十三年六月，俞大猷在广东惠州、潮州消灭倭寇2万余，迫使大盗吴平乞降。四十四年，消灭吴平部。抗倭战争基本结束。

袁崇焕

明朝军事家、名将。字元素，一字自如，广西藤县人，祖籍广东东莞。万历十二四月二十八（1584年6月6日）生。四十七年进士。天启二年（1622）正月，经荐举，任兵部职方主事。后金军破广宁（今辽宁北镇），明廷议守山海关，遂单骑抵关考察形势，返京自荐守辽。二月，超擢兵部佥事，监关外军。袁崇焕多次击溃后金对明辽东等地的进攻，取得了“宁锦大捷”等军事上的胜利。后因为遭到崇祯的猜忌，被杀。

秦良玉

明朝女将。字贞素，四川忠州（今忠县）人。自动从父习文练武。善骑射，谙经史，有智谋。22岁嫁石柱宣抚使马千乘，常与其议兵事，简练士卒。万历二十七年

(1599) 随夫领兵，攻播州（今贵州遵义）反叛土司杨应龙。次年初，以3500人击败杨应龙所部，乘胜连破七寨。四十一年，其夫死后，袭石柱宣抚使，统率部队号称“白杆兵”，远近闻名。泰昌元年（1620），奉命遣子马祥麟及兄秦邦屏、弟秦民屏率兵救援辽东，抗击后金军。曾被崇祯帝朱由检召见，赐诗褒奖：“蜀锦征袍手制成，桃花马上请长缨。世间多少奇男子，谁肯沙场万里行。”（《补辑石柱厅志》）晋一品夫人。在后金军撤还后，奉命归川。自七年起十余年间，先后与高迎祥、李自成、张献忠、罗汝才等部农民军多次交战。清顺治初，被南明隆武帝加封太子太保、忠贞侯，授总镇关防铜印。

史可法

南明抗清名将。字宪之，号道邻，大兴(今属北京)籍，祥符(今河南开封县)人。明崇祯元年(1628)进士。初授西安府推官，后迁右参议，改副使，在安庆（今属安徽）等地堵截农民起义军。十年，擢右佥都御史，巡抚安庆、庐州（今合肥）、太平（今当涂）、池州（今贵池）四府及河南、湖广、江西等地，提督军务，统兵万余，屡与农民军作战。十六年，任南京兵部尚书，参赞机务。清顺治元年（1644）五月，清军占领北京，明福王朱由崧在南京建立政权，史可法被任命为礼部尚书、东阁大学士，仍掌兵部事，称“史阁部”。受大学士马士英排斥，被迫自请督师扬州，节制驻守淮北、泗水、临淮、庐州的四镇官兵，划分防区，加强江北防务。并答书清摄政王多尔衮，愿联兵合击农民军，但拒绝削藩称臣。在清军南下，形势岌岌可危时，发誓抗击。二年（南明弘光元年）四月，在扬州之战中，多次拒绝清军招降，率军民坚守孤城八天，以炮火矢石击杀清兵数千。二十五日城破，自尽未果被俘，不屈而死。次年，义子史德威葬其衣冠于扬州城北梅花岭。乾隆时追谥忠正。有《史忠正公集》行世。

李自成

明末农民起义军领袖。字鸿基。万历三十四年八月二十一（1606年9月22日）生于陕西延安府米脂县李继迁寨。童年为地主牧羊。天启六年（1626），充银川驿卒，苦习骑射。崇祯三年（1630），李自成被裁辍业，于米脂号召饥民起义，率众投农民军首领不沾泥，继投高迎祥，号八队闯将。六年，在农民军首领王自用因病去世后，收其遗部2万余人。后与农民军首领张献忠等合兵。李自成统军作战十余年，常以灵活战法出奇制胜，破北京城，迫崇祯帝朱由检自缢煤山（今景山），推翻了明朝的统治。在山海关之战中被吴三桂、清摄政王多尔衮联兵击败，清顺治二年（1645）五月于通山县（今属湖北）九宫山被地主武装杀害，年40岁（一说兵败后禅隐湖南石门夹山）。

张献忠

明末农民起义军领袖。字秉吾，号敬轩，陕西延安府柳树涧（今属延安）人。张献忠初为延安府捕快，后至延绥（今榆林）当边兵。崇祯三年（1630），于陕西米脂聚 18 寨之众响应农民军首领王嘉胤起义，自称西营八大王。四年，与农民军首领罗汝才受明总督洪承畴招抚。次年复起，从农民军首领王自用转战山西，为 36 营主要首领之一，在沁州（今沁县）、辽州（今左权）两败明军。后从农民军首领高迎祥渡黄河，转战豫西、陕南、湖广。后与罗汝才转战四川。1644 年 6 月，张献忠攻占重庆，八月克成都，分兵取未附州县。十一月，张献忠在成都称帝，建国号大西，年号大顺，改成都为西京。张献忠命孙可望为平东将军、李定国为安西将军、刘文秀为抚南将军、艾能奇为定北将军。大西大顺三年（清顺治三年，1646），率师出成都，北上迎战清军。十一月二十七日（1647 年 1 月 2 日），于四川西充凤凰山为清靖远大将军豪格部偷袭，中箭身亡，年 42 岁。余部由孙可望、李定国等统领退至云南、贵州继续抗清。

张献忠统与作战十余年，善于以走致敌，运用远程奔袭、声东击西和里应外合等战法，出奇制胜，为推翻明朝统治起了重要作用。

努尔哈赤

清太祖努尔哈赤，后金汗（1616—1626 年在位）。八旗兵创建者和统帅，著名军事家、政治家。满族，爱新觉罗氏。生于建州左卫赫图阿拉（今辽宁新宾西赫图阿拉老城）女真贵族家庭。十八九岁时隶明总兵李成梁部，屡立战功，受器重。后建立后金，统一了女真各个部落。此后，多次与明军交战，夺取了包括沈阳在内的广大辽东土地。在宁远之战中被明将袁崇焕凭坚城用大炮击败，愤恨退还沈阳。八月十一日(1626 年 9 月 30 日)因病去世(一说在宁远受炮伤卒)，终年 68 岁。

努尔哈赤戎马生涯 40 余年，创建一支能征善战的八旗兵，培养一批统军有方的将领，为后金(清)统一中国奠定了基础。

洪承畴

明末清初重要将领。字彦演，号亨九。福建南安人。曾镇压农民起义军，后总督蓟辽军务，抗击清军。十三年起，督率明军与清军进行松锦之战，十四年率吴三桂等八总兵、13 万步骑与清军决战松山（今属辽宁凌海），次年兵败被俘，后降清，隶汉军镶黄旗。清顺治元年（1644），随清军入关，任兵部尚书兼都察院右都御史，佐理军机。二年，总督江南各省军务，用攻抚兼施之策，平定江南。五年还京，仍佐理军机。十年，经略湖广、云南、贵州等地，总督军务兼理粮饷，对南明政权采取以守为攻，待机进攻的方略，然师劳无功，遭钦臣非议。十四年，率军偕宁南靖寇大将军洛托入青州，攻南明永历政权。次年，遣信郡王多尼、平西大将军吴三桂、征南将军卓布泰三路合兵，击败永历政权主力李定国部。十六年，会师克昆明，永历帝朱由榔逃入缅甸。不久，因眼疾解任回京。卒年73岁。辑有《古今平定略》等。

吴三桂

明末清初将领。字长伯。明锦州总兵吴襄子。曾率军参加松锦之战，兵败后率师逃遁。十七年春，封平西伯，率师入卫京师（今北京），途中拥兵观望。在李自成占领北京后，投降清兵。清顺治元年（1644）四月，降清后与清军合兵在山海关之战中大败李自成大顺军，封平西王。后为清军前锋，镇压陕西、四川等地农民军。后发动“三藩”之乱，曾称帝。因屡败忧忿病死，孙吴世璠继位，不久为清军所灭。

郑成功

明末清初军事家，民族英雄。初名森，又名福松，字明俨，号大木。福建南安人。明天启四年七月十四（1624年8月27日）生于日本平户，父亲郑芝龙为明福建总兵，母亲田川氏系日本人。明崇祯三年（1630）从日本回国。自少习文练武，渐知兵法。南明弘光时监生。南明隆武元年（清顺治二年，1645），受隆武帝朱聿键倚重，赐姓朱，改名成功，封忠孝伯，任御营中军都督，世称“国姓爷”。多次与清军交战，取得了不少胜利。顺治十八年（1661），郑成功驱逐荷兰殖民者，收复台湾，不久建立以澎湖为前哨的抗清基地。

郑成功一生，抗清驱荷，以赶走荷兰殖民主义者、收复祖国领土台湾的业绩载入史册，海峡两岸均立像树碑纪念。有《延平王集》行世。

爱新觉罗·玄烨

即清圣祖，年号康熙，世称康熙皇帝（1661—1722年在位）。军事统帅，政治家。满族，爱新觉罗氏。清世祖福临第三子。

顺治十一年三月十八（1654年5月4日）生。十八年嗣位，年八岁，由索尼、苏克萨哈、遏必隆、鳌拜四大臣辅政。康熙六年（1667）亲政。除鳌拜，平“三藩”，击溃准噶尔部，收复台湾，在雅克萨击败沙俄，维护了我国东北地区的领土和主权，签订了《中俄尼布楚条约》。玄烨在位期间，清朝开始进入“康乾盛世”。

施琅

清朝水师名将。字尊侯，号琢公，福建晋江人。初为明总兵郑芝龙部将。通阵法，善水战，熟悉海上风候、潮汐。清顺治三年（1646），从郑芝龙降清。后投郑成功抗清，任左先锋，率兵相继攻占漳浦、云霄（今均属福建）等地。八年，因与郑成功交恶，被夺兵权遭逮禁，后以计脱逃，复降清。

康熙二十二年，指挥收复台湾的军事行动，占澎湖，迫郑克塽以台湾归降。复授靖海将军，封靖海侯。后又奏请朝廷加强对台湾的统辖，设县、府、巡道，并派兵驻守，严加海禁，稽核商船，均被采纳，为统一和开发台湾作出了贡献。

噶尔丹

清代卫拉特蒙古准噶尔部首领。巴图尔珲台吉第六子，僧格之弟。年少入西藏为僧，拜达赖五世为师，授呼图克图尊号。逐渐统治了南北新疆地区，康熙二十七年，藉沙俄支持，率骑兵 3 万攻喀尔喀蒙古，次年使正在抗击沙俄入侵军的喀尔喀蒙古腹背受敌，土谢图汗等三汗被迫率众迁漠南。二十九年，举兵追击喀尔喀部众，于乌尔会河（即乌拉桂河，在今内蒙古乌兰浩特西）布弓形阵，击败清理藩院尚书阿剌尼部。继长驱直入，在乌兰布通之战中摆“驼城”（又叫做“驼阵”，以骆驼缚足卧地构成的环形防御阵地），被康熙帝玄烨亲统大军击败，退回科布多（在今蒙古国西部），招集旧部，以图再起。三十四年，复率兵 2 万（一说 3 万）进抵喀尔喀蒙古巴颜乌兰（今乌兰巴托西南），扬言借沙俄鸟枪兵 6 万人举攻漠南。次年，惨败于昭莫多之战，仅引数十骑逃遁。后率残部千人游荡于塔米尔河一带，拒绝清王朝招抚。三十六年三月，在清军追击下，势穷服毒自尽（一说因暴病去世）。

阿桂

清朝名将。章佳氏，字广庭，号云崖。初为满洲正蓝旗人，后以功隶正白旗。大学士阿克敦子。乾隆三年(1738)举人。初以父荫授大理寺丞，后在军机处郎中任上行走。十三年，参加大小金川之战，因未劾四川总督张广泗贻误军机罪，被逮。后复官，为江西按察使。二十一年，任参赞大臣、蒙古镶红旗副都统，戍守西北边疆。二十四年，参加平定大小和卓之战。事平后移师驻伊犁，提出于新疆屯田，被采纳。此后数年间，历任内大臣、汉军镶蓝旗都统、军机大臣、满洲正红旗都统、伊犁将军、四川总督等。三十三年，授兵部尚书、云贵总督，以副将军偕经略傅恒领兵与侵扰滇境的缅甸军交战，屡获捷。次年，与傅恒会师攻老官屯不下，奉命罢兵议和。三十六年，再次参加大小金川之战，历时 5 年，之后任参赞大臣、定边副将军、定西将军，运筹战事，多合机宜。四十一年，降服土司索诺木。事平，封一等诚谋英勇公。四十二年，授武英殿大学士。后两次督师镇压甘肃回民起义，参与制定镇压台湾林爽文起义和抗击廓尔喀（今尼泊尔）进攻西藏的进兵方略。卒年 81 岁。参与编纂《军需则例》15 卷。

第二章　中国近现代军事人物常识

关天培

鸦片战争中抗英名将。字仲因，号滋圃，江苏山阳（今淮安）人。

1839年，钦差大臣林则徐到广东禁烟，协助缉拿烟贩，收缴鸦片，并指挥水师多次与英舰船交火。1840年，鸦片战争爆发，钦差大臣琦善至广东，一意主和，懈于防务。1841年1月7日，英方发动虎门之战，企图以武力迫使琦善屈服，出动舰船10余艘，攻占沙角、大角炮台。2月26日，英军又以战舰10艘、汽船3艘，配以登陆部队，猛攻横档岛一线6炮台。关天培于靖远炮台督军顽强抵抗，并亲燃大炮对敌轰击，负伤力战，殉国。

陈化成

鸦片战争中抗英名将。字业章，号莲峰，福建同安（今属厦门）人。1830年（清道光十年）晋福建水师提督，驻守厦门，多次率水师战船缉拿、驱逐英国等国鸦片武装走私船。1840年初，调任江南水陆提督。不久，得知英国侵略军进犯定海，急赴江苏最重要的海口吴淞，积极备战，先后调集清军4000余名，调配各型火炮250余门，并沿黄浦江西岸修筑防御阵地“土城”达5千米，上筑火炮掩体“土牛”，加固东南炮台。1842年6月，英军入长江口。16日吴淞之战爆发，英军以军舰7艘、轮船5艘（共载炮200余门）及陆军两团（不足额），分攻东、西土塘及江面清军船只。陈化成不畏强敌，下令向英舰开炮轰击，击伤英舰4艘。在西炮台遭英军水陆夹击、守军相继溃退之时，仍率数十亲兵坚守阵地，最后被炮弹击中，英勇捐躯。吴淞要塞也随之失守。

石达开

太平天国著名军事统帅。广西贵县(今贵港）人。参与金田起义，被封为后军主将、翼王。

太平军从广西向南京进军途中，石达开与西王萧朝贵被委任为“开通前路”的先锋。1853年（太平天国癸好三年、清咸丰三年）3月攻占南京。石达开冲锋陷阵，战功卓著，被清军称为“石敢当”。太平军建都天京（今南京）后，一度负责天京城的卫戍工作，建立起严密的防御、警戒体系，有效地保证了天京的安全。1855年1—2月，太平军接连重创湘军水师，挫败了湘军的攻势，扭转了西征之战局，充分显示出石达开卓越的军事指挥才能。1855年秋，石达开解天京周围军事危机。天京变乱后遭洪秀全猜疑，于1857年5月带部出走。其脱离天京率军远征，虽牵制了部分清军，却严重分散了太平天国军力，流动作战近7年，最后于大渡河陷入绝境，兵败身死。

李秀成

太平天国后期军事统帅。广西藤县人，雇农出身。

1851年（太平天国辛开元年，清咸丰元年）参加太平军，历有战功。1858年，为后军主将。8月，与陈玉成等会议于安徽枞阳镇（桐城县东南），订约会战，以解天京之围。9月，与陈玉成合力，击破清江南江北大营，进军上海受挫。1860年进军浙江，经与外国侵略军反复激战，一度进抵上海城下。6月洪秀全严令其回援天京。图挽危局，但已无能为力。年底苏州失守，天京形势日岌，提出让城别走，即放弃天京，转移江西，再入湖北，与扶王陈得才部汇合。但被洪秀全拒绝。后虽率军民奋力固守天京，终因援绝粮尽，于1864年7月19日失城。城破时，保护幼天王（洪秀全长子洪天贵福）突围，混乱中失散被俘。8月7日被曾国藩杀害。

曾国藩

晚清军事家，湘军的创立者和统帅。原名子城，字伯涵，号涤生，湖南湘乡人。1838年（清道光十八年）进士。历任翰林院检讨、传讲学士、内阁学士，礼、兵、工、刑、吏部侍郎。1852年（清咸丰二年）夏，太平军自广西入湖南，围长沙，克武昌，势不可当。1853年1月8日，曾国藩奉命帮办湖南团练。咸丰四年（1854），湘勇练成水陆两军17000多人，成为镇压太平军、维护清王朝统治的重要支柱。多次与太平军交战，至1864年7月，终于攻破天京，完成对太平天国起义的镇压。朝廷褒功，封曾国藩为一等毅勇侯，加太子太傅，赏双眼花翎。

曾国藩重视采洋务，成为清末兴办洋务事业的首创者。曾国藩毕生服膺程朱理学，又主张兼取各家之长，认为义理、考据、经济、辞章四者不可缺一，但始终将理学放在首要地位。于古文、诗词也很有造诣，被奉为桐城派后期领袖。1872年3月在南京因病去世。赠太傅，谥文正。后人辑其所著诗、文、奏章、批牍等为《曾文正公全集》。

左宗棠

晚清军事家，洋务派重要代表人物，湘军统帅。字季高，湖南湘阴人。青年时即注重经世致用之学。1832年（清道光十二年）中举人。后三次会试不第，遂为塾师。值鸦片战争爆发，左宗棠多方了解外国，钻研军事，提出练鱼屯，设碉堡，简水卒，设水寨，设厂造炮船、火船等抗敌措施，并写成《料敌》、《定策》、《海屯》、《器械》、《用间》、《善后》等篇军事论著。在镇压太平军的战斗中屡立战功。1876年出击阿古柏，收复新疆。后任军机大臣兼总理衙门行走，管理兵部事务。同年夏，调两江总督兼南洋通商大臣。1884年6月，奉召入京，再任军机大臣。1885年病故于福州。

李鸿章

晚清军事家，洋务派首领，淮军、北洋海军创始人和统帅。字少荃，安徽合肥人。曾受业于曾国藩，讲求经世义理之学。1847年（清道光二十七年）中进士。1853年（清咸丰二年），随侍郎吕贤基回籍办团练抵抗太平军。1859年初，入曾国藩幕府，襄办军务，在建军、作战思想上颇受其影响。组建淮军，镇压太平军、捻军。1870年，继曾国藩任直隶总督兼北洋通商大臣，从此控制北洋达25年之久，并参与掌管清政府外交、军事、经济大权，成为清末权势最为显赫的封疆大吏。李鸿章从19世纪70年代起，进一步扩大洋务事业，因标榜“自强”进而“求富”，主要以“官督商办”的形式创办了一系列民用企业。同时，又着手筹办北洋海防。为《马关条约》、《辛丑条约》的主要签订者，背负了历史骂名。

丁日昌

晚清国防近代化的倡导者和实践者。字持静，号禹生（又作雨生），广东丰顺人。1842年（清道光二十二年）中秀才，1859年（清咸丰九年），任江西万安知县，不久入湘军统帅曾国藩幕府，襄办军机要务。1863年（清同治二年）被江苏巡抚李鸿章调至上海创办洋炮局，生产开花炮和炮弹。主张积极发展军事工业，亟图自强以抵御外侮。力主改革清朝陆军军制，分设野战军和地方治安部队，重点建设野战军以抵御外敌侵略。1874年，在总理各国事务衙门发动的各督抚大臣关于海防的大讨论中，其三洋海军计划成为中心议题。又上奏海防条议，全面论述有关国防近代化问题，在朝廷内外引起很大反响。曾赴台巡视，1882年病逝。有《抚吴公牍》、《丁禹生政书》、《洋枪队操练图说》等存世。

刘铭传

晚清淮军著名将领。字省三，安徽合肥刘老圩（在今肥西）人。自幼喜好兵家著述。19世纪50年代在乡结寨办团练，曾助清军攻陷太平军占领的六安。1862年（清同治元年）率部投李鸿章，编入淮军，号“铭字管”（后称“铭军”），先后在上海、苏南、浙江、安徽等地与太平军、捻军作战。刘铭传擅长权谋，作战奋勇，所部装备新式枪炮，兼采西方战法，成为淮军劲旅。1884年（清光绪十年），受命以巡抚衔督办台湾军务，抵抗法军对台湾的入侵。中法停战后，致力于台湾、澎湖地区的海防建设，整顿台湾军制，兴办军械制造，建筑新式炮台。1885年10月台湾建省，为首任巡抚。任内兴办铁路、煤铁矿及新式学堂，对开发台湾，增强其防务多有贡献。1891年因病离任，1896年死在家中。有《刘壮肃公奏议》传世。

冯子材

晚清抗法名将。字南干，号萃亭，生

于广东钦州(今属广西)。中法战争爆发后，奉命督办广东高、雷、廉、琼等州团练事宜。1884年8月，闻清王朝对法宣战，遂上书请战，并召集旧部，募兵18营，号“萃军”，开赴广西前线。次年2月，驻越清军战败逃入关内，溃不成军，法军前锋一度进占镇南关（今友谊关）。时年近古稀的冯子材受命帮办广西关外军务，被前线各路将领公推主持战事，力撑危局，杀败法军，取得镇南关大捷。不久挥师猛追，采用夜战抄袭战法，连克越南文渊、凉山，重伤法军第2旅指挥官尼格里，将法军逐于郎甲以南。法国茹费理内阁因此倒台。正当冯子材筹划攻取河内、收复全越之时，清廷却下诏停战，冯子材被迫撤军回国。1899年，任云南提督。两年后又调为贵州提督。1903年，为会办广西军务大臣，不久卒。有《军牍集要》传世。

刘永福

晚清抗法、抗日名将，黑旗军首领。字渊亭，祖籍广西博白，生于广东钦州(今属广西)。当过船艇佣工，精于拳棒。1857年（清咸丰七年）参加广西农民起义军。1866年（清同治五年）投天地会武装吴亚忠部，所部200余人，以七星黑旗为战旗，称“黑旗军”。应越南政府的邀请，抗击法军。中法战争结束后于6月率黑旗军3000人归国，后大部被遣散。次年任广东南澳镇总兵。1894年8月，奉命赴台帮办台湾军务。次年，在中日甲午战争中战败的清政府将台湾割让给日本，并令在台官员内渡。刘永福抗旨不归，被台湾绅民推举主持抗日军事。于是联合苗栗、彰化、嘉义等地义军，在大甲溪、八卦山、曾文溪等地，以阵地坚守和伏击、袭扰等战法，英勇抗击侵台日军。是年10月中，于台南失陷前夕内渡厦门。晚年退居家乡，仍不泯爱国之心。辛亥革命时曾出任广东军政府民团总长，不久即辞职。1915年通电反对袁世凯与日本政府签订卖国的“二十一条”。1917年病逝于家乡。

丁汝昌

晚清北洋海军提督。字禹廷，安徽庐江人。早年参加太平军，后随队投湘军，不久改隶淮军，参与对太平军和捻军作战，官至记名提督。1879年（清光绪五年），被李鸿章调北洋海防差用。1881年1月，率北洋水师官兵200余人赴英国，接带清政府在英订购的“超勇”和“扬威”巡洋舰回国。1888年，北洋海军正式成军，出任北洋海军提督。在任职期间对北洋海军和北洋海防的建设有所建树。1891年，率舰队访问日本。大东沟海战中，北洋舰队遭受重创，被革职留任。1895年1月30日至2月11日在威海卫之战中，指挥北洋舰队抗击日军围攻，但驻守港内消极待援，终致北洋海军陷入绝境。他坚持抗敌报国立场，严拒日本联合舰队司令长官伊东佑亨的劝降和北洋海军洋员端乃尔等的逼降，临危不惧，坚守指挥岗位，在援军已绝的情况下，当晚，服鸦片自杀，延至18日晨7时辞世。丁汝昌死后，手下军官牛昶昞盗用他的名义，与日方签订了《威海降约》。李鸿章经营多年的北洋海军，至此全军覆没。

邓世昌

晚清北洋海军爱国将领。字正卿，广东番禺人。少年时目睹西方列强军舰在中国海区横行，立志献身保卫海疆。1867年（清同治六年），考入福建船政局后学堂学习舰船驾驶。1871年，登“建威”练习舰练习航海，远至渤海湾和南洋新加坡、槟榔屿各口岸。后历任“海东云”、“振威”和“飞霆”等舰船管带。1879年（清光绪五年），调北洋水师任职。1881年1月，赴英国接收订购的军舰，驾驶“扬威”巡洋舰经地中海、印度洋回国，遂任该舰管带。1887年，以参将管带职衔再次赴英国，驾驶“致远”巡洋舰回国。1888年，北洋海军成军，任中军中营副将、“致远”舰管带。以治军严格、忠勇刚正闻名。1894年9月17日黄海海战中，指挥“致远”舰勇敢战斗，在战舰受重创侧倾的情况下，全速撞向日联合舰队第一游击队旗舰“吉野”，决心与其同归于尽。不幸鱼雷发射管被敌击中，舰体爆裂沉没，同全舰200余名官兵一起壮烈殉国。

袁世凯

北洋军阀首领、北洋政府总统。字慰亭，河南项城人。早年投淮军吴长庆，任“庆军”营务处会办。1885年（清光绪十一年）以“办理朝鲜交涉通商事务”名义驻朝鲜办事。1895年以道员衔在天津小站训练“新建陆军”。1899年升任山东巡抚，镇压义和团。1901年继李鸿章任直隶总督兼北洋大臣。1903年为练兵处会办大臣，将北洋军扩编为6镇，从此成为北洋军阀集团首领。1909年（清宣统元年）初被罢职。1911年武昌起义后，凭借北洋势力和帝国主义的支持，出任内阁总理大臣，挟制清帝退位，以武力威胁孙中山让位，成为中华民国临时大总统，在北京建立北洋军阀政权。1913年派人刺杀宋教仁，镇压国民党二次革命。后又解散国会，篡改约法，实行独裁统治。1915年12月宣布改次年为洪宪元年，准备恢复帝制。25日蔡锷、唐继尧等在云南宣布独立，发起护国运动，贵州、广西、广东、浙江等省相继响应。1916年3月被迫宣布取消帝制。6月6日忧惧而死。

段祺瑞

皖系军阀首领。字芝泉，安徽合肥人。天津武备学堂毕业，曾赴德国学习军事。1896年随袁世凯创建北洋军，曾任保定军官学堂总办、第六镇统制、江北提督。辛亥革命后任北洋政府陆军总长、参谋总长、国务总理。曾反对袁世凯称帝，为袁所忌。袁世凯死后复任国务总理，成为北洋皖系军阀首领。与总统黎元洪争权，挑起“府院之争”，使张勋趁机入京，拥戴宣统复辟。旋即在天津组织“讨逆军”，击败张勋，再造共和，重任国务总理。1920年直皖战争中被曹锟、吴佩孚击败，宣布下野，避居天津。1924年第二次直奉战争后被推任为北京临时政府执政。1926年4月被国民革命军驱逐下台。1936年去世。

冯国璋

直系军阀首领。字华甫（也作华符）。直隶（约今河北）河间人。1884年（清光绪十年）投淮军当兵。次年入天津北洋武备学堂，后协助袁世凯在天津小站编练新建陆军，参加镇压义和团。1902年袁在保定设立军政司，冯任该司教练处总办。1903—1911年秋，先后任清政府练兵处军学司正使兼北洋陆军达成学堂督办、陆军贵胄学党总办等职，为清皇族和北洋军阀集团培养大批军事骨干，同时发展了自己势力。武昌起义爆发不久，接替荫昌任第1军军统，率部入鄂镇压革命军。1912年3月袁世凯出任中华民国临时大总统，9月冯被任为直隶都督兼禁卫军军统，12月被授为陆军上将。1913年7月任江淮宣抚使兼第2军军长，率部进攻安徽、南京讨袁军，镇压“二次革命”，12月任江苏都督。1914年6月，被袁授为宣武上将军，督理江苏军务后，不断培植亲信，扩充实力，成为东南地区的大军阀。护国战争爆发，于1916年初暗中串通各省将军，准备联名发出迫袁取消帝制的电报。事泄，袁大为震惊。袁病死后，北洋集团分裂，冯成为直系军阀首领。10月被国会选为中华民国副总统，11月兼江苏督军。1917年7月任代理总统。护法战争后，皖系政客在此时已建立“安福俱乐部”，策划新的总统选举。冯国璋自知当选无望，于1918年8月13日，通电辞职。于1919年返回河间故里。1919年病逝，终年60岁。

张作霖

奉系军阀首领。字雨亭，奉天（今辽宁）海城人。1894年（清光绪二十年）入清军当兵。后投身绿林，充任“保险队”头目。1902年被新民府收编。1912年9月被袁世凯任命为陆军第27师师长，后逐渐控制了东三省。1920年7月直皖战争中率兵入关，帮助直系打败皖系，和直系共同把持北洋政府。1922年发动第一次直奉战争，被直系击败，退回关外，宣布东三省自治。1924年发动第二次直奉战争，击败直系军阀，控制了北洋政府，势力扩张到长江流域。北伐战争开始后，于1927年4月杀害李大钊等中国共产党人及其他革命志士。在北京成立安国军政府，自任中华民国陆海军大元帅。1928年上半年，在第二期北伐中战败，宣布奉军撤回东北。6月3日，自北京返奉。由于没有满足日本侵占东北主权的全部要求，当其专列火车于4日晨行驶至皇姑屯（今属沈阳市）车站附近时，被日本关东军炸死。

陈炯明

广东军阀。字竞存，广东海丰人。1908年毕业于广东法政学堂。1909年加入同盟会。1910年参与策划和发动广州新军起义。次年参加广州起义（又称黄花岗之役）。后参加讨袁战争、护国战争。护法战争期间，任援闽粤军总司令，率部击败在福建的北洋军后，大量扩编部队，拥兵自立，对孙中山的指示阳奉阴违。1920年11月被孙中山任命为广东省长兼粤军总司令。1921年5月任广州革命政府陆军部部长兼内政部部长。6月率部入桂，击败桂系陆荣廷部后，暗中与吴佩孚、唐继尧等人勾结，以“联省自治”为名，阻挠孙中山领导的北伐，妄图在广东建立军阀政权。1922年6月在广州发动武装叛乱，炮轰总统府，公开背叛孙中山。次年1月，所部被讨贼军许崇智等部逐往东江地区。1925年经广州革命政府组织的两次东征，陈炯明所部被全歼。陈逃往香港。1933年9月22日在香港病故。

冯玉祥

民国时期军事家，爱国将领。原名基善，字焕章，安徽巢县（今巢湖市）人。少时家贫，1896年（清光绪二十二年）投淮军当兵。参与发动滦州起义、讨伐张勋辫子军、直奉战争等，逐渐成为一方军事力量。在同蒋介石的几次战争中失利，逐渐丧失兵权。1937年“七七”卢沟桥抗战爆发后，为抗日奔走，不久受蒋排挤离职。1948年1月中国国民党革命委员会在香港成立，当选为常务委员和政治委员会主席。因轮船失火遇难。

蔡锷

中国近代军事家、爱国将领。原名艮寅，字松坡，湖南宝庆（今邵阳）人。1897年（清光绪二十三年）入长沙时务学堂。1899年赴日本，先后入东京大同高等学校、陆军成城学校和陆军士官学校。对军队整训等有研究。后被推为云南军都督府都督。1913年被调往北京后反对袁世凯复辟帝制，击败数倍于己的北洋军，赢得战争胜利。1916年7月任四川督军兼省长。病故后被北洋政府追赠为陆军上将。有《蔡松坡先生遗集》、《蔡锷集》等行世。

吴佩孚

直系军阀首领。字子玉，山东蓬莱人。秀才出身。1898年投淮军，曾任北洋军第三镇曹锟部下管带，颇得器重，后升任第三师团、旅、师长。1919年“五四”运动爆发时，曾多次通电反对在巴黎和约上签字，支持学生运动。冯国璋病死后，曹锟、吴佩孚继承了直系军阀首领的地位。1920年5月，发动直皖战争，指挥直军在奉军配合下大败皖军。1922年4月，第一次直奉战争中，战胜奉军，成为北洋军阀的首要人物，操纵政局。1923年残酷镇压京汉铁路工人大罢工，制造“二七”惨案。1924年9月，第二次直奉战起，任“讨逆军总司令”，由于冯玉祥倒戈发动北京政变，为奉军及国民军所败。后占据河南、湖北等地。1926年北伐战争开始，其主力在汀泗桥、贺胜桥、武昌等战役中被歼，从此一蹶不振，依附四川军阀杨森。“九一八”事变后回北京居住。抗日战争全面爆发后，拒绝出任伪职，被日本人毒死。国民党政府追认其为陆军一级上将。

孙传芳

直系军阀。字馨远，山东历城（今济南历城）人。1903年入保定北洋速成武备学堂。次年赴日本士官学校留学，加入中国同盟会。1909年回国，在多年混战中逐渐控制江浙等东南五省。在同北伐军作战中连连失败，后投靠奉系军阀张作霖、张学良。1929年1月移住大连。1931年“九一八”事变后迁居天津英租界。1934年4月，孙在天津组织佛教居士林，自任理事长。1935年11月13日，在居士林被施从滨之女施剑翘开枪打死，终年51岁。

马占山

抗日将领。字秀芳，生于奉天怀德（今吉林公主岭市）。初为绿林头目，后投靠张作霖，逐渐升任旅长。1931年“九一八”事变后，被张学良委任代理黑龙江省政府主席兼代东北边防军驻（黑龙）江副司令长官，不顾蒋介石的不抵抗政策和辽宁、吉林两省相继陷落的孤立困境，于11月4日率部奋起进行江桥抗战，打退日伪军多次进攻，鼓舞了全国人民的爱国热情。终因力尽援绝，撤至海伦。17日被国民政府任命为黑龙江政府主席。1932年2月一度屈服于日本关东军的压力，任伪黑龙江省省长和伪满洲国军政部总长，受到全国舆论谴责。4月1日从齐齐哈尔秘密出走，7日抵达黑河，通电反正，并致电国联调查团揭露日本制造伪满洲国内幕。5月联合省内旧部和民团、乡勇在海伦组织黑龙江省民众抗日救国义勇军，被推为总司令，率部在黑龙江省南部、吉林省北部铁路沿线和山林地区打击日伪军，后因孤立无援、寡不敌众，于12月退入苏联境内。1933年6月返上海，要求回东北继续抗日，未获蒋介石应允，被任命为军事委员会委员，闲居天津。1936年1月被授为陆军中将。1937年“七七”卢沟桥抗战爆发后，任东北挺进军总司令，率部转战晋、绥、陕等省。1945年6月任第十二战区副司令长官。抗战胜利后，任东北保安副司令长官。1948年8月任东北“剿总”副总司令，见国民党军大势已去，称病寓居北平（今北京）。后为促进北平和平解放做了有益的工作。

蒋光鼐

爱国将领。字憬然，广东东莞人。1906年入广东陆军小学堂。1909年入南京陆军第四中学堂。参加讨袁战争、北伐战争，在汀泗桥、贺胜桥等战役中屡建战功。1932年1月任京沪卫戍司令长官，和蔡廷锴共同指挥“一·二八”抗战，激战月余，给予日军以沉重打击。1933年发动福建事变，成立中华共和国人民革命政府，任政府委员兼军事委员会委员等职。福建事变失败后被迫流亡香港。1939年任第四战区参谋长。1940年9月任第七战区副司令长官，参与指挥粤北会战诸役。1943年9月被授为陆军中将。1946年任衢州绥靖公署副主任。1948年1月在香港参与组织中国国民党革命委员会。1949年9月，出席中国人民政治协商会议，被选为常务委员。中华人民共和国成立后，任纺织工业部部长、中国国民党革命委员会中央常务委员。

张自忠

抗日爱国将领。字荩忱，山东临清人。1914年投北洋陆军第20师当兵。1916年入冯玉祥部，从排长递升至旅长。1926年任国民军联军总司令部副官长。1927年任第28师师长兼潼关警备司令。翌年先后任第25师师长、开封警备司令和第2集团军军官学校校长，治军严明，长于带兵练兵。1929年升第11军副军长兼第22师师长，年底部队缩编任第6师师长。1930年参加蒋冯阎战争。次年所部被蒋介石收编为第29军第38师，任师长。1933年率部参加长城抗战，在喜峰口前线重创日军。1935年6月任张家口警备司令。11月兼察哈尔省政府主席。1936年6月调任天津市市长。1937年“七七”卢沟桥抗战爆发时，受第29军军长宋哲元委任，代理冀察政务委员会委员长及北平市市长。平、津陷落后，于9月3日潜离北平（今北京）。11月被任命为第59军军长。1938年率部参加徐州会战、武汉保卫战、随枣会战及冬季攻势。1940年5月枣宜会战时兼任第五战区右翼兵团总司令，又第三次率部由湖北宜城渡襄河截击南撤日军，奋战九昼夜，陷入日军重兵包围，负伤多处仍坚持指挥作战，于16日在宜城南瓜店壮烈牺牲。7月，被国民政府追晋为陆军上将，举行国葬。随后相继在北平、天津、上海、汉口、徐州、济南等大城市设立张自忠路。8月，延安召开追悼大会，中国共产党领导人毛泽东、周恩来、朱德等赠挽词悼念。

白崇禧

民国时期军事家，国民党军高级将领。字健生，广西临桂（今桂林）人，回族。1916年毕业于保定陆军军官学校。后逐渐成为新桂系首领之一，统一两广，改编桂军。积极参与策划和发动“四一二”反革命政变。1930年在蒋冯阎战争中参加反蒋军第1方面军，出兵湖南被击败。1932年4月任广西绥靖公署副主任兼民团司令，提出并实行寓兵于团、寓将于学、寓征于募的“三寓”政策，得李宗仁支持，巩固了广西势力地盘。1937年“七七”卢沟桥抗战爆发后，任军事委员会副总参谋长，参与制订对日作战计划。白在国民党军队中素有“小诸葛”之称。参与指挥武汉保卫战、桂南会战。1946 年 5 月任国防部部长，积极执行蒋介石反人民的内战政策，所部在解放军发动的衡宝战役、广西战役中被歼。1949 年 9 月任战略顾问委员会副主任。12 月由海南岛去台湾，后暴死。

杨虎城

爱国将领。原名忠祥，号虎臣，后改为虎城，陕西蒲城人。曾参加陕西民军与清军作战、陕西护国军、护法战争，策应了北伐战争。后参加蒋冯战争和蒋唐（生智）之战。1930 年蒋冯阎战争中，相继任蒋军第 7 军军长、第 17 路军总指挥，率部攻击冯军。同年 10 月兼任陕西省政府主席。1931 年“九一八”事变后，积极主张抗日。次年 1 月任西安绥靖公署主任。1933 年 6 月，所部与川北的中国工农红军第四方面军达成互不侵犯默契。逐渐倾向联共抗日，反对蒋介石的“攘外必先安内”政策。1936 年 12 月趁蒋介石亲临西安时同张学良发动兵谏，扣留蒋介石，并以八项抗日救国主张通电全国。经中共中央派周恩来等参与谈判，与蒋达成停止内战、共同抗日的六项协议。由此为蒋所忌恨。后遭蒋囚禁。1949 年 9 月 17 日在重庆惨遭国民党特务秘密杀害。

傅作义

民国时期军事家，爱国将领。字宜生，山西荥河安昌村（今属临猗）人。1910 年考入太原陆军小学堂。次年参加辛亥太原起义，任学生军排长，在娘子关等地与清军作战。1912 年被保送北京第一陆军学堂。1915 年升入保定陆军军官学校。1918 年毕业，回山西在晋军服役，因治军有方，由排长递升至师长。1931 年任第 35 军军长兼绥远省政府主席。“九一八”事变后，通电坚决抗日。1936 年指挥绥远抗战，获百灵庙大捷，收复失地。“七七”事变后先后参加南口张家口战役、忻口会战、太原保卫战诸役。抗战胜利后，任张垣绥靖公署主任兼察哈尔省政府主席、华北“剿总”总司令，执行蒋介石的内战政策。1949 年 1 月天津解放后，接受中国共产党提出的和平解放北平（今北京）的条件率部起义，对完整地保留文化古都作出重大贡献。随后，接受毛泽东、周恩来委托，和邓宝珊促成绥远起义。中华人民共和国成立后，曾任绥远军政委员会主席、绥远军区司令员、国防委员会副主席、水利部部长、中国人民政治协商会议全国委员会副主席等职。1955 年被授予一级解放勋章。

胡宗南

国民党军高级将领。字寿山，浙江孝丰鹤落（鹿）溪（今属安吉县）人。1924 年 11 月于黄埔军校毕业后，追随蒋介石。

抗日战争期间，先后率部参加淞沪会战、武汉保卫战等。其间，曾派重兵包围封锁陕甘宁边区，多次向八路军挑衅，制造摩擦。1945—1948年，先后任第一战区司令长官、西安绥靖公署主任等职，极力推行蒋介石反共反人民的内战政策，指挥所部进犯陕甘宁边区，一度进占中国共产党中央委员会所在地延安。1949年5—7月，所部在人民解放军发动的陕中扶眉战役中遭受沉重打击后，陆续撤至秦岭、巴山地区。9月兼任川陕甘边区绥靖公署主任。12月任西南军政长官公署副长官兼参谋长。在人民解放军发动的成都战役中，所部大部起义或被歼，余部逃往西昌。1950年3月由西昌逃往台湾后，任江浙"反共救国军"总指挥、澎湖防守司令官等职。

余汉谋

国党军高级将领。字幄奇，广东高要人。早年入广东陆军小学堂、武昌陆军第三预备学校学习。1919年春于保定陆军军官学校毕业后，在参战军任排长。次年投粤军，逐渐掌握广东军权。1937年任第四战区副司令长官兼第12集团军总司令。1938年在广州作战中指挥不力，被蒋介石撤职留任。1939年底至1940年春，指挥部队两次击退日军对粤北的进攻。8月任第七战区司令长官。1945年任衢州绥靖公署主任。1948年任陆军总司令。1949年1月任广州绥靖公署主任。8月任华南军政长官。10—11月，所部在人民解放军发动的广东战役中被击败。1950年4月由海南岛败走台湾，后任战略顾问委员会战略顾问等职，晋陆军一级上将。

卫立煌

爱国将领。字俊如，安徽合肥人。1912年在安徽和县革命军当兵。1914年入湖南都督汤芗铭部学兵营，毕业后在上海参加"肇和"舰起义反对袁世凯。后追随蒋介石，"剿共"积极，为蒋赏识。抗日战争爆发后，在忻口抗击日军，访问延安，与八路军友好相处，相互支援。1941年调任军事委员会西安办公厅主任。1943年11月任中国远征军代司令长官。次年，指挥所部击败滇西和中缅边境的日军，收复滇西。1945年1月所部与中国驻印军在缅甸孟尤会师，打通中印公路。4月任同盟国中国战区中国陆军副总司令。1948年1月任东北"剿总"总司令，所部在东北人民解放军发动的辽沈战役中被歼，败逃南京，被软禁。1949年初秘密去香港。中华人民共和国成立时，致电祝贺。1955年3月赴北京，历任国防委员会副主席、中国人民政治协商会议全国委员会常务委员、中国国民党革命委员会中央常务委员等职。

陈诚

国民党军高级将领。字辞修，浙江青田人。1922年毕业于保定陆军军官学校，后在浙军、粤军中任排、连长。后竭力为蒋介石效命。蒋介石多次在庐山等地举办训练团，陈均充任副团长或教育长。陈严于治军，强调“精神教育”，有实干家与战术家之称，深受蒋介石宠信。抗战期间参加淞沪、武汉、宜昌诸战役。1946 年 5 月任参谋总长兼海军总司令，力主内战，连遭失败。1948 年 5 月被免职，10 月去台湾。历任台湾省主席兼警备总司令、台湾当局“行政院”院长、“副总统”、国民党副总裁等职。

汤恩伯

国民党军高级将领。名克勤，字恩伯，浙江武义人。抗战期间参加武汉保卫战、随枣会战。1942 年任第一战区副司令长官兼鲁苏皖豫边区总司令。1944 年 4 月在豫中会战中所部溃败，受撤职留任处分。9 月调任黔桂边区总司令。1945 年 3 月任陆军第 3 方面军司令官，率部参加桂柳追击战。1945 年 12 月任徐州绥靖公署副主任。1946 年 5 月任首都卫戍司令。6 月任陆军副总司令。1947 年春兼第 1 兵团司令，率部参加对山东解放区的重点进攻。5 月所部整编第 74 师被全歼。1948 年 8 月任衢州绥靖公署主任。1949 年 1 月任京沪杭警备总司令，奉蒋介石之命凭借长江天险固守宁沪杭地区。4—5 月，所部主力在人民解放军发动的渡江战役、上海战役中被歼，残部溃退厦门。10 月由金门去台湾，任战略顾问委员会战略顾问等职。病逝后被追晋陆军上将。

张学良

爱国将领，东北军首领。字汉卿，号毅庵，奉系军阀首领张作霖长子，生于奉天新民桑林子（今属辽宁台安）。1928 年 6 月张作霖被日本关东军炸死后，于 7 月就任东三省保安总司令，继其父成为东北最高统治者。12 月不顾日本和亲日派阻挠，毅然宣布东北易帜，遵守三民主义，服从南京政府，被任为东北边防军司令长官，从此，所部称东北军。1930 年爆发蒋冯阎战争，初持观望态度，蒋军攻占济南后，于 9 月挥师入关助蒋击败反蒋军。10 月就任中华民国陆海空军副司令职。1931 年奉命在北平（今北京）设立陆海空军副司令行营，节制东北、华北军事。“九一八”事变时，执行蒋介石不抵抗命令，致使日军迅疾侵占东三省，受到全国人民谴责，逐渐转变思想。1936 年同杨虎城于 12 月 12 日毅然在西安举行兵谏，扣留蒋介石并通电全国，提出八项政治主张，通电联共抗日，同时致电中共中央。后被蒋介石囚禁。1959 年虽被台湾当局宣布解除“管束”，但仍受到监视。1991 年 3 月获准赴美探亲。1995 年 4 月决定定居美国檀香山，2001 年 10 月病逝。

谢晋元

抗日殉国将领。字中民，广东镇平（今蕉岭）人。1925 年入黄埔军校，次年毕业后参加北伐战争。历任国民革命军排、连、营长等职。1935年任第88师补充团团副、师部参谋。次年任该师第262旅参谋主任。1937年“七七”卢沟桥抗战爆发后，于8月随部开赴上海参加淞沪会战。9月任该旅第524团团副，率部坚守北火车站近两个月。10月26日大场失守，率部在闸北西面的观音堂附近完成掩护主力撤退任务后，奉命于27日率第1营452人（号称八百壮士）死守四行仓库，孤军奋战四昼夜，击退日军多次围攻。31日奉命率部撤入公共租界，即被公共租界当局羁禁于胶州路兵营。在被羁禁期间，仍严格训练部属，拒绝日伪威逼利诱，保持民族气节。11月晋上校团长。1941年4月24日，被叛兵刺杀身亡。5月8日，被国民政府追赠为陆军少将。中华人民共和国成立后，被追认为革命烈士。

高志航

抗日殉国将领。奉天（今辽宁）通化（今属吉林）人。1924年考入东三省陆军讲武堂。1925年被派往法国学习航空技术，先后毕业于牟拉纳民航学校和伊斯特陆军航空学校。1927年回国后任东北航空队飞行员、东北航校教官等。1931年“九一八”事变后参加中央航空队，任笕桥航空学校教官、空军教导总队队副等职。1937年任空军第4驱逐机大队大队长。同年8月14日，日军飞机大规模空袭杭州等地区时，率领本大队起飞迎击，英勇善战，共击落日机3架（高击落2架）、击伤1架，首创中国空军击落日机之战绩。此后又多次率队升空作战，屡建战功，升任空军驱逐机司令兼第4大队大队长。1937年11月中旬，从兰州接收苏制飞机返抵河南周家口（今周口）机场，21日，遇日机空袭，冒着敌机的猛烈轰炸扫射，紧急登机起飞抗击，未及升空即中弹，为国殉职。后被国民政府追赠为空军少将。

第四辑 中国军事谋略常识

第一章 中国军事主要著作常识

军事思想

军事思想是关于战争、军队和国防的基本问题的理性认识，是人们长期从事军事实践的经验总结和理论概括，是军事科学的重要组成部分。通常包括战争观、战争问题方法论、战争指导思想、建军指导思想等基本内容。不同的时代、阶级、国家和人物，有不同的军事思想。军事思想主要揭示战争的本质和基本规律，研究武装力量建设及其使用的一般原则，反映从总体上研究军事问题的理论成果。军事思想来源于军事实践，又给军事实践以理论指导，并随着战争和军事实践的发展而发展。

古代十大兵书

《孙子兵法》是我国现存最早的兵书，春秋末孙武著，今存本13篇。《孙膑兵法》是战国时齐国孙膑所作，共39篇，图4卷，隋以前失传，1972年在山东临沂县西汉墓中重新发现其残简。《吴子》是由吴起、魏文侯、魏武侯辑录，共48篇，今存“图国”、“料敌”等6篇，都系后人所撰。《六韬》传说为周代姜太公所作，后经研究，认定为战国时的作品，现存6卷。《尉缭子》传为战国尉缭所作，共31篇，今存5卷，共24篇。《司马法》是战国时齐威王命大夫整理古司马兵法，共150篇，今存本仅5篇。《太白阴经》是由唐代李筌撰写，共10卷，《四库全书》收录的8卷本是后人合作的。《虎铃经》是由宋代许洞撰写，全书共20卷，共120篇。《纪效新书》是由明代戚继光在东南沿海平倭寇时撰写，共18卷。《练兵实纪》是由戚继光在蓟镇练兵时撰写，正集9卷，附集6卷，此书和《纪效新书》又叫做戚氏兵书。

武经七书

《武经七书》是北宋朝廷作为官书颁行的兵法丛书，是中国古代第一部军事教科书。它由《孙子兵法》、《吴子兵法》、《六韬》、《司马法》、《三略》、《尉缭子》、《李卫公问对》七部著名兵书汇编而成。《武经七书》宋刊本，曾被日本人买去。后来特别是17世纪以来，在日本出现了多种重刊本、翻译本和注解本。《武经七书》中的头两部兵书《孙子兵法》、《吴子兵法》在欧、亚、美流传更广。可见《武经七书》在国外的影响之大。

《孙子兵法》

《孙子兵法》为春秋末著名军事家孙武所著。孙武，字长卿，即孙子，齐国人。《孙子兵法》是我国最早的兵法，被誉为“兵学圣典”，置于《武经七书》之首。被译为英文、法文、德文、日文，成为国际间最著名的兵学典范之书。《孙子兵法》是从战国时期起就风靡流传的军事著作，古今中外的军事家们都使用其中论述的军事理论来指导战争，而且，其中论述的基本理论和思想还被运用到了现代经营决策和社会管理方面。

《三十六计》

《三十六计》是根据我国古代卓越的军事思想和丰富的斗争经验总结而成的兵书，是中华民族悠久文化遗产之一。“三十六计”一语，先于著书的年代，语源可考自南朝宋将檀道济（？～436年）。据《南齐书·王敬则传》：“檀公三十六策，走为上计，汝父子唯应走耳。”意为败局已定，无可挽回，唯有退却，方是上策。此语后人争相沿用，宋代惠洪《冷斋夜话》：“三十六计，走为上计。”及明末清初，引用此语的人更多。于是有心人采集群书，编撰成《三十六计》。但此书为何时何人所撰已难确考。

原书按计名排列，共分六套，即胜战计、敌战计、攻战计、混战计、并战计、败战计。前三套是处于优势所用的计，后三套是处于劣势所用的计。每套各包含六计，总共三十六计。其中每计名称后的解说，均系依据《易经》中的阴阳变化之理及古代兵家刚柔、奇正、攻防、彼己、虚实、主客等对立关系相互转化的思想推演而成，含有朴素的军事辩证法的因素。解说后的按语，多引证宋代以前之战例和孙武、吴起、尉缭子等兵家的精辟语句。全书还有总说和跋。

现传《三十六计》较早版本系1941年由成都兴华印刷厂所用土纸翻印的，封面书《三十六计》，旁注“秘本兵法”，并说明原书是手抄本，抄本前部“都系养生之谈，而未尾数十篇，附抄三十六计，解释皆用兵法，然后知其果为兵法也”。1961年，收藏者叔和在《光明日报》撰文加以介绍后，又将这土纸本赠给了中国人民解放军政治学院。此后便出现了各种翻印和传抄的版本。

第二章　中国历代军事计谋常识

“三十六计”诗

三十六计，是我国宝贵的古代军事文化遗产。它总结了我国古代军事家用兵遣将的谋略，妙计三十六，计计记人心。古往今来的军事家，无不以记、通三十六计为基本功。古时，有位学子为便于记忆，他选取三十六计每计一字，依序吟成一首诗。云：

金玉檀公策，借以擒劫贼。
鱼蛇海间笑，羊虎桃桑隔。
树暗走痴故，釜空苦远客。
屋梁有美尸，击魏连伐虢。

这首诗，除“檀公策”三字外，其余每字包含了三十六计中的一计（末尾“伐虢”两字为一计）。依序读的，分别是：金蝉脱壳，抛砖引玉，借刀杀人，以逸待劳，擒贼擒王，趁火打劫，关门捉贼，浑水摸鱼，打草惊蛇，瞒天过海，反间计，笑里藏刀，顺手牵羊，调虎离山，李代桃僵，指桑骂槐，隔岸观火，树上开花，暗渡陈仓，走为上，假痴不癫，欲擒故纵，釜底抽薪，空城计，苦肉计，远交近攻，反客为主，上屋抽梯，偷梁换柱，无中生有，美人计，借尸还魂，声东击西，围魏救赵，连环计，假途伐虢。

公子偃假兽败宋军

春秋时期鲁庄公十年（公元前684年）夏，齐国和宋国联合攻打鲁国，双方在郎（今山东金乡鱼台镇东北）对峙。鲁公子偃认为：“宋国的军容不整，没有什么战斗力，可以先打败它。宋军败了，齐军便独力难支，不战自撤。”要求庄公下令攻击宋军，但庄公不同意。公子偃不顾君命，擅自从雩门领兵出击，他让士兵在马身上蒙上虎皮直冲宋军。庄公看到战斗已打响，也率兵向宋军进攻。宋军看到一只只斑斓大虎扑来，吓得阵容大乱。鲁军乘势冲杀，在乘丘（今山东巨野西南）大败宋军。齐军看到宋军已败，也不战自退。

马蒙虎皮击溃敌军

公元前633年，楚成王纠集陈、蔡、郑、许等小国进攻宋国。宋国小而弱，便求救于晋国。晋文公重耳同意派兵抗击楚国联军的进攻。第二年四月，楚晋两军在城濮（今山东鄄城西南）交战。晋国下军副将胥臣看到楚国联军兵马众多，来势凶猛，决定利用计谋挫败敌兵：叫士兵做了许多假虎皮，一个个蒙在战马的身上。交战中，当楚国联军的骑兵冲过来时，胥臣命令士兵赶着蒙上假虎皮的马队出其不意地冲了出去。陈、蔡等国军队中的战马看到一只只大“老虎”扑了过来，吓得直往后退；士兵们看到“老虎”个个体大力足，所向无敌，也怕被“老虎”吃掉，纷纷溃逃。这样一来，楚国的右军就垮了。与此同时，晋国的上军主将狐毛和下军主将栾枝，也用计打败了楚国左军。

弦高路途犒军退敌

公元前627年，秦穆公企图对郑国发起突然袭击。郑国商人弦高正赶着一群牛到洛阳去卖，行至滑（今河南偃师东南）碰到了秦国的军队。为了替国家排危解难，弦高想出了一个退敌之计：一面派人赶回去报告郑国国君，一面装扮成郑国的使臣，挑选了12头肥牛，自乘一车，前往犒劳秦师。他见到秦军主将后说："我们的国君听说将军率领部队前来，特派我送点薄礼来慰劳你们。因为我国处于几个强国之间，不断遭受外来侵略，所以厉兵秣马，边防战士枕戈待旦，你们见了这种情况不要介意。"秦军主将听后大吃一惊，认为劳师袭远，只有攻其不备才能制胜，如今郑国既已有了充分准备，那就难以取胜了。于是，秦军转而攻打滑，灭滑后回国了。

孙膑设"增兵减灶"计

周显王二十七年（公元前342年），魏国联合赵国攻打韩国，韩国向齐国求援。第二年，齐国派田忌、田婴为大将，孙膑为军师统兵救韩。孙膑根据魏军实力雄厚，看不起齐国，以及魏军主将庞涓骄傲轻敌、求胜心切的特点，向田忌献了一个"增兵减灶"的计策：当齐军深入魏境后，一与魏军接触，就摆出撤退的架势。在撤退的第1天，挖了10万个人煮饭用的锅灶，第2天把灶减少到5万个人的，第3天则减少到3万个人的，以此进一步骄纵庞涓，诱其深入冒进。庞涓率军追了齐军3天，发现了减灶的情况，大为高兴，误以为齐军天天撤退，天天减灶，一定逃亡很多，不堪一击，得意洋洋地说："我早就知道齐军怕死，在我军追击之下，才3天，逃亡的士兵就超过半数了。"于是，更加忘乎所以，甚至丢下步兵，只带一部分轻兵锐卒，日夜兼程，穷追齐军。孙膑估计了一下庞涓的行程，在道路狭窄、树木茂密、形势险要的马陵（今河北大名东南，一说今河南范县西南），设下了伏兵。庞涓追兵到达设伏地区后，齐军突然四出包围，万箭齐发。魏军不及防备，乱作一团，顿时溃散，全军覆没。庞涓看到败局已定，拔剑自杀。齐军乘胜追击，魏军全部被歼，魏太子申亦被俘杀。

刘邦插旗帜设疑兵

秦二世三年（公元前207年），刘邦率领数万人马攻秦，在攻克武关（今陕西丹凤县东南）后被阻于峣关（今陕西商县西北）。当时，敌我双方力量相当，刘邦采用张良的计谋，派士兵在峣关左右的山头上插了无数旗子，作为疑兵。然后打发说客郦食其带着厚礼去见守关的秦将说："沛公（刘邦）有几十万精兵，攻关不费吹灰之力！……"郦食其采取威胁利诱、软硬兼施的两手，迫使秦将答应立盟反戈。刘邦乘其不备突然袭击，迅速夺取了峣关。

李广镇静吓住匈奴

西汉名将、“飞将军”李广，足智多谋，勇猛善战。在屡次对匈奴的作战中，功勋卓著。一次，李广率军抗击匈奴的进犯。进军途中，突然与敌人遭遇。当时，李广只有100骑兵，而敌人却有数千。面对敌众我寡的不利情况，李广的部下个个惊慌失措，有的竟想返回大营。李广认为，此时如果退却，匈奴人追来，凶多吉少。他灵机一动，便镇静地命令大家继续前进，在距离敌阵二里处下马解鞍休息。匈奴兵见此情景，以为这是诱敌之计，后面定有伏兵，不敢出击。这时，敌阵中出现了一个骑着白马的将军，李广飞身上马，拉弓射箭，这个将军便被射死。敌兵见状，个个愕然，不敢轻举妄动。就这样，李广略施小计，便吓住了匈奴兵，到夜半时分，率领人马返回了大营。

赤眉以豆盖沙惑敌

东汉建武三年（27年）2月2日，赤眉军进至渑池地区不久，光武帝刘秀命冯异为征西大将军前往围剿。这时，汉大司徒邓禹、车骑将军邓弘也从黄河以北赶来洛阳企图镇压起义军，激战两日，不分胜负。赤眉军在众寡悬殊的情况下，假装败退，弃车而逃。退走时，将车上装满泥土，上面覆盖了一层豆子。邓弘的兵马追到后，早已饥饿难忍的士兵们一见到有食物，便争先抢食，队伍立即大乱。赤眉军见此情景，旋即回兵，猛击邓军。邓弘部队被打得溃乱不堪。

虞诩增灶智退羌兵

东汉元初二年（115年），当时我国北方少数民族羌族的军队进攻东汉的武都（今甘肃成县西），东汉派虞诩率兵前往增援。羌军数千人在陈仓、崤谷一带（今陕西宝鸡以东）截击虞诩。虞诩兵少势单，不得不停止前进，并故意散布消息，说他已向朝廷请求救兵，等救兵到达后再走。羌军听信谣言，分散兵力后，虞诩又率领部队每昼夜兼程100余里，同时命令官兵在宿营时每人各挖两个炉灶，隔天增加一倍。羌军看到虞诩军队宿营炉灶成倍增加，以为其救兵已到，便不敢继续追击，虞诩便顺利地到达了武都。遂后，便击退了羌军。

诸葛亮“增灶减兵”计

三国蜀汉建兴八年（230年），在蜀魏的一次交战中，诸葛亮因粮尽而退兵。退兵时，诸葛亮根据魏强蜀弱的情况和魏军主将司马懿因多次遭蜀军伏击而用兵谨慎、决策多疑的特点，决定采用“增灶减兵”的计谋，来对付魏军的追击。蜀军一面撤退，一面增挖锅灶，“今日掘三千灶，明日掘四千灶，每日退军，添灶而行”，以此迷惑敌人。魏司马懿怕中了诸葛亮的计，不敢轻意追击。他每天派人到蜀军留下的营地查点灶数，当发现灶数逐日增加时，就对其部下说："我知道诸葛亮多谋，现在他不断增兵添灶，如果我们继续追赶，势必中计，还是不追为好。"魏军果然停止了对蜀军的追击。蜀军顺利撤退，摆脱了被优势敌人追歼的危险境地。

诸葛亮巧施分身术

三国蜀汉建兴九年（231年），蜀军复出祁山后，缺少粮草。诸葛亮知道陇上有好多小麦已熟，准备派人前去抢割，以充军粮。魏将司马懿预料到诸葛亮会到陇上抢收小麦，便做好了防御的准备。为了迷惑司马懿，诸葛亮想出一个分身的妙计：让姜维、马岱、魏延每人造一辆四轮木车，上面装上诸葛亮的木偶像。然后各由1000人马护车，24人披发执剑在左右推车，一人在前执旗。另派3万人拿镰刀去抢割小麦。诸葛亮自己也坐在四轮车上，让人推着到魏军营前诱敌。司马懿见诸葛亮来挑战，便派人迎战。诸葛亮却一会儿进，一会儿退，忽东忽西，与魏军捉起了迷藏。司马懿生性多疑，害怕中计，急忙下令退兵。这时，忽听左侧战鼓咚咚，又杀出一支蜀军，军中也有一辆四轮车，车上坐着诸葛亮。司马懿大惊，忽然右侧鼓声大作，也杀出一支蜀军，在一辆四轮车上也坐着诸葛亮。不一会儿，在魏军周围出现了4支蜀军，每支军中都有个诸葛亮，这使司马懿十分纳闷，以为遇上了神兵，便带着惊恐不安的将士撤回城中，3天不敢出战。3万蜀军从容地割尽了小麦，运到了营地。

吕蒙称病麻痹关羽

汉献帝建安二十四年（219年），蜀将关羽率军北伐，进攻曹魏的樊城（今湖北襄樊市）。因樊城与吴将吕蒙驻守的陆口（今湖北嘉鱼西南）相邻，为防不测，关羽在公安和南郡（今湖北公安）留了部分守军。吕蒙为了进攻关羽的后方，便想了一个称病诈敌的办法，孙权同意后，吕蒙就声称自己病得很重，要求回建业（今南京市）养病。孙权遂公开发布命令，召吕蒙回建业。关羽听到本来常常生病的吕蒙回建业养病的消息后信以为真，感到消除了后顾之忧，逐渐把留下的守军调往前线。正当关羽在樊城与魏军激战时，吕蒙悄悄进攻关羽的后方江陵，威胁荆州。

祖逖以假乱真退敌

晋元帝建武元年（317年），豫州刺史祖逖与石勒的大将姚豹大战于浚仪（今河南开封市）。经过激烈争夺，两军各占半城，形成对峙的局面达40余日。两军均处于内无粮草、外无救兵的困难境地。在这进退两难之时，祖逖心生一计。他命几百名士兵扛上装满沙土的"粮袋"，不停地往城内运送。与此同时，又派一支人马去搬运粮食，故意在途中休息，而且秩序混乱，毫无警惕。姚豹派兵到途中去抢粮，祖逖兵却弃粮远遁，任凭对方将粮食抢去。几天后，石勒派人给姚豹送粮，祖逖在半路上将粮食全部截获。这样，姚豹误以为祖逖军粮草充足，可以长期坚持，不可与之久战，便连夜弃城溃逃，祖逖遂占领浚仪全城。

檀道济"唱筹量沙"计

南朝宋文帝元嘉八年（431 年），征南大将军檀道济领兵讨伐北魏，大战 30 余回合，连连获胜。正当宋军挥戈挺进到历城（今山东济南市郊）时，魏军以轻骑兵偷袭了宋军的后方基地，烧毁了粮草，致使宋军缺粮断炊，烧鼠而食。魏军乘势掩杀，情势十分危急，只好准备退兵。但此时宋军又有人降魏，将宋军缺粮的事告诉了魏军。如果魏军追击，后果将不堪设想。为了欺骗魏军，掩护撤退，檀道济急中生智，采用了一个"唱筹量沙"的妙计：他命令几十名士兵在夜间一面用斗不停地量沙子，一面大声喊着报数字，"一斗、二斗、三斗……"同时让另一些士兵将沙袋搬来搬去，做出在分粮的样子。军营中吵吵嚷嚷，折腾了大半夜，故意让魏军听到。天快亮时，又命人把几十袋沙子放到帐外，敞开袋口，将军中所剩不多的米撒在袋中的沙上面。然后让士兵们全部回营休息。魏军听到宋军通宵不停地忙着分粮，天明后又派出侦探化装成老百姓到宋营察看虚实，看到宋军粮堆如山，误认为宋军并不缺粮，便把投降的宋兵当做奸细杀掉了，并停止了追击。魏军观察宋军的动静，只见宋军上下全副武装，檀道济谈笑风生，身穿白衣，镇定自若地坐在车子上，带领部队从容不迫地在前进。看到宋军的阵势，魏军恐怕有埋伏，更不敢靠近宋军。就这样，宋军在饥饿与恐惧的气氛中安全地撤退了。

独孤置马槽惊周主

南朝陈宣帝太建七年（575 年），北周武帝宇文邕亲自率兵于金墉（今河南洛阳东）攻打北齐洛州刺史独孤永业。当独孤永业得知周主亲率大军前来进攻，深知难以对付，不知如何是好。他冥思苦想，终于想出一个退兵之计：派人找来大批工匠，连夜赶造了 2000 个喂马用的槽，以壮声势。宇文邕不知是计，听说独孤永业赶造了那么多马槽，大为惊骇，以为北齐大军就要赶来援救独孤永业，便不敢恋战，取消原定的进攻计划，赶忙领兵解围而去。

王处存扮羊收易州

唐僖宗光启元年（885 年），卢龙节度使李可举派李全忠率领 6 万大军攻打义武王处存所辖的易州（今河北易县）。李全忠命令裨将刘仁恭挖地道攻城，很快攻克了易州。刘仁恭的部队进占易州以后，骄横松懈，吃喝玩乐。根据这一情况，王处存决定设计收复易州：挑选了 3000 名精壮士兵，让他们蒙上羊皮，装扮成羊。一天深夜，王处存让他们爬到易州城下，同时在附近埋下伏兵。刘仁恭的哨兵看到远处有一群羊走过来，便高兴地跑回去告诉同伴们。这些人早就想饱餐一顿肥羊肉，一听说城外来了一群羊，就争先恐后地跑出城来抢，完全忘记了戒备。等他们走近后，这些“羊”一跃而起，操起携带的武器拼命冲杀。刘仁恭的士兵赤手空拳来抢羊，干等着挨打。这时，王处存的伏兵也杀了过来，打垮了刘仁恭的部队，夺回了易州。

狄青换旗帜胜党项

宋仁宗宝元年间（1038—1040 年），西夏党项族侵犯边塞。大将狄青为边帅，当时新招募了一批“万胜军”，由于缺乏作战经验，几次同西夏军队交锋都败了。有一次，狄青把“万胜军”的旗帜全部交给最精锐的部队“虎翼军”，让他们出去作战。敌人已不把“万胜军”放在眼里，一看到“万胜军”的旗帜，便毫无顾忌地全军直扑过来。结果被“虎翼军”打得大败，几乎全军覆没。

韩世忠造假象惑敌

宋高宗绍兴四年（1134 年），金军与伪齐刘豫合兵，分道南侵。宋高宗亲自写信给韩世忠，命他严饬守备，准备迎敌，话语非常恳切。韩世忠遂率部从镇江渡江北上，让裨将统制解元驻守高邮，等候迎击金军步兵，而自己带领骑兵进驻扬州西北之大仪，阻挡敌人的骑兵，并伐木为栅，自断归路，表示在此决一死战。这时，正好碰上朝中的投降派魏良臣出使金朝，意欲与金朝求和。韩世忠便想出一个制造假象，诱敌深入的计策：他命令部下撤毁锅灶，并骗魏良臣说接到皇帝诏书，要撤军移防，扼守长江。魏良臣信以为真，策马疾驰向金朝而去。韩世忠估计魏良臣已经出了宋朝边境，便翻身上马，命令全军说：“朝我的马鞭所指的方向前进！”于是，引军再次进驻大仪，分设 5 个主阵地，设置伏兵 20 多处，相约听到击鼓声后，同时发起进攻。魏良臣来到金军中后，金人问他宋军有何动向，他便把所见所闻告诉金人。金大将聂儿孛堇听说韩世忠退兵，非常高兴，遂率部进至长江口距大仪 5 里之处；偏将挞孛也带领骑兵来到韩世忠军队的东部。韩世忠见金军已进入伏击范围之内，便挥旗击鼓。顿时，宋军伏兵四起，两军旗帜混杂一起，金军大乱。宋军轮番进攻，宋军的背嵬军各持一柄长斧，上砍敌人胸部，下削敌骑马脚。敌骑兵陷入泥沼之中，韩世忠指挥骑兵四出践踏，金军人马死伤惨重，挞孛也和 200 多人被擒，宋军大胜。

朱德化装夺取中川

1930 年春，红 4 军军长朱德率领一支部队来到闽西山区，进行消灭反动武装、发动群众、开辟革命根据地的工作。在闽粤边境山区有一个中川村，盘踞着反动民团头子胡道南。这里地形十分险要，交通不便，村子东西各有一座山，中间夹着清水潭大道，是通往广东的要冲。村里还有一个兵工厂。胡道南利用有利地形和兵工厂，构筑碉堡工事，在这里称王称霸，为非作歹。在讨论如何打中川的会上，朱军长听了当地地下党的介绍和大家的发言后，认为中川地形易守难攻，不能贸然行动，要利用敌人的弱点和胡道南的骄横情绪，并制定了具体的作战方案。第二天清晨，太阳还未出山，有5个手拿柴刀的妇女向中川走去。走在前面的妇女头上还披着一块花头巾，边走边唱着山歌。清脆的山歌在山谷回荡，在中川东山放哨的3个团丁听到歌声，个个伸着脑袋四下张望。当团丁发现是几个上山砍柴的妇女时，便嬉皮笑脸地对起歌来。正当山歌一来一去对唱时，另外4个妇女却悄悄地从山侧爬上山顶，乘团丁麻痹大意之际，猛扑过去将3个团丁摔倒在地，捆了起来。原来，这5个“妇女”是男扮女装的红军战士。他们收拾了民团的哨兵，便高举红旗在山上挥动，埋伏在山下竹林中的朱军长率领红军发起冲锋，四处的群众也冲上东山。刚刚从床上爬起来的胡道南，听到团丁报告后，慌忙纠集民团反扑，但又中了朱军长声东击西的计策，钻到了我军的“口袋”里。结果，团丁们死的死，伤的伤，乱成一团，胡道南见大势已去，乘乱抄小路逃到广东去了。我军攻占了中川村，夺取了兵工厂。

设迷阵牵制敌主力

1931年5月底，蒋介石对红军的第二次“围剿”失败以后，又接着发动了更大规模的第三次“围剿”。在这次反“围剿”斗争中，红军采取“避敌主力，打其虚弱”的方针和“磨盘战术”，一周之内，连续三战皆捷。当时，有个12军，为了诱惑敌人主力，不足3000人的队伍行军，佯装几万大军出动:红旗招展，烟尘滚滚。为了给敌人设下更多的迷阵，在行军路上，每逢岔道，就写上“三军团由此前进”、“四军团由此上北”等字样，到宿营地以后，见门就写“某连驻地”等，闹得敌人不知道红军到底有多少，也不知道红军准确的去向，有效地牵制了敌人的主力。

杨成武化装闯三关

1935年春，中央红军四渡赤水后，红4团完成了佯攻昆明、掩护主力向云南方向转移的任务，要到金沙江畔归队。途中，他们必须经过禄劝、武定、元谋3个县城。这3个县虽然没有多少正规军，但为了避免在与那些杂牌军、反动民团的纠缠中拖延时间，以致影响中央红军的下一步行动，团政委杨成武提出，通过这3个县宜智取不宜强攻，团长王开湘完全同意。于是，杨成武率领团侦察连等3个连队为一路，全部换穿上缴获的国民党军服，配备老蒋“送来”的“捷克式”卡宾枪，化装成一支“中央军”，大摇大摆地向禄劝县开去。其余的部队则由王开湘带领，直奔武定县城。杨成武带领部队来到禄劝县城下后，声称是“中央军”追击红军路过此地，让守城的反动武装快开城门。开始，守城的地主民团不敢相信，有些疑惑。杨成武双手叉腰，派头十足地臭骂一通后，把民团给唬住了，慌忙打开城门。红军进城后，杨成武傲慢地与伪县长、警察局局长、民团团长、商会会长等一一握手，从容不迫地参加了欢迎午宴。席间，杨成武假戏真做，谈笑风生，不时地打起官腔，询问武定、元谋两县的情况。当他估计王团长的那一路快到武定县时，便对伪县长说："告诉武定和元谋2县，我们的部队马上就要到了，让他们开门劳军，不要产生误会。"胖县长微微点头称是，赶忙给两县打电话，要他们赶快开门迎接"中央军"。这时，杨成武起身离席，命令部队开拔。禄劝县大小土豪劣绅急忙列队相送。忽然，杨成武大声宣布："告诉诸位吧，我们是工农红军！"在场的反动家伙都吓得愣住了，那些团丁们还没搞清是怎么回事，就被缴枪了。就这样，红4团没费一枪一弹，在一天之中拿下了3个县城。

解放军诈取商埠楼

1948年9月的济南战役中，20日夜，人民解放军某部5连在攻击商埠的战斗中，战士们个个像夜老虎，打得敌人闻风丧胆。在攻击商埠楼时，2班副班长周春田带领一个战斗小组，冲到了大楼前。他们一共3个人，周春田利用黑夜沉着机智地向敌人喊话："缴枪不杀！"接着大声下达命令："一排向左，二排向右，三排扛炸药，准备炸楼！"楼里的敌人听到后吓晕了头，有些狡猾的敌人想负隅顽抗，但天黑得看不清解放军的虚实，又怕丧命，只好乖乖地投降。后续部队上来后，周春田命令敌人一个一个地走出大楼来。就这样，3个人俘虏了敌人一个营。

一条新闻吓退敌人

1948年10月，担任国民党华北"剿总"司令的傅作义，准备派兵进犯已经解放了的石家庄。当时，中共中央已迁离石家庄不远的平山县西柏坡，人民解放军的主力部队都在远处作战，石家庄实际上是一座空城。根据这一情况，中共中央主席毛泽东在指示中央机关做好撤离准备的同时，导演了一幕"空城计"。他写了一条仅450个字的新闻，揭露敌人企图进攻石家庄的阴谋，说明人民解放军和广大民兵正严阵以待，随时准备粉碎敌人的进攻。听到这条新闻广播后，傅作义大吃一惊。他见自己的意图已经暴露，石家庄军民已做好了充分准备，取胜希望不大，便放弃了进攻的打算。

志愿军欺敌炸地堡

在抗美援朝战争中，中国人民志愿军某部8连在转入坑道战斗后，为了把斗争焦点推向坑道外部，经常乘敌深夜困乏之际，以单兵或小组主动出击袭扰敌人。为了迷惑敌人，他们在跃出坑道之前，先借助敌人时而发出的照明弹之光，选好攻击目标和运动道路，而后就向外投掷罐头盒等能发出声响的东西。起初，敌人一听到有声响，便非常警觉地向有响动的地方开火射击。多次这样搞以后，敌人屡屡上当，疲惫不堪，以为这是志愿军在搞疲敌战术，逐渐失去了警惕。这时，志愿军出击小组迅速而隐蔽地摸出坑道，炸毁了距我军洞口 10 多米远的两个敌人地堡。当敌人明白过来时，志愿军出击小组已安全返回了坑道。

志愿军迷敌搞穿插

在抗美援朝第二次战役中，中国人民志愿军某师向三所里实施战役穿插，一夜疾进 57.5 公里。当他们来到松洞时，天已蒙蒙亮，为了对付敌机的空中威胁，顺利走完最后的 15 公里路程，师首长决定采用以真为假的手法迷惑敌视，命令全师去掉各种伪装，沿公路成纵队跑步前进。几十架敌机在他们的上空活动，但都把他们当成了自己人，以为是从德川撤退下来的李承晚伪军，并通知三所里的守军，准备了米饭、咸鱼、开水，等待犒劳。就这样，这个师顶着敌军的机群，不隐蔽，不伪装，白天走大道，大摇大摆地及时赶到三所里，先敌地面部队 5 分钟抢占了有利地形，堵住了南援北逃之敌，为志愿军取得这次战役进攻的胜利创造了条件。

第五辑　中国军事百科常识

第一章　中国古代军事常识

民军制

中国古代统治阶级为夺取和巩固政权，在组织、管理、使用、发展和储备军事力量的活动中形成的一整套制度。中国古代军事制度古称“军制”、“兵制”。它随着国家、军队的产生而产生，并与整个国家的经济、政治制度相适应，体现着统治阶级的意志，为统治阶级的利益服务。从夏朝到清朝道光年间，中国军制经历了奴隶社会和封建社会两大发展阶段，它随着政治制度的变化，由简单到复杂、由低级到高级。主要内容包括：军事体制、编制、管理教育、训练、军事职官、兵役动员、军队调发与战时指挥、粮饷兵器与马政保障等各项制度。其基本作用在于保障军事建设，以便有效地准备和实施战争，确保统治权的稳固与发展。

兵农合一制

在西周、春秋以前，是寓兵于农的。所谓寓兵于农，就是以农器为兵器（《六韬·农器篇》）。古代兵器是铜做的，农器是铁做的。兵器都藏在公家，临战才发给，即所谓授甲、授兵。兵器只能供给正式军队用，乡下保卫团一类的兵，是不能给予的。但是，当敌人打过来时，总不能随便拿个农器就自卫，所以就有《六韬》之说，教其以某种农器当某种兵器。

全民皆兵制

到了战国时期，由于战争规模的扩大和对抗的加剧，开始出现了全民皆兵制。春秋时，各国用兵，最多不过数万。至战国时，却“坑降斩级，动以万计”。此等记载，必不能全属子虚，新增之兵，从何处来呢？我们看《左氏》成公二年，记齐顷公之战败北逃回去的时候，“见保者曰：勉之，齐师败矣。”可见其时正式的军队虽败于外，各地方守御的兵仍在。而《战国策》载苏秦说齐宣王之言，说“韩魏战而胜秦，则兵半折，四竟不守；战而不胜，国以危亡随此后”。可见各地方守御之兵，都已调出去，充作正式军队了。这是战国时兵数骤增之由。在中国历史上，真正全国皆兵的，怕莫若此时了。所以战国后期，秦楚皆带甲百万，而其他五国军队人数也在30万～50万之间。

征兵制、谪发制

征兵制，秦朝、西汉时期的主要兵制。秦朝、西汉全国军队规模都在百万以上，而要保持这么一支大规模的军队，主要靠的就是征兵制。到了汉武帝时期，开始部分实行募兵制和谪发制。谪发制，汉自武帝初年以前，用郡国兵之时多，武帝中年以后，也多用谪发。此其原因，是为免得扰动平民起见。其实用罪人为兵的谪发制并不是始于西汉，秦朝二世年间，为镇压农民起义军，秦朝大将章邯也将骊山徒免刑以击之。

募兵制

以募兵制完全取代征兵制，形式上是在东汉光武帝时期。建武六年，罢郡国都尉官。七年，罢轻车骑士、材官、楼船。自此各郡国遂无所谓兵备了。此一直接后果就是造成地方兵力空虚，一些豪强不得不私自组建个人武装。而当黄巾之乱爆发后，朝廷明文允许各州郡自行募军时，造成地方势力渐强，逐渐形成割据之势。宋朝时实行的募兵制，主要是招募流民、无赖为主，一是扩大军队规模，二是为了社会稳定。北宋时，朝廷直接管辖的禁军，从全国各地招募；守卫各州的州兵，在本州范围内招募；守卫边境地区的蕃兵，从当地少数民族中招募；保卫乡土的乡兵，由各地按户籍抽调的壮丁组成。此外，还强迫罪徒当兵，士兵的社会地位低下。

兵、卒、勇

《说文》：“兵，械也。从持斤，并力之貌。”段注：“械者，器之总名。器曰兵，用器之人也曰兵。”可见，“兵”本为兵器，后来凡是拿兵器的就通名为“兵”。

卒的情况也一样。古制，凡是隶属于人而供其役使的，都是穿的赤衣，这种衣就名叫“卒”，或名为“褚”。后来称穿“卒”衣的为卒，凡属供役使、服徭役和服兵役的就名为“卒”。大抵凡卒初皆为奴隶、为罪徒，故衣褚以别良人。后世罪服，衣皆赤色，京剧《苏三起解》之罪衣罪裙，便是此制之遗。后来，兵和卒逐渐成为了一个意思，就是属政府正规编制的部队。

勇是指乡勇，即地方武装。勇，就是要勇敢，古代的士兵勇敢和将军勇敢是两样的，将军智勇双全，而士兵就是只要勇敢就可以了，就是不怕死，就是要有虎劲。

古代军中的旗帜

古代军中旗帜很多，这些旗帜颜色各异，大小形状不同，图案、装饰繁多，各标志一定的意义。

表明身份：国王的旗帜叫“常”，上面画的是日月，表示天明。主帅在军中居于中央，用黄牙旗，为青、赤、白、黑四旗之首。

表示方位：青旗表示东方，赤旗表示南方，白旗表示西方，黑旗表示北方，黄旗表示中央。

指挥队形阵势：在战斗操练时，举青旗布直阵，举白旗布方阵，举赤旗布锐阵，举黑旗布曲阵，举黄旗布环阵。用于指挥和开道的旗，旗杆头上缀有牦牛尾，下面有五彩折羽。

古代军乐——凯歌

军队打了胜仗，奏着胜利的乐曲回来，以所获俘虏献于宗庙社稷，是古代军礼之一。而凯歌也就是军乐，也作“恺乐”。“恺”与“凯”通。原来是表示向皇天后土、祖宗神灵报喜，可以起到鼓舞军心、提高斗志的作用。当然也是一种“寓教于乐”的艺术宣传手段。从春秋战国起，奏凯歌的军礼代代承袭下来。

古代的军衔

中国古代从春秋时期就陆续出现了元帅、将军、校尉的称号，这比西欧国家早了十几个世纪。也有意见认为这些称号都是“职务”专称，而不是“官衔（军衔）”称谓。“将军”之名出现于晋献公十六年，“元帅”之名出现于晋献公之子晋文公四年，比将军之名的出现晚 37 年。“校尉”的出现是近五个世纪后汉代的事情。中国古代军队的武官阶品体制，与西欧军衔体制职能一致，形式不同，各自独立，两者没有承袭关系。1894 年，清朝政府决定仿照西欧国家军队编练新军。到 1904 年建立了新军的阶位、品级体制，从此进入了军官衔级新制时期。

将军

春秋时代以卿统军，故称卿为将军，一军的帅称将军。到战国时代始为正式官名，而卿仍称将军（见《史记 · 廉颇蔺相如列传》），又置前后左右将军。秦因之。汉置大将军、骠骑将军，位次丞相；车骑将军、卫将军、前后左右将军，位次上卿。晋朝有骠骑、车骑、卫将军，有伏波、抚军、都护、镇军、中军、四征、四镇、龙骧、典军、上军、辅国等大将军，开府者位从公，不开府者秩二品。三品将军秩二千石（见《晋书 · 职官志》）。晋诸州刺史多以将军开府，都督军事。南北朝时将军名号极多，权位不一。自唐以后，上将军、大将军、将军，或为环卫官，或为武散官。宋、元、明三朝，多以将军为武散官，殿廷武士也称将军。明清两代，有战事出征，置大将军和将军，战争结束则免。清朝，将军为宗室爵号之一，驻防各地的军事长官也称将军。

军机处

军机处，清代官署名，又叫做“军机房”、“总理处”，是清朝中后期的中枢权力机关。

雍正七年（1729），因用兵西北，以内阁在太和门外，恐泄漏机密，始于隆宗门内设置军机房，选内阁中谨密者入值缮写，以为处理紧急军务之用，辅佐皇帝处理政务。十年（1732），改称“办理军机处”，简称“军机处”。军机处的设立是清代中枢机构的重大变革，标志着清代君主集权发展到了顶点。军机处成立后，议政王大臣会议于乾隆五十六年（1791）废止了，内阁变成只是办理例行事务的机构，一切机密大政均归于军机处办理。军机处总揽军、政大权二端，真正成为执政的最高国家机关，这些都说明军机处是皇帝集权的最好的工具。

中国古代军事之最

中国现存最早的兵书是《孙子兵法》，为春秋末期孙武所著。中国部头最大的兵书是明朝人茅元仪撰辑的《武备志》，共有240卷。

历史上第一部研究军制的专著是宋朝陈傅良撰辑的《历代军制》。

第一部兵书目录是汉武帝时杨仆编写的《兵录》。我国最早的军事条令是《司马法·严位篇》，大约成书于战国初期的齐威王时代，即公元前378—343年。

我国最早的专门性军事著作是《令典》和《军志》，大约成书于公元前8世纪。

我国最早的军事史巨著是《左传》，大约成书于公元前5世纪。

我国最早的火药武器是唐代开始出现的火药火箭和火药火炮。

最早刊登军事消息的报纸是《申报》，清朝光绪十一年，法国舰队侵入我国的宁波，上海《申报》创办人英商美查派人前往观战，并绘图，附以说明，登在《申报》上。

最早的军官学校出现于汉代，当时称“武学”。正式的“武学”开办于神宗熙宁五年（1072），学制为三年。

最早的海军学校是1866年福建总督左宗棠在福建马尾创办的船政学堂。

兵部尚书

统管全国军事行政长官，明代正二品，清代从一品，相当于现在的国防部长。

三军

所谓“三军”最早源于春秋后期。当时一些诸侯大国，如晋、齐、鲁、楚等国军队都设上中下三军或中左右三军。其中中军的地位较高，也更为骁勇善战。后来，随着时代的演进，上军、中军、下军又渐渐为前军、中军、后军所代替。等到了唐宋以后，这已经成为军队的一种固定建制。明朝的罗贯中所著的《三国演义》在这方面则有更多的描述。不过此时，“三军”的概念较之春秋时期已有很大不同。主要标志是担任不同作战任务的各种部队。前军即军队行军或作战任务的各种部队；中军即由主将亲自统率的部队，也是全军的主力；而后军即军队在行军或作战中担任后方掩护、警戒任务的部队。前军、中军、后军在我们今天的军队建制中已完全消亡了。

绿营兵

绿营之名缘二，一以绿旗为标志，二以营为建制单位，也叫绿旗兵。

绿营兵创始于明代。清军入关，招募汉人和收编汉族地主武装，建立了清朝的绿营兵。绿营兵有四个兵种：马兵、战兵、守兵、水师。兵额常数 60 万，驻扎在京师和全国各地。绿营的各级长官，提督为最高者，下设总兵、副将、参将、游击、都司、守备、千总、把总、外委。驻扎京师的绿营总长官是步军统领（也叫九门提督）。

八阵法

八阵法是《孙膑兵法》中提出的八种最基本的阵法。其各阵名称是：①方阵，用于截断敌人；②圆阵，用于聚结队伍；③疏阵，用于扩大阵地；④数阵，密集队伍不被分割；⑤锥行之阵，如利锥用以突破敌阵；⑥雁行之阵，如雁翼展开用于发挥弩箭的威力；⑦钩行之阵，左右翼弯曲如钩，准备改变队形、迂回包抄；⑧玄襄之阵，多置旌旗，是疑敌之阵。

八阵法经历秦汉传到三国，由于诸葛亮的出色运用，而成为一种著名的阵法——“八阵图”。

十大阵图

我国古代不仅有十八般兵器，而且还有十大阵图：一字长蛇阵，二龙汲水阵，三方天地人阵，四门斗底阵，五虎攒羊阵，六子连芳阵，七星斩将阵，八卦金锁阵，九曜星宫阵，十面埋伏阵。这十大阵图在古典小说中应用最广，提名最多。

五花八门

“五花八门”有时候也解释为古代战术中的阵势：“五花”是五行阵，“八门”则是“八门阵”。春秋战国时期，许多战略家都懂得使用这种五行阵。五行系指金、木、水、火、土。古人认为，构成各种物质的种种元素即是五行。加之五行又代表红、黄、青、白、黑五种色素，它们混合在一起还可变成多种颜色，能够使人眼花缭乱。

八门阵也称八卦阵，这个阵势，原来是按照八卦的次第列为阵势的。但是，八八可变成六十四卦，常使对方军队陷入迷离莫测之中。相传，春秋时期的孙武最早运用八门阵。后来三国时期的诸葛亮又将八门阵改变成为“八阵图”。

三令五申

春秋时候，有一位著名军事学家名孙武，他携带自己写的《孙子兵法》去见吴王阖庐。吴王看过后说:“你的十三篇兵法，我都看过了，是不是拿我的军队试试？”孙武说可以。吴王再问：“用妇女来试验可以吗？”孙武也说可以。于是吴王召集一百八十名宫中美女,请孙武训练。在《史记》中留下了孙武斩杀吴王爱妾的故事。后来，人们把孙向女兵再三解释的做法，引申为“三令五申”，即反复多次向人告诫的意思。例如某地政府向食品商店屡次告诫食品要清洁卫生，以免损害顾客健康，我们便可说：对于食品商店要保证清洁卫生，政府已“三令五申”，大家都早已知道了。

百战

常讲的“百战”，确有一百种战法。明朝开国功臣刘基曾著《百战奇略》一书，内容是收集从先秦到五代1680年间散见于史籍中的重要军事资料，按作战双方的军事、政治、经济、自然诸条件分为百题，分别论述，并以古代战例，加以注释。所谓“百战”就是：计战、谋战、间战、选战、步战、骑战、舟战、车战、信战、教战、众战、寡战、爱战、威战、赏战、罚战、主战、客战、强战、弱战、骄战、交战、形战、势战、昼战、夜战、备战、粮战、导战、知战、斥战、泽战、争战、地战、山战、谷战、攻战、守战、先战、后战、奇战、正战、虚战、实战、轻战、重战、利战、害战、安战、危战、死战、生战、饥战、饱战、劳战、佚战、胜战、败战、进战、退战、挑战、致战、远战、近战、水战、火战、缓战、速战、整战、乱战、分战、合战、怒战、气战、归战、逐战、不战、必战、避战、围战、声战、和战、受战、降战、天战、人战、难战、易战、饵战、离战、疑战、穷战、风战、雪战、养战、书战、变战、畏战、好战、忘战。

空城计

这是一种心理战，在己方无力守城的情况下，故意向敌人暴露城内空虚，就是所谓“虚者虚之”。敌方产生怀疑，更会犹豫不前，就是所谓“疑中生疑”。敌人怕城内有埋伏，怕陷进埋伏圈内。但这是悬而又悬的“险策”。使用此计的关键，是要清楚地了解并掌握敌方将帅的心理状况和性格特征。诸葛亮使用空城计解围，就是他充分地了解司马懿谨慎多疑的性格特点才敢出此险策。此事虽是小说家演义，其实，早在春秋时期，真的出现过用空城计的出色战例。

奇门遁甲术

根据《古今图书集成》记载，奇门遁甲起源于四千六百多年前，轩辕黄帝大战蚩尤之时。当时我们的祖先黄帝和蚩尤在涿鹿展开一场前所未有的大战，蚩尤身高七尺，铁头铜身刀枪不入；而且会呼风唤雨，在战场上制造迷雾，使得黄帝的部队迷失方向。在战局胶着，黄帝愁眉莫展之时，他得到一本天篆文册《龙甲神章》，黄帝根据书里面的记载制造指南车终于打败了蚩尤。

《龙甲神章》除了记载兵器的打造方法之外，还记载了很多行军打仗、遣兵调将的兵法。于是黄帝要他的宰相风后把《龙甲神章》演绎成《兵法》十三章，《孤虚法》十二章，奇门遁甲一千零八十局。后来经过周朝姜太公、汉代黄石老人，再传给张良，张良把它精简之后变成现在我们看到的奇门遁甲。

烟幕战

烟幕在战争中起着重大作用，它能迷惑敌方，保护自己免受攻击。我国古代很早就懂得烟幕的作用，远古传说“蚩尤能作大雾，军士昏迷”，这里的大雾即是人工烟幕。史籍中最早记载烟幕用于战斗，则是在公元 589 年。当时，隋朝大将贺若弼奉命伐陈，当挺进到陈都城建业城郊时，和陈将鲁广达所率陈军发生遭遇战，隋军败退数次，死者无数，形势十分危急，这时贺若弼灵机一动，“纵烟以自隐”，迷惑陈军。陈军以为隋军已败，即持隋军士兵人头向陈后主请赏，因而阵势大乱，隋军趁势反攻，转败为胜，最终生俘陈后主。这次战斗，隋军取胜的主要原因是使用了烟幕，较好地隐蔽了自己，给陈军造成了失败的假象，然后出奇制胜。

风后八阵兵法图

它由黄帝与其大将风后研创。据传 4500 年前，蚩尤兴师作乱，侵犯中原，黄帝因将寡术乏，九战九败于蚩尤，便率兵退守至云岩宫（今河南密县刘寨乡云岩宫）练兵讲武，建立宫殿（即轩辕黄帝宫）。为讨伐蚩尤，黄帝拜风后、力牧、常先、大鸿为将，并在此与风后研创了我国最早的《八阵兵法图》。该图共九幅，一幅为八阵正图，其余八幅为阵势图，即天覆阵、地载阵、风扬阵、云垂阵、龙飞阵、虎翼阵、鸟翔阵、蛇蟠阵。每幅图旁均有文字说明，介绍攻防要诀。唐朝军事家、太常博士、常州刺史独孤及的《云岩宫风后八阵兵法图》碑，详细记载了黄帝和风后研创《八阵图》，“用经略，北清涿鹿，南平蚩尤，底定万国”，统一中原的事迹。

方阵

方阵是古代军队作战时采用的一种队形，是把参战部队（车、步、骑兵等）按照作战要求排列的阵式。一般按古代军队的编制，以伍或队为基础，包括中军、左拒（矩）、右拒（矩）在内，形成方形或长方形。根据作战规模的不同，能大能小，大方阵可达万人以上，按照不同的作战情况，内容有多有少，有分有合，“分如掣电，合如乌云”。聚散率然，变化多端。

可以说方阵是古代一种适应各种情况的用兵方法，所谓“阵而后战，兵法之常”，讲的也是这个道理。但是，方阵是何人何时创造的，看法不尽一致。一说是黄帝时代产生的。据《李卫公问对》记载，方阵为黄帝创造。“黄帝兵法，世传握奇文”，“考其辞云：四为奇，四为正，余为握奇。奇，余零也。”这种“握奇阵”，实际上是将一支军队分为八个小方阵，四正四奇总为八阵，按井字形、环形配置，大将居中掌握，称为“握奇”。部队环卫前后左右，形成八个活动区。做到一处受敌，多方可救。“其形井字，开为九焉，五为阵法，四方闲地”。李靖（李卫公）认为，黄帝创立的这种方阵是从阵的最初形式，诸葛亮的八阵图，就是从这种八行方阵演变来的。“天地风云，龙虎鸟蛇”的“八阵”，实际是一阵。“天地风云”原本是旗幡的名称，“龙虎鸟蛇”，原本是队伍之别名。

兵符

古代传达命令或调兵遣将所用的凭证。用铜、玉或木石制成，作虎型，又称虎符。制成两半，右半留存在国君处，左半交给统帅。调发军队时，必须在符验合后，方能生效。

四位“花木兰”

花木兰替父从军的传奇故事出自《古乐府》里的《木兰辞》。据史料记载，木兰在我国历史上确有其人，但不姓花。

《新唐书》、《全唐诗》载有任木兰，散尽家财，组织部队，女扮男装，跃马横戈，率军一举打败强大的叛军。

明《韩木兰传》载，少女木兰，姓韩，十二岁女扮男装改名韩天保，投奔红巾军，十三年军旅生涯，战功卓著。她的家乡四川阆中建有木兰庙、木兰寺等来纪念她。

清《木兰奇女传》载有朱木兰，十四岁起女扮男装替父从军，转战沙场十三载屡建奇功，唐太宗封她为武昭将军、武昭公主，赐姓李。

清《三十二兰室诗钞》载有魏木兰，为抵抗南侵匈奴，女扮男装代父从军战死沙场，被追谥孝烈。

将帅五德

孙子是中国古代杰出的军事家，无论在中国历史上，还是在世界军事史上都有崇高的历史地位。孙子曾经说过将帅必须有五德：智、信、仁、勇、严。“智”，即要求将帅足智多谋，既要“上知天文”，又要“下知地理”，既要“熟读兵书”，又要“通于机变”。“信”即要求忠实诚信，令行禁止。“仁”即要善待部属，与士卒同甘共苦。“勇”即要临危不惧，敢于决断。“严”即要军纪严明，功必奖，过必惩。此五德具备，方为良将。

第二章　中国古代兵器常识

十八般兵器

十八般兵器，泛指多种武艺，其内容在各个时期有所不同。其名称，始见于元曲。如《古今杂剧》所收《敬德不服老》中就有“他十八般武艺都学就，六韬书看的来滑熟”的唱词。《水浒传》第二回：“哪十八般武艺？矛、锤、弓、弩、铳，鞭、锏、剑、链、挝，斧、钺并戈、戟，牌、棒与枪、扒。”指的均是兵器。明代万历年间，谢肇淛在《五杂俎·卷五》：“十八般：一弓、二弩、三枪、四刀、五剑、六矛、七盾、八斧、九钺、十戟、十一鞭、十二锏、十三镐、十四殳、十五叉、十六耙头、十七棉绳套索、十八白打。”

火器

火器，中国古代火药兵器的简称。北宋初年，出现了用火药制造的火箭、火球等。《武经总要》列举的火药兵器有火球、火药鞭箭、蒺藜火耙、霹雳火耙等多种，原始的火药兵器开始装备军队，宣告了冷兵器时代结束，从此中国古代兵器的发展步入了新时代。火器的使用自北宋经南宋、元、明到清朝第一次鸦片战争（1840）以前，延续约9个世纪。在此期间，随着火药性能的提高和新技术的应用，新的威力更大的火器不断问世，如南宋发明的铁火炮、火枪类火器，元代发明的火铳，以及明代仿制的鸟铳（枪）、佛郎机铳和红夷炮，并在战争中起着越来越大的作用。但是清代特别是18世纪中叶以后，火器发展停滞。直至第一次鸦片战争，中国古代火器始终和冷兵器并用。

弓

弓是抛射兵器中最古老的一种弹射武器。它由富有弹性的弓臂和柔韧的弓弦构成，当把拉弦张弓过程中积聚的力量在瞬间释放时，便可将扣在弓弦上的箭或弹丸射向远处的目标。

弓起源很早，考古发现，在距今三万年前的山西朔县峙峪文化遗址中有石镞，这表明当时先民已经使用弓。早期的弓为竹或木制，容易腐朽难保存下来。虽然没有实物，但可以想象，最初的弓和现在小孩子的玩具没什么两样。将一根竹片或者树枝弯过来，用一段绳子系紧，拉住两端，便成一张弓。这种弓，大致是个半圆形，再确切点说，是段圆弧形。

弩

弩也被称做“窝弓”、“十字弓”，古代用来射箭的一种兵器。它是一种装有臂的弓，主要由弩臂、弩弓、弓弦和弩机等部分组成。虽然弩的装填时间比弓长很多，但是它比弓的射程更远，杀伤力更强，命中率更高，对使用者的要求也比较低，是古代一种大威力的远距离杀伤武器。强弩的射程可达600米，特大型床弩的射程可达千米。按张弦的方法不同，可分为臂张弩、踏张弩和腰张弩等，还有能数箭齐射或连射的连弩和装有数把弩弓的床弩。

弩是一种致命的武器。北宋时，床弩盛行，《武经总要》载有双弓的双弓床弩、大合蝉弩、斗子弩和三弓的手射弩、三弓弩。明代末年，弩渐趋衰落，清朝军队已经不用为战斗武器了。

火箭

航天事业的发展离不开火箭，现代运载火箭就渊源于古代火箭。古代火箭经过漫长的历史演变，同现代自然科学的理论和探索相结合，才最终发展成为现代的运载火箭。而说到古代火箭，就不能不提到中国的贡献。

“火箭”这个词在公元三世纪的三国时代就已出现。在公元228年的三国时期，魏国第一次在射出的箭上装上火把。当时蜀国丞相诸葛亮率军进攻陈仓（今陕西宝鸡东）时，魏国守将郝昭就用火箭焚烧了蜀军攻城的云梯，守住了陈仓。“火箭”一词自此出现。不过当时的火箭只是在箭头后部绑缚浸满油脂的麻布等易燃物，点燃后用弓弩射至敌方，达到纵火目的的兵器。

北宋的军官冯继升、岳义方、唐福等（公元10世纪后期），曾向朝廷献过火箭及火箭制造方法。那时的火箭已经使用了燃烧效能更好的火药，但仍由弓弩射出。从而出现了人类历史上最早、最原始的“火药箭”。它用纸糊成筒，把火药装在筒里压实，绑在箭杆上，用弓发射出去。后来在原始火箭基础上做了改进，将火箭直接装入杆中间，爆时声响很大，借以恐吓敌人。

中国古代火箭有箭头、箭杆、箭羽和火药筒四大部分。火药筒外壳用竹筒或硬纸筒制作，里面填充火药，筒上端封闭，下端开口，筒侧小孔引出导火线。点火后，火药在筒中燃烧，产生大量气体，高速向后喷射，产生向前推力，其实，这就是现代火箭的雏形。火药筒相当于现代火箭的推进系统。锋利的箭头具有穿透人体的杀伤力，相当于现代火箭之战斗部。尾端安装的箭羽在飞行中起稳定作用，相当于现代火箭的稳定系统。而箭杆相当于现代火箭的箭体结构。中国古代火箭外形图，首次记载于公元1621年茅元仪编著的《武备志》中。

火炮

中古时代的火炮，被用做攻城时炮轰城墙以及在战场上向大批的敌军开火时用。它们可以精准地轰毁在城堡里面建筑物的垂直外墙，因此，人们便发展出倾斜低矮的外墙代替高耸垂直的外墙。在这段时期里，火炮在战场上的作用有限，因为当时的火炮仍非常笨重，在作战时，很难移到新的位置上开火。

火炮是陆军的重要组成部分和主要火力突击力量，具有强大的火力、较远的射程、良好的精度和较高的机动能力，能集中、突然、连续地对地面和水面目标实施火力突击。主要用于支援、掩护步兵和装甲兵之战斗行动，并与其他兵种、军种协同作战，也可独立进行火力战斗。炮兵在历史上有“战争之神”的称号。

匕首

中国武术器械，短剑或狭长的短刀。匕首形状类匕（古人取食的器具），因而得名。据传尧、舜时已有匕首。匕首短小锋利，携带方便，是近距离搏斗的有效武器，其用法主要有击、刺、挑、剪、带等，演练时有单匕首和双匕首两种形式。此武器由来已久。《史记·吴太伯世家》：“使专诸置匕首于炙鱼之中以进食，手匕首刺王僚。”司马贞索隐：“刘氏曰：‘匕首，短剑也。’按《盐铁论》以为长尺八寸。《通俗文》云：‘其头类匕，故曰匕首，短刃可袖者。’”匕首是短兵器的一种，甚至摔破石头就可以制作。由于制作极度简单，可以说只要有人类的地方就一定有这种东西。匕首携带方便，容易隐藏，所以即使在火炮发达之后，仍然还是军人无法离手的原始武器。一般说来它的长度是介于小刀与短剑之间，但其实很难明确地区分。由于长度短，几乎只能对近身的敌人使用，但危急也时可以做投掷攻击。

甲胄

甲胄作为将士的防护性兵器，在冷兵器时代充当着极其重要的角色，类似于现代战争中的防弹服，可以较大程度地保护将士身体免遭敌方进攻性兵器的重创，进而能够增强战斗力并给敌方以更猛烈的打击。简言之，甲胄可以使部队增强“防守反击”之战斗效能。甲胄的出现是和原始社会末期私有制出现、战争日益频繁、进攻性武器逐渐锐利等因素紧密相关的。由此甲胄一直沿用了数千年，其间甲胄的形制不断得到改进，制作甲胄的材料也多种多样，其防护功能逐步完善。

撞车和滑车

《岳飞传》里“挑滑车”的故事脍炙人口，这“滑车”到底是个什么东西呢?

我国在4000多年前就已广泛使用石车，到殷代车已直接用于战争，此后发展形成了多种战车。粗分大约有野战车、云梯、撞车、巢车和跑车几类。还有一些特殊用途的作战车辆，如纵火车、扬尘车、搭桥车等。其中，撞车的出现不晚于公元前11世纪。

《诗经》中就有关于撞车的记载：“与尔临冲，以伐崇墉。”这里的“临”是一种云梯，而“冲”就是一种撞车。诗中还用“临冲闲闲”等诗句，来形容这两种战车的威力。

汉代之后撞车的使用已相当广泛，但直到明代茅元仪所著《武备志》中才绘出了一些撞车的图形，从中可以看出撞车有多种用途，比如有的适于攻坚作用，有的用来杀伤敌人，有的用以撞击城门，有的则可输送兵员……不同用途的撞车结构有所不同，还常各有其不同的名称。滑车是以撞车为原型而构思和创制的，利用陡峭的山坡向下滑行，不需人推，而且在车内堆放石块，加大下滑的推力和冲撞威力。在滑车的轴承和一些连接处，均采用一些铁零件增加强度，故称铁滑车。

在有些作品中，将滑车描绘成外装尖刀的圆滚子，有的还在圆滚子两端另装两个三脚架，下安四轮，这似乎是以古代防守器械中的滚木作为原型进行构思的。

云梯与攻城

云梯是古代攻坚战中用以攀登城墙的器械，也可高登侦察敌情。一般认为，其发明者是鲁国巧匠公输般——鲁班。但有人认为，鲁班造的云梯是对原来云梯的一种改革，而并非最早的。

现在考古材料中所见的云梯，只是图形。1935年河南汲县山彪镇出土的水陆攻战纹鉴的中层图案，展示的是攻城战。城上人用弓箭射击，城下人则架云梯攀登，双方进行激烈战斗。云梯有两种，一种是简单的木梯，一种底部有轮，前面三位武士托扛，后面一名武士推，梯的前端有飞钩。看来，后一种云梯的梯身可以各种角度上下仰俯，飞钩可保梯身免遭敌军推拒和破坏，其技艺比较高，与《墨子》一书鲁班所造的云梯形状差不多。

古代军事家一般不主张攻打城邑，如军事家孙武认为“攻城为下”，但战国时，千百座戒备森严的城邑在大地上矗立起来，深沟高垒的坚城成为军事对抗中敌我双方争夺之战略战术要点，要塞攻防遂成为重要的作战形式。攻城，如果时间允许，往往采取长期围困的作战方式，使城内守军弹尽粮绝，“易子而食”，“折骸而炊”，借助于战车掩护，接近城垣，或用云梯登城，或以冲车撞门，从而摧毁守军的防御体系。有的还在城外挖掘地道，攻入城中。防守方面，往往依托城外的制高点和临时搭起的城头工事居高临下地反击进攻，如以灰瓶、石块、箭矢打击接近城垣的敌军，用火焚烧敌方的冲车和掩护的牛皮车，在地下设置“地听”，防止进攻者挖地道等等。

击鼓与鸣金

击鼓和鸣金是古代军事指挥的号令。击鼓就是敲战鼓，“鸣金”就是“鸣钲”，并非“鸣锣”。《说文解字》：“钲，似铃，柄中上下通。”《荀子汉兵》：“闻鼓声而进，闻金声而退。”意击鼓号令进攻，鸣金号令收兵。

尚方宝剑

尚方剑是帝王御用之剑。尚方，秦、汉少府属官，制造供御用的器物，所制剑，锐利可以斩马，号尚方斩马剑。

秦汉官制设有少府，少府设尚方令、尚方丞，其职责掌御刀剑及玩好器物。到汉末分为中、左、右三尚方，之后历代沿袭。到了唐代，尚方宝剑成了至高无上的象征，本来就是皇帝的御用兵器，赐予元老重臣，赋予特权，在外即可先斩后奏。《汉书 · 朱云传》载，汉成帝时，诤臣朱云上书 :“臣愿赐尚方斩马剑，断佞臣一人张禹之头。”张禹时为丞相，且是汉成帝刘骜的老师，正受宠幸。成帝大怒 :“小臣居下讪上，廷辱师傅，罪死不赦。”命御史将朱云绑下，朱云紧抱殿前栏杆，据理力争，以至栏杆为之折断。左将军辛庆忌为朱云求情，幸免朱云一死。这就是“折槛朱云”的著名故事。朱云要求的尚方斩马剑，即民间俗谓的尚方宝剑，也叫上方宝剑。唐代颜师古注谓:“尚方，少府之属官也，作供御器物，故有斩马剑，剑利可以斩马也。”

烽火台

又称烽燧，俗称烽堠、烟墩，古时用于点燃烟火传递重要消息的高台，系古代重要军事防御设施，最古老但行之有效的土电报。烽火台是为防止敌人入侵而建的，遇有敌情发生，则白天施烟，夜间点火，台台相连，传递讯息。

“烽火”，古代边防报警的两种信号，白天放烟叫“烽”，夜间举火叫“燧”。

烽火台的建筑早建于长城，但自长城出现后，长城沿线的烽火台便与长城密切结为一体，成为长城防御体系的一个重要组成部分，有的甚至就建在长城上，特别是汉代，朝廷非常重视烽火台的建筑。

第三章　中国现代兵器常识

中国第一颗原子弹

1964 年 10 月 16 日下午 3 时，在我国西部地区新疆罗布泊上空，中国第一次将原子核裂变的巨大火球和蘑菇云升上了戈壁荒漠，第一颗原子弹爆炸成功了，中国人终于迈进了原子核时代。

中国第一颗氢弹

1967 年 6 月 17 日，在我国西部地区成功地爆炸了第一颗氢弹。这次试验是中国继第一颗原子弹爆炸成功后，在核武器发展方面的又一次飞跃，标志着中国核武器的发展进入了一个新阶段。

氢弹亦称“热核武器”，它是一种利用氢元素原子核在高温下聚变反应于瞬间放出巨大能量起杀伤破坏作用武器，它主要由装料、引爆装置和外壳组成。

氢弹爆炸时，作为引爆装置的原子弹首先爆炸，产生数千万度高温，促使氘氚等轻核急剧聚变，放出巨大能量，形成更猛烈的爆炸。

中国坦克

坦克是具有直射火力、高度越野机动性和坚强装甲防护力的履带式装甲战斗车辆。它是地面作战的主要突击兵器，主要用于与敌方坦克和其他装甲车辆作战，也可以压制、消灭反坦克武器，摧毁野战工事，歼灭有生力量。

中国于20世纪50年代引进前苏联T-54A坦克生产技术，研制生产了59式中型坦克。从1958年生产出第一辆，1959年定型生产开始，经过30多年改造和完善，衍生出其改进型系列，在其用途的扩展中又研制出几种变型车，形成了以59式坦克为基型车的一个车族。59式坦克在诞生的年月，其水平与当时服役的如美国M48、日本61式等坦克比较,在火力、机动、防护三大性能方面还是比较先进的。从防护和机动性方面分析，也优于英国的逊邱伦坦克。

69式坦克于1969年开始研制，1974年研制成功并装备部队。69式是中国自行研制的第一种坦克，装备了大约1000辆，被称为“一代坦克”。69式坦克的研制提高了中国的坦克研制水平，培养了一批坦克研制人才，这对中国坦克的进一步发展是有着重要意义的。

79式坦克是中国北方工业公司于20世纪80年代在69-2式基础上改进而衍生出的新型号。其总体布置与前几型坦克基本相同。其主要改进项目是：火炮改为带热护套的105毫米线膛炮,威力大、精度高，身管寿命长且更换方便。其中所配用的钨合金弹芯脱壳穿甲弹可在常规距离上击穿较大厚度的均质或复合装甲。身管热护套由薄铝板、硅橡胶带及卡箍组成，可减小冷热不均造成的身管弯曲，提高火炮命中率。安装了带计算机的简易火控系统。计算机为数字式，系统反应时间不超过10秒。这种火控系统可用于昼间或夜间短停对运动目标精确瞄准射击，在千余米距离上的首发命中率达80%以上。

20世纪70年代末和80年代初，中国开始了“二代坦克”的研制，这就是广为人知的80系列坦克。80式坦克使用了6对小直径负重轮和改进的扭杆悬挂、105毫米线膛炮、光点投射式火控，以及在12150L柴油机基础上使用涡轮增压技术的730马力柴油机，使火力和机动性都有较大提高。80式有80I和80II两种型别，差异是80II使用了瞄准和激光测距合一的炮长瞄准镜并加装了炮塔围栏。80式于1988年正式定型装备部队，部队称88式，装备部队的88式可在车体前部披挂复合装甲。

东风-2号(DF-2)中程地地战略导弹

中国自行研制的第一代中程地地战略导弹，1964年6月29日试射成功，1966年装备部队，现已全部退役。导弹全长20.9米，弹径1.65米，起飞重量29.8吨，采用一级液体燃料火箭发动机，最大射程1300千米、1500千米（东风-2A）。可携带1500公斤高爆弹头，或1枚1290公斤的威力为2万吨TNT当量的核弹头(东风-2A)。

东风 –3 号（DF–3）中程地地战略导弹

中国研制的第一代中程地地战略导弹。1966 年 12 月 26 日首次试射，1971 年 5 月服役。导弹全长 24 米，弹径 2.25 米，起飞重量 64 吨，采用一级液体燃料火箭发动机，机动发射，最大射程 2800 千米、4000 千米（东风 –3A）。可携带 1 枚威力为 200 万吨 TNT 当量的核弹头，或 3 枚威力为 5 万～ 10 万吨 TNT 当量分导核弹头（东风 –3A），命中精度 1500 ～ 3000 米。

东风 –4 号（DF–4）远程地地战略导弹

中国研制的第一代远程地地战略导弹，1970 年 1 月 30 日试射成功，1980 年服役。导弹全长 27.5 米，弹径 2.4 米，起飞重量 82 吨，采用二级液体燃料火箭发动机，机动发射，最大射程 4000 千米、7000 千米（东风 –4A）。可携带 1 枚 2200 公斤的威力为 100 万～ 300 万吨 TNT 当量的热核弹头，或 3 枚分导热核弹头（东风 –4A），命中精度 1370 米。

东风 –5 号（DF–5）洲际地地战略导弹

中国研制的第一代洲际地地战略导弹，1980 年 5 月 18 日全程飞行试验成功。导弹全长 32.6 米，弹径 3.35 米，起飞重量 183 吨，采用二级液体燃料火箭发动机，发射井发射，最大射程 12000 千米、15000 千米（东风 –5A），可携带 1 枚 3000 公斤的威力为 300 万～ 400 万吨 TNT 当量的核弹头，或 4 ～ 5 枚分导核弹头（东风 –5A），命中精度 500 米。

东风 –21 号（DF–21）中程地地战略导弹

中国在巨浪 –1 号潜地导弹基础上发展的第二代中程地地战略导弹。1985 年 5 月 20 日试射成功，1989 年定型。导弹全长 10.7 米，弹径 1.4 米，起飞重量 14.7 吨，采用二级固体燃料火箭发动机，公路机动发射，最大射程 1800 千米、2700 千米（东风 –21A）。可携带 1 枚 600 公斤的威力为 30 万吨 TNT 当量的热核弹头，命中精度 300 ～ 500 米。

东风 –31 号（DF–31）洲际地地战略导弹

中国研制的第二代洲际地地战略导弹。1995 年 5 月 29 日试射成功，导弹全长 13.4 米，弹径 2.2 米，起飞重量 17 吨，采用三级固体燃料火箭发动机，公路机动发射和发射井发射，最大射程 8000 千米。可携带 1 枚 700 公斤的威力为 100 万吨 TNT 当量的热核弹头或 3 枚威力为 9 万吨 TNT 当量分导热核弹头，命中精度 300 ～ 500 米。

东风-11号（DF-11/M-11）近程地地战术导弹

中国研制的近程地地战术导弹，其出口型称M-11。1985年开始研制，1992年定型生产并出口。导弹全长9.75米，弹径0.8米，起飞重量3.8吨，采用一级固体燃料火箭发动机，公路机动发射，最大射程300千米。可携带1枚800公斤的高爆弹头或9万吨TNT当量热核弹头，命中精度300米、150米（改良型）。

东风-15号（DF-15/M-9）近程地地战术导弹

中国研制的近程地地战术导弹，其出口型为M-9。1984年开始研制，1988设计定型，1991年服役。导弹全长9.1米，弹径1米，起飞重量6.2吨，采用一级固体燃料火箭发动机，公路机动发射，最大射程600千米。可携带1枚500公斤的高爆弹头或9万吨TNT当量热核弹头，命中精度300米、100米（改良型）。

北斗导航系统

北斗卫星定位系统是由中国建立的区域导航定位系统。该系统由三颗（两颗工作卫星、一颗备用卫星）北斗定位卫星（北斗一号）、地面控制中心为主的地面部分、北斗用户终端三部分组成。北斗定位系统可向用户提供全天候、二十四小时的即时定位服务，定位精度可达数十纳秒(ns)的同步精度，其精度与GPS相当。北斗一号导航定位卫星由中国空间技术研究院研究制造。三颗导航定位卫星的发射时间分别为：2000年10月31日，2000年12月21日，2003年5月25日，第三颗是备用卫星。2008年北京奥运会期间，它在交通、场馆安全的定位监控方面，和已有的GPS卫星定位系统一起，发挥了“双保险”作用。

北斗卫星导航系统可以为船舶运输、公路交通、铁路运输、野外作业、水文测报、森林防火、渔业生产、勘察设计、环境监测等众多行业以及其他有特殊调度指挥要求的单位提供定位、通信和授时等综合服务。

下卷 世界军事常识

第一辑　世界历代战争常识

第一章　世界古代战争常识

卡迭石之战

古埃及法老拉美西斯二世同赫梯国王穆瓦塔利斯为争夺叙利亚统治权在卡迭石地区进行的一次会战。公元前 14 世纪，赫梯乘埃及国力削弱之机，占领其在叙利亚的许多领地。为恢复埃及在叙利亚的统治权，拉美西斯二世于前 1299 年率军约 2 万人、战车 2000 辆，编成“阿蒙神”、“拉神”、“普塔赫神”、“苏泰赫神”4 支部队，另有雇佣军约 1 万人，从萨鲁出发向叙利亚进军，企图夺取赫梯军在该地的主要军事要塞卡迭石（在今叙利亚霍姆斯湖附近）。穆瓦塔利斯集中兵力约 2 万人、战车 2500 辆，隐蔽配置在卡迭石城东，并派人扮成当地牧民向埃军谎报赫梯军主力尚在百里之外，卡迭石守军薄弱。拉美西斯二世信以为真，亲率“阿蒙神”支队孤军深入，在卡迭石城西北扎营。此时，“拉神”支队渡过奥龙特斯河后尚在开进途中，其余支队尚未渡河。结果，“阿蒙神”支队陷入赫梯军包围，遭到毁灭性打击，拉美西斯二世险些被擒，“拉神”支队也遭赫梯军重创。拉美西斯二世急令后续部队火速增援。“普塔赫神”支队及“拉神”支队残部赶到卡迭石，迅速展开成三线队形（一线为战车并有轻步兵掩护，二线为步兵，三线为步兵和战车各半），猛攻敌军翼侧，救出拉美西斯二世。穆瓦塔利斯命令要塞守军 8000 人出击配合。战斗十分激烈，双方势均力敌，难分胜负。赫梯军退守要塞，埃及军也无力再战，撤回埃及。此后 10 余年，双方仍有争战，但均未取得决定性胜利。约前 1283 年，拉美西斯二世与赫梯新王哈图西利斯三世缔结《埃及—赫梯和约》。一般认为，这是世界上第一个有文字记载的军事条约。此战的主要特点是利用军事计谋诱敌深入，步兵与战车兵协同作战，要塞守军与野战军配合行动等。

希波战争

公元前492—前449年，希腊诸城邦联合反抗波斯帝国侵略的战争。

公元前6世纪中叶，波斯帝国侵占小亚细亚西部希腊城邦。前513年，波斯占领黑海海峡和色雷斯一带，直接威胁希腊半岛诸城邦的安全和海外贸易。前500年，遭受波斯压迫的小亚细亚西部希腊城邦以米利都为中心爆发反波斯起义。雅典和埃雷特里亚城都派25艘战船支援。起义军一度攻入小亚细亚的波斯总督府所在地萨迪斯，当地希腊城邦乘机纷纷脱离波斯的统治。前494年，起义被波斯军镇压。早有西侵野心的波斯国王大流士一世以雅典和埃雷特里亚曾援助米利都起义为借口，出兵远征希腊本土，希波战争爆发。

希波战争中，第一阶段，波斯军远征连遭失败（前492—前479）；第二阶段，希腊人反攻节节胜利（前478—前449）。前449年，希腊海军在塞浦路斯以东海域重创波斯军。同年，双方媾和。雅典全权代表卡利阿斯到波斯首都苏萨谈判，签订《卡利阿斯和约》，希波战争到此结束，雅典成为爱琴海地区霸主。

战争中，以雅典和斯巴达为首的希腊城邦，为保卫国家的自由和独立暂时捐弃前嫌，团结对敌。希腊将领正确指挥，灵活运用战略战术，充分利用天时、地利、人和等有利条件，在马拉松和萨拉米斯创造了以少胜多、以弱胜强的战例。波斯军队对外进行侵略战争，虽然兵力占优势，但多为被征服民族强征的士兵，士气低落，且劳师远征，补给困难，最终招致失败。

马拉松之战

希波战争中，雅典军队与波斯军队在马拉松平原进行的一次会战。公元前490年9月，达提斯和阿塔菲尼斯率波斯军2万余人在雅典城东北约40千米的马拉松平原登陆。雅典全城紧急动员，组成约1万人的重装步兵部队，加上布拉底援军1000人赶赴马拉松。雅典军队在米太亚的指挥下占据有利地形，针对波斯军惯用的中央突破战术布成方阵，正面宽约1千米，主力配置于两翼。12日晨，会战开始。雅典军乘波斯军骑兵主力尚未赶到之机，率先发起进攻。波斯军实施反击。雅典中军且战且退，诱使波斯军拉长战线，两翼随即发起攻击，形成夹击之势，重创波斯军，随后乘胜追击。波斯军溃败，乘船撤退。此战，雅典军抓住有利战机，战术巧妙，以少胜多，歼敌6400人，缴获战船7艘，损失仅192人。雅典军首战大捷，增强了希腊人团结抗战的必胜信心。

伯罗奔尼撒战争

公元前431—前404年，古希腊城邦斯巴达和雅典之间争夺霸权的战争。得名于以斯巴达为首的伯罗奔尼撒同盟。希波战争后，雅典不断向外扩张，并把提洛同盟成员国变成自己的附庸，控制爱琴海，形成与斯巴达争霸希腊的局面。斯巴达则针锋相对，与雅典争相干预他邦内政，冲突不断发生。前435年，科林斯与其殖民地克基拉发生争端。前433年，雅典出兵援助克基拉，逼科林斯退兵。前432年，雅典以科林斯殖民地波提狄亚隶属提洛同盟为由，要求它与科林斯断绝关系，双方矛盾加剧。同年秋，伯罗奔尼撒同盟各邦开会，在科林斯代表鼓动下，要求雅典放弃对提洛同盟的领导权，遭拒绝，战端遂起。伯罗奔尼撒战争的概况和结果战争大体分为三个阶段。第一阶段，十年战争(前431—前421)，也叫做阿基丹姆战争。前421年，雅典主和派首领尼基阿斯与斯巴达缔结《尼基阿斯和约》。和约规定，双方退出各自占领地，保持50年和平。第二阶段，西西里战争（前415—前413），此战为伯罗奔尼撒战争的转折点，雅典从此失去海上优势。第三阶段，德凯利亚战争（前413—前404），前404年4月，雅典投降，接受屈辱的和约。斯巴达终于取得胜利并成为希腊的霸主。

亚历山大东征

公元前334—前324年，马其顿国王亚历山大三世对东方波斯等国进行的侵略战争。

公元前4世纪，希腊各城邦内部及各城邦之间纷争，马其顿国王腓力二世乘机插手希腊，建立以他为盟主的泛希腊同盟。腓力二世遇刺后，其子亚历山大三世在平息内乱和镇压希腊人的反叛后，于前335年秋，统帅约3.5万人大军开始东征。当时的波斯帝国是个没落的军事奴隶制国家，在大流士三世统治下，内政腐败，政局不稳，国势日衰。马其顿人初战告捷。亚历山大乘胜率远征军沿小亚细亚南海岸南下，先后占领吕底亚、卡里亚、吕基亚等地，随后北上安哥拉（今安卡拉），东进卡帕多细亚，再南下奇里乞业。前333年11月，亚历山大进军埃及，兵不血刃，占领上下埃及。前330年夏，亚历山大沿里海南岸东进，进入帕提亚（安息）时，大流士三世已被其属下巴克特里亚（大夏）总督拜苏斯所杀。古波斯帝国及阿奥美尼德王朝至此灭亡，亚历山大成为波斯统治者。亚历山大继续征战中亚细亚。前327年夏，迫使波鲁斯王国投降。前324年春，亚历山大返抵巴比伦，东征结束。

亚历山大东征是一场掠夺性战争。远征军连续作战10年，行程万余里，进行上百次强渡江河、围城攻坚以及山地、平原地区和沙漠地区作战，建立了西起巴尔干半岛、尼罗河，东至印度河的庞大亚历山大帝国。作战中，亚历山大正确选择战略方向，合理运用马其顿方阵战术，善于组织步兵与骑兵、陆军与海军协同作战，军事手段和政治手段并用，在世界军事学术史上留下光辉一页。亚历山大东征给当地人民造成了深重灾难，但客观上也促进了希腊与亚非诸国的经济和文化交流，在历史上具有深远影响。

米拉海战

第一次布匿战争期间，罗马舰队与迦太基舰队在西西里岛东北岸米拉（今米拉佐）海角附近进行的海战。战争初期，罗马人为改变海上劣势决定建立海军，赶造120余艘大型战船，并针对士兵不谙海战而擅长白刃格斗的特点，在船头安装一种称做“乌鸦吊”的接舷吊桥（前端有铁钩，两侧装栏杆）。前260年，执政官G. 杜伊利乌斯率罗马舰队与迦太基舰队（130艘战船）在米拉海角附近遭遇。迦太基人仗恃其战船航速快、机动性好、人员训练有素，采用撞击战术。罗马人采用接舷战战术：靠近敌船后立即放下接舷吊桥，钩住敌船甲板，士兵迅速冲上敌船与敌格斗。面对从未见过的乌鸦吊，迦太基人惊慌失措，结果战败，损失50艘战船。罗马新建海军取得首次海战的胜利。

高卢战争

公元前58—前51年，古罗马征服山北高卢地区的战争。山北高卢又称外高卢，包括阿尔卑斯山以北、莱茵河以西今法国、卢森堡、比利时及荷兰、瑞士的一部分。居民成分复杂，主要是高卢人（克尔特人）和一部分日耳曼人。前58年，G.J. 恺撒就任山南高卢（波河流域）总督后，奉行对外扩张政策。同年春末，恺撒借口制止高卢部落厄尔维几人向南迁徙，率4个军团2万余人北上，在比布拉克特（欧坦）附近打败厄尔维几人，把高卢人和正在向西扩张的日耳曼人隔开。随后，恺撒在比布拉克特召开高卢部落代表大会，宣称罗马保护高卢人不受日耳曼人侵犯。同年秋，恺撒在贝桑松打败拒绝服从罗马的日耳曼人部落，占领外高卢中部东侧广大地区。除军事进攻外，恺撒还施展外交手段，利用部落间的矛盾唆使高卢人打高卢人。前57年，恺撒率8个军团征服外高卢北部的比尔及人和东北部的其他部落。随后兵分三路，分别打败由北部的比尔及人、西南部的阿基坦人和布列塔尼的维纳泰人。至前55年初，恺撒占领外高卢北部和中部全境。前55年和前54年，恺撒两次率军渡海侵入不列颠，均无所获。强悍的高卢人并未屈服，各地不断发生起义和反抗，其中比尔及人起义军几乎全歼罗马2个军团。前53年，高卢爆发大规模起义，中部阿弗尔尼部落青年族长韦辛格托里克斯联合其他部落共同反抗罗马的入侵和暴政。起义军声势浩大，作战勇敢，实行“焦土”政策，使罗马的军粮发生困难。恺撒采取分化瓦解、各个击破策略，最后将韦辛格托里克斯所率主力包围在阿莱西亚城（今法国第戎市西北）。起义军几次突围未成，终因断粮而失败。前51年，高卢地区的反抗均被恺撒镇压，罗马当局在外高卢设立行省。高卢战争使罗马获得面积两倍于意大利的肥沃土地和800多座城镇，恺撒个人则获得大量财富和政治资本，为其建立独裁统治奠定了基础。

犹太人起义

公元66—73年犹太人反对罗马征服者的武装斗争，又称犹太战争。公元前63年，罗马侵占巴勒斯坦并将其划归行省管辖，对犹太人进行专横统治和宗教压迫。公元66年，罗马总督弗洛鲁斯唆使希腊人和犹太人发生冲突。耶路撒冷、巴勒斯坦各地犹太人奋起抗争，但惨遭镇压，仅恺撒里亚就有2万犹太人被杀，由此酿成全巴勒斯坦犹太人的武装起义。起义军占领耶路撒冷、加利利、约托帕塔、阿什凯隆、加沙等城市和要塞。67年，罗马皇帝尼禄派韦帕芗率军6万人镇压。68年，罗马发生帝位之争，韦帕芗按兵不动，使起义军获得喘息。69年，韦帕芗回罗马称帝后，其子蒂图斯率军7万人继续围攻耶路撒冷。城内两派起义军2.4万人联合起来与居民合力守城，战斗极为激烈。不久，城内粮食短缺。70年10月，罗马军攻入南城和中城，双方展开肉搏战。起义军五度迫使罗马军撤出。最后，罗马军用云梯攻入北城，守军大部战死。耶路撒冷被夷为废墟，原有60万人只剩7万人被卖为奴。起义军的局部抵抗一直持续到73年最后一个要塞马萨达陷落。犹太人起义迫使罗马政府改变对犹太人的统治方法，促进了基督教与犹太教的分离。战争中的城市攻防战法在古代军事学术史上占有一定地位。

达契亚战争

古代罗马帝国征服达契亚国的战争。达契亚是罗马尼亚的古代国家，位于多瑙河下游和喀尔巴阡山一带。公元87年，德凯巴鲁斯即位后国势渐强，先后两次击败罗马将军和皇帝图密善的入侵。此后，德凯巴鲁斯进一步加强军队建设，加固城堡，拒绝承担罗马皇帝规定的义务。98年，罗马皇帝图拉真即位后，继续推行扩张政策，沿多瑙河架桥铺路，于101年调集重兵分两路入侵达契亚。达契业人奋起反抗，重创罗马军。同年冬，达契亚人在多布罗加袭击罗马驻军，未果。102年春，图拉真率军攻占达契亚国首都萨尔米泽盖图萨，德凯巴鲁斯求和。和约规定，达契亚部分堡垒由罗马军驻守，其余堡垒拆除，放弃外交自主权。德凯巴鲁斯不甘失败，违约而建堡垒，制造武器，接纳罗马逃亡者，积极寻求盟友，并进攻罗马驻军。105年，图拉真调集12万人再次进军达契亚。罗马军从西、南两个方向分几路向达契亚首都推进。双方在萨尔米泽盖图萨展开激战，达契亚人战败。德凯巴鲁斯率残部进入山区继续抵抗，最后绝望自尽。图拉真灭亡达契亚后，变该地为罗马帝国的行省。

哥特战争

535—554年，拜占庭（东罗马）帝国对东哥特王国发动的战争。拜占庭皇帝查士丁尼一世早有恢复旧日罗马帝国野心，535年借口亲罗马的东哥特前摄政王后阿马拉珊萨被杀事件，发兵入侵东哥特王国。战争分为三个阶段。第一阶段(535—540)：拜占庭军队分南北两路远征东哥特。540年春进占东哥特王国都城拉韦纳。东哥特军退守波河以北地区。第二阶段（541—551)：东哥特新国王托提拉在广大民众支持下，重整旗鼓，率军南下，接连取胜，于543年夺回那不勒斯，546和549年两次重占罗马。第三阶段(552—554)：拜占庭统帅纳尔塞斯率3万大军再征东哥特。拜占庭获胜，东哥特军大败，托提拉重伤身亡。同年10月，纳尔塞斯在萨尔诺彻底击败东哥特人，迫其接受立即离开意大利的要求。此后两年，拜占庭军肃清了东哥特人的残余势力，并打败南下的法兰克人和阿勒曼尼人，确立了拜占庭帝国对意大利的统治。

百年战争

1337—1453年间英法两国断续进行百余年的战争。自11世纪"诺曼征服"后，历代英王通过婚姻和继承关系在法国拥有大量领地。法英两国争夺这些领地和对毛纺业中心佛兰德的控制权，是引起此次战争的主要原因。其导火线则是法国王位继承问题。1328年2月，法王查理四世去世，卡佩王朝绝嗣，贵族会议推举其侄腓力为王，称腓力六世。英王爱德华三世以查理四世外孙的身份对法国王位提出要求，两国矛盾加剧。1337年5月24日，腓力六世把英属领地基恩收归法国，引起战争。

英法百年战争，总共分成四个阶段。

第一阶段（1337—1360)。1337年10月，英王爱德华三世自称法国国王，11月率军进攻法国，接连获胜，如1356年普瓦捷之战。1360年10月法国屈从英国签订《布勒丁尼条约》。

第二阶段（1368—1396)。法王查理五世虽然励精图治，对英国取得了一定军事胜利，但继任者无能导致国内纷争。英国也出现混乱的国内局面，1396年，英王理查二世与法王查理六世在巴黎缔结为期20年的停战协定，英国保留加来和波尔多与巴约讷之间的部分领地。

第三阶段（1415—1420)。英王亨利五世与勃艮第公爵结盟，英军征服诺曼底，进逼巴黎。法国被迫接受《特鲁瓦条约》。

第四阶段（1428—1453)。英军进攻通往南方的要地奥尔良城，法国人民奋起抵抗，涌现出圣女贞德等英雄。1453年，百年战争结束，英国在法国的领地只剩加来一地。

英法间长达百年的战争，主要发生在法国领地，使法国经济衰落，但促进了法兰西民族意识的觉醒，为此后民族国家的建立创造了条件。战争中，英国使用的雇佣军是以自耕农为主体的新型步兵，作战能力强于法国的封建骑士民团，表明新型步兵的崛起和骑士重骑兵的进一步衰落。战争后期，法国常备军代表着军队训练和装备的进步，其火炮的发展和运用预示着作战方法的重大变化。

玫瑰战争

1455—1485 年，英国兰开斯特和约克两大家族为争夺王位而进行的内战。因前者以红玫瑰为族徽，后者以白玫瑰为族徽，因此得名玫瑰战争，又可以翻译为族徽战争。兰开斯特家族主要依靠经济较落后的西北地区大贵族，约克家族则得到经济较发达的南部地区封建主、富裕农民及市民的支持。1454 年 12 月，约克公爵理查在宫廷斗争中失利后，联合沃里克伯爵等大贵族举兵反对兰开斯特家族出身的国王亨利六世,战事遂起。1455 年 5 月 22 日，理查率军 3000 人在圣奥尔本斯打败兰开斯特家族军队 2000 人，控制宫廷，称护国公。1459 年，王后玛格丽特帮助兰开斯特家族将理查排挤出咨议会,战争又起。同年 10 月 12 日，亨利六世率军在卢德福桥遭遇战中打败约克军队，理查和沃里克伯爵出逃法国。1460 年 6 月，沃里克伯爵及理查之子爱德华杀回英国，7 月 10 日在北安普敦决战中战胜兰开斯特军，夺取伦敦并俘国王，理查被宣布为王位继承人。但玛格丽特不甘失败，于同年 12 月 30 日突袭韦克菲尔德，杀死理查。爱德华继承约克公爵封号后，于翌年 2 月 2 日率军在莫蒂默斯克罗斯打败兰开斯特军，3 月 4 日废亨利六世，登基称爱德华四世，建约克王朝。战争第二阶段由约克家族内讧开始。

1485 年 8 月，兰开斯特家族远亲亨利 · 都铎率军歼灭约克王朝军，杀死理查三世，玫瑰战争至此结束，亨利 · 都铎即位，称亨利七世，建都铎王朝。次年，都铎娶爱德华四世之女伊丽莎白为妻，以红白玫瑰为徽，两大家族修好。

三王之战

1578 年，摩洛哥军队为捍卫民族独立同葡萄牙军队在马哈赞河畔进行的决战。因葡萄牙国王、摩洛哥国王及摩洛哥被废国王均参战，因此得名，也叫做马哈赞河之战或葡摩战争。为征服摩洛哥，葡萄牙国王塞巴斯蒂昂以讨伐异教徒为名，率军 2.5 万人（雇佣兵为主）于 1578 年 6 月在丹吉尔登陆。摩洛哥被废国王穆泰瓦基勒率部投降，国王阿卜德 · 马利克率步、骑兵 5 万人迎战。8 月 4 日，葡军在马哈赞河畔的凯比尔堡附近发起进攻，摩军以优势兵力击退葡军。葡军向马哈赞河对岸撤退时正值涨潮，塞巴斯蒂昂、穆泰瓦基勒和许多官兵被淹死，马利克次日病死。此战,葡军亡 8000 人、被俘 1.5 万人。

英西海战

1588 年，英国同西班牙为争夺海上霸权和殖民地在英吉利海峡进行的海上决战。1858 年 5 月，西班牙国王腓力二世派梅迪纳—西多尼亚公爵率无敌舰队（舰船 130 艘、水兵 8000 余人、步兵 1.9 万人）从里斯本出发，企图与集结在属地尼德兰（相当于今比利时、荷兰、卢森堡和法国东北部地区）港口的陆军运兵船会合，而后掩护陆军横渡多佛尔海峡在英国登陆。无敌舰队出发不久即遭风暴袭击，被迫在拉科鲁尼亚避风和补给。7月22日再度起航，29日到达利泽德角附近海区，进入英吉利海峡。英国女王伊丽莎白一世派C．霍华德勋爵率舰队（舰船197艘、水兵1.45万人、步兵1500人）在普利茅斯附近海域待机歼敌，发现西舰队后尾随前进，并以小舰群袭扰和迟滞西班牙舰船，于31日在普利茅斯附近击沉西舰船3艘，8月2日在波特兰附近再次袭击西舰队，4日在怀特岛击伤西舰队旗舰。6日，西舰队进入多佛尔海峡，锚泊在加来水域。7日午夜，英舰队乘起风之机放出6艘纵火船袭击西舰队。西舰队惊慌失措，砍断锚链向西北溃散，英舰队乘势追击。8日4时许，双方在格拉沃利纳海域决战。西舰队墨守过时战术，坚持接舷战，但舰体笨重，机动性差，难以靠近英舰，且舰炮射程近，不能毁伤英舰。英舰队司令指挥有方，舰船机动灵活，舰炮射程远，且有基地作依托，始终处于主动地位。18时战斗结束，西舰队损失惨重，次日晨被迫返航。英舰队因风向突变和弹药消耗殆尽，未予追击。西舰队绕道北海、大西洋返航途中，一再受到风暴袭击，多艘舰船遇难，包括被击沉共损失舰船54艘，英舰队损失甚微。西班牙海军从此一蹶不振，英国开始成为海上强国。此次海战显示了远程舰炮的威力。

朝鲜壬辰卫国战争

16世纪末，朝鲜军民在中国支援下抗击日本入侵的卫国战争。因战争爆发于夏历壬辰年（1592）和丁酉年（1597），又名壬辰丁酉之役。16世纪80年代丰臣秀吉以武力统一日本后，为转移国内矛盾、掠夺国外财富，推行对外扩张政策，企图吞并朝鲜、征服中国、称霸东亚。1592年5月，丰臣乘朝鲜李氏王朝党争内讧、兵备松弛之机，派兵15万余人入侵朝鲜。日军长驱直入，两个月内相继占领汉城、开城和平壤，随后直逼中国边境。以李舜臣部为主力的朝鲜水师在海上连战皆捷，切断日本水师与陆军的联系，打乱日军水陆并进计划，使侵略军的补给发生困难，各沦陷区民众纷纷组织抗日义兵，开展游击战，打击侵略者。明朝政府决定援朝抗倭。次年1月，总兵李如松率军3万余人赴朝参战。日军派使臣要求议和，谈判破裂。1597年2月起，丰臣陆续增兵14万、战舰数百艘再犯朝鲜。李氏朝廷中日本离间计，罢免李舜臣水军统制使职务，重用庸将元钧，致使朝鲜水师几乎全军覆没；后在朝野要求下，再次起用李舜臣。李舜臣以仅存的12艘舰船和130名水兵为基础改建水师，于10月在鸣梁海峡迎击日军（330余艘舰船、2万余人），利用有利地形和潮汐条件击毁敌船30余艘，消灭日军4000余人。应朝鲜政府要求，中国动员川、陕、浙、蓟、辽等地陆军及福建、吴淞水师，再次出兵援朝。同年秋，朝中联军在稷山、青山等地重创日军，迫敌退守蔚山、泗川、顺天等城。1598年8月，丰臣病死，遗嘱撤军。10月，在联军进攻下，日军接连失利。朝中水师在露梁海域截击援顺天日军，击毁敌船数百艘，歼敌万余人。激战中，朝鲜名将李舜臣和中国老将邓子龙壮烈牺牲。全年底，残余日军或逃或被歼，战争结束。此战，朝鲜军民不畏强暴，英勇抵抗，在中国军队支援下彻底粉碎丰臣秀吉侵略朝鲜、征服中国、称霸东亚的狂妄计划。

关原之战

日本安土、桃山时代末期，封建领主为争夺全国霸权在关原（今岐阜县不破郡）进行的决战。1598年丰臣秀吉死后，其近臣分裂为石田三成、小西行长为首的官僚派和加藤清正、福岛正则为首的武将派。实力最强的首席大老（辅佐秀吉继承人秀赖的最高执政官）德川家康为夺取丰臣家权势，利用两派不和迫使武将派归顺于己，并组成兵力约10万人的东军，于1600年6月发兵进攻官僚派。7月，石田三成同小西行长、毛利辉元、上杉景胜等联合，组成8万余人的西军讨伐德川家康。19日，西军进攻伏见城，揭开决战序幕。9月15日，两军交战于关原，西军因大将小早川秀秋等倒戈而败北。战后，石田三成、小西行长被处极刑，90余家参加西军的大名（领主）被没收领地，丰臣秀赖被降为大名。此战为德川家康称霸全国奠定了基础。

第二章　世界近现代战争常识

马斯顿荒原之战

英国内战期间，议会军和王党军进行的一次会战，又称做马斯顿高沼地之战。1644年夏，议会军和苏格兰盟军在约克郡会师，6月开始围攻约克城。鲁珀特亲王率王党军驰援。7月2日，双方在约克城西北10千米处马斯顿草原激战。议会军投入兵力2.7万人（含苏格兰盟军），其中骑兵7000人，王党军集结1.8万人，骑兵与议会军相当。克伦威尔指挥骑兵率先冲击王党军右翼，在苏格兰盟军配合下击溃鲁珀特亲王的骑兵。进攻王党军左翼的骑兵失利，居中的F.费尔法克斯的步兵在王党军预备队进逼下被迫后撤，其右侧受到王党军左翼骑兵冲击，陷入困境。克伦威尔立即率部迂回至王党军左翼骑兵侧后，由北向南发起进攻将其截为两段，随后挥师猛击王党军中路步兵。鲁珀特率残部败退约克城。此战，议会军歼敌约5000人，并乘胜于7月16日攻占约克城，摧毁了王党军的北方据点，扭转了一再失利的被动局面。

纳尔瓦之战

俄、瑞两国军队在北方战争中于1700年在纳尔瓦附近进行的首次交战。

1700年8月30日，俄国向瑞典宣战。9月下旬，俄军以约3.5万人、170多门火炮围攻芬兰湾南岸瑞军要塞纳尔瓦。此时，萨克森选帝侯兼波兰国王奥古斯特二世的军队正包围里加，牵制了瑞军，但不久自动解围。瑞典国王查理十二遂集中兵力驰援纳尔瓦。为督促援军和军需早日到达，沙皇彼得一世于11月29日前往诺夫哥罗德，把指挥权交给外籍将领克鲁瓦。次日，瑞援军8000余人突然出现在纳尔瓦。查理十二根据俄军战线过长、两翼联系不便、中军位于一山丘后侧的弱点，采取分割包围、各个击破战法，将大部兵力集中于俄军右翼，以夺取俄军唯一的渡口坎佩霍尔姆岛附近的桥梁。拂晓，大雾弥漫，能见度极差。瑞军经两小时炮击后，夺占俄军阵前制高点，而后从两翼发起冲击，突入俄军战斗队形。俄军被分割，无法组织防御，外籍军官纷纷投降。两个禁卫团虽坚持抵抗，但无力挽回败局。12月1日，俄军余部退往诺夫哥罗德。此役，俄军亡8000人，火炮丢弃殆尽，瑞军损失约600人。此战，俄军失败的原因是外籍军官指挥不力，甚至变节，士兵缺乏训练，武器陈旧，战斗力极差。俄军在战争中首次受挫，促使彼得一世决心加快军事改革步伐。

波尔塔瓦之战

北方战争中，俄、瑞两国军队于1709年在乌克兰波尔塔瓦地区进行的决定性会战。1708年秋，瑞典国王查理十二统率的瑞军（约3.2万人、32门火炮）孤军深入俄国腹地，在乌克兰冬季作战中失利后南下，于次年4月包围战略要地波尔塔瓦，企图打开经哈尔科夫和别尔哥罗德北上莫斯科的道路。俄国守军（官兵4000余人、武装居民约2500人、火炮29门）在援军协同下粉碎瑞军发动的多次进攻，为俄军主力集结赢得时间。7月1日，沙皇彼得一世率俄军主力（4.2万人、火炮72门）布阵迎敌。7月8日会战结束。此役，瑞军伤亡近万人，被俘数千人；俄军亡1300余人，伤约3300人。11日，瑞军残部1.6万人在佩列沃洛奇纳亚投降，查理十二率千余人逃往土耳其。俄军取胜的主要原因是对方孤军深入，己方战备充分，兵力集中，掌握敌情，指挥得当。此战对北方战争的进程具有决定性意义，俄军从此转入战略进攻，瑞典的军事强国地位开始动摇。

七年战争

1756—1763年，英国、普鲁士同盟与法国、奥地利、俄国同盟为争夺殖民地和欧洲霸权而进行的战争。1756年奥地利为夺回被普鲁士夺占的西里西亚，与法国结盟，俄国、萨克森、瑞典和西班牙先后加入。英国为与法国争夺殖民地，与普鲁士结盟。1756年8月，普鲁士在英国支持下进攻萨克森，旋败奥地利，迫使萨克森投降。次年5月，俄国攻入东普鲁士。11月普军在罗斯巴赫击败法奥联军，继之在洛伊藤再败奥军。1759年，俄奥联军在库纳斯多夫重创普军。同年英军突袭法国基伯龙港，消灭大批法军。1760年10月俄奥联军占领柏林。至1762年初，交战双方已精疲力竭，普鲁士几乎濒临绝境。同年1月，俄国彼得三世即位，主张与普媾和，5月宣布退出反普同盟，归还俄军占领的普鲁士领土。同时，瑞典也退出战争，普鲁士方转危为安。7月，普军在布克斯多夫击败奥军。此后，各国相继停战议和。1763年2月10日，英、法两国签订《巴黎条约》，法国将其在北美、西印度群岛、非洲和印度的大片属地割归英国。15日，普鲁士与奥地利、萨克森签订《胡贝图斯堡和约》，规定西里西亚仍归普鲁士所有，战争至此结束。

此次战争后，英国成为海上霸主，法国进一步受到削弱，俄国加强了欧洲强国的地位，普鲁士在德意志的特殊地位得到巩固。

莱克星顿之战

1775—1783年，英属北美13个殖民地反抗英国殖民统治、争取民族独立的革命战争，又称北美独立战争或美国革命。

18世纪中叶，随着北美殖民地资本主义经济的发展和美利坚民族意识的增强，英国与北美殖民地之间的矛盾日益激化。1774年9—10月，除佐治亚外的12个殖民地代表在费城召开第一届大陆会议，决定联合抗英。会后，各殖民地开始进行起义准备，训练民兵并贮藏军火。1775年4月19日，驻波士顿英军奉命去康科德查抄殖民地民兵的军火，往返途中在莱克星顿附近遭民兵伏击，损失286人。莱克星顿之战揭开独立战争序幕。5月10日，北美各殖民地代表在费城召开第二届大陆会议，6月14日决定建立大陆军，次日任命G．华盛顿为总司令。

美国独立战争初期的美英军事对比

战争初期，双方力量悬殊。英国是当时最强大的殖民帝国，工业发达，拥有世界一流海军；驻北美英军3万余人，装备精良，训练有素，且以加拿大为依托。但军队远离本土，不谙当地情况，人力物力补充困难，统治集团内部在战争指导上存在分歧，未形成统一指挥。北美殖民地人口仅300万，其中约50万人为亲英的“效忠派”；正规军刚组建，兵力不足，主要依靠不脱产的民兵和短期服役的志愿兵补充，装备落后，缺乏训练；各殖民地地方主义严重，大陆会议的领导软弱无力。但进行的是正义战争，为独立自由而战，得到革命人民和国际进步力量的支持，并可利用英国与法、西、荷等国的固有矛盾，争取外援。

萨拉托加之战

此战又称比米斯高地之战。1777年夏，英军企图以三路兵力南北对进，打通尚普兰湖—哈得孙河谷，以孤立反英最积极的新英格兰。7月5日，J．伯戈因将军率英军7000余人攻占泰孔德罗加堡，沿哈得孙河东岸南下，但配合其进攻的第二路英军在莫霍克河谷被B. 阿诺德指挥的美军击退，撤回加拿大。驻纽约的第三路英军在W. 豪将军指挥下未按计划北上，而是向南夺取费城。伯戈因孤军冒进，于9月13日西渡哈得孙河，在萨拉托加附近登陆，19日对在比米斯高地严阵以待的美军发起进攻。英军兵分三路，重点突击美军左翼。美军约7000人在H. 盖茨将军指挥下，隐蔽在工事内相机破敌。右路英军绕过大峡谷向南攻击美军左翼，美军以密林为掩护用步枪杀伤英军，中路英军在弗里曼农场遭到美军顽强抵抗。战斗中，美军发现英军中路有隙可乘，遂突入英军队阵，但被击退，撤守比米斯高地。双方激战一天，英军伤亡和被俘约600人，美军损失300人。次日，英军构筑阵地，同美军对峙。10月7日晨，伯戈因为探明美军左翼虚实，派兵1600名分三路对美军左翼实施武装侦察。美军相继派出3个旅分别迎击英军。经激战，美军首先击溃两翼英军，随后集中兵力三面围攻中路英军。此时，在工事内待命的美军出击，一举夺占英军阵地。英军连夜向北败退萨拉托加。此战，英军又损失约620人，美军伤亡200人。10日，美军和民兵包围萨拉托加，至10月中旬，兵力增至1.2万人。在退路被切断且孤立无援的情况下，伯戈因被迫于17日率部5000余人向美军投降。

此战进一步增强了美国人民抗英必胜的信心，同时促使法国对英宣战，扭转了美国独立战争的战局。

约克敦围攻战

1781年8月，康沃利斯集中南方英军主力于弗吉尼亚半岛上的约克敦。华盛顿统率美法联军1.6万余人（其中法军7000余人，由罗尚博伯爵指挥），在格拉斯伯爵率领的法国舰队配合下包围约克敦，迫使英军于10月19日投降。约克敦围攻战导致英内阁倒台并促使双方和谈。英国新政府于1782年11月30日与美国达成停战协定。1783年9月3日，双方签订《美英巴黎和约》，英国被迫承认美国独立。

海地革命战争

1790—1804年，海地人民推翻法国殖民统治和解放黑奴的武装斗争。17世纪末，法国殖民者在海地岛西部建立殖民统治后，实行野蛮的奴隶制度，并歧视自由有色人种，使阶级矛盾和民族矛盾日趋尖锐。18世纪末，在美国独立战争和法国大革命影响下，海地革命形势成熟。黑白混血人J.V. 奥热，黑人布克曼、图桑·卢维杜尔等人纷纷起义。起义军迅速发展到10万人，一度包围殖民当局首府海地角。与此同时，混血人A. 里戈在海地岛西部的米勒巴莱起义，围攻太子港。法国增调万余军队镇压。1792年，起义军被迫退入西属圣多明各（今多米尼加），加入西班牙军队。次年，英、西结盟反法，先后出兵海地。5月，图桑·卢维杜尔分兵两路，配合两军进攻海地的法国殖民军，攻占冬冬、戈纳伊夫等城市。起义军要求西班牙在占领区解放奴隶，遭拒绝。1794年2月，法国雅各宾派政府支持废除奴隶制。5月，起义军转而与法军联合，将西军逐出海地北部。在西部，里戈领导的起义军坚持抗英斗争。1794年9月,图桑·卢维杜尔率部西进，增强抗英力量。1798年春，起义军攻占米勒巴莱等重镇，重创英军，迫其10月投降。1797—1798年，图桑·卢维杜尔二次驱逐法国殖民代表，海地实际上脱离了法国的控制。1801年1月，起义军进攻西属圣多明各，驱逐西班牙殖民军，统一海地岛。7月，海地颁布宪法，废除奴隶制，图桑·卢维杜尔任终身总督。1802年2月，勒克莱尔率3万法军侵入海地，最后没能得逞。1804年1月1日，海地正式独立。海地革命战争的胜利，推动了拉丁美洲人民争取独立与自由的斗争。

伊比利亚半岛战争

拿破仑战争期间，法国于1807—1814年侵略伊比利亚半岛国家西班牙和葡萄牙的战争，西班牙人称“独立战争”。1807年7月拿破仑一世征服西欧、中欧广大地区后，即把矛头指向葡萄牙和西班牙。10月法国与西班牙签订瓜分葡萄牙的秘密协定并对葡宣战。11月，A.朱诺率法军3万人进军葡萄牙，占领里斯本。随后，拿破仑于1808年3月又派J.缪拉元帅率8万人进占西班牙首都马德里，对其全国实行军事占领，并宣布废黜西国王，由其兄约瑟夫·波拿巴取而代之。法国的侵略激起西班牙人民义愤。5月2日，马德里爆发武装起义，遭镇压。各地人民纷纷拿起武器，开展游击战。部分王家军队也加入反法战争。伊比利亚半岛地形起伏、林密谷深，适于开展游击战，加之气候炎热，疾病流行，法军很不适应。葡萄牙人民亦奋起抗击，法军大败。为挽回败局，拿破仑率军20万人远征西班牙，于12月4日重占马德里，并在许多地区击败起义军。随后，法军又击败英远征军，并追击至阿斯托加。1810年，拿破仑调兵近10万人对葡萄牙发起新的远征，进攻受阻。侵俄战争失败后，拿破仑更无力顾及西班牙战场。1814年4月,法军全部撤回国内，半岛战争结束。战争中，西葡两国人民牵制了法军大部兵力（最多时达30万），成为摧毁拿破仑帝国的重要力量，在欧洲民族解放斗争史上写下了光辉篇章。

莱比锡之战

拿破仑战争中的决定性战役。1813年5月，法军接连在吕岑之战和包岑之战中击败俄普联军，但无力扩张战果。双方休战两个多月。8月战事再起，奥地利、瑞典先后参加对法战争，联军处于绝对优势。拿破仑企图以部分兵力阻击波希米亚军团，主力向北推进，各个击破联军西里西亚军团和北军团。10月9日，拿破仑率军北进，但鉴于联军北路两个军团业已会师，被迫于12日回防莱比锡。此时，莱比锡地区法军约16万人。而联军达32万余人。最后，拿破仑终因寡不敌众而下令全线撤退。

此战是拿破仑战争中规模最大的会战，因参战国家和民族众多而被称为“民族会战”。法军和联军各伤亡6万余人。法军从此丧失战略主动权，被迫退入本土防御。

滑铁卢之战

拿破仑战争期间，欧洲第七次反法联盟军队同法军于1815年6月在布鲁塞尔以南滑铁卢地区进行的决定性会战。1815年3月初，拿破仑逃离厄尔巴岛在法国南部登陆，一路聚集旧部，于20日进入巴黎，再登帝位。25日，英、俄、普、奥等国在维也纳组成第七次反法联盟，决心出动70万军队，彻底打败拿破仑。在滑铁卢战场上，因兵力过于悬殊，拿破仑作战失利。此战，法军伤亡和被俘3.4万人，联军伤亡2.3万人。拿破仑侦察不够，用将有误，临战前兵力分散，攻击中逐次增兵，未形成突击拳头，初战不利便改变决心，指挥不果断。威灵顿公爵在下定决心、选择阵地、组织防御和协调各部行动等方面都表现出较高的指挥才能。战后，拿破仑“百日王朝”解散，本人被流放大西洋圣赫勒拿岛。

爪哇人民起义

1825—1830年，爪哇人民反对荷兰殖民统治的大规模起义。由日惹王国苏丹的长子P.蒂博·尼哥罗领导，故又称蒂博·尼哥罗起义或爪哇战争。1816年荷兰恢复对印尼的统治后，加强对当地人民的压榨，并损害当地封建主的利益，激起各阶层人民不满。起义导火线是荷殖民当局修建公路，强行通过蒂博·尼哥罗领地、德卡列佐的伊斯兰墓地。1825年7月20日，蒂博·尼哥罗在斯拉朗发动起义，号召人民对殖民者进行圣战。短期内，近6万人响应号召，参加起义。10月，蒂博·尼哥罗在德格索建立爪哇伊斯兰王国，自称苏丹兼最高宗教首领。1827年7月起，荷军采取堡垒战术，并以机动部队围剿起义军。11月，起义军在中爪哇北岸南旺地区发起新攻势，连克数城，切断三宝垄与泗水（苏腊巴亚）之间的交通线，粉碎荷军围歼起义军主力的企图。荷军在军事围剿的同时，加紧政治诱降活动，使部分封建主投降，1828年3月，南旺地区起义军被歼，起义转入低潮。1829年8月，蒂博·尼哥罗率起义军转战格利尔山区。翌年3月，殖民当局以谈判为名诱捕蒂博·尼哥罗，起义失败。

卡洛斯战争

19世纪，西班牙波旁王朝内部因王位继承问题引起的两次战争。

第一次战争（1833—1840）。1833年9月，西班牙国王斐迪南七世死后无男嗣，其3岁长女伊莎贝拉继位，称伊莎贝拉二世，由母后玛丽亚·克巴斯蒂娜摄政。斐迪南七世之弟唐·卡洛斯争夺王位，战争爆发。1839年8月底，卡洛斯派军队总司令马罗托率主力投降，唐·卡洛斯率少数追随者流亡法国，其残部于1840年7月被肃清。

第二次战争（1873—1876）。第一次战争结束后，卡洛斯派一度停止活动。1868年，西班牙爆发革命，伊莎贝拉二世被废黜，国内政局再度动荡。卡洛斯派乘机拥立唐·卡洛斯之孙为卡洛斯七世，积极积蓄力量，准备夺取政权，一度控制广大地区。1874年年底，伊莎贝拉二世之子阿方索十二世继承王位，恢复波旁王朝君主立宪制。翌年，政府军在加泰罗尼亚和阿拉贡大败卡洛斯军队，并于1876年2月先后攻占潘普洛纳和埃斯特利亚。卡洛斯七世亡命法国，卡洛斯派彻底失败。

卡洛斯战争使西班牙封建势力受到削弱，资产阶级和自由派贵族的统治得到巩固。

祖鲁战争

1838、1879年，布尔人和英国殖民者先后对南非祖鲁人进行的侵略战争。祖鲁人是南非班图族恩古尼人的一支，19世纪初在纳塔尔地区形成统一国家。1838年，从开普敦殖民地向北迁徙的布尔人侵入纳塔尔，遭到祖鲁人抗击。同年12月，A.普雷托里厄斯率布尔人援军向祖鲁人发起强大攻势。祖鲁人在丁刚领导下顽强抵抗，但在“血河之战”中被击败，丧失图盖拉河以南领土。此后，英国殖民者和布尔人又蚕食鲸吞祖鲁人大片土地。1879年1月，英军约1.3万人分三路进攻祖鲁，在伊桑德尔瓦纳与祖鲁国王开芝瓦约统率的3万军队激战，遭惨败，伤亡1600余人。英军增调援军，7月向祖鲁首都乌隆迪发起进攻。祖鲁人英勇抵抗，但终因装备落后、力量对比悬殊而失败。战后，英国将祖鲁王国分割为13个小王国，并于1887年将其正式吞并。

美—墨战争

19世纪20年代末，美国为满足种植园奴隶主向西扩张土地的需要，多次要求墨西哥“出售”其领土得克萨斯，遭拒绝。1835—1845年，美国政府煽动侨居该地的美种植园主叛乱，并把得克萨斯并入美国版图。1846年5月13日，美国正式对墨宣战。战争初期，美陆军正规部队仅8000余人，靠临时征集大批志愿兵补充，但军官素质较好，武器装备精良，且有舰队提供支援。墨军正规部队2.5万人，以骑兵为主力，并有民兵、游击队配合作战，但武器装备落后，没有海军支援。美军于9月14日攻占墨西哥城。1848年2月，双方签订《瓜达卢佩—伊达尔戈条约》。墨西哥被迫承认格兰德河为两国边界，正式将得克萨斯、新墨西哥和上加利福尼亚共230万平方千米的土地割让给美国。

此战是世界战争史上罕见的大规模土地掠夺战争。墨西哥丧失半壁河山，美国则由大西洋沿岸扩展到太平洋沿岸，成为连接两洋的大国。但对西部的扩张激化了南、北方之间的矛盾，最终导致美国内战的爆发。

克里木战争

19世纪上半叶，沙皇俄国为实现夺取伊斯坦布尔（君士坦丁堡）、控制黑海海峡的既定目标，加紧向近东扩张，与英、法发生尖锐矛盾。英国为确保其与印度陆路交通的安全并进一步扩张其在近东的势力，力图挫败俄国称霸近东的图谋。法国在土耳其有大量投资，亦企图进一步控制近东。英、法虽有矛盾，但都反对俄国在近东扩张。战争导火线是所谓“圣地”问题，即分别得到法国和俄国支持的天主教徒与东正教徒因争夺耶路撒冷（当时属土耳其）伯利恒教堂管辖权而发生的争执。1852年，土耳其政府将“圣地”交给天主教掌管，引起俄国不满。1853年3月，沙俄要求土耳其承认它对土境内东正教徒拥有特别保护权，遭拒绝后于7月出兵占领土属摩尔多瓦和瓦拉几亚两公国，挑起战端。10月16日，土耳其在英、法支持下对俄宣战。

在战争初期，英、法、土（后来加上撒丁王国）联军总兵力达100余万人，战舰440余艘，数量和质量均超过俄军。俄国陆军约100万人（其中可用于对外作战的兵力70万人），火炮1400余门；海军战舰约380艘（其中黑海舰队178艘），兵力9万余人。俄军装备落后，陆军的主要装备燧发滑膛枪射程很短，舰队基本上由陈旧的帆船组成。第一阶段（1853.7—1854.9），双方均未取得重大战果。第二阶段（1854.9—1856.3），双方互有损伤，至1855年底，因战争消耗巨大，交战双方开始议和。

1856年3月，双方签订《巴黎和约》，战争中，俄国受到沉重打击，军队损失50余万人，农奴制危机加深，战后被迫进行资本主义改革。联军损失：土耳其40万人，法国9.9万人，英国2.2万人。

印度民族大起义

1849年英国完成对印度次大陆的征服后，通过“土地整理”加重对农民盘剥，倾销纺织品使大批手工业者失业，以“绝嗣丧权”和管理不善为由兼并部分王公的领地，降低印度土兵（共23.3万人，占英印军队总数83%）待遇并派他们到国外作战，从而激起各阶层人民的不满。1856年，印度教和伊斯兰教僧侣在城乡群众、印度土兵中进行反英宣传。起义导火线是英殖民当局发给印度土兵涂有牛脂和猪油的子弹，印度土兵认为这是英国人亵渎他们的宗教感情。1857年初，孟加拉省区土兵因拒绝使用涂油子弹而多次发生骚动，均被镇压。5月10日，驻密拉特的三个骑兵团起义，杀死英国军官，随后向德里进发，揭开印度民族大起义序幕。

1857年5月11日，起义军占领德里，掀起抗英高潮。德里保卫战中，英军伤亡1000余人，包括67名军官，陆军准将J．尼科尔森被击毙。英军入城后进行报复，屠杀2万多人。

德里沦陷后，起义中心转移到勒克瑙，起义军以勒克瑙、占西为中心，与英军激战。最后占西女王战死，占西城、瓜廖尔陷落。随着各大城市陷落，起义军化整为零，在乡村与英军周旋，开展游击战，因寡不敌众而失败。印度民族大起义是一次由各地封建主领导、以士兵为骨干的包括各阶层人民参加的武装起义。它沉重打击了英国的殖民统治，在亚洲民族解放运动史上占有重要地位。

法越战争

1858—1884 年，法国侵略越南的三次殖民战争。第一次（1858—1867）：越南南部领土全部陷落。第二次（1873—1874）：1873 年 11 月 5 日，法军侵入越南北部，20 日占领河内，遭到越南军民和刘永福率领的中国广西农民起义军黑旗军的抗击。12 月 21 日，在河内近郊纸桥战斗中，黑旗军击毙法军司令加尼耶，迫使法军撤出越南北部。但越南政府却与法国签订丧权辱国的第二个《西贡条约》。第三次（1882—1884）：1882 年，法军再次侵占河内，次年 3 月相继攻占南定、广安及鸿基等地，越南军队与黑旗军联合作战。1883 年 7 月，越南阮氏朝廷内讧。8 月，法军继续侵略越南。阮朝政府于 8 月 25 日与法国签订《顺化条约》，承认法国在越南各地拥有驻军的权利。1884 年 6 月，法国迫使越南签订第二个《顺化条约》，越南从此沦为法国殖民地。

西班牙—摩洛哥战争

15 世纪后，西班牙强占摩洛哥北部海港城市梅利利亚和休达，并以此为基地向内地扩张。1859 年 10 月，西军出动 5 万人进攻得土安。1860 年 2 月，得土安陷落。4 月，双方签订《得土安条约》，西扩展领地，占据伊夫尼地区。

在此后半个世纪中，西班牙不断蚕食摩北部领土，并在里奥—德奥罗港建立行政中心。1912 年 11 月，西、法在摩洛哥划分势力范围。第一次世界大战结束后，西班牙开始对北摩洛哥发动大规模进攻，采取先西后东战略，首先镇压西部杰巴拉人部落起义，而后集中兵力于 1920 年开始进攻东部里夫地区。里夫军取得重大战果，粉碎 10 万西军进犯，共歼敌 2.7 万余人，将西军逐出国土。1925 年 7 月，西、法殖民者签订关于封锁摩海岸和对摩联合作战协定；9 月，西班牙独裁者 M. 普里莫·德里维拉和法军元帅 H.P. 贝当率西法联军 40 万人南北夹击里夫共和国。联军实行残酷的“焦土政策”，到处烧杀抢掠、狂轰滥炸，于 1926 年 5 月以绝对优势兵力合围里夫军主力，并向其总部所在地塔尔吉斯特突击。里夫军队战败投降，但里夫军民顽强的斗争精神和山地沙漠地区灵活机动的游击战术，为反对帝国主义殖民统治的武装斗争提供了宝贵经验。

美国内战

1861—1865年，美国工业资本主义占优势的北部诸州同发动叛乱的南部蓄奴州之间的战争，又称南北战争。19世纪40年代以后，美国北部工业生产迅速发展，以残酷剥削黑奴和大量消耗土地为基础的南部种植园奴隶制成为美国资本主义发展的严重障碍，两种社会制度的斗争日趋尖锐。1860年11月，反对奴隶制扩张的共和党人A. 林肯当选总统，南部奴隶主丧失对联邦政府的控制。次年2月，南部7个蓄奴州（后增至11个）退出联邦，成立“美利坚诸州同盟”（简称“南部同盟”），推选J. 戴维斯为“总统”，定都蒙哥马利（后迁至里士满），造成国家分裂局面。4月12日，南部同盟军炮击联邦军守卫的南卡罗来纳州萨姆特堡，挑起内战。

第一阶段（1861—1862）：联邦政府企图在不触动南部奴隶制的情况下，迅速镇压叛乱，恢复国家统一。联邦军多次交战失败，伤亡惨重。

第二阶段（1863—1865）：由于联邦军在战场上不断失利，人民群众强烈要求林肯政府以革命方式进行战争。1862年5月，林肯颁布《宅地法》，1863年1月1日，林肯正式颁布《解放黑人奴隶宣言》，调动了广大群众尤其是黑人的积极性（战争期间黑人参军约17.9万人），从而使这场战争进入一个新阶段。1864年3月，林肯任命格兰特为联邦军总司令，W.T. 谢尔曼为西战区司令。谢尔曼率10万大军迂回作战，重创南部种植园经济。1865年1月，谢尔曼挥师北上，配合格兰特对南军实施南北合击。4月2—3日，格兰特率部相继攻占彼得斯堡和里士满。9日，南军统帅李率残部2.8万人在阿波马托克斯投降。26日，约翰斯顿也率部向谢尔曼投降，历时四年的内战至此结束。美国内战是美国历史上第二次资产阶级革命，它不仅恢复和巩固了联邦的统一，摧毁了奴隶制，解放了生产力，为美国资本主义发展扫除了内部障碍，而且对欧洲革命、各国工人运动和黑人运动也产生了积极影响。

葛底斯堡之战

美国内战期间，北南双方于1863年7月初在宾夕法尼亚州葛底斯堡进行的具有转折意义的会战。1863年6月，南部同盟军将领R.E. 李在接连击溃联邦军后，率部7.6万人攻入宾夕法尼亚州，企图占领哈里斯堡，夺取给养和装备，进而威胁联邦政府首都华盛顿，促使英法等欧洲列强承认南部同盟政府。联邦军G.G. 米德将军根据林肯总统“寻敌作战”的指示，率波托马克军团9万人拦击南军。6月30日，两军先头部队在葛底斯堡遭遇。7月1日，南军猛攻联邦军据守的葛底斯堡镇，激战一天攻克该镇，并追击联邦军至镇南的公墓岭，遇到顽强抵抗，前进受阻。当晚，联邦军援军赶到，控制附近制高点，并根据山脉走向构筑坚固的鱼钩形防御阵地。2日下午，南军全线发起进攻，重点攻击联邦军左翼。联邦军依托工事，以猛烈炮火和新配备的斯宾塞卡宾枪大量杀伤敌军，同时抢占制高点小圆丘，挫败南军凌厉攻势。3日凌晨，南军主力1.5万人从正面向联邦军中央阵地公墓岭发起攻击。在不到一英里宽的狭长开阔地，南军遭联邦军猛烈炮击，伤亡惨重。最后，两军短兵相接展开白刃战，南军被击退。4日，李将军率残部冒雨向弗吉尼亚撤退。米德将军坐失良机，未挥军乘胜追击。南军失败的主要原因是李自信轻敌和弹药不足。交战中，南军伤亡和失踪2.8万人，联邦军损失2.3万人。此战与西战区进行的维克斯堡之战成为美国内战的转折点，南军从此逐渐丧失战略主动权。

日本戊辰战争

日本明治元年（1868，夏历戊辰年），新政府军同幕府军进行的一场内战。1868年1月3日，一些强藩与主张倒幕的公卿势力在京都发动政变，建立以天皇为首的新政府。当晚，倒幕派令幕府将军德川庆喜“辞官纳地”。庆喜得悉后从二条城退到大阪，决心以武力维护封建幕府体制。幕府军进攻新政府军，新政府军取胜。3月3日，天皇下诏东征，一路势如破竹，4月初抵达江户（今东京）城郊。经谈判，庆喜于5月3日献城投降。幕府倒台后，东北地区的会津、庄内两藩结盟，并纠集奥羽各藩于6月22日成立奥羽同盟，随后又同长冈、新发田等31个藩组成“奥羽越列藩同盟”，准备用武力恢复幕府统治。炽仁亲王率兵4.3万人由越后、白河、平潟兵分三路征讨会津。政府军同奥羽越列藩同盟军在长冈展开争夺战，激战两个多月，于9月15日攻占长冈，消灭列藩同盟军主力，随后攻占二本松、新潟等地，最后包围会津藩重镇若松城。在政府军连续攻击下，3000名守军弹尽粮绝，于11月6日投降。1869年6月，政府军经五棱郭之战攻占榎本武扬据守的箱馆（今函馆）市郊要塞五棱郭，迫使叛军投降。戊辰战争的胜利为日本实行维新改革创造了条件。

普法战争

普法战争是1870—1871年，普鲁士王国为统一德意志并扩张领土而与企图保持欧洲霸权地位的法国进行的战争。

19世纪60年代，普鲁士王国为实现德意志统一，积极推行俾斯麦的“铁血政策”，先后击败丹麦和奥地利，并于1867年成立以其为首的北德意志联邦，随后便把矛头转向夙敌法国，企图削弱法国势力并占领矿产丰富的战略要地阿尔萨斯和洛林。法国为保持其在欧洲大陆的霸权，竭力阻止德意志统一，并企图占领莱茵河左岸的德意志领土。双方矛盾激化，战争一触即发。1870年7月初，普王威廉一世的亲属霍亨索伦家族的利奥波德亲王，应西班牙政府之邀同意继承西王位。法国因担心普西联合反法而极力反对。俾斯麦为挑起战争，巧妙地制造有辱于法国的“埃姆斯电报”事件，诱使法国于7月19日首先向普鲁士宣战。

8月2日，法国洛林军团一部率先越境向萨尔布吕肯发起进攻，一度攻占该城西部高地，但遭普军有力抗击，进展甚微。普军左翼第3军团开始反攻，法军连遭挫败。麦克马洪于22日率12万人的新编沙隆军团从沙隆出发，向西北经兰斯迂回前进，拿破仑三世随军督战。毛奇获悉后，命令普军第3军团和新编第4军团北进迎击。31日，法国沙隆军团被普军第3、第4军团围困在色当。在9月1日的色当之战中，法军几次突围，均被击退。次日，拿破仑三世率军8.3万余人向普王威廉一世投降。9月4日，巴黎爆发革命，推翻法兰西第二帝国，成立第三共和国，组成以L.J.特罗胥将军为首的“国防政府”。普军包围巴黎，法国人民奋起抗敌，最后法国同普鲁士签订屈辱合约。

色当之战

普法战争期间，交战双方在法国边界重镇色当进行的具有决定意义的会战。1870年8月18日，法国元帅巴赞指挥的莱茵军团被普军围困在梅斯。麦克马洪伯爵奉命率新编沙隆军团（12万人、393门火炮）前往梅斯解围，于22日从沙隆向西北迂回前进，以避免与西进的普军遭遇。法皇拿破仑三世随军督战。26日，普军总参谋长毛奇获悉法军意图后，立即命令向巴黎推进的第3军团和新编第4军团（共22万余人、813门火炮）转向北进，把沙隆军团逼至法国西北边境，以阻止其与莱茵军团会合并予以歼灭。29—31日，双方在默兹河两岸的努阿尔·博蒙和巴泽耶遭遇。法军失利，全部撤至色当。31日夜，毛奇指挥普军合围沙隆军团。9月1日凌晨，普军第4军团从东、南方向，第3军团从西、北方向同时向色当发起攻击，以猛烈的炮火压制对方火力，并大量杀伤法军。7时，麦克马洪中弹受重伤，由第1军军长A.A.迪克罗接替指挥（下午改由第5军军长温普芬指挥）。普军骑兵向法军阵地轮番冲击，被法军击退。迪克罗指挥法军向西北方向突围未成，后向南突围亦被普军挫败。下午，法军被压缩到色当城内，一片混乱。温普芬曾要求拿破仑三世率领法军进行最后一次突围，遭拒绝。9月2日，拿破仑三世率8.3万余名官兵向普王威廉一世投降。此役，普军伤亡9000人，全歼法军沙隆军团，为进军巴黎铺平了道路，并最终导致法兰西第二帝国覆亡。

巴黎公社起义

1871年，法国巴黎工人和其他劳动人民为推翻资产阶级统治、建立无产阶级专政而举行的武装起义。

1870年7月普法战争爆发后，法军连遭惨败。9月4日，巴黎人民发动革命，推翻法兰西第二帝国，建立法兰西第三共和国。但资产阶级篡夺革命果实，组成以L.J.特罗胥为首的“国防政府”。“国防政府”压制人民群众的抵抗运动，谋求与普鲁士议和。9 月 19 日，普军包围巴黎。巴黎人民纷纷拿起武器，建立 194 个国民自卫军新营，由 L.E. 瓦尔兰、E.V. 杜瓦尔、L.A. 布朗基、G. 弗路朗斯等工人运动活动家担任指挥官。“国防政府”先后两次镇压人民起义，加紧投降活动，梯也尔政府的丧权辱国行径激起人民群众极大愤慨。3 月 18 日晨，梯也尔政府军袭击蒙马特尔高地和梭蒙高地，企图抢夺国民自卫军大炮，从而引发武装起义。梯也尔率政府官员逃往凡尔赛后，巴黎分区进行公社选举，86 人当选为公社委员。

28 日，20 万人隆重举行巴黎公社成立大会，世界上第一个无产阶级专政的新型政权宣告诞生。梯也尔政府逃到凡尔赛后，立即拼凑反革命武装准备反扑。3 月 28 日，梯也尔政府与普鲁士政府签订《卢昂协定》，开始进攻巴黎。28 日，凡尔赛军队占领整个巴黎，瓦尔兰牺牲，起义失败。

巴黎公社起义的历史评价

巴黎公社起义是无产阶级夺取政权的第一次伟大尝试，标志着 19 世纪无产阶级解放运动达到新的高峰，为无产阶级革命提供了宝贵的历史经验。巴黎工人阶级和其他劳动人民为公社的事业付出了巨大代价，7.29 万余人战死、2.9 万余人遭残杀、6.09 万人被投入监狱或流放。许多进步侨民参加了保卫公社的战斗，其中有波兰人、意大利人、比利时人、俄国人等。巴黎公社起义是一次典型的城市街垒攻防战。起义表明：无产阶级革命胜利后，必须坚决进攻，及时摧毁反革命政权，消灭反革命武装，夺取全国胜利，巩固革命成果；在对敌斗争中，必须坚决果断，严厉镇压反革命分子；实行统一指挥，加强内部团结；没收资产阶级银行财产，供应军需；加强与农民的联系，争取农民的同情与支持。

亚齐战争

1873—1904 年，亚齐王国人民抗击荷兰殖民者入侵的战争。亚齐王国是 15 世纪建立的伊斯兰教苏丹国家，位于今印度尼西亚苏门答腊岛西北端，扼马六甲海峡入口要冲。荷兰征服爪哇后继续向周围岛屿扩张，并通过 1871 年与英国签订《苏门答腊条约》，得到英国不干涉其在亚齐采取行动的承诺。1873 年 3 月，荷兰在亚齐拒绝接受其保护后对亚齐宣战，4 月派远征军分两路发起进攻，受挫后败退。12 月，荷军出动步兵 7000 人，在骑兵和炮兵配合下再次入侵，经激战攻占亚齐首都哥打拉贾。亚齐苏丹率军撤入山区坚持战斗，不久病故。1874 年初，荷兰宣布兼并亚齐。亚齐人民拥立新苏丹，并在杜固·蒂罗、杜阿·乌玛等人领导下广泛开展游击战，战争陷入僵持状态。荷兰殖民当局改变策略，建立哨所和据点固守各要地，并调集重兵征讨；同时进行收买活动，诱使许多封建主和阿訇投降。1903 年亚齐苏丹被俘后，宣布归属荷兰。1904 年，荷军占领整个亚齐。

南美三国的太平洋战争

智利为争夺盛产硝石的太平洋沿岸地区同玻利维亚、秘鲁进行的战争。智利与玻利维亚、秘鲁长期存在边界之争，三国均宣称对阿塔卡马沙漠（智、玻、秘分别领有南、中、北部）拥有主权。1879 年智利对玻秘宣战后，智利接连胜利，1883 年，智军连挫秘军，迫使秘鲁议和。同年 10 月，双方签订《安孔和约》，秘鲁将塔拉帕卡省割让给智利，塔克纳和阿里卡由智利管辖 10 年，管辖期满后由当地居民投票决定其归属。1884 年 4 月，玻利维亚与智利签订《瓦尔帕莱索和约》，将安托法加斯塔省划归智利，从而丧失了出海口，成为内陆国家。此后，玻利维亚因领土和出海口问题与智利长期不和。

马赫迪起义

1881—1899 年，苏丹人民反对英国和埃及殖民统治的武装起义。19 世纪 20 年代初，苏丹沦为埃及属地。19 世纪 70 年代，英国通过埃及委派 C.G. 戈登等英国殖民者为苏丹总督，加紧向苏丹渗透。英国、埃及的双重压迫激起苏丹各族人民的反抗。1881 年 8 月，马赫迪宣布起义。初战告捷后，起义军转移至西部卡迪尔山区建立根据地，并两次粉碎埃及远征军的进犯，声威大振；1883 年 1 月攻占西部重镇欧拜伊德，11 月在该城以南的希甘地区伏击并全歼英国军官 W. 希克斯统率的远征军近万人。1884 年初，戈登再次出任苏丹总督。3—7 月，马赫迪先后调集 4 万大军包围首都喀土穆。至 1885 年初，围城部队达 10 万余人，并于 1 月 26 日发起总攻，经激战全歼守军，击毙戈登。至此，除几个沿海城市外，苏丹全境获得解放。同年 6 月，苏丹建立马赫迪国，定都恩图曼。不久，马赫迪病逝，由其弟子穆罕默德·阿卜杜拉继位。1896 年，英国卷土重来，击败起义军。1899 年 1 月，英埃签署共管苏丹协定，苏丹实际上沦为英国殖民地。马赫迪起义历时 18 年，是非洲近代史上规模最大、持续最久的反殖民主义武装起义。

朝鲜甲午农民战争

1894 年，朝鲜农民反对本国封建统治和日本侵略的革命战争。因发生在夏历甲午年，因此得名，也叫做东学党起义。

19 世纪末叶，朝鲜封建统治集团更加腐败，地主阶级及其代表李朝政府同广大农民之间的矛盾日趋尖锐。帝国主义殖民势力的入侵使矛盾进一步激化。1894 年 2 月 15 日，全罗道古阜郡农民为反抗郡守赵秉甲的暴政，在东学党地方首领全琫准领导下起义，各地农民纷纷响应，推举全琫准为总大将，金开男、孙和仲为总领管。政府迅即派兵镇压。起义军大败官军，随后乘胜挺进。汉城的封建统治者一面同起义军议和，一面请求中国政府出兵帮助镇压起义。6 月 10 日，起义军与政府签订《全州和约》，12 日撤出全州，转入农村建立地方政权。与此同时，日本政府借口“保护”日侨出兵朝鲜，挑起侵略朝鲜和中国的甲午战争。面对日本侵略，朝鲜民众奋起抗战，支援中国军队与日军作战，并控制南方大部地区。9 月，日军击败中国军队后，把矛头转向起义军。1895 年 2 月，全琫准等起义军领袖被捕。朝鲜甲午农民战争虽告失败，但它进一步动摇了朝鲜的封建制度，促进了朝鲜民族觉醒，对后来朝鲜人民反日义兵运动具有重大影响。

菲律宾独立战争

1896—1899 年，菲律宾人民反对西班牙殖民统治、争取民族独立的革命战争。16 世纪中叶菲律宾沦为西班牙殖民地后，菲律宾人民为反抗殖民统治进行了长期斗争。至 19 世纪下半叶，随着民族资本主义的发展和资产阶级民主思想的传播，菲律宾掀起反对西班牙殖民统治的高潮。1892 年，A. 滂尼发秀建立秘密革命组织“卡蒂普南”（人民儿女最高联合会）；1896 年 8 月在马尼拉北郊巴林塔瓦克宣布武装起义，独立战争爆发。初期，起义军一度受抑，但很快得到各族人民响应。正当革命处于紧急关头，革命领导集团发生分裂。1897 年 11 月，起义领导人选举阿吉纳尔多为共和国临时总统。12 月，西班牙殖民军围剿起义中心甲米地。阿吉纳尔多与殖民当局妥协，签订《破石洞协定》，解散临时政府，随后流亡香港。菲律宾爱国军民反对《破石洞协定》，再次举行起义。美西战争爆发，西班牙部分舰队在马尼拉湾被歼。5 月，阿吉纳尔多返国，宣布菲律宾为独立自由国家。1899 年 1 月正式宣布成立共和国。美西战争结束后，美国宣布菲律宾为其殖民地，于同年 2 月发动侵菲战争。1901 年 4 月，菲律宾战败，新生的共和国被扼杀。

日俄战争

中日甲午战争后，日本从中国割取辽东半岛、台湾和澎湖列岛，并将朝鲜纳入其势力范围。俄国早已觊觎中国渤海湾口的不冻港旅顺，并在中国东北攫取大量权益。为实现其独吞中国东北的计划，俄国联合法、德进行干预，迫使日本作出让步，由中国付巨资“赎回”辽东半岛。日本对此极不甘心，决意扩军备战，以武力同俄国争夺远东霸权。俄国对日本的干预奏效后，扩张野心急遽膨胀：1896 年取得在东北修筑中东铁路（满洲里至绥芬河）的特权以及对朝鲜军队的控制权，1898 年取得旅顺、大连的租借权和修筑中东路支线（哈尔滨至大连）的权益。1900 年中国爆发义和团运动期间，俄国出兵参加八国联军进犯北京，同时以“护路”为名派兵侵占东北全境。俄国的扩张行径加深了与日、英、美的矛盾。1902 年 1 月，日、英缔结针对俄国的军事同盟条约，并得到美国的支持。1903 年，日本基本完成扩军备战计划，决心以武力与俄国抗衡，俄国则指望通过战争巩固其在中国东北和朝鲜的地位，摆脱国内日益严重的革命危机。同年8月，双方就重新瓜分中国东北和朝鲜的问题举行谈判，次年2月6日谈判破裂，日本断绝与俄国的外交关系。

日军陆军企图歼灭俄军主力于辽阳、奉天地区；海军力求在战争初期歼灭俄国太平洋分舰队，夺取制海权。俄军企图歼灭日军主力于中国东北和朝鲜，而后在日本本土登陆。1904年2月8日午夜，日军不宣而战。日军节节胜利，其中重要的战役有黄海海战、辽阳之战、沙河之战、旅顺口之战、奉天之战、对马海战、库页岛之战等。

战争期间，日、俄两国军队和战舰在中国领土、领海恣意横行，野蛮厮杀，致使中国人民的生命、财产遭受巨大损失，死伤无以数计。战争历时19个月，日军参战总兵力约109万人，亡10.6万人，伤17万余人，损失舰船91艘，军费开支17亿～18亿日元；俄军参战总兵力约120万人，伤亡、被俘约27万人，损失舰船98艘，军费开支20亿卢布。最终，日本人力、物力消耗殆尽，无力再战；俄国国内革命危机日益严重，罗曼诺夫王朝政府亦无心恋战。在美国调停下，1905年8月9日，日、俄两国代表开始在美国的朴次茅斯举行和谈，经过激烈的讨价还价，于9月5日签订《朴次茅斯和约》。依约，旅顺、大连地区和中东铁路长春以南支线的租借权转让日本，朝鲜和中国东北南部划为日本势力范围，库页岛北纬50度以南地区割让日本，俄国势力从此退居中国东北北部。

巴尔干战争

1912—1913年，巴尔干同盟与土耳其以及巴尔干国家之间进行的两次战争。20世纪初，巴尔干半岛成为欧洲列强争夺的焦点，矛盾错综复杂。1912年8月，阿尔巴尼亚和马其顿爆发反抗奥斯曼土耳其帝国统治的起义，得到巴尔干各国人民的同情和支持。至9月，保加利亚、希腊、塞尔维亚和黑山逐步结成巴尔干同盟，企图乘机对土耳其发动战争，瓜分其欧洲地区的领土。10月9日，黑山首先对土采取军事行动。17—18日，保、塞、希先后对土宣战，战争全面爆发。最后，驻马其顿土军被歼灭，残部撤至约阿尼纳要塞后被希军包围。塞军向亚得里亚海岸推进，先后占领都拉斯、地拉那等地，并在黑山军配合下包围斯库台。11月28日，阿尔巴尼亚宣布独立。巴尔干同盟的胜利引起欧洲列强的不安。在大国压力下，土耳其与保加利亚、塞尔维亚于1912年12月签订停战协定，并在伦敦就媾和条件进行谈判。土耳其被迫于1913年5月30日与巴尔干同盟签订《伦敦和约》，几乎丧失其欧洲地区全部领土。第一次巴尔干战争结束后，巴尔干同盟因战果分配不均，导致矛盾激化。欧洲列强利用巴尔干各国矛盾，加紧对该地区的争夺。双方签订《布加勒斯特和约》、《君士坦丁堡和约》等。战后，巴尔干力量重新组合：罗马尼亚、塞尔维亚和希腊接近协约国，保加利亚、土耳其则接近德奥同盟。列强对巴尔干的争夺日益加剧，从而加速了第一次世界大战的爆发。

第一次世界大战的历史背景

1914—1918年，资本主义国家两大军事集团——以德国和奥匈帝国为主的同盟国同以英国、法国、俄国为核心的协约国，为争夺世界霸权、重新瓜分殖民地和势力范围，首次在全球范围内进行的一场帝国主义战争。此次战争是资本主义国家发展不平衡和长期以来冲突不断加剧的必然结果，是资本主义发展到帝国主义阶段的必然产物。

19世纪末、20世纪初，世界领土被英、法、俄等老牌殖民帝国瓜分殆尽。此时，德国、美国和日本发展成新兴的资本主义工业强国，经济实力开始赶上或超过英国、法国和俄国，从而要求重新瓜分殖民地和势力范围，并试图以战争手段开辟和夺取新的投资场所与原料产地。美西战争、英布战争和日俄战争即是为了这一目的而进行的最初三次帝国主义战争。各国为了在争夺霸权、瓜分世界的角逐中击败竞争对手，根据各自的利害关系结成军事同盟。德国与奥匈帝国、意大利国形成三国同盟，简称同盟国。英法俄三国组成协约国。1914年6月28日，奥匈帝国皇储弗兰茨·斐迪南大公在波斯尼亚首府萨拉热窝遇刺身亡，成为战争爆发的导火线。7月28日，奥匈帝国在德国怂恿下对塞尔维亚宣战，炮击塞首都贝尔格莱德，第一次世界大战正式爆发。

第一次世界大战概况

1914年8月双方完成军队动员和兵力展开后，欧洲大陆形成三个战场，即西欧战场、东欧战场和巴尔干战场。随着战火从欧洲蔓延到亚洲和非洲，又相继出现土耳其战场、意大利战场和各殖民地战场。其中，西欧是军事行动规模最大的主战场。

第一阶段（1914—1915）：双方战略进攻，同盟国掌握战略主动权。第二阶段（1916—1917）：双方战略相持，战争陷入僵局。第三阶段（1918）：双方战略决战，协约国掌握战略主动权。

“奔向大海”

第一次世界大战初期，英法联军与德军于1914年9—10月在瓦兹河和加来海峡之间广阔地区实施一系列机动作战的称谓。1914年9月马恩河战役和埃纳河战役结束后，双方在瓦兹河至瑞士边界地段进入阵地战，而在西北方向形成暴露的侧翼。法军总参谋长霞飞企图对德军右翼实施迂回，以威胁其铁路补给线，迫使德军撤离埃纳河、尼兹河、索姆河和埃斯科河地区，同时救援比军防守的安特卫普。德军总参谋长法尔肯海恩则决定从洛林地区抽调第6集团军增援右翼，力图挫败联军计划，并迂回联军左翼。9月16日和21日，法第6、第2集团军先后在瓦兹河和索姆河之间对德第1集团军发起攻击，德第6集团军及时增援，法军被击退。24—25日，双方在索姆河上游地区激战，互有胜负。25日，法军组建第10集团军，沿阿拉斯、朗斯和里尔一线展开，向康布雷和瓦朗谢讷实施突击，威胁德军补给线。9月30日—10月7日，双方在斯卡尔普河两岸激战，战线逐渐北移。德军占领杜埃和朗斯，与法军反复争夺阿拉斯。10月4日，德军开始炮击里尔，向利斯河西岸进攻。5日，法军建立北方集团军群（辖第10、第2、第6集团军和英国远征军），由法军副总司令福煦统一指挥。10—15日，英远征军沿利斯河两岸向德军发起突击，进展甚微，最后双方转入防御。德军在与英法联军交战的同时，派重兵包围安特卫普，于10月10日攻陷该城。比军和英援军撤至奥斯坦德，战役结束。在一个月的“奔向大海”作战中，德军伤亡13万人，协约国军队损失约10万人。由于兵力相当，行动不够坚决，致使双方迂回对方翼侧的企图均未实现。大量使用骑兵、广泛利用火车和汽车输送预备队，是此次战役的主要特点。

日德兰海战

第一次世界大战期间，英国舰队和德国公海舰队于1916年5月31日—6月1日在日德兰半岛以西斯卡格拉克海峡附近海域进行的海战，也叫斯卡格拉克海战。

第一次世界大战爆发后，德国遭到英国的海上封锁。为打破封锁，1916年5月，德国公海舰队司令R．谢尔命令希珀指挥战列巡洋舰分舰队在斯卡格拉克海峡佯动，企图诱使英国海军编队出海，然后以公海舰队主力进行截击并将其歼灭。英国大舰队司令J.R．杰利科从截获的电报中得悉德国舰队即将出海的消息后，率舰队前往迎击，企图将其一举歼灭，以夺取波罗的海制海权，打破德国对俄国的海上封锁。

日德兰海战是第一次世界大战期间规模最大的海战，也是世界海战史上最后一次战列舰大编队交战。但是，英国和德国的舰队主力并未进行决战，战后双方在北海的力量对比和军事态势未发生重大变化。

索姆河战役

第一次世界大战期间，英法联军于1916年7—11月在法国北部索姆河地区对德军实施的进攻战役。

1916年初，根据协约国确定的战略方针，英法联军计划在索姆河及其支流昂克尔河地区发动大规模进攻，彻底击溃法国北部德军。索姆河地区属丘陵地带，地形起伏不平，森林和村庄星罗棋布。德军在该地区构筑有三道阵地。由于双方不断增加兵力、兵器，作战行动变成了一场消耗战。9月3日，英法联军以56个师的兵力再次发动大规模进攻，深入德军防御纵深2～4千米。9月15日，英军使用49辆坦克（实际参战仅18辆）配合步兵进攻，占领德军第三道阵地的若干重要支撑点。这是战争史上第一次使用坦克。9月下旬至11月中旬，联军步坦协同发动两次进攻，均未取得决定性突破。

此役，联军以损失61.5万人（英军42万人、法军19.5万人）的巨大代价，夺取德军240平方千米的阵地，牵制了德军对凡尔登的进攻；德军损失65万人，被迫收缩防线，在西线暂时转入战略防御。

第一次世界大战的结局与影响

1918年11月11日，第一次世界大战以同盟国的失败和协约国的胜利告终。大战历时4年零3个多月，参战国之多、作战部队之众、战线之长和战斗之激烈，史无前例。共有33个国家15亿人口卷入战争，战火遍及欧洲、非洲和亚洲。双方共动员兵力7000余万人，亡约1000万人，伤2000余万。其中，协约国主要国家（俄、法、英、意、美、日、罗、塞、比、希、葡、黑山）共动员军队4218万余人，损失2210万余人，其中亡515万余人、伤1283万余人、被俘和失踪412万余人；同盟国（德、奥、土、保）共动员军队2285万人，损失1540万余人，其中亡338万余人、伤838万余人、被俘和失踪362万余人。战争后期，俄国爆发十月革命，建立世界上第一个社会主义国家。在其影响下，德国、奥匈帝国等国爆发反战运动和无产阶级革命，殖民地、半殖民地民族解放运动风起云涌。

1919—1920年，协约国27个成员国在巴黎举行和平会议，先后与德、奥、保、匈、土签订《凡尔赛和约》、《圣日耳曼和约》、《讷伊和约》、《特里亚农和约》和《塞夫尔和约》。这些条约虽然暂时调整了战胜国之间的关系，构成了战后欧洲国际关系的新体系即凡尔赛体系，但列强之间的矛盾和斗争不仅没有消除，反而更加激烈。

二月革命

20纪初，俄国同世界各主要资本主义国家一样已进入帝国主义阶段，但经济发展仍较落后，存在着浓厚的农奴制残余，社会各种矛盾错综复杂。第一次世界大战中，俄国损失惨重，国民经济破敝，各种矛盾激化，推翻沙皇统治的革命形势趋于成熟。1917年3月12日（俄历2月27日），彼得格勒（今圣彼得堡）广大工人和士兵举行武装起义，推翻沙皇专制制度，建立革命政权——彼得格勒工兵代表苏维埃。随后，各地相继建立工兵代表苏维埃和农民代表苏维埃，但孟什维克和社会革命党把持了苏维埃大部分领导权，并支持资产阶级于3月15日成立临时政府，形成两个政权并存的局面。部分士兵要求回国，但临时政府继续战争。工人和农民决定举行第二次武装起义，历史称二月革命是十月革命的预演。

十月革命

1917年11月7日，俄国无产阶级在以列宁为首的布尔什维克党领导下，联合广大农民、士兵和被压迫民族，以革命暴力推翻资产阶级统治，成功地建立世界上第一个无产阶级专政的社会本义国家。因发生在俄历10月25日，故称“十月革命”。在彼得格勒武装起义取得伟大胜利和全俄苏维埃政府成立的鼓舞下，莫斯科于11月15日爆发武装起义并取得胜利。从1917年11月到1918年3月，无产阶级革命的胜利迅速扩展到全国，各地纷纷建立苏维埃政权。俄国十月社会主义革命的胜利，给世界各国无产阶级革命、殖民地半殖民地民族解放运动以巨大的鼓舞。十月革命提供了无产阶级打碎旧的国家机器、武装夺取政权的成功经验。

十月革命后苏俄的军事困境

俄国十月社会主义革命胜利不久，苏维埃政府在列宁领导下，迅速平定旧俄军士官生在彼得格勒（今圣彼得堡）和莫斯科发动的叛乱，粉碎前临时政府首脑、俄军最高统帅A.F.克伦斯基和P.N.克拉斯诺夫将军的反苏维埃叛乱，制止了驻莫吉廖夫旧俄军大本营的反革命叛乱活动，并先后向顿河区、乌克兰、南乌拉尔、白俄罗斯、南高加索、突厥斯坦、西伯利亚和远东派遣武装力量，镇压各地的反革命武装，消灭了一批反革命策源地，几乎在全国建立了苏维埃政权。

1918年3月3日，苏维埃俄国与德、奥、保、土四国同盟签订《布列斯特和约》，退出第一次世界大战。英、法、日、美等协约国乘机进行武装干涉，扶植俄国反革命势力发动武装叛乱。捷克军团在经西伯利亚遣返途中发动叛乱。顿河地区克拉斯诺夫的哥萨克白卫军、北高加索A.I.邓尼金的社会革命党成立反苏维埃政权。至同年夏，苏维埃共和国丧失四分之三领土，陷入四面受敌的险境。

察里津保卫战

苏俄内战和外国武装干涉时期，苏维埃红军抗击哥萨克白卫军、保卫察里津（今伏尔加格勒）的战役。1918年7月底，顿河地区克拉斯诺夫的哥萨克白匪军（4.5万人、火炮150余门）首次进攻察里津，企图打开进攻莫斯科的道路。8月初，菲茨赫拉乌罗夫集群夺取察里津以北的叶尔佐夫卜、皮丘任斯卡亚，逼近伏尔加河。18—20日，马蒙托夫骑兵集群前进到察里津接近地，察里津三面被围。保卫察里津的红军在斯大林领导下顽强抗击，迫使白卫军退至顿河右岸。9月22日，克拉斯诺夫纠集6万兵力再次进攻。为加强察里津的防御，卡梅申方向和察里津方向的红军于10月初合编为第10集团军（约4万人、火炮152门，伏罗希洛夫任司令），逐渐扭转了战局。10—11月，第10集团军在第8、第9集团军等友邻部队配合下进行反攻，再次将白卫军赶回顿河右岸。1919年1月初，白卫军第三次进攻察里津，至16日突破红军防御并先后占领杜博夫卡、叶尔佐夫卡、萨列普塔，对察里津形成包围。S.M.布琼尼指挥红军混成骑兵师对敌后方实施深远突击，第8、第9集团军从北部转入进攻，威胁白匪军后方，至2月中旬彻底粉碎敌军进攻，稳定了南方战线。

西班牙内战

1936年1月，西班牙共产党、共和党、社会党和劳动者总同盟等民主力量组成人民阵线，2月在国会选举中获胜，组成联合政府，实行民主改革。以长枪党为首的西班牙反动势力对此极端仇恨，事先与德、意法西斯密谋并经过充分准备后，决心发动颠覆共和国的武装叛乱。

1936年7月18日，驻摩洛哥和加那利群岛的西班牙殖民军在F．佛朗哥、E．莫拉等将领策动下发动叛乱。叛乱迅速蔓延到本土加的斯、塞维利亚、萨拉戈萨、布尔戈斯等大中城市。陆军和空军的大部分部队（约12万人）以及摩洛哥人组成的“外籍军团”参加了叛乱。

后来，德、意法西斯应佛朗哥请求出兵西班牙，干涉西班牙内战。西班牙人民在共和国政府领导下，反对国内法西斯武装叛乱，抗击德、意武装干涉，捍卫民主制度和民族独立。西班牙人民的反法西斯斗争得到国际进步人士的支持。各国人民加以支援，组成国际纵队与西班牙人民并肩作战。

最后，西班牙共和国在叛军和干涉军的绞杀下失败了。

西班牙内战的意义和影响

西班牙内战是第二次世界大战前世界民主进步力量同法西斯势力的一次大较量。此次战争是第二次世界大战爆发前欧洲发生的大规模局部战争，是世界民主力量同法西斯侵略势力的大较量。战争的结局对西班牙和整个欧洲局势产生了深远影响。其结果是人民阵线领导的共和国政府被颠覆，佛朗哥在德、意法西斯庇护下建立法西斯专政，并加入《反共产国际协定》。德、意两个法西斯国家在战争中相互勾结，并在战后正式结成同盟，使欧洲政治关系和战略格局发生有利于德、意的重大变化。

马德里保卫战

1936年7月18日F．佛朗哥发动武装叛乱后，叛军从北面和西面两个方向进军马德里。共和军和民兵在马德里以西构筑三道防线英勇抗击。11月6日，叛军进抵马德里城郊，共和国政府迁往巴伦西亚。新组建的共和军和国际纵队两个旅赶赴前线，加强马德里防御。同日，叛军2万人在德、意干涉军的坦克和飞机支援下，从西南方向发起猛攻，一周内占领大学城四分之三的地区。共和军增兵，给敌以迎头痛击。25日，叛军停止进攻。叛军于1937年初切断马德里通往埃尔埃斯科里亚尔的公路。1937年2月18—27日，共和军实施反击，粉碎叛军从东南方向合围首都的企图。3月8日，意大利干涉军从东北方向对瓜达拉哈拉实施突击，企图配合叛军夺取马德里。共和军调整部署，投入3个师的兵力顽强防御，至22日终于粉碎意军进攻。同年6月起，叛军的进攻重点从中部战线转向北部战线，马德里周围地区的态势趋于稳定。1939年3月5—6日，共和军中部战线司令S.卡萨多上校在马德里发动军事政变，为叛军占领马德里敞开大门。28日，马德里陷落。马德里军民为保卫共和国首都浴血奋战、宁死不屈的精神，鼓舞了欧洲各国人民的反法西斯斗争。

诺门坎事件

指1939年5—8月，日本和伪满洲国军队与苏联和外蒙古军队在今中蒙边境诺门坎地区发生的大规模武装冲突。因该地区位于哈拉哈河右岸，故又称哈拉哈河战役。

自1939年5月11日起，日本帝国主义扶植的伪满洲国同外蒙古（今蒙古国）边防部队在哈拉哈河右岸地区多次发生武装冲突。根据1936年签订的《苏蒙互助议定书》，驻外蒙苏军调往冲突地区。5月28日，日军第23师团（师团长小松原道太郎中将）一部对哈拉哈河右岸苏蒙军发起进攻，遭苏军炮兵火力猛烈打击，次日被迫撤退。此后，双方增调兵力，调整部署。关东军司令部出动陆空部队进攻蒙苏军，但损失惨重，进展迟缓。7月12日，苏军建立第1集团军级集群（司令朱可夫），兵力约5.7万人、坦克498辆、飞机515架。8月4日，日军为实施统一指挥，在海拉尔组建第6军，兵力约5万人。8月20日凌晨，苏蒙军经航空火力和炮兵火力准备后，分三路发起反攻。中央集群进行正面牵制，南方集群实施主要突击，北方集群实施辅助突击，至8月23日基本完成对日军的合围和分割。31日，日军除少数突围外，大部被歼。9月11日，苏日签订停战协定。

此战，打碎了日军从东线侵入苏联的军事企图，客观上加速了日军转移兵力继续扩大对中国的侵略，以及反法西斯国家对苏联抗日、苏联对中国抗日的军事援助。

第二次世界大战

1939—1945年，德、日、意轴心国与、美、英、苏、中等同盟国和全世界反法西斯力量进行的人类历史上规模空前的战争。卷入战争的国家和地区80多个（其中参战国61个），人口20亿，占当时世界总人口80%以上。这场给人类带来空前灾难的战争，以反法西斯同盟国和世界人民的最终胜利而告终，是现代世界历史进程中的一个重要里程碑。

第二次世界大战的酝酿和爆发

第二次世界大战是帝国主义争霸矛盾发展到不可调和地步的必然结果，它经历了一个漫长的酝酿过程。第二次世界大战起源于德、日、意法西斯国家的崛起和扩张。第一次世界大战后，英、法、美、意、日等战胜国通过巴黎和会和华盛顿会议，按新的实力对比重新瓜分世界，调整相互关系，形成凡尔赛—华盛顿体系。德国不甘心《凡尔赛和约》对它的制裁和限制，力图废除和约并实现重新武装，伺机重返争夺欧洲和世界霸权的舞台。意大利则嫌分赃太少，对未能得到英、法、俄曾答应给予的领土耿耿于怀。日本独霸中国和在亚太地区的扩张趋势，加剧了同中、英、美的矛盾。世界经济危机加快了德意日走上法西斯道路的速度。英法美为了祸水东引，对德、日、意法西斯国家的侵略行径采取绥靖纵容政策，法西斯轴心国推行侵略扩张政策，首先在亚洲、非洲和欧洲发动局部战争，最后挑起世界大战。

假战争（静坐战争）

1939 年 9 月 1 日，轴心国德军闪击波兰。由于波兰是同盟国成员，9 月 3 日，英法对德宣战。但是，英法与德国之间"宣而不战"状态，被称为"假战争"，又称"奇怪战争"和"静坐战"。当时，英法联军在西线实力占绝对优势，但在绥靖政策影响下消极避战，坐视波兰灭亡，除法军向萨尔布吕肯发起象征性进攻外，未采取积极行动，企图依托马其诺防线抵御德军进攻。德军为避免两线作战，也较谨慎。西线从而呈现"宣而不战"的奇怪局面。结果，英法失去在战争初期进攻德国的有利时机，致使军队士气涣散；而德军则利用英法按兵不动的机会占领波兰，而后继续扩军并调兵西线，于 1940 年 4 月入侵丹麦、挪威，5 月 10 日大举进攻西欧。假战争客观上纵容了德国的侵略战争，导致了法国等国的沦陷和英国陷入被动挨打的战争局面。

敦刻尔克撤退

面对德国的一系列侵略战争，英法坐视、丧失了战略先机，德军转而攻向英法联军。在 1940 年法国战局中，德军于 5 月 20 日进抵英吉利海峡，切断法国北部和比利时境内英、法、比、荷盟军与索姆河以南法军主力的联系。英法联军虽多次实施反突击，均因兵力不足、缺乏空中支援和统一指挥而未能奏效，约 40 万英法联军处于三面被围之势，被迫陆续退缩到敦刻尔克地区。24 日，希特勒突然命令德军停止前进，从而贻误战机。26 日，为了将 40 万大军撤退到英国，美国政府下令执行代号为"发电机"的撤退计划，英国、法国、比利时和荷兰共派出各种舰船 861 艘，其中包括渔船、客轮、游艇和救生艇等小型船只。撤退开始后，德军加强地面进攻，并从空中和海上攻击英法运输船队。英法联军顽强抗击，在英空军掩护下经九昼夜奋战，将 33.8 万余人（其中法军 12.3 万人）撤至英国。6 月 4 日，德军占领敦刻尔克，4 万余名法军被俘。此役，盟军损失惨重：英军丧失全部重装备、物资 50 万吨、舰船 243 艘，其中驱逐舰 6 艘被击沉、19 艘受伤。但保存了实力，为而后反攻德国奠定了基础。

不列颠之战

第二次世界大战中，德军对英国实施的空中进攻作战。1940 年 6 月德军占领西欧大陆后，于7月制定从海上入侵英国的“海狮”计划。德国开始轰炸英国，共分四个阶段。第一阶段（1940.7.10—8.12），德军攻击英吉利海峡的英国舰船和英国南部诸港口，以引诱英战斗机出战，查明英空军的兵力部署、防空能力并检验自身的突防能力。第二阶段（1940.8.13—9.6），德军突击英空军基地和雷达站，寻歼英空军主力。8月13—23日德空军组织五次大规模轰炸。第三阶段（1940.9.7—10.31），德空军改变攻击目标，全力轰炸伦敦。英空军得以喘息，不列颠之战出现转折。10月12日，希特勒下令推迟执行“海狮”计划。第四阶段（1940.11—1941.5），德国为隐蔽进攻苏联的企图，继续轰炸伦敦等大城市。1941年5月德空军主力调往东线后，停止轰炸英国，不列颠之战结束。在1940年7—10月不列颠之战最紧张的4个月内，英空军击落德机1733架，击伤643架，自己损失飞机915架，被炸死、炸伤147万人（占英国对德作战伤亡总数的20%），被毁房屋超过100万幢。此役是德军在第二次世界大战中首次失败的战役，未达征服英国的预期目的。英国则成为日后欧洲抵抗运动和盟国反攻欧洲大陆的基地，使德国在进攻苏联后，始终处于两线作战的境地。

阿拉曼战役

1940年12月，意军在北非被英军击溃。次年2月，E.隆美尔率德国非洲军增援，击败英军。1942年6月，英军退守亚历山大港以西100余千米的阿拉曼地区。8月底，德意军对英军阿拉曼防线南段进攻失利，转入防御。中旬，B.L.蒙哥马利接任英国第8集团军司令后，力主以进攻将德意军队赶出北非，并着手补充兵员和装备，加强训练，鼓舞士气，采取伪装措施等。1942年10月23日21时40分英军发起进攻。首先实施20分钟炮火准备，随后步兵向敌前沿阵地发起冲击。经数日激战，双方损失惨重。26日，隆美尔判明英军主攻方向，开始将第21装甲师调往北线，英军进攻受挫。后来，德军油料奇缺，后勤补给陷入困境，隆美尔命令德意军全线撤退，但撤退行动迟缓。英军乘势转入追击，并出动大批飞机轰炸，给退却中的德军以重大杀伤，战役至此结束。阿拉曼战役扭转了整个北非战局，盟军从此开始掌握战略主动权。

日军袭击珍珠港

珍珠港是美国在太平洋上的主要海军基地，是美国通往亚洲和澳洲的交通枢纽，遏制日本扩张的基地。第二次世界大战爆发后，随着欧洲战局的发展和德意日三国同盟条约的签订，日本为夺取美、英、荷在东南亚和西南太平洋的殖民地，加速南进的战争准备。1941年，日本下定决心袭击珍珠港。

袭击珍珠港是日本发动太平洋战争战略计划的重要组成部分。美国受孤立主义影响，且推行“先欧后亚”战略，疏于戒备。1941年11月中旬，日本先遣部队伪装日常巡逻，分别由佐伯湾和横须贺等地出发，沿中航线和南航线驶向夏威夷。11 月 26 日日军开始攻击，只遇到轻微抵抗。日军以损失飞机 29 架、潜艇 1 艘和特种潜艇 5 艘的微小代价，击毁击伤美国太平洋舰队停泊在港内的全部 8 艘战列舰和 10 余艘其他主要舰只，击毁美机 232 架，毙伤美军 3681 人。太平洋舰队的 3 艘航空母舰因出海执勤而免遭袭击，岸上油库和重要设施也未被击中。空袭时，潜入港内的特种潜艇也进行了袭击，但未获战果。

日军袭击珍珠港，给美国太平洋舰队以重创，从而在太平洋上掌握了制海、制空权，为进攻菲律宾、马来亚和荷属东印度创造了条件。美国因此对日宣战，二战范围进一步扩大。

太平洋战争

太平洋战争是第二次世界大战中，同盟国在太平洋和东南亚地区进行的反对军国主义日本侵略的战争。

太平洋战争是日本明治维新以来推行侵略扩张政策的必然结果。由于日本不断侵略亚洲各国，日美关系急剧恶化。到 1941 年 12 月，日本御前会议最后决定对美开战。太平洋战争从 1941 年 12 月 7 日爆发到 1945 年 9 月 2 日结束，可分三个阶段。第一阶段，日军实施战略进攻。日军在半年内侵占马来亚、菲律宾、荷属东印度、香港、缅甸及西太平洋部分岛屿，达到战争预期目的。美军逐渐增加兵力，稳固防线。第二阶段，双方攻防态势出现转折，中途岛海战、瓜达尔卡纳尔海战的胜利使美国扭转了战局。第三阶段，盟军发起战略反攻并取得最后胜利。在冲绳岛战役中，日本海军损失殆尽。至 1945 年 8 月 15 日，日本宣布无条件投降，太平洋战争结束。

马来海战

1941 年 12 月 10 日，日本海军陆基航空兵在马来半岛关丹附近海域对英国远东舰队进行的海上作战。12 月 8 日，山下奉文中将指挥的日军第 25 军在泰国的宋卡、北大年和马来亚的哥打巴鲁登陆。英远东舰队司令 T. 菲利普斯闻讯后率舰队（由“威尔士亲王”号战列舰、“反击”号战列巡洋舰和 4 艘驱逐舰组成）驶离新加坡北上，企图袭击日军的登陆部队。9 日被日军潜艇和飞机发现后，因缺少战斗机掩护于 20 时 15 分掉头南行。10 日零时 40 分，新加坡基地报称日军在关丹登陆。菲利普斯遂下令舰队驶往关丹，准备袭击登陆日军，但未请求战斗机掩护。8 时，舰队驶抵关丹以东洋面，但并未发现敌人，遂继续搜索。日军为确保马来半岛登陆成功，始终注意英舰队动向。11 时许，日军侦察机在关丹东南 70 海里处发现英舰，其突击机群（轰炸机 25 架、鱼雷机 50 架和侦察机 9 架）随即到达目标上空进行轮番攻击。由于没有战斗机掩护，英舰被动挨打，“反击”号和“威尔士亲王”号多处被炸弹和鱼雷击中，相继于 12 时 30 分和 13 时 20

分沉没，菲利普斯以下舰上官兵840人葬身海底。日军损失飞机3架，亡21人。从此，英国海军对日军在马来半岛作战行动不再构成威胁。此战显示了航空兵在海战中的巨大威力，表明战列舰称霸海洋的时代行将结束，水面舰艇编队没有空中掩护已难以在海战中夺取胜利。

缅甸战役

太平洋战争初期，日军于1942年1—5月在缅甸对中、英盟军实施的进攻战役。日军企图占领缅甸，切断美英向中国提供战略物资的交通线滇缅公路，迫使中国屈服，并伺机进军印度，促其脱离英联邦，以保障东南亚地区日军翼侧的安全。

1942年1月起，日军第55、第33师团由泰国分别向缅甸南部的土瓦和毛淡棉发动进攻，迫使英印军不断后撤。应英国政府请求，中国组建远征军入缅作战。最后，中英军队被迫向印度和中国境内撤退。至5月下旬，日军占领缅甸境内全部要地，并侵占中国云南省龙陵、腾冲等地。

此役，缅甸英军遭到重创，日军截断了缅甸同中国的交通联系，影响了中国的抗战形势。

爪哇战役

太平洋战争初期，日军企图以菲律宾和马来亚为基地实施两翼包围，首先攻占荷属东印度外围岛屿，夺取制海、制空权，而后集中兵力消灭盟军主力，攻占主岛爪哇岛，掠夺石油资源，支持其侵略战争。参战日军为第16军（司令为今村均中将，辖第2、第38、第48师团及第56独立混成旅团等，共约10万人），配合作战的有海军第3舰队、第11航空舰队和陆军第3飞行集团，各型作战飞机约540架。1942年1月初，美、英、荷、澳组成盟军战区司令部，司令为英国陆军上将A.P. 韦维尔。盟军驻荷属东印度的兵力为：陆军9.2万人（其中荷军7.5万人），海军作战舰艇88艘，空军作战飞机约300架。1月11日，日军展开外围作战，先后攻占南苏门答腊、荷属婆罗洲（今加里曼丹）、西里伯斯（今苏拉威西）等岛屿。2月14日，日军第1伞兵旅约430人在巨港空降，接着第38师团主力在海军支援下迅速推进，占领油田和航空基地。19日，日军攻占巴厘岛。至此，日军第16军主力对爪哇岛形成东面夹击态势。2月26日，盟军舰队与日军第5舰队在泗水（苏腊巴亚）近海激战，遭重创。28日，双方在巴达维亚（今雅加达）近海再次交战，盟军舰队被歼，日军掌握战区制海权。与此同时，日军航空兵轰炸泗水、巴达维亚等地，摧毁盟军空军力量，掌握爪哇岛周围制空权。盟军由此丧失固守荷属东印度的信心，战区司令部宣告解体。3月1日，日军第16军各部队分别在爪哇岛的三个地点登陆，在优势海空力量掩护下迅速推进，5日攻占巴达维亚，8日攻占苏腊巴亚，9日攻占万隆，盟军投降。此战役中，日军伤亡约1万人，俘获盟军8万余人，缴获飞机177架。

北非登陆战役

第二次世界大战中，美英盟军于1942年11月在法属阿尔及利亚和摩洛哥实施的登陆作战。1942年夏，美英为击溃非洲的德意联军，夺取北非战略要地，进而从南翼威胁德国和意大利，决定在同年秋季实施代号为“火炬”的登陆战役。由美陆军中将艾森豪威尔任总指挥，英海军上将坎宁安任海军总司令。登陆部队共10.7万人，由航空母舰16艘、战列舰7艘、巡洋舰9艘以及大批驱逐舰、扫雷舰和各式登陆舰艇共650艘提供支援。航渡中，参战舰艇编为3个特混舰队：东部特混舰队由英海军少将H.巴勒指挥，输送C.赖德少将指挥的美、英混编部队前往阿尔及尔地区登陆；中部特混舰队由英海军准将T.特鲁布里奇指挥，输送L.R.弗雷登德尔少将指挥的美军前往奥兰地区登陆；西部特混舰队由美海军少将H.K.休伊特指挥，输送G.S.巴顿少将指挥的美军前往法属摩洛哥登陆。英军航空兵1700架飞机以直布罗陀为基地实施战役掩护。上述登陆地区由法国维希政府军队驻守，总兵力约20万人，拥有飞机500架。10月22日和26日，东部和中部特混舰队分别自英国起航，11月5日会合后通过直布罗陀海峡向东航进，驶至预定登陆地段以北海域后转向南航，次日凌晨在各登陆地段突击上陆，达成战役突然性，当日傍晚占领阿尔瓦尔，10日占领奥兰。西部特混舰队自10月23日分批从美国起航，航渡中依次会合，频繁改变航向，以缩小目标并迷惑对方。11月7日夜抵达换乘海域，次日凌晨突击上陆，11日占领卡萨布兰卡。除个别登陆地段战斗较激烈外，法军未组织有力抗击，部分法军官兵还配合盟军行动。盟军迅速巩固了登陆场，但登陆地段距德国非洲军过远，且天气恶劣，未能迅速向东推进和占领突尼斯。此役是战争史上第一次使用登陆舰艇“由舰到岸”的大规模渡大海登陆战役，在战役组织、装备使用等方面为而后的西西里岛和诺曼底等登陆战役提供了经验。

突尼斯战役

第二次世界大战中，盟军为消灭北非德意军队于1943年4—5月实施的进攻战役。1943年3月底，盟军突破马雷特防线，进抵塞拉特角至昂非达维尔一线。德意非洲集团军群（司令为J.阿尼姆大将，辖德第5装甲集团军、意第1集团军共13个师，130辆坦克、500门火炮、500架飞机）企图依托朗斯托普峰和609高地等突尼斯沿海复杂地形，阻滞盟军进攻。盟军第18集团军群（司令为H.亚历山大上将，辖英第1、第8集团军和美第2军共20个师，1200辆坦克、1500门火炮、3241架飞机）决心以右翼第8集团军向泰克鲁那和昂非达维尔实施佯攻，左翼美第2军向比塞大和马特尔方向实施助攻，中路英第1集团军向首府突尼斯实施主攻。战役发起前，盟军海空军已完全封锁突尼斯与意大利之间的海空运输线。

4月19—20日，英第8集团军发起进攻。22日，英第1集团军和美第2军开始进攻，遭顽强抵抗，未能占领朗斯托普峰和609高地，仅美第2军左翼第9师有所进展。23—26日，英军经反复争夺占领朗斯托普峰，美第2军屡次攻609高地不克。30日，盟军以2个师加强英第1集团军。同日，美军攻占609高地，第9师进抵海岸，威胁德意军侧后。5月6日，盟军经炮火准备后再次发起攻击。德意军退至邦角（今提卜角），企图从海路撤出北非。7日，美第9师占领比塞大；英第1集团军占领首府突尼斯，其左翼于8日占领普罗维尔，与美军会合，其右翼于11日占领整个邦角半岛。德意军因盟国海空军严密封锁，未能撤往意大利。5月13日，阿尼姆率德意军余部投降。此役，盟军全歼北非残敌，俘25万人，北非战局至此结束。

诺曼底登陆战役

第二次世界大战中，美、英、加等同盟国军队于1944年6—7月在法国北部诺曼底地区进行的世界战争史上规模最大的战略性登陆作战，盟军进军欧洲的“霸王”行动的重要组成部分。目的是夺取集团军群登陆场，开辟欧洲第二战场，为发展对西欧的进攻并配合苏军最后击败纳粹德国创造条件。为隐蔽战役企图，美、英对登陆地域的选择进行了周密部署。盟军以飞机和舰艇进行长时间侦察，查明了登陆地域内德军的防御配系，掌握了较完整的情报资料。

1944年6月6日凌晨，登陆开始。德军损兵折将，处境危急。至7月，美、英、加军已登陆100万军队，并迅速展开攻势，扩大战果。诺曼底登陆战役，对于盟军在西欧展开大规模进攻，加速纳粹德国的崩溃具有重大意义。

华沙大起义

1944年8月1日—10月2日，华沙人民在波兰驻伦敦流亡政府领导下对德国占领军发动的武装起义。1944年7月，苏军在波兰人民军配合下解放波兰部分领土，24日解放卢布林市。当日，波兰民族解放委员会成立。7月底，波兰人民军和苏联红军逼近华沙。在此形势下，为夺取首都华沙，波兰流亡政府领导的“国家军”司令T. 科莫罗夫斯基将军，于8月1日指挥所部向占领华沙的德军仓促发起进攻，得到市民的响应。波兰工人党曾试图阻止这一不成熟的暴动，但华沙人民已经行动起来，于是便向全党和人民军下达了与起义军并肩作战的命令。在头三天的战斗中，华沙军民夺取了一些重要军事目标，占领了部分地区。8月5日—9月14日，德军调集重兵镇压起义。起义军被迫退却。10月2日，“国家军”指挥部宣布投降德军。在63天的街垒战中，起义者约1.8万人牺牲，25万人受伤，华沙市民约有18万人丧生；德军死伤约1.9万人，9000人失踪。华沙起义虽然失败，但对反法西斯战争作出了贡献，在波兰民族解放运动中占有重要地位。

法莱斯战役

诺曼底登陆战役结束后，盟军右翼美第3集团军（司令为巴顿中将）于7月31日突入布列塔尼半岛，实现盟军最高司令艾森豪威尔上将突破德军“B”集团军群（辖第5装甲集团军、第7集团军，司令为克卢格元帅）防御的企图。8月6—7日，德军“B”集团军群根据希特勒的命令，从莫尔坦、维尔地域向阿夫朗什发起攻击，企图歼灭美第3集团军。8日，盟军最高司令部决定利用德军向西进攻的有利时机，下令盟军第12集团军群（辖美第1、第3集团军，司令为O.N.布雷德利中将）和盟军第21集团军群（辖英第2集团军和加拿大第1集团军，司令为B.L.蒙哥马利上将）南北夹击，歼灭德军“B”集团军于阿让唐、法莱斯以西地域。21日，战役结束。此役，德军“B”集团军群遭沉重打击，被俘5万人，死亡1万人，重装备丢失殆尽，盟军乘胜解放法国大部，并进军比利时。

“巴巴罗萨计划”

1940年夏德国征服北欧、西欧诸国后，即着手制订入侵苏联的战略计划。

1941年春德国侵占巴尔干半岛后，开始在东欧集结兵力，加紧完成对苏作战部署。德国对苏作战计划“巴巴罗萨”方案确定其战略企图是：集中优势兵力沿三个战略方向实施闪电式进攻，把苏军主力消灭在苏联西部地区，而后长驱直入进抵阿尔汉格尔斯克、伏尔加河、阿斯特拉罕一线，使用空军摧毁乌拉尔工业区，以最终击败苏联。战前，苏联对于法西斯德国的入侵虽有警觉，但由于对战争爆发时间和德军主攻方向判断错误，对抗击德军首次突击思想准备不足，以致临战前未做好充分准备。1941年6月22日拂晓，德国撕毁《苏德互不侵犯条约》，突然进攻苏联。苏联仓促应战，西部边防迅速崩溃，部队节节败退。经5个多月艰苦战斗，苏军尽管损失官兵330余万人和大量武器装备，后退850～1250千米，但终于阻滞德军的进攻并建立了新防线。

基辅会战

苏德战争期间，苏军西南方面军在布良斯克方面军、南方面军两翼配合下，为击退德军在基辅方向的进攻，于1941年7月7日—9月26日实施的防御战役。苏军西南方面军（辖第5、第6、第26、第12集团军，司令为M.P.基尔波诺斯上将）在边境交战失利后，奉命于7月9日前撤到科罗斯坚、普罗斯库罗夫一线旧边界筑垒地域组织防御，以粉碎德军南方集团军群（辖第1装甲集群和第6、第17集团军，司令为伦德施泰特元帅）向基辅方向的进攻，保卫基辅。该方面军有44个严重减员师，德军南方集团军群有40个师（含10个装甲师和摩步师）。7月5日，德军开始进攻，在主要突击方向上先于后撤的苏军到达旧边界筑垒地域，在新米罗波尔以北和沃伦斯林新城以南突破苏军防御，夺占利尔季切夫和日托米尔，将苏军割裂成几个孤立集团。8月上旬，苏军第6、第12集团军（自7月25日起改隶南方面军）和第18集团军一部在乌曼地域被围歼。19日，西南方面军主力奉命撤至第聂伯河左岸。21日，德军统帅部下令加强苏德战场南北两翼的攻势。德军中央集团军群所属第2集团军和第2装甲集群南下，向明显突出的西南方面军后方突击。苏军最高统帅部命令新建的布良斯克方面军制止上述德军向西南方面军后方推进，但该方面军未完成任务。9月15日，德军第1、第2装甲集群在西南方面军后方洛赫维察会师，将西南方面军（辖第21、第5、第37、第26集团军）合围。17日，斯大林命令西南方面军突围，但为时已晚。19日，基辅陷落。20日，塞尔波诺斯等高级将领在突围中阵亡。26日，西南方面军基本被歼。据估计，苏军损失约70万人，德军损失10万余人。苏军由于战略指挥失当，在此次战役中遭到惨败，致使西南门户打开。但苏军西南方面军的抵抗对打破德军的闪击战计划起了重要作用。德军中央集团军群庞大兵力用于突击西南方向军侧翼，因而使德军在莫斯科方向的进攻受到影响。

列宁格勒会战

苏德战争期间，德军北方集团军群（司令为勒布元帅）进至韦利卡亚河地区后，企图在中央集团军群一部和芬军（总司令为曼纳海姆元帅）主力协同下，从列宁格勒西南接近地区和芬兰东南部实施南北对进，夺取列宁格勒和喀琅施塔得，而后向莫斯科方向转移兵力。苏军西北方向部队（总司令为苏联元帅伏罗希洛夫）奉命坚守列宁格勒，钳制和消耗德军兵力，以减轻莫斯科方向的压力，待机转入反攻。会战主要分为四个阶段：

第一阶段，德芬联军实施南北对进，苏军在列宁格勒接近地区进行防御（1941.7—1941.9），列宁格勒西南和南接近地区战线趋于稳定。

第二阶段，德军封锁列宁格勒，苏联军民进行反围困斗争（1941.10—1943.1），苏联未能解除德军的封锁。

第三阶段，苏军突破德军封锁（1943.1—1943.12），苏军以积极行动挫败德军重新封锁列宁格勒的企图。

第四阶段，苏军在取得斯大林格勒会战、库尔斯克会战和第聂伯河会战胜利后，完全解除德军对列宁格勒的封锁（1944.1—1944.8）。8月，会战至此结束。

列宁格勒会战最终粉碎德军长达900天的封锁和围困，钳制并击溃德军北方集团军群和芬军主力，收复北方大片领土，有力地配合了苏军其他方向的战斗行动，并迫使芬兰于1944年9月退出战争，使德军北翼面临彻底崩溃的局面。列宁格勒军民也付出了伤亡大约百万人的代价。

莫斯科会战

德军在攻占斯摩棱斯克和基辅，推进至列宁格勒（今圣彼得堡）附近后，集中兵力向苏联首都莫斯科发动进攻。根据“台风”行动计划，德军企图首先围歼苏军主力于维亚济马—布良斯克地区，而后以强大的装甲摩托化兵团从南北两翼实施钳击，步兵兵团实施正面进攻，于入冬前攻占莫斯科。苏军决心保卫莫斯科，会战打响。

第一阶段，苏军防御（1941.9.30—12.5）。在这一阶段，苏军实施了维亚济马、奥廖尔—布良斯克、莫扎伊斯克—小雅罗斯拉韦茨、加里宁—索尔涅奇诺戈尔斯克和图拉防御战役。

第二阶段，苏军反攻（1941.2.5—1942.1.7）。1941 年 12 月 5—6 日，苏军利用德军预备队消耗殆尽、失去进攻势头的有利时机，出其不意地在加里宁至叶列茨一线开始全线反攻，先后实施了加里宁、克林—索尔涅奇诺戈尔斯克、图拉、叶列茨和卡卢加进攻战役，并在罗斯托夫和季赫温方向展开积极的配合行动。

第三阶段，苏军总攻（1942.1.8—1942.4.20）。苏军最高统帅部决定利用德军失去进攻势头的有利时机，在西方、西北和西南战略方向发起总攻，并以西方正面为主攻方向。1942 年 4 月 20 日，会战至此结束。

此战，苏军经艰苦奋战粉碎德军对莫斯科的进攻，向西推进 100 ~ 350 千米，解放莫斯科州、加里宁州、图拉州、梁赞州以及斯摩棱斯克州和奥廖尔州部分地区，但未完全实现围歼德中央集团军群的企图。德军在第二次世界大战中首次遭到重大失败，损失官兵 50 万人（其中冻死、冻伤 10 万余人）、坦克 1300 辆、火炮 2500 门、汽车 1.5 万余辆。苏军的这一胜利宣告了希特勒闪击战计划的破产，改善了苏军的战略态势，提高了苏联的国际地位，为苏德战场的根本转折奠定了基础。

斯大林格勒战役

德军在莫斯科会战失败后，被迫放弃全面进攻，于 1942 年夏在苏德战场南翼实施重点进攻，企图攻占高加索和斯大林格勒，切断苏军的战略补给线。7 月，德军逼近斯大格格勒。苏军最高统帅部为保卫斯大林格勒，投入巨大军力。

会战按苏军的行动性质分防御和反攻两个阶段。德军曾一度攻入斯大林格勒市区，与苏军展开拉锯争夺战，最后德军统帅部企图攻占斯大林格勒的计划宣告破产。

1942 年 11 月，苏军统帅部在防御阶段就制订了反攻计划。会战中，德军第 6 集团军和第 4 装甲集团军，罗马尼亚第 3、第 4 集团军，意大利第 8 集团军被歼灭。法西斯集团损失官兵近 150 万人，约占其苏德战场总兵力的四分之一。苏军斯大林格勒会战的胜利扭转了苏德战场的局势，不仅成为苏德战争的转折点，而且也是第二次世界大战历史性转折的主要标志。苏军从此基本掌握战略主动权，开始从战略防御转入战略反攻和进攻。会战的胜利坚定了全世界人民反法西斯斗争的必胜信心，巩固并扩大了国际反法西斯统一战线。法西斯集团在斯大林格勒的失败，震撼了整个法西斯德国，动摇了仆从国对它的信任。

库尔斯克会战

德军在斯大林格勒会战失败后，为摆脱困境、防止轴心国集团土崩瓦解，决定在苏德战场发动大规模夏季进攻，以夺回战略主动权。德军统帅部考虑到德军在库尔斯克突出部地域所处的有利态势，决定实施代号为“堡垒”的战役，企图从南、北两面向该突出部根部实施向心突击，围歼苏军中央方面军和沃罗涅日方面军，而后向苏军西南方面军后方突击，向东北方向发起进攻。为发动这一战役，德军动用了大量军事力量。会战按苏军的行动性质可分为防御和反攻两个阶段。会战中，双方投入兵力共400余万人，火炮和迫击炮6.9万余门、坦克和自行火炮1.3万余辆、作战飞机1.2万架。德军损失官兵约50万人，坦克1500辆、飞机3700余架、火炮和迫击炮3000门，其进攻战略遭到彻底破产。此次会战标志着苏德战争进程完成了根本转折。德军从此完全丧失战略进攻能力，全线转入防御，战略主动权完全转入苏军手中。

中途岛海战

1942年6月，美、日海军在中途岛附近海域进行的海战。

中途岛位于太平洋中部，是北美和亚洲之间的海上和空中交通要冲，由周长24千米的环礁组成，陆地面积约5.2平方千米。1867年被美国占领后，成为美国的重要海军基地及夏威夷群岛的西北屏障。1942年4月18日美军杜利特尔航空队空袭东京后，日本认为威胁来自中途岛，遂决心实施中途岛—阿留申群岛战役。日军企图夺取中途岛，迫使美军退守夏威夷及美国西海岸，诱歼美国太平洋舰队，以保障日本本土的安全。由联合舰队总司令山本五十六海军大将统一指挥。26—29日，各编队先后由本土起航，预定于6月4日对中连岛发起进攻。

5月中旬，美军破译日本海军密码电报，掌握了日本进攻中途岛的企图。6月4日，双方展开激战。日军接连失利，中途岛海战改变了太平洋地区日美航空母舰实力对比。日军仅剩重型航空母舰1艘、轻型航空母舰4艘，并损失大量飞行员。从此，日本在太平洋战场开始丧失战略主动权，战局出现有利于盟军的转折。

塞班岛战役

太平洋战争期间，美军于1944年6—7月在塞班岛进行的登陆战役。塞班岛是马里亚纳群岛的主要岛屿，面积122平方千米。守岛日军为第31军（司令为小畑英良中将）所辖第43师团、第47混成旅团等，以及海军中太平洋舰队司令部（司令为南云忠一海军中将）所属第55海军警备队、横须贺第1特别陆战队等共4.3万余人，有舰艇55艘和飞机630架。美军登陆部队为第2、第4陆战师和第27步兵师共6.7万人，由北部突击舰队（R.K.特纳海军中将指挥）的470余艘舰艇和近2000架飞机负责海上输送和掩护支援。日军企图依托滩头阵地，以火力和反冲击歼灭登陆后立足未稳之敌。美军从6月11日起实施航空和舰炮火力准备，摧毁岛上大部地面工事。15日，美第2、第4陆战师在塞班岛西岸查兰干诺地区登陆，傍晚占领登陆场。当日和16日夜，日军多次实施小规模反击，均被击退。17日夜，日军再次发起反击，一度突入美军阵地，但由于缺乏后续梯队，次日早晨被击退。美军巩固登陆场后，第27步兵师登陆增援，并赶修机场和部署炮兵。6月19—20日，日海军在马里亚纳海战中遭重创，守岛日军完全陷于孤立。26日，美军攻占该岛中部制高点塔波乔山，随后向北发起进攻。经20天激战，日军伤亡惨重，只剩3000人。7月6日，南云忠一和第43师团师团长斋藤义次自杀。次日凌晨，日军残部向美军反扑，被全歼。9日，美军占领全岛。此役，日军伤亡4.1万余人，被俘近2000人；美军伤亡1.6万余人。美军夺取塞班岛，为攻占马里亚纳群岛其他岛屿创造了条件，并为B-29远程轰炸机轰炸日本本土提供了基地。

莱特湾海战

太平洋战争期间，美、日海军于1944年10月在菲律宾莱特湾附近海域进行的规模空前的大海战。1944年10月20日，美军由D.麦克阿瑟上将指挥，在菲律宾中部莱特岛登陆，开始实施菲律宾战役。此次战役由第7舰队(司令为T.C.金凯德海军中将）担任护航，第3舰队（司令为W.F.哈尔西海军上将）担任支援和掩护。美军出动航空母舰35艘、战列舰12艘、巡洋舰26艘、驱逐舰144艘、潜艇29艘、舰载机1280余架。日军根据“捷1号”作战计划，由小泽治三郎海军中将率第3舰队、志摩清英海军中将率第5舰队分别从濑户内海和奄美诸岛，栗田健男海军中将率第2舰队从新加坡向菲律宾附近海域集结，准备进行反击。日军共投入航空母舰4艘、战列舰9艘、巡洋舰21艘、驱逐舰35艘、潜艇17艘、飞机716架（其中舰载机116架)。23日晨，栗田率第2舰队北进途中，在巴拉望岛以西海域遭美军2艘潜艇袭击，“爱宕”号和“摩耶”号重巡洋舰被击沉。24日，栗田率舰队驶入菲律宾中部锡布延海，受到美军250架舰载机五次攻击，战列舰“武藏”号被击沉。25日，美第7舰队的战列舰和驱逐舰在苏里高海峡全歼驶向莱特湾的日军第2舰队第3部队，并迫使志摩指挥的第5舰队撤退。栗田第2舰队穿过圣贝纳迪诺海峡，在萨马岛以东海面攻击美军第7舰队航空母舰。美舰且战且退，并以航空兵实施反击，打乱日舰队形，迫其撤出战斗。与此同时，美军第3舰队航母编队在恩加尼奥角海域将小泽舰队的航空母舰全部击沉。交战中，日军首次使用“神风”特攻机攻击美军航空母舰。26日上午，美机继续追歼南撤的日军第2舰队。此役，日军航空母舰4艘、战列舰3艘、巡洋舰10艘、驱逐舰9艘、潜艇7艘被击沉，损失飞机500架，伤亡约1万人。美军航空母舰3艘、驱逐舰2艘、护卫舰1艘被击沉，损失飞机100余架，伤亡2800余人。美军为此掌握了菲律宾群岛及其附近海域的制海制空权，为占领整个菲律宾奠定了基础，日本海军则遭到毁灭性打击，不再对美国海军构成重大威胁。

硫黄岛战役

太平洋战争期间，美军于1945年2—3月在硫黄岛对日军进行的登陆战役。硫黄岛位于小笠原群岛以南，北距东京675海里，南距塞班岛594海里，面积20平方千米，南端为标高166米的折钵山，东南海岸便于登陆。岛上3个机场是日本通往东南亚的重要航空和海运中继基地。1944年8月美军占领马里亚纳群岛后，硫黄岛成为日军在中太平洋的前哨阵地。美军为取得轰炸日本本土的前进基地，决心夺取该岛。守岛日军为第109师团、第2混成旅团和海军基地部队约2.3万人，有飞机30余架，由小笠原兵团司令栗林忠道陆军中将指挥。鉴于塞班岛战役水际滩头防御失败的教训，日军采取纵深防御为主、滩岸防御为辅的抗登陆作战方针。主要防御地带元山地区筑有永备工事和总长约18千米的地下坑道。美军参战兵力约22万人，其中登陆部队约6.1万人，主力为第5陆战军（辖第3、第4、第5陆战师），另有舰艇800余艘（其中航空母舰11艘、战列舰7艘、重巡洋舰4艘），飞机2000余架，由第5舰队司令R.A.斯普鲁恩斯上将统一指挥。战役发起前，美军进行74天连续轰炸和3天预先火力准备，扫清了登陆航道。2月19日早晨，美第4、第5陆战师在舰炮和航空火力支援下，乘500辆两栖装甲车和250艘登陆艇在该岛东南岸滩3千米地段登陆，遭日军火力反击和小规模出击，伤亡重大。当日，美军占领登陆场，切断南端折钵山与其他地区的联系。21日，第3陆战师加入战斗。日军依托坑道工事和岩洞顽强抵抗，夜间频繁出击，使美军预计5天攻占该岛的计划，经36天激战始告完成。3月26日，守岛日军被全歼，战役结束。美军以伤亡约2.6万人的代价占领该岛，为而后进攻日本本土取得了前进基地。

吕宋岛战役

太平洋战争期间，1944年12月美军占领莱特岛后，盟军西南太平洋战区总司令D.麦克阿瑟命令第6集团军和第8集团军一部共28万人在吕宋岛登陆，歼灭驻菲律宾日军主力。日军在吕宋岛驻有陆、海军28.7万人，由第14军司令山下奉文大将统一指挥，决心以持久防御牵制和消耗美军。1945年1月9日，美第6集团军(辖第1、第14军，约20万人）在作战舰艇233艘、运输船只800艘和飞机1000架支援下，在吕宋岛西岸林加延湾登陆。美军登陆后，在菲律宾人民抗日军配合下分别向日军尚武集团和马尼拉方向发起进攻。日军依托既设阵地抗击，迟滞美军进攻。1月底，美军攻占克拉克，进逼马尼拉。在美军包围下，日军最后放下武器。此役，美军损失4.7万人、舰艇17艘，日军亡21万人。

柏林战役

苏德战争末期的1945年春，苏、美、英等盟国军队分别从东西两面进入德国本土作战。苏军进抵奥得河、尼斯河一线，距柏林仅60千米，盟军先头部队也前出到易北河附近，距柏林100～120千米。东西两线都为最后歼灭法西斯德军进行积极准备。军事上陷于腹背受敌的德国，政治局势面临绝境，人力物力资源完全枯竭，士气低落，败局已定。但希特勒困兽犹斗，竭力拖延战争，指望反法西斯同盟内部发生分裂而使战争出现转机。

苏军最高统帅部为彻底消灭法西斯德军，结束欧洲战争，决心快速实施攻克柏林的战役，攻占法西斯德国首都并给德军以最后歼灭性打击。1945年4月16日—5月8日，苏军进行进攻战役，5月27日，希特勒在总理府地下室自杀。5月5日，战役全部结束。5月8日午夜，德军向盟军正式签署无条件投降书。此役，标志着法西斯德国的灭亡。

布拉格战役

苏德战争中，苏军为歼灭捷克斯洛伐克境内德军集团并支援布拉格人民起义，于1945年5月6—11日进行的最后一次进攻战役。德军残存的最大集团约90万人，企图对苏军进行顽抗以待机向美军投降。苏联联军（含波兰和捷克、罗马尼亚等国军队）共200余万人，决定对其进攻围歼。苏军的战役企图是：以绝对优势兵力对布拉格实施数个迅猛的向心突击，并合围和分割该城以东的敌军集团主力，解放捷首都布拉格，切断敌军向西和西南方向的退路。5月6日，乌兰克第1方面军右翼部队从布拉格北山开始追击撤退之敌。翌日，其左翼和中央部队开始进攻。同时，乌克兰第4和第2方面军部队分别从布拉格东面和东南面发起进攻。8日，各部相继攻克德累斯顿、包岑、特普利采、瓦尔登堡、奥洛穆茨、亚罗梅日采、兹洛伊莫等城。9日，三个方面军的先遣部队从三个方向先后进入布拉格，解放该城。德军基本兵力被围于布拉格以东地域，于10—11日投降。此役，苏军成功地变更战役部署，并顺利地在山林地条件下使用坦克集团军实施深远机动，俘虏德军官兵86万人，达到迅速围歼德军集团和解放捷克斯洛伐克全境的目的。

奠边府战役

中南半岛人民抗法战争后期，越军对法军实施的战略性进攻战役。1953年11月，驻中南半岛法军妄图歼灭越军主力，将奠边府巩固为侵略越南、老挝的基地。为粉碎法军企图，越军决定对奠边府实施战略性进攻战役，由武元甲任前线总指挥。1953年12月越军解放省会莱州后，先后集结4个步兵师（欠1个团）、1个炮兵师及其他兵种部队共4万余人，从北、南两个方向对奠边府形成合围。鉴于法军筑有坚固防御工事，越军采取稳扎稳打、分阶段歼敌的方针。第一阶段（1954.3.13—1954.3.29），越军先后攻占北区法军支撑点。第二阶段（1954.3.30—1954.4.30），越军对敌芒清中心分区发起攻击，利用坑道或交通壕接近并摧毁法军支撑点，夺取奠边府以东各制高点，同时楔入中区和南区之间，分割包围法军，将其压缩在不到2平方千米的狭长地段，并以炮火摧毁机场，切断法军来自空中的补给。第三阶段(1954.5.1—1954.5.7),越军发起总攻，全歼守敌，击落、击毁飞机62架，俘法军指挥官卡斯特里准将及其全部参谋人员。此役是越军首次进行的阵地攻坚战。战役的胜利加快了战争进程。

中东战争爆发的历史根源

中东战争是第二次世界大战后，阿拉伯国家同以色列之间进行的四次战争。因发生在中东巴勒斯坦及其周围地区，因此得名，又称阿以战争。巴勒斯坦战略地位非常重要。阿拉伯人和犹太人的祖先都曾在巴勒斯坦地区建国，自古以来受到周边国家和欧洲强国的侵略和统治。公元前1世纪，罗马帝国入侵巴勒斯坦，犹太人或被屠杀，或被赶出该地区，流落各地，受到歧视和迫害。19世纪末，西欧等地犹太人发起复国运动，陆续迁返巴勒斯坦。第一次世界大战后，巴勒斯坦地区于1922年成为英国的“委任统治地”。第二次世界大战期间，犹太人在欧洲被德国法西斯屠杀达600万人，犹太人更感觉到建立自己的国家的重要性。第二次世界大战之后，犹太人的复国要求日趋强烈。新老殖民主义、帝国主义国家出于向中东地区扩张的需要，支持犹太人复国，同时利用阿、犹民族矛盾制造事端，致使阿、犹之间的武装冲突时有发生，并逐步发展。1947年11月，第二届联合国大会通过巴勒斯坦分治决议，规定在该地区建立阿拉伯和犹太两个国家，耶路撒冷市由联合国托管。由于该地区阿拉伯人口较多，而划给阿拉伯国的版图较小，且多为丘陵和土地贫瘠地区，因此阿拉伯国家坚决抵制分治决议，反对建立犹太国家，阿以战端遂起。

第一次中东战争（1948—1949）

又称巴勒斯坦战争，以色列称“独立战争”。1948年5月14日，英国结束对巴勒斯坦的委任统治。当日下午，犹太人宣告建立以色列国。次日凌晨，外约旦、伊拉克、叙利亚、黎巴嫩、埃及和沙特阿拉伯等阿拉伯国家为扼杀刚建立的以色列国，出动4万军队（后增至6万人）从三面向以色列发起进攻。以色列国防军前身“哈加纳”等武装部队（共3万人）虽顽强抵抗，但战争初期极为被动。以军在得到美国援助后展开反攻和进攻。阿拉伯国家因受帝国主义国家掣肘，缺乏统一的作战指挥，武器装备和部队素质较差，结果战败。阿方亡约1.5万人，以军亡约6000人。1949年2—7月，埃、约、黎、叙分别同以色列签订停战协定。结果，以色列占领除加沙和约旦河西岸部分地区以外的巴勒斯坦大部地区，其中包括分治决议划归阿拉伯国的约6700平方千米土地，使近百万巴勒斯坦阿拉伯人被赶出家园。

第二次中东战争（1956—1957）

又称苏伊士运河战争，或英法以侵埃战争，以色列称“西奈战役”。1956年10月，英、法、以色列借口埃及宣布苏伊士运河公司收归国有和禁止以色列船只通过运河与蒂朗海峡，联合向埃及发动进攻，企图重新控制运河，推翻埃及总统纳赛尔领导的民族进步政府，镇压阿拉伯民族解放运动。10月29日17时，以军入侵阿拉伯西奈半岛和加沙地区。英法联军侵占埃及赛得港和福阿德港，随后沿运河向南推进约30千米，纳赛尔指挥埃军勇敢战斗。战争中，埃及人民得到全世界人民的道义支持，并利用美、苏与英、法之间的矛盾，迫使侵略者于6日深夜同意停火和撤军。12月，英法联军撤兵，以军于次年3月撤出加沙地区和西奈半岛。以色列取得通过莱朗海峡的航行权，联合国部队进驻加沙和亚喀巴湾沿岸地区。战争中，埃军亡约1600人，损失飞机210架；以军亡约200人，损失飞机约20架；英、法军队损失很小。

第三次中东战争（1967）

又称“六·五战争”，阿拉伯国家称“六月战争”，以色列称“六天战争”。1967年，美、苏对中东的争夺加剧，阿拉伯国家反控制、反侵略斗争日益发展。以色列为了向外扩张并压制阿拉伯民族解放运动，借口埃及封锁亚喀巴湾，决定对埃及发动突然袭击。5月上旬，苏联向阿拉伯国家提供了以军在边境集结的情报。中旬，埃及要求联合国部队撤离加沙地区和西奈半岛，并封锁蒂朗海峡，同时命令进驻西奈半岛的7个师约10万人和近千辆坦克集结备战。6月5日晨，以军乘埃军早饭戒备松懈之机，集中使用200架作战飞机袭击阿拉伯国家25个空军基地，击毁埃军绝大部分飞机于地面，给埃空军以毁灭性打击；同时击毁叙利亚飞机50余架、约旦飞机约20架、伊拉克飞机10余架。以军拿到制空权后，出动22个旅实施多方向快速突击，四天内在西线占领西奈半岛和加沙地区，东线占领耶路撒冷东城区和约旦河西岸全部地区；10日又向东北出击，占领叙利亚的戈兰高地。

8—11月，埃、约、叙先后同意停火。至此，以色列共侵占阿拉伯国家领土约6.5万平方千米，把联合国分治决议规定的犹太国版图扩大五倍多；数十万巴勒斯坦阿拉伯人被赶出家园，阿、以矛盾更加尖锐。战后，阿、以对抗继续发展，小规模交火事件经常发生，双方还经常派遣突击队偷袭对方。

第四次中东战争（1973）

又称十月战争，阿拉伯国家称“斋月战争”，以色列称“赎罪日战争”或“十八天战争”。1973年10月，埃及、叙利亚为收复失地和摆脱美、苏造成的“不战不和”被动局面，向以色列开战。伊拉克、约旦、阿尔及利亚、利比亚、摩洛哥、沙特阿拉伯、苏丹、科威特、突尼斯和巴勒斯坦解放组织均派部队或飞机参战。埃、叙为达成进攻突然性，采取了一系列战略、战术和伪装欺骗措施。直到开战前数小时，以色列总理G. 梅厄和国防部长M. 达扬等仍认为埃、叙不敢发动进攻，展开兵力是进行演习。10月6日，埃、叙分别在西线和北线同时向以军突然发起进攻，给以军沉重打击。

此次战争，埃、叙经周密准备对以实施战略突袭，通过两线夹击首战告捷，振奋了阿拉伯国家的民心士气。埃军强渡运河成功，显示出陆海空诸军兵种协同作战的威力；虽然埃军在战场上逐步陷入被动，但停战时终于在运河东岸占据两段狭长的滩头阵地，达到了为而后通过政治谈判收复全部失地创造条件的战略目的。以色列面对两线作战的严峻局面，坚持先北后西、重点用兵的方针，动员迅速，指挥灵活，终于化被动为主动，转败为胜。

最后，埃、以双方按照联合国安理会决议停战。埃、以于1979年3月签署和约规定，以军于1982年4月完全撤出西奈半岛，北线以军则撤至1967年停火线以西。此次战争，双方损失重大。其间，阿拉伯国家使用“石油武器”，采取提高油价、限制输出等手段，力图遏制美国和西欧一些国家对以色列的支持，从经济上给以色列和美国等亲以国家以一定打击。

朝鲜战争的起因

1945年8月日本投降前，美苏两国商定以北纬38度线为界分别进驻朝鲜南、北方，接受侵朝日军投降。8月末至9月上旬，苏、美军先后进抵三八线以北、以南地区。1948年8月，南方成立大韩民国；9月，北方成立朝鲜民主主义人民共和国。朝鲜形成南北分裂局面，但双方均宣布对整个朝鲜拥有主权。同年12月苏联撤军，翌年6月美国撤军。此后，边境武装冲突日趋频繁。1950年6月25日，朝鲜爆发全面内战。次日，美国总统H. 杜鲁门命令驻远东美海空军支援韩国军队作战，27日正式宣布武装介入，并命令美国第7舰队进驻台湾海峡。7月1日，美地面部队进入朝鲜。7日，联合国安理会通过决议，组成包括美国等16个国家在内的“联合国军”，由美陆军五星上将D. 麦克阿瑟为总司令（后由M.B. 李奇微和M.W. 克拉克相继接任），朝鲜内战从此转化为国际战争。美军很快把战火烧到了中国东北边境地区，严重威胁中国国家安全。为了保家卫国，10月，中国人民志愿军入朝参战。1953年战争结束时，双方战场总兵力达300万人以上，朝中军队约180万人，“联合国军”和韩国军队约120万人。

仁川登陆

1950年8月，“联合国军”和韩国军队在朝鲜人民军连续打击下，退守釜山、大丘地区，双方在洛东江两岸对峙。

美国政府为扭转战场不利局面，于8月批准以新组建的第10军实施仁川登陆战役计划，以期切断人民军后方补给线，围歼人民军主力，进而挽回败局并占领全朝鲜。参战兵力包括美陆军第10军以及海军第7舰队和战术空军第5航空队，此外还有英国海军、韩国海军和陆军。登陆部队主力为美第10军所属第1陆战师、第7步兵师以及韩国海军陆战队等，有230艘舰船和约350架海军飞机提供支援。9月13—14日，美空、海军对仁川港外的月尾岛和仁川市区进行轰炸和炮击。9月15日，美军乘人民军后方兵力空虚之机，在西海岸实施仁川登陆战役。当夜占领仁川市区，18日进抵安养川地区。“联合国军”以伤亡1.2万人的代价取得登陆战役的成功。美军很快攻占汉城，朝鲜人民军的战争形势急转直下。

胡志明战役

中南半岛人民抗美救国战争期间，越南人民军于1975年4月实施的战略决战。其计划是全歼南越西贡政权残余军队，占领西贡（今胡志明市）和湄公河三角洲，推翻阮文绍独裁统治。4月9日夜至10日凌晨，越军对春禄发起攻击，迅速占领省府、市府及警察局等目标，完成对春禄的包围。16—19日，相继占领宁顺、平顺等省。春禄守军面临被歼危险，于20日夜弃城逃往西贡。西贡政权一片混乱，美国驻西贡人员匆忙撤离。22—26日，外围守军大部被歼，西贡陷入越军重重包围之中。26日，越军从东南和西南方向对西贡发动总攻，27日攻占巴地市和福绥省。29日凌晨，越军5个军和各军区部队在地方人民武装和起义人民支援下，分五路从东、西、南、北和西北方向发起总攻击，迅速突破敌内围防线，30日上午占领新山一机场、敌总参谋部和总统府。西贡当局宣布投降，战役结束。5月1—2日，南部各省解放。此役，越军歼灭西贡政权军队40多万人，彻底摧毁南越西贡政权，并完全解放越南南方，为越南南、北方的统一创造了条件。

马尔维纳斯群岛战争

1982年4—6月，阿根廷和英国因马尔维纳斯群岛（简称马岛，也叫做福克兰群岛)、南乔治亚群岛、南桑威奇群岛归属问题进行的战争。

马尔维纳斯等三个群岛地处南大西洋和南太平洋航道要冲，是通往南极的前进基地，战略地位重要。英、阿马岛主权争端由来已久。1690年，英国人发现并登上马岛。18世纪，法国人和英国人先后登岛定居，后被西班牙人夺占。1816年阿根廷独立后，声明继承西班牙对马岛的主权并派官员上岛。1833年，英军重占马岛。英阿双方为马岛主权多次谈判。1982年2月，英阿谈判破裂。3月18日，阿根廷科学考察组在南乔治亚岛升起国旗，英阿关系急剧恶化。阿政府决定以武力解决争端。此战，阿方对英国的决心和兵力动员判断失误，英国则对战争爆发估计不足，但双方坚持战争目的的有限性，未采取扩大战争的步骤。

整个战争历时74天。阿方守岛军队最后失利，向英军投降。阿海空军飞机曾猛烈轰炸英军上陆地域和英舰，取得一定战果。

苏联入侵阿富汗战争

20世纪70年代，苏联推行勃列日涅夫的全球战略，加紧与美国争夺世界霸权。为实现其南下印度洋，控制中亚枢纽地区的战略企图，于1979年入侵阿富汗，占领阿北部地区。阿富汗人民在国际社会支持和援助下，与侵阿苏军和苏联扶植的政府军展开旷日持久的战争。近10年的战争，阿富汗战场出现了苏军控制主要城市与交通线，游击队控制广大农村，双方均不可能取胜的僵持状态。在此情况下，苏联被迫撤军。至此，苏联侵阿战争结束。阿富汗战争旷日持久，历时9年多，给阿、苏两国人民带来深重灾难。阿富汗战争削弱了苏联国力，从而被迫改变其全球战略，对国际战略格局影响深远。

美军入侵巴拿马

1903年，美、巴政府签订开凿和永久租让巴拿马运河区的不平等条约。1914年运河通航后，美完全控制运河区，严重侵犯巴主权和领土完整。为收复运河区，巴拿马人民进行了长期斗争。1989年12月，美、巴在提名运河管理委员会主任问题上再生争端，美国随即入侵巴拿马。1989年12月20日凌晨1时，美F-117隐形轰炸机从内华达州托诺帕基地起飞侵入巴领空，轰炸里奥阿托巴军高炮阵地。与此同时，美海军“海豹”小队一部袭击巴拿马国民警卫队司令诺列加私人机场，炸毁其座机，另一部袭击诺列加专用船只卫兵并炸沉该船，切断诺列加从空中和海上转移的退路。随后，美军兵分五路向巴拿马各军事要地发动进攻。“红色特遣队”以空降和地面攻击占领巴拿马城附近托里霍斯国际机场，控制帕科拉河大桥；“尖刀特遣队”在炮火、坦克和直升机掩护下，攻占并烧毁巴国防军司令部大楼；“太平洋特遣队”乘20架C-141运输机分两批机降托里霍斯机场，支援“红色特遣队”扼守帕科拉河大桥，以阻止驻西马隆堡基地的巴军驰援巴拿马城；“永远忠实特遣队”抢占巴拿马运河上的泛美公路大桥，守卫运河区内的霍华德空军基地；“大西洋特遣队”攻打巴拿马第二大城市科隆，占领麦登大坝、供电中心、水电站等重要运河设施。战斗打响后，部分巴军进行顽强抵抗，但寡不敌众。美军突袭得逞，仅8个小时就击溃巴军有组织的抵抗，15个小时摧毁巴军主要军事设施，控制巴军大部分兵营，并推翻了诺列加政府。

海湾战争

1990年8月2日，伊拉克以石油和领土问题为由，出兵侵占科威特。1991年1月17日，以美国为首的多国部队向伊拉克发起攻击，组织实施“沙漠风暴”行动，海湾战争爆发。战争中主要以地面防御战辅以导弹战和心理战对抗。伊拉克独力抵抗以美国为首的多国部队，但终因力量对比过于悬殊而失败，使国家蒙受灾难性打击。经过42天的战争，伊军被逐出科威特。1991年2月26日，伊拉克总统萨达姆宣布接受停火，战役至此结束。海湾战争中，美英军队损失轻微，伊拉克海陆空三军遭受重创或丧失战斗力。科威特直接战争损失600亿美元，伊拉克损失达2000余亿美元，美国耗资600亿美元。此战是第二次世界大战结束后现代化程度最高的战争，广泛使用了20世纪80年代末90年代初最先进的高技术武器装备。它是“冷战”结束后第一次大规模的局部战争，是世界多种矛盾进一步发展的结果，对国际形势的发展具有深远影响。

波黑战争

作为东欧剧变的组成部分，1945年成立的南斯拉夫联邦于1991年迅速解体。当年6月25日，斯洛文尼亚和克罗地亚率先宣布脱离联邦而独立；10月15日和11月20日，波斯尼亚和黑塞哥维那、马其顿亦先后宣告独立；1992年4月27日，塞尔维亚和黑山两个共和国宣布联合组成“南斯拉夫联盟共和国”。这样，原南斯拉夫联邦分裂为五个独立国家。在南联邦解体过程中，由于领土、财产和利益分割上的矛盾以及原本存在的民族纠纷和宗教冲突，各共和国间和各国内的不同民族间先后发生规模不等的战争，其中最严重的内战发生在波黑境内，并涉及其周边的塞尔维亚和克罗地亚。1992年3月，因国家的独立地位进行全民公决而触发的波黑穆斯林、克罗地亚族和塞尔维亚族之间的冲突在外部势力的支持下（波黑塞族得到南联盟塞尔维亚共和国支持，克族得到克罗地亚共和国支持，穆斯林得到各伊斯兰国家支持）愈演愈烈，最终形成长达三年半的全面内战，死亡人数超过25万。直至1995年11月21日，打得精疲力竭的各方才在美国的干预下于美国俄亥俄州的代顿空军基地签署了和平协议。代顿协议并没有平息南联邦解体带来的动荡，波黑战争结束后，民族冲突的热点很快转移到南联盟境内，科索沃危机成为世人关注的中心。

达尔富尔冲突

达尔富尔是非洲最大国家苏丹西部的一个半干旱省份，其面积与法国相当。苏丹以阿拉伯人为主，而达尔富尔的大多数人口为非洲黑人。多年来，多数非洲农民和阿拉伯牧民为争夺土地而关系紧张。

达尔富尔的反政府组织称，苏丹政府忽视该省并歧视非洲黑人。2003年，反叛组织开始攻击政府目标，冲突由此而始。作为报复，苏丹政府在达尔富尔出动军警，进行联合作战。200多万人逃离了家园。很多人称，政府的飞机轰炸了村庄。之后，武装民兵队就骑着骆驼和马匹进入村庄杀戮、强奸和掠夺。难民们和一些西方观察家称，政府曾采取蓄意行动将非洲黑人驱逐出达尔富尔。政府承认他们动员了“自卫民兵”，但否认与民兵队有联系，并称该问题被夸大了。躲避暴力逃离家园的人们目前居住在达尔富尔以外的难民营中。大约有20万难民越过边境进入了乍得。居住在难民营中的人们，目前依靠国际社会捐赠的粮食援助而生存。援助机构再三提出警告，持续的暴力行动使他们很难，或者说不可能继续向逃离家园的难民们提供他们需要的帮助。

车臣问题

车臣共和国位于俄罗斯西南部高加索山脉北侧，是俄罗斯联邦境内的一个自治共和国，面积约1.5万平方千米，人口100多万。车臣人信奉伊斯兰教，属逊尼派。俄罗斯与车臣的民族矛盾可以追溯到18世纪沙皇入侵车臣，19世纪沙俄征服车臣并将其纳入帝国版图。20世纪40年代，斯大林推行高压民族政策，将整个车臣族赶出世代居住的高加索，迁往哈萨克。直至20世纪80年代车臣人才得以返回故乡，而此次迁徙更加深了车臣人对于俄罗斯的仇恨，为日后的车臣问题埋下祸根。1991年苏联发生“八一九”事件，9月前苏联空军少将、车臣人杜达耶夫武力推翻了车臣地区的苏维埃政权。10月车臣地区进行了共和国总统选举，杜达耶夫当选总统。11月苏联解体前夕，杜达耶夫颁布成立“主权国家”车臣共和国，并且组织车臣国民卫队，车臣走上独立道路。为了平息分裂主义势力，叶利钦政府决心以武力解决车臣问题。1994年12月，俄军出动6万大军开始对车臣地区武装进行打击，第一次车臣战争爆发。1996年8月13日，俄联邦政府和车臣地区武装达成协议，规定将车臣问题搁置5年，历时20个月的第一次车臣战争以“哈萨维尤尔特协定”而告终。1997年1月，车臣地区进行总统选举，马斯哈多夫当选。同年5月，俄联邦和车臣签署和平与互相关系原则条约。但是马斯哈多夫坚持车臣是独立国家，不仅拒不执行和平协约，反而加紧分裂活动。而且马斯哈多夫领导下的车臣不但加紧分裂活动，而且经常武装袭击与其毗邻的达吉斯坦共和国，企图和该国一起建立所谓“神权政治国家”。因此，1999年8月俄当局出动10万大军，爆发第二次车臣战争。2000年1月俄政府宣布马斯哈多夫为车臣非法总统，他躲到车臣南部山区，成为车臣非法武装三大头目之一，领导非法武装与俄军对抗。俄军经过空中地面联合打击消灭了大部车臣武装，但剩余的车臣武装继续化整为零进行游击战，不断在各地进行恐怖袭击，造成大量人员伤亡。2005年3月8日，俄联邦政府宣布马斯哈多夫在当天被击毙。马斯哈多夫虽然已被击毙，但是俄罗斯和车臣长久的民族积怨却难以化解。

科索沃战争

1996年，阿族激进分子成立武装组织“科索沃解放军”，开始了运用暴力手段的分离运动。在波黑战火逐渐熄灭的同时，科索沃的战火却越燃越旺。1998年底起，以美国为首的北约开始介入科索沃危机，北约与南联盟的矛盾逐渐成为主要矛盾。

1999年2月6日，在美国和北约的压力下，塞尔维亚和科索沃阿族代表在巴黎附近的朗布依埃举行和平谈判，谈判的基础是美国特使希尔草拟的方案。该方案的主要内容是：尊重南联盟的领土完整，科索沃享有高度自治权，南联盟军队撤出科索沃，“科索沃解放军”解除武装，按当地居民人口比例组成新的警察部队维持治安，北约向科索沃派遣多国部队保障协议实施。

这个方案对双方来说都难以接受，阿族坚持要最终走向独立，并且不愿解除武装，南联盟则不同意科索沃获得自治共和国的地位，亦反对北约部队进驻科索沃。但是，主持谈判的美国和北约表示，这个方案的80%内容不许改变，必须接受，否则拒绝的一方将受到惩罚，其中对南联盟而言则将遭到北约的军事打击。在谈判陷入僵局后曾一度休会，3月15日复会，阿族代表于18日签署了协议，但塞尔维亚方面仍然拒绝签字。3月19日，北约向南联盟发出最后通牒，3月24日，北约发动了对南联盟的空中打击，科索沃战争爆发。南联盟最后被迫接受科索沃自治，直接导致后来科索沃走向独立。

与海湾战争不同，北约这次战争行动没有得到联合国安理会的授权，违反了《联合国宪章》，在国际关系史上开创了一个危险的先例，因此受到世界舆论的广泛批评。科索沃战争是20世纪末世界格局转型进程中的一个重要的阶段性标志。通过这场战争，美国及其西方盟国利用北约组织在推进欧洲地区的整合，实现其主导世界新格局的战略目标方面又迈进了一步。

伊拉克战争

2003年3月20日，美、英等国以伊拉克隐藏有大规模杀伤性武器并暗中支持恐怖主义为借口，绕开联合国安理会，决定对伊拉克实施大规模军事打击。澳大利亚和波兰的军队也参与了此次联合军事行动。伊拉克战争是一场引发争议，遭到世界大多数国家和民众质疑和反对的战争，这场战争在整个世界引起了强烈的震动。

美军4月15日宣布，伊拉克战争的主要军事行动已结束，联军“已控制了伊拉克全境”。据美国官方公布，在伊拉克战争中死亡的美军人数为128人，其中110人阵亡，18人死于事故，英军士兵死亡31人，战争消耗了美国大约200亿美元。战后，在美国及各国的帮助下，伊拉克经济得到了恢复，但发展缓慢，失业人口庞大，居民生命安全和日常生活仍未得到有效保障。美军阵亡人数于2008年已突破4000人大关，超过了“9·11”恐怖袭击的死亡人数，3万多人受伤，许多人留下残疾，导致家庭破裂等悲剧。直接军费支出5000亿美元，这个数值正在直追美国在越南战争的总战争费用6630亿美元。

第二辑　世界军队和军事人物常识

第一章　世界军队常识

古罗马禁卫军

古罗马帝国时期皇帝的御用卫队，又可以翻译为侍卫军。早在罗马共和国时期，普赖托（Praetor，意为将军）率军出征时，身边常设卫队。约从西庇阿（小）起，将军的个人卫队被称为普赖托卫队。奥古斯都在位时，正式建立禁卫军团，辖 9 个大队，每个大队 1000 人。其中 3 个大队留驻罗马，保卫皇帝及其亲族，6 个大队分驻京畿重镇。此后，禁卫军大体保持在 10 多个大队，各大队不一定满编。禁卫军士兵的身份和待遇高于一般军团士兵，服役期为 16 年（本国士兵为 20 年）。士兵年俸起初为 375 个银币（纽纳留斯），到公元 1 世纪末增至 1000 个银币，另外还有赏赐。2—3 世纪，禁卫军成分日益复杂，其统领权势扩大，往往参与宫廷政变，操纵皇帝废立，312 年为君士坦丁一世的御前军所取代。

土耳其禁卫军

14—19 世纪奥斯曼土耳其帝国精锐常备兵团，1363 年由苏丹穆拉德一世建立（一说初创于约 1330 年奥尔汉秉政时期），最初由战俘奴隶组成。15—17 世纪形成特殊的征兵制度，每五年从被征服的巴尔干地区信仰基督教的民族中强行征召未成年男子，将他们分到奥斯曼军事封建主家庭生活数年，学习土耳其语言文字、风俗习惯并皈依伊斯兰教，逐渐从文化上进行同化，继而送入伊斯坦布尔、埃迪尔内的专门学校接受军事训练和宗教灌输，以培植对苏丹的效忠精神，而后补入军中。禁卫军的标志为大锅，士兵均为苏丹的奴隶，被编成若干连队（50 ~ 100 人），集中住在兵营，终身服役，不得婚娶和从商，但享有优厚的薪饷，功勋或才能卓著者可提升为“阿加”(高级官吏)。禁卫军由一名“阿加”统率。14 世纪中期兵力不足 3000 人，16 世纪达 4 万人（一说 10 万人），至 17 世纪初达 9 万余人。禁卫军装备精良，纪律严格，训练有素，吃苦耐劳，为当时土耳其战斗力最强的精锐部队。除部分骑兵外，主力为步兵。禁卫军曾多次参加战争，随着其政治势力扩大，逐渐参与国事，专擅朝政，甚至废立苏丹。进入17世纪后，禁卫军开始蜕化，禁戒废弛，训练松懈。士兵成婚居家，经营商业、手工业，兵源出现世袭化。1826年，因抗拒苏丹马赫穆德二世对军队实行欧式改革的命令并发动叛乱而被消灭。

新模范军

英国内战时期，“长期议会”建立的新型革命军队。1642年8月内战爆发后，议会军掌握在长老派手中，指挥不一，作战不力。战争形势表明，议会只有建立一支新型正规军才能战胜王党军。

1645年2月在克伦威尔倡议下，议会通过《新模范军法案》，决定组建一支由国家统一控制和指挥的新型军队。4月初又通过《自抑法》，规定议员不得兼任军事领导职务，从而把长老派军官清除出军队，为改组议会军奠定了政治基础。新模范军以克伦威尔的东部联盟军为骨干，以他的“铁骑军”为样板，对原议会军的三支部队进行了改组。新模范军采用募兵制，实行统一指挥、统一纪律、统一军服。总司令全权处理军队事务，不受任何外来干预。士兵主要来自信仰清教的自耕农和城市平民；军官多数是独立派乡绅代表，部分从士兵中提拔。由T. 费尔法克斯任总司令，负责组织训练；克伦威尔作为《自抑法》的特别例外任副总司令并统率骑兵，不久成为事实上的最高统帅。新模范军纪律严明，指挥统一，装备先进，英勇善战，多次战胜王党军，并逐步发展为议会的常备军。但随着军队内部特别是高级军官的腐化，在1649年5月克伦威尔镇压平等派士兵起义和远征爱尔兰后，蜕变为维护大资产阶级和大土地占有者利益的工具。1660年英国斯图加特王朝复辟后被解散。

英国远征军

英国在两次世界大战期间派往欧洲大陆作战的部队。第一次世界大战爆发后，英国根据英、法协议，派远征军前往法国，部署在法军防线左翼。远征军编成2个军，辖4个步兵师、1个骑兵师，共7万余人，由皇家飞行队（飞机63架）提供支援。战争结束时，总兵力达65个师150万人，编为4个集团军。弗伦奇将军和黑格元帅先后任司令。1914年8月23日，远征军开始与德军作战，曾参加马恩河战役、佛兰德战役、伊普尔战役、索姆河战役和康布雷战役等。1918年配合其他协约国军队对德军发起总攻。战争中，远征军在西线发挥了重要作用，首次使用坦克并大量使用飞机，促进了英国军事技术和军兵种的发展。第二次世界大战爆发后，英国再次向法国派遣远征军。至1940年5月法国战局开始前，编有10个师（其中9个师部署在法国北部），司令为J. 戈特。后因战局恶化，于5月26日至6月4日撤回本土，重装备损失殆尽。为扭转局势，其中3个师于6

月中旬重返法国，与法军并肩作战，但终因寡不敌众而再次撤回本土。

阿拉伯军团

由英国训练和装备的外约旦军队。1921年4月由英国委任统治当局组建，旨在镇压中近东的反殖民斗争。初期为执行治安任务的警察部队和沙漠巡逻队，采取志愿兵制。1939年英国人J.B.格拉布任司令后，该军团成为阿拉伯世界战斗力最强的精锐部队。第二次世界大战中执行卫戍任务，保卫中东的英军设施和交通线。1948年第一次中东战争中，编有5个作战团，与以色列军队作战。1956年发展到2.5万人，编为1个师部、3个步兵旅，以及装甲兵、炮兵和工兵团，共18个团，并配属有航空兵。其中步兵、装甲兵多为半游牧的贝都因人，技术兵种多为城镇居民，上层军官均系英国人。约旦王国独立后，侯赛因国王于1956年解除格拉布等英国军官的职务，将该军团并入约旦国民警卫队，改称约旦阿拉伯军。

英国第8集团军

第二次世界大战中，英国陆军主要战役军团之一。1941年9月在英军驻埃及“西部沙漠部队”的基础上组建，辖2个军。历任司令为A.坎宁安、N.里奇、C.奥金莱克、W.戈特(死于赴任途中)、B.L.蒙哥马利、O.利斯、C.麦克利里。在北非战局中，该集团军于1941年11月发起占领昔兰尼加的行动，前进至欧盖莱。1942年5月遭德意军反击，退守埃及境内的阿拉曼。8月击退德军进攻后，兵力增至3个军。10—11月发起阿拉曼战役，随后向西推进。1943年1月占领的黎波里，2月20日与在北非登陆的英第1集团军、美第2军合编为盟军第18集团军群。4—5月参加突尼斯战役，歼灭德意非洲集团军群。7月参加西西里岛登陆战役，9月参加意大利南部战役。1944年参加意大利中部战役，先后突破德军古斯塔夫防线和哥特防线。1945年4月参加意大利北部战役,在美第5集团军配合下歼灭德“C”集团军群，进抵奥地利和南斯拉夫边界。战后，该集团军建制被撤销。

法国国民自卫军

18世纪80年代末至19世纪70年代初法国的城市民兵组织，后期成为巴黎公社的武装力量。1789年7月13日，巴黎资产阶级选举人会议决定组建有产者自卫民兵48万人。这支队伍参加了14日攻打巴士底狱的战斗，起义胜利后被定名为国民自卫军，拉斐特侯爵为总司令。后来，各大城市也纷纷建立国民自卫军。随着革命形势发展，各阶层人士均有参加。至1791年,国民自卫军总兵力已近200万人。国民自卫军在法国政变中多次被解散和重建。普法战争中再次扩建，参加保卫巴黎的斗争。1871年3月15日由25个营的代表集会选举的中央委员会，领导了3月18日巴黎公社起义，并成为巴黎的唯一政权机关。巴黎公社成立后，在公社军事委员会领导下，成为公社的唯一武装力量，为捍卫公社作出了贡献。公社失败后，于1871年8月被梯也尔政府解散。

武装党卫队

德国纳粹党的武装部队，1933年1月希特勒上台后，纳粹党卫队（建于1925年）着手组建武装部队。3月，原希特勒私人卫队扩编为党卫队柏林本部卫队，后改称党卫队柏林警卫营和希特勒近卫旗队（相当于团）。各地区党卫队也相继建立装备轻武器的政治警备队。1934年夏，上述武装部队参加对冲锋队的清洗后，改编为特殊使命部队，由希特勒直接控制。1938—1939年参加吞并奥地利和捷克斯洛伐克的军事行动。至1939年夏，共编成5个旗队、3个突击大队（相当于营），兵力达1.8万人。1939年10—11月，由诸兵种合成的武装党卫队正式成立，下辖由特殊使命部队改编的摩托化师（后称党卫队帝国师）、骷髅师、警察师和希特勒近卫旗队。平时由党卫队头目希姆莱指挥，党卫队中央局和武装党卫队分别负责兵员补充和作战指挥，主要任务是以恐怖手段镇压反纳粹活动；战时由陆军总司令调遣，在各集团军群编成内进行作战任务。武装党卫队成员必须无条件拥护民族社会主义和效忠希特勒，最初实行募兵制，仅招募本国德意志人。第二次世界大战期间，武装党卫队参加了对欧洲各国的侵略战争，残酷迫害和屠杀共产党人、民主人士、犹太人、占领区平民和战俘。战后被纽伦堡国际军事法庭判为犯罪组织。

意大利红衫军

意大利独立战争时期，1859年，G. 加里波第为解放南意大利而组建的志愿军。因身着红衫而得名，也叫做“千人团”，参加者主要有工人、大学生、手工业者、渔民、商人和少数有战斗经验的军人等。1860年5月5日，1089名红衫军战士乘“皮埃蒙特”号和“伦巴第”号船驶离热那亚。11日在西西里岛西端的马尔萨拉港登陆后，向纵深约30千米外的萨莱米进军并攻占该地。15日向北推进到卡拉塔菲米并迅即发起攻击，突破由3个营的敌军据守的五道坚固阵地，于次日攻入该城，迫敌退守该岛首府巴勒莫。众多起义者加入红衫军，队伍迅速壮大。红衫军长驱直入，7月解放西西里岛全境，兵力发展到2万余人。8月横渡墨西哥海峡，在梅利托登陆，随后北上夺取那不勒斯，推翻波旁王朝的统治，但进军罗马的企图受挫。10月，意大利南部并入撒丁王国后解散。红衫军发挥志愿兵的勇敢精神，争取人民的配合与支持，战术机动灵活，为现代人民游击战争开创了先例。

西班牙国际纵队

西班牙内战期间，各国共产党人和进步人士为支援西班牙人民反击国内反革命叛乱和德、意武装干涉而组建的国际性反法西斯志愿军。1936 年 7 月西班牙内战爆发后，德国和意大利出兵武装干涉，支援叛军作战。各国共产党人和进步人士对西班牙人民的正义斗争寄予同情和支持。在共产国际号召下，许多国家的共产党组织志愿人员赴西班牙参战，保卫共和国。先后参加国际纵队的共 4.2 万人，来自包括中国在内的 54 个国家。他们 60%是共产党员，后有 20%在战斗中加入共产党。1936 年 10 月 14 日，第一批志愿人员到达西班牙东部训练基地阿尔瓦塞特，国际纵队宣告诞生。国际纵队的战士们经短期训练后即开赴前线与共和国政府军并肩作战，在保卫马德里、哈拉马河、瓜达拉哈拉、布鲁内特、阿拉贡、埃布罗河等战役中，给敌人以沉重打击。1938 年 11 月至次年 1 月，国际纵队遵照共和国政府决定撤离西班牙。他们的英雄业绩在反法西斯斗争史上写下了光辉的一页。

特辖军

16 世纪俄国沙皇伊凡四世的禁卫军。伊凡四世为消除封建割据，加强中央集权，于 1565 年实行“特辖制”，将全国领地划成由其直接管辖的特辖区和由贵族杜马治理的普通区，并下令建立特辖军，归其直接掌握。兵源主要是效忠沙皇的中、小贵族，授以特辖区土地作为封地。特辖军着黑服、骑黑马，马鞍旁是一狗头和扫帚形刷子，以表示像狗一样忠实于沙皇，扫荡一切沙皇的叛逆。主力为骑兵，并编有炮兵，设团的编制，由沙皇亲信 M.L. 斯库拉托夫等人统领。初建时有 1000 人，后扩至 5000 ~ 6000 人。1570 年在伊凡四世指使下，残酷镇压反叛的大贵族，血洗诺夫哥罗德。此外，还参加过戍边和远征。1571 年因内部叛变，无力抵御克里木汗国军队入侵和莫斯科遭洗劫而被伊凡四世遣散，其首领 M. 切尔卡斯基王公等被处决。

俄国远征军

第一次世界大战期间，在西线和萨洛尼卡战线作战的俄国 4 个特别步兵旅及其他部队的总称。根据同法国政府达成的协议，俄国政府于 1916 年 1 月从莫斯科派出第 1、第 2 特别步兵旅（约 2.1 万人）经西伯利亚和中国东北抵达远东各港口，乘船前往法国。同年 4 月，第 1 特别旅在马赛上陆。6 月，第 2 特别旅在布雷斯特上陆。第 1 特别旅编入法国第 4 集团军，在大穆尔默隆地区占领阵地，组织防御，至 10 月 15 日战斗减员约 35%。同年 5 月，俄国组建第 3、第 4 特别步兵旅，8—10 月运抵法国。1917 年春，俄国又向法国派出 1 个炮兵旅和 1 个工兵营。第 2、第 4 旅不久被转运到希腊，参加萨洛尼卡战役。第 1、第 3 旅参加尼韦勒攻势，伤亡 5000 余人，后被调到拉库蒂纳军营，编为 1 个师。在俄国 1917 年二月革命影响下，部分士兵要求回国，遭法军统帅部拒绝。9 月，要求回国的士兵在拉库蒂纳起义，遭法军和忠于克伦斯基临时政府的俄军官兵残酷镇压，1000多人被遣送非洲服苦役，余者遭监禁。在萨洛尼卡战线，俄国远征军士兵也举行了起义。十月革命胜利后，在苏维埃政府要求下，远征军大部分士兵于1919—1921年回国。

苏俄赤卫队

俄国十月社会主义革命前后及苏俄内战初期，俄国无产阶级武装力量的重要组成部分。1917年3月，俄国社会民主工党（布）中央委员会执行局根据列宁的建议，通过在全国范围内组建工人赤卫队的决议，4月起开始在彼得格勒（今圣彼得堡）、莫斯科筹建。至同年夏，俄国几乎所有的大城市和工业中心都成立了赤卫队。赤卫队按照生产区域和自愿原则，吸收工厂企业的先进工人、农村的贫雇农、拥护革命的沙俄军队士兵以及侨居俄国的外国人参加。赤卫队的基层单位是班（13～15人）。4个班编成1个排，4个排编成1个队，3个队编成1个营（约600人），几个营编成1个区大队，主要装备有手枪、步枪、机枪，还有火炮和装甲车。队员执勤期间，在本单位领取工资。各地区的赤卫队，分别由该地区的市、区司令部领导。在彼得格勒设有中央卫戍司令部和总司令部，在莫斯科设中央司令部。赤卫队的指挥人员，由队员大会选举产生，教官由司令部委派。至1917年10月，彼得格勒的赤卫队发展到2万多人，全国发展到20万人，成为十月武装起义的骨干力量。十月革命胜利后，赤卫队曾发展到25.3万余人，其主要任务是镇压国内反动势力，抗击外国武装干涉，巩固革命胜利成果。11月9—14日，赤卫队在其他军事武装配合下，在彼得格勒附近粉碎了克伦斯基—克拉斯诺夫叛乱。而后，在顿河、南乌拉尔、乌克兰、西伯利亚、远东等地参加平息反革命暴乱，与入侵乌克兰的德奥军队英勇战斗，为捍卫新生的苏维埃政权作出了重要贡献。1918年初工农红军组建后，赤卫队被陆续编入红军。

白卫军

苏俄内战和外国武装干涉时期，反对苏维埃政权的反革命武装集团，因以白色象征正统，与象征革命的红色相对立，因此得名，又被称为白匪军。其社会基础是资产阶级、地主、富农、旧军队反动军官和哥萨克富裕阶层。最先打起白卫军旗号发动叛乱的是前临时政府首脑、俄军最高统帅克伦斯基，在白卫军中，兵力较大、装备较好的是高尔察克、邓尼金和弗兰格尔的军队。在奥廖尔、沃罗涅日和库尔斯克决战中，邓尼金军队被红军击溃后逃回北高加索，其一部3.5万～4万人于1920年3月撤到克木里半岛。1920年4月，弗兰格尔取代邓尼金任南俄白卫军司令，对白卫军残部进行改编并将其扩充到15万人。同年11月，弗兰格尔军队被红军击溃，残部约8万人逃往国外。至1922年秋，各地白卫军被彻底粉碎，残部均逃往国外定居。

苏联红军

以列宁为首的布尔什维克党缔造和领导的无产阶级革命军队，苏维埃国家武装力量的主要组成部分，也叫做苏联工农红军，1918—1946 年苏联陆军和空军的正式名称。其使命是：保卫俄国十月社会主义革命的胜利成果，捍卫苏维埃国家的独立和自由，反对外国武装侵略。1918 年 1 月 28 日苏维埃人民委员会通过关于建立工农红军的法令，红军最高领导机关是列宁领导的人民委员会，直接指挥机关是军事人民委员部。起初，红军以赤卫队为骨干，按照自愿的原则，动员劳动者阶级中最有觉悟、最有组织性的先进分子参加红军。2 月 23 日，苏俄劳动人民为抗击德国军队入侵，踊跃参加红军，经英勇战斗，阻止了德军的进攻，这一天后来被定为红军的建军节。

大陆军

美国独立战争期间，由北美 13 个殖民地联合组建的革命武装力量。战争爆发时，各殖民地武装力量均由民兵组成，指挥不统一、力量分散、训练不精、纪律松弛，作战目的和区域都很有限。为适应战争需要，第二届大陆会议于 1775 年 6 月 14 日决定建立一支由大陆会议直接领导的正规军——大陆军，并于次日任命 G. 华盛顿为大陆军总司令。大陆军实行募兵制，其兵员主要来自各殖民地（后改称州）的民兵和志愿人员，兵种主要有步兵、炮兵和工兵。

在整个战争中，大陆军始终面临着领导不力、管理不善、制度混乱、补给困难等问题，但官兵们作战目的明确、士气高昂。华盛顿指挥这样一支人数不多、经验不足、物资短缺、武器杂乱的军队，采用先进的疏开队形和游击战术，并依靠广大人民群众的支持和各州民兵的配合，先后在萨拉托加之战、约克敦围攻战等重大军事行动中击败训练有素的英军，为赢得战争的胜利作出了重大贡献。大陆军于战争结束后解散。

美国远征军

第一次世界大战期间，美国派往欧洲参加协约国对德作战的部队。1917 年 4 月 6 日美国对德国宣战后，美国政府为了战后在谈判桌上争取更大的发言权，在英、法要求下决定向欧洲派遣远征军。威尔逊总统任命潘兴为远征军司令，哈博德为参谋长。6 月中旬，潘兴率 200 余名司令部人员抵法。下旬，首批作战部队（陆军第 1 师和海军陆战队第 5 团）抵达法国圣纳泽尔。7 月初，潘兴制定远征军从连到集团军的编制方案，并致电总统请求将远征军的兵力增至 100 余万人。由于海运能力不足等原因，美军在欧洲的集结速度相当缓慢。至 1918 年 1 月 11 日驻法美军兵力达到顶峰，共 41 个师 208 万人左右，火炮、坦克等装备主要由法军和英军提供。远征军初到欧洲时，英法要求美军以营、连为单位编入协约国军队，遭潘兴拒绝，从而保持了远征军的独立性。从1918年3月至11月战争结束，美国远征军独立组织实施了康蒂尼、贝洛林苑等战斗和圣米耶勒战役及默兹—阿戈纳战役。此外，还协同英、法军队实施了第二次马恩河战役和亚眠战役，并突破兴登堡防线，迫使德国投降。战争期间，美军共470余万人参战，亡11.6万人，伤20余万人。美国远征军参战虽晚，但对协约国最终战胜同盟国起了重要作用。战后，陆续撤回本国。

飞虎队

1941—1942年在缅甸和中国参加对日作战的美国志愿航空队，团队徽为飞虎，因此得名。其领导人是美陆军航空兵退役中校、中国空军顾问C.L. 陈纳德。1941年，美国政府按《租借法案》援助中国P-40“战斧”式战斗机100架，由陈纳德负责招募美国飞行员90名、地勤人员150名，组成美国志愿航空队。太平洋战争初期，在盟军全面败退情况下，飞虎队采取机动灵活战术以寡敌众，给日本陆海军航空兵以沉重打击，为反法西斯战争作出了贡献。1942年2月，盟军在中缅印战区组建第10航空队，该队被编为第23战斗机大队。3月仰光失守后，全部飞机撤回昆明。7月4日，该队撤销，编入第10航空队中国战区空军特遣队。1943年3月2日，特遣队改编为美国陆军第14航空队。1941年12月20日至1942年7月4日，飞虎队共击毁日机近300架（多为轰炸机），自己损失飞机30余架、飞行员9人。

美国第82空降师

美国陆军组建最早、参加空降作战最多的现役空降师，隶属于第18空降军，其前身为第82步兵师，1942年3月改编为空降师。首任师长M.B. 李奇微少将。1943年5月从国内调往摩洛哥的卡萨布兰卡，6月底进驻突尼斯。之后，在西西里岛登陆战役、萨莱诺登陆战役、诺曼底登陆战役和“市场—花园”战役中实施空降作战，并参加了意大利南部战役、意大利中部战役和阿登战役。1945年4月渡过莱茵河、易北河，作为仪仗队进驻柏林。1946年1月返回美国，担任本土战略预备队，驻北卡罗来纳州布拉格堡，1957年改为五群制。1964年起改为三旅制，辖9个空降营、1个装甲营及若干保障单位。平时，始终有三分之一的兵力处于待命状态，18小时内特遣营即可出动。1965年4月曾派1个旅的兵力前往多米尼加进行军事干预，1966年8月撤回。1968年2月派往越南1个旅，1969年12月撤回。1983年10月派1个旅参加入侵格林纳达，1989年12月派1个旅参加对巴拿马的入侵，1991年2月参加海湾战争。该师对美国空降作战理论的实践与发展起过重要作用。

澳新军团

第一次世界大战中，澳大利亚和新西兰联合组成的参战部队。1914年组建，辖2个步兵师和1个骑兵师，共3万余人，司令为W.R.伯德伍德中将。同年11月，该军团抵达埃及受训待命。1915年4月25日作为英法联军主力在土耳其加利波利半岛登陆，上岸后遭到凯末尔指挥的土军第19师猛烈反击，被压缩在面积仅1.6平方千米的登陆场，当日损失5000人。5月19日粉碎土军进攻，以损失600人的代价歼灭土军万余人。8月6日英法联军再次登陆后，该军团实施佯攻，从正面牵制土军，因损失惨重被迫于12月20日撤回埃及。1916年经补充休整后，其步兵部队开往法国前线，参加索姆河战役和梅森等战役，骑兵部队编入埃及远征军开赴巴勒斯坦，参加加沙之战和耶路撒冷之战。1917年，澳、新两国分别组建参战部队，该军团解散。至大战结束，澳大利亚参战兵力达5个师，新西兰为1个师。为纪念在加利波利登陆战役中阵亡的将士，澳、新两国将4月25日法定为“澳新军团日”。

关东军

20世纪上半叶，长期侵驻中国东北地区的日本陆军重兵集团。1905年俄国在日俄战争中战败后，根据《朴次茅斯和约》将关东州（中国辽南旅大地区）的租借权和南满铁路转让给日本。日本为维护其殖民利益，派遣2个师团4万人的兵团进驻关东州及南满铁路附属地，并设立关东总督府。次年，总督府改为都督府，下设陆军部，辖1个陆军师、6个独立守备营、旅顺重炮营和宪兵队等。1919年，都督府撤销，改设关东厅，成立关东军，首任司令立花小一郎，司令部设在旅顺，直接隶属于天皇。1926年进入昭和时代后，日本加紧推行侵略中国和准备对苏作战的大陆政策。1928年，关东军制造皇姑屯事件，炸死中国奉系军阀首领张作霖。1931年策划“九一八”事变，侵占中国东北全境。次年炮制伪满洲国，司令部迁至长春，司令兼任日本驻“满”大使和关东厅长官，掌握伪满军政大权。从此，关东军对中国东北实行殖民统治，残酷镇压中国抗日军民，疯狂掠夺粮食和矿产资源，把中国东北建成一个进一步侵略扩张的重要战略基地。1937年，日本发动全面侵华战争和太平洋战争期间，关东军成为日本陆军的战略总预备队。战争末期，驻朝鲜日军亦归关东军总司令指挥，总兵力达31个师团、13个旅团，近百万人。1945年8月苏联对日参战前，关东军在中国东北实施总动员，企图负隅顽抗，但在中国军民和苏军沉重打击下，迅即土崩瓦解，全军覆没。

日本731部队

第二次世界大战期间，秘密研制并使用生物武器于实战的日本陆军特种部队，隶属于日本关东军。曾先后使用过“加茂部队”、“东乡部队”、“满洲第731部队”等代号。该部队设4个研究部和总务、教育、物资、医疗等机构，下辖海拉尔、林口、孙吴、牡丹江、大连等5个支队和安达实验场，建有“特设监狱”、焚尸炉、机场、专线铁路等设施。第1部为生物战剂研究部，从事病毒、鼠疫、痢疾、炭疽、霍乱、伤寒、结核及传媒跳蚤、昆虫等项研究；第2部为实战研究部，研究生物武器的实战应用；第3部为细菌过滤装置及给水问题研究；第4部为生物武器制造部，生产生物战剂和跳蚤等媒介体。

该部队无视国际公约有关规定，惨无人道地用活人进行各种生物战剂实验与实地作战。该部队1938年在诺门坎、1940年在宁波、1941年在常德、1942年在浙赣铁路沿线，施放或空投鼠疫、伤寒、霍乱、炭疽等生物战剂，致使20多万人丧生。1945年日本投降前夕，石井四郎等人为逃避罪责，命令部属杀死所有在押人员，炸毁研究设备和设施，销毁罪证，将大量资料带回日本，战后交与驻日美军第二参谋部。由于种种原因，日本731部队的罪行长期未能公诸于世。

神风特攻队

太平洋战争后期，日本海军以飞机撞击敌舰的特种航空部队。1944年，日军在太平洋战场连遭惨败，为阻滞美军的海上进攻，决心使用潜艇、快艇和飞机撞击敌舰，以挽回败局。1944年10月起，日本海军先后组建8个神风特攻队，代号分别为“敷岛”、“朝日”、“大和”、“山樱”、“纯忠”、“诚忠”、“忠勇”和“义烈”。神风特攻飞机多数由轻型轰炸机或战斗机改装，少数如“樱花”和Ki-115型飞机是专门设计的。神风特攻飞机设备简陋，装有大量炸药，起飞后起落架自行脱落。1944年10月，神风特攻队在莱特湾海战中首次出击，击沉、击伤多艘美军舰只，使美国海军大为震惊。1945年4月，神风特攻队在冲绳岛战役中频繁出击，并首次使用“樱花”飞机，多次击沉美国航空母舰和其他作战舰艇等。美国为摧毁设在九州的神风特攻队基地，共出动B-29轰炸机约2000架次。太平洋战争结束前夕，日本本土共有神风特攻飞机9000余架，其中5000多架已改装完毕。神风特攻队是日本落后的军事技术与其疯狂的军国主义思想结合的产物，企图以士兵的生命为代价换取战果，但终究未能改变日本败降的命运。

西班牙无敌舰队

1588年西班牙为远征英国建立的庞大舰队。16世纪中叶起，为争夺海上霸权，英国与西班牙战争频仍。西班牙国王腓力二世为惩罚英国，决心建立庞大舰队，运载步兵入侵英国。舰队编有130艘舰船(20艘大型风帆战舰、44艘武装商船、23艘运输船、35艘小型舰船、4艘三桅战舰、4艘单层甲板装帆战舰)，8000多名水手和2000名奴隶桨手，装备2431门舰炮(其中重炮1100门)，载有1.9万名步兵。大部分舰船是为近距离作战设计的，速度慢，机动性差，舰炮射程近，由缺少海战经验的梅迪纳·西多尼亚公爵任司令。在英西海战中，英国舰队重创无敌舰队。无敌舰队的失败使西班牙海军一蹶不振，英国从此取代西班牙成为欧洲各国的海上霸主。

美国太平洋舰队

美国海军部署在太平洋战区的战略战役军团，美国海军两洋舰队之一。1821 年，美海军建立太平洋中队，1835 年建立东印度群岛中队，1907 年成立太平洋舰队，1922 年与大西洋舰队合并为美国舰队。1940 年，美国国会通过“两洋海军”法案，于次年 2 月再次建立太平洋舰队，主要使命是在太平洋战区及印度洋战区单独或协同其他军种部队执行战役和战略任务，组织实施海上战役等。平时归美国海军部长和海军作战部长领导，战时受美军太平洋总部司令指挥。舰队司令部驻夏威夷群岛珍珠港，主要基地除珍珠港外，还有班戈、圣迭戈等。

第 3 舰队于 1943 年 3 月在南太平洋部队基础上成立。后该舰队番号与第 5 舰队番号合用于同一支部队，由两名指挥官轮换指挥。曾参加所罗门群岛各次登陆战役和莱特湾海战等一系列重大军事行动。战后转为预备役，1973 年 2 月恢复现役，承担原第 1 舰队与太平洋舰队反潜部队任务。舰队司令部原驻夏威夷群岛福特岛，后移驻圣迭戈。基地有珍珠港、圣迭戈、圣弗朗西斯科（旧金山）、长滩、埃达克等。下辖第 30 ～ 37 和第 39 特混部队。在美国两海岸、中太平洋和北太平洋活动，有时也到东经 160 度以西西太平洋活动，支援第 7 舰队作战。

第 5 舰队于 1944 年 4 月在中太平洋部队基础上组建，曾参加马里亚纳海战和冲绳岛战役等。战后转为预备役，1995 年 7 月恢复现役，受美军中央总部指挥。兵力由其他舰队提供，下辖第 50 ～ 57 和第 59 特混部队，活动范围主要在波斯湾和红海海域。

第 7 舰队于 1943 年 2 月在西南太平洋部队基础上组建，1944—1945 年参加菲律宾战役和莱特湾海战；朝鲜战争期间参加仁川登陆战役，并奉命派舰艇到台湾海峡巡弋；越南战争中曾执行部队输送、突击岸上目标、实施布雷封锁等任务。舰队司令部驻日本横须贺，基地有关岛阿普拉、印度洋迪戈加西亚岛等，是美国海军常驻海外的作战舰队之一，任务区域为西太平洋和印度洋。舰队兵力由太平洋舰队兵种（舰种）司令部及第 3 舰队调拨，不定期轮换，编成第 70 ～ 77 和第 79 特混部队。

日本联合舰队

20 世纪前半叶，日本海军在中、远海执行机动作战任务的战略战役军团，由两个以上舰队组成，统辖并指挥除近海防御兵力以外的大部乃至全部机动作战兵力。舰队司令或总司令直接隶属于天皇，在军政方面受海军大臣领导，在军令方面受海军军令部总长指挥。

"俾斯麦"号战列舰

第二次世界大战中，德国技术最先进、吨位最大的战列舰。1939年下水，次年编入现役。满载排水量5.1万吨，航速30节，舰长251米，续航力9280海里，航速16节。装备380毫米主炮8门、150毫米舰炮12门、105毫米舰炮16门，载机6架，舰员2000余人。1941年5月18日同"欧根亲王"号重巡洋舰奉命出海，企图进入大西洋，破坏英国海上交通线。21日被英国侦察机发现，遭英海军第10舰队堵截。24日早晨在丹麦海峡与英舰交战，击沉英国"胡德"号战列巡洋舰，击伤"威尔士亲王"号战列舰，午夜遭英"胜利"号航空母舰鱼雷机攻击，26日遭英"皇家方舟"号航空母舰鱼雷机攻击，丧失机动能力。27日上午在法国布诺斯特西北450海里处沉没。

伏龙芝军事学院

苏联最早建立的培养诸兵种合成军队军官的高等军事学府，诸兵种合同战斗和集团军战役问题研究中心。1918年12月8日组建，时称工农红军总参学院。1921年8月5日易名为工农红军军事学院。1925年5日命名为伏龙芝军事学院，院址在莫斯科。1936年以前培养高、中级指挥人员，1936年起培养诸兵种战役战术指挥员和参谋人员。学院最初不分系，不设教研室。建院以来，为部队培养了数万名诸兵种合成军队军官。苏俄国内战争时期，大批学员奔赴前线。苏德战争时期，为部队输送了1.1万名指挥员和参谋人员。不少学员，如I.K. 巴格拉米扬、G.K. 朱可夫、I.S. 科涅夫、R.Y. 马利诺夫斯基、K.K. 罗科索夫斯基等，成为苏军统帅和高级军事首长。学院还为其他国家军队培养指挥干部，中国的刘伯承、左权、刘亚楼等曾为该院学员。该院曾获红旗勋章、列宁勋章、一级苏沃洛夫勋章和十月革命勋章等。

日本陆军士官学校

第二次世界大战结束前，日本陆军初级军官学校。其前身为创建于1868年的京都兵学校，次年迁往大阪，称大阪兵学寮。1871年迁往东京，称东京兵学寮。1873年海军兵学寮成立后，改称陆军兵学寮。1874年，根据《陆军士官学校条例》正式建立陆军士官学校，首任校长为曾我祐准，由陆军卿直接领导。1875年，第一期学员入学，招生对象为初中毕业生，学制3年，下设步、骑、炮、工4个专业，至1887年共招收11期，培养军官1285名。1889年，该校进行教学改革，实行士官候补生制度，招生对象改为高中毕业生，至1945年共招收61期，培养军官36900名。1896年增设后勤专业。1898年，日本陆军设立教育总监部，学校转属教育总监领导。1917年起扩大招生对象，除招收高中毕业生外，还从部队招收经考试合格的军士入学。1920年分设预科和本科，学制延长，预科两年，本科1年10个月，中间需在部队服役半年。1924年增设航空专业。1937年，预科和本科分别成立分校，本科分校迁往神奈川县相模原。1938年在埼玉县丰冈设立航空分校。1941年，预科分校迁往埼玉县朝霞。为提高军官的合成军队指挥能力，学员入学后不再分专业，进行各兵种专业课程兼顾的综合训练。1945年日本投降后，陆军士官学校被撤销。该校重视军国主义精神教育，强调提高学员的文化水平和战术素养，为日本发动侵略战争培养了大批高级将领，其中6人曾担任内阁首相。

第二章 世界军事人物常识

萨尔贡

古代西亚阿卡德王国国王（约前2371—前2316），出身平民，传说早年为园丁，后任基什国王近侍。约前2371年乘乌玛入侵基什之机夺得政权，以阿卡德城为首都建立阿卡德王国。为巩固统治和对外扩张，建立世界军事史上第一支常备军（由5400人组成），进行严格的军事训练，使之精于射箭和搏击，平时作为他的近卫，战时成为军中精锐。经多次战争，向南攻占乌鲁克，打败以乌马国王卢伽尔扎吉西为首的50个王公的联军，征服苏美尔地区，随后进军埃兰，一度占领苏萨城，向北征服马里和埃布拉，统一两河流域的中、南部地区。后又挥师推进至小亚细亚南部和中部，在两河流域建立起第一个统一大国，自称“沙鲁金”（意为“真正的王”）、“天下四方之王”。

汉穆拉比

古巴比伦第一王朝第六代国王（前1792—前1750）。即位时，巴比伦仅为依附邻国的两河流域中部一小邦。即位后，对内大力发展经济，扩充军队并给军人分配份地，对外开展灵活外交。经1年治理，国势渐强，开始向外扩张。他采取集中力量、各个击破的战略，先后灭亡伊新、拉尔萨、马里、埃什努那等国。攻打拉尔萨时，除用重兵攻城外，还采用筑坝拦河断其水源或拦水后突然放水发动水攻的战术。经35年征战，结束两河流域诸国割据局面，建立起统一的中央集权奴隶制国家。自称“强大之王，巴比伦之王，阿维鲁的全国之王，苏美尔、阿卡德之王，天下四方之王”。他制定的《汉穆拉比法典》，是迄今已发现的古代奴隶社会第一部比较完整的成文法典和研究古巴比伦社会历史的重要资料。

居鲁士二世

波斯帝国创立者，统帅（约公元前590或前580—529），出身于阿契美尼德族，前558年成为安善地区波斯人部落首领。前553年领导波斯联盟10个部落反抗米底统治。前550年推翻米底王，建立波斯国家。前546年灭小亚细亚强国吕底亚，并采取分化收买和武力征服政策，使小亚细亚南岸各希腊城邦臣服。前545年东进中亚，占领粟特、巴克特里亚（大夏）等地，渡乌浒河（今阿姆河）直至药杀水(今锡尔河)。前539年进军两河流域，攻占巴比伦城，灭新巴比伦王国。在巴比伦推行宽容政策，尊重巴比伦的宗教和传统，释放此前被掳到巴比伦的犹太人，使原臣服巴比伦的腓尼基、叙利亚和巴勒斯坦归顺波斯，建立西起地中海、东至药杀水的强大帝国。前529年在与马萨格泰人作战时战死。

大流士一世

波斯帝国国王（前522—前486)，出身于阿契美尼德家族支系。前525年任“万人不死军”总指挥，随国王冈比西斯二世出征埃及。前522年乘国内发生政变、冈比西斯二世回国途中暴卒之机，联合部分波斯贵族，杀死政变领袖高马塔，登上王位。继而镇压巴比伦、埃及、米底等地起义，连续作战19次，擒获9个暴动首领，扭转帝国濒于瓦解的局势。在巩固对占领区的统治后，继续向外扩张。前518年派兵远征印度，征服印度西北地区，建立波斯帝国第20个行省。前513年率军西征，占领色雷斯，并北渡多瑙河口进入西徐亚境内，遭西徐亚人顽强抗击，被迫撤军。前492年派兵入侵希腊，途中大部分舰船毁于飓风，被迫折返。前490年再次兴兵从海上进攻希腊，在马拉松之战中被雅典军击败。大流士一世在位期间是阿契美尼德王朝的鼎盛时期，为巩固中央集权，他在政治、经济、军事等方面进行一系列改革：在占领区普遍设置行省，实行新的税收制度，统一货币和计量制度；自任军队最高统帅，将全国划分为若干军区，军区下辖若干行省，各行省驻军不受行省总督节制，由军区的军事长官统一指挥；军队编成万人不死军、千人团、百人团、十大队四级，以波斯人为核心组成步兵和骑兵，以腓尼基水手为骨干建成一支拥有约600～1000艘舰船的舰队；为便于调遣各行省军队和传递情报，大力修筑道路并形成驿道网。此外，还派人勘察了从印度河到埃及的航路，开凿了尼罗河到红海的运河。上述措施为巩固波斯帝国的统治奠定了基础。

亚历山大三世

古代马其顿国王（前336—前323在位)，著名军事统帅，也叫做亚历山大大帝，腓力二世之子。幼时受严格宫廷教育，酷爱兵法。16岁随父征战，前338年在喀罗尼亚之战中率部英勇作战，取得胜利，为马其顿在希腊诸城邦中取得霸主地位奠定基础。前336年夏，其父遇刺身亡后继承王位。随后平定宫廷内乱，镇压北方部族暴动。继而挥师南下，血洗底比斯，迫使希腊诸城邦再次确认马其顿的霸主地位，并推举他为希腊联军最高统帅。前334年春率约3万步兵、5000骑兵、160

艘战船组成的联军开始东征。5 月在格拉尼库斯河畔击败波斯军，乘胜占领吕底亚、卡里亚、吕基亚、安哥拉（今安卡拉）等地。前 333 年在伊苏斯之战中击败波斯国王大流士三世统率的军队，翌年攻占提尔（今黎巴嫩苏尔）、加沙，接着进入埃及，被拥为法老（国王）和“阿蒙神之子”。亚历山大征战 10 年，建立起地跨欧亚非的大帝国。他发展了古希腊的军事体制和方阵战术，创建既能乘马又能徒步作战的“龙骑兵”；战略上，决策果断而灵活，善于利用有利态势孤立和打击敌人；战术上，重视步骑协同，发挥骑兵的突击作用，善于出其不意和大胆穿插、迂回包围。常能以少胜多，速战速决，把古代军事学术发展到一个新的阶段。

汉尼拔

迦太基统帅，军事家，迦太基将领哈米尔卡·巴卡之子。第一次布匿战争后随父去西班牙，受过良好教育和军事训练，立誓向罗马复仇。前 221 年任西班牙地区迦太基军队统帅，前 219 年率军攻占罗马在西班牙的同盟城市萨贡托。前 218 年第二次布匿战争爆发后，率步骑兵约 6 万人、战象数十头，从新迦太基城出发，穿过高卢南部地区，翻越阿尔卑斯山，出其不意地出现在山南高卢。随后粉碎罗马人阻击，绕过敌重兵设防的阵地向罗马挺进。前 217 年 6 月在特拉西梅诺湖之战中几乎全歼罗马追兵。前 216 年在坎尼之战中，针对罗马军布阵特点，采取两翼包围战术，击败罗马军；同时，鼓动罗马“同盟者”叛离，使罗马陷于困境。前 202 年在扎马之战中被西庇阿（大）指挥的罗马军击败，迦太基被迫求和。前 196 年任迦太基最高行政长官，实行改革，遭到贵族派反对和政敌诬陷，翌年流亡叙利亚。曾向叙利亚国王安条克三世献计攻取意大利，未被采纳。前 189 年罗马击败安条克，汉尼拔辗转逃到小亚细亚，前 183（一说前 182）年在罗马人的追捕下服毒自杀。

苏拉

古罗马统帅，政治家。早年在 G. 马略麾下参加朱古达战争和对日耳曼人作战。前 93 年任大法官，前 90 年参加同盟者战争。前 88 年任执政官，为争夺米特拉达梯战争指挥权与马略发生冲突，相互仇杀，争得兵权后率兵东征。前 86 年在希腊击败本都军队，迫使米特拉达梯六世议和。前 83 年率军 4 万人返回意大利，次年彻底肃清马略派，进占罗马城，颁布“公敌宣言”，残杀政敌，并自任终身独裁官（狄克推多）。同时恢复元老院的特权地位，限制公民大会及保民官等行政长官的权力。前 79 年隐退，次年病死。其军事独裁统治沉重打击了古罗马共和制。

恺撒

古罗马统帅，政治家。出身贵族，少年时期受过良好教育。前 78 年苏拉死后，积极参加反苏拉体制的斗争，崭露头角。

前68—前62年曾任财务官、市政官、大祭司长、大法官等职。前61年出任西班牙行省总督，征服一些部落，聚敛大量资财。翌年回罗马，与庞培、克拉苏秘密结盟，史称“前三头同盟”。他造就了一支训练有素、能征善战和忠诚于他的军队，并积累巨额财产，为其日后夺权打下基础。前53年克拉苏在帕提亚（安息）战争中战败身亡后，他与庞培及元老院的矛盾激化。前49年1月初，元老院在庞培支持下议决要恺撒任期满后交出高卢行省的统辖权和军权，他断然拒绝，于1月10日率军渡过鲁比肯河，进军罗马，迫使庞培偕大批元老逃往希腊。同年秋出兵西班牙，击败当地的庞培军队。前48年进军希腊，取得法萨罗之战的胜利，并挥师埃及追击庞培。在埃及卷入托勒密十三世与其姐克里奥帕特拉七世的权力斗争，支持后者单独执政，成为埃及唯一国王。随后转战小亚细亚，击溃本部国王的军队。前46年进军北非，再征西班牙，清剿庞培余党后，于翌年凯旋罗马。经连年征战，恺撒获得终身独裁官、执政官、保民官等职，兼领大将军、大祭司长荣衔，并被尊为“祖国之父”，成为无冕之王。前44年3月15日，他在元老院议事厅被布鲁图、喀西约等人阴谋刺杀。

奥古斯都

原名屋大维，是恺撒的养子和继承人。罗马帝国的开国君主，统治罗马40多年。前43年，他与马克·安东尼、雷必达结成“后三头同盟”，打败了刺杀恺撒的共和派贵族。前36年屋大维剥夺了雷必达的军权，后在阿克图海战打败安东尼，结束了一个世纪的内战，建立起了专制的元首政治，开创了罗马帝国，并使罗马帝国进入了和平繁荣时期。公元前27年，元老院授予他“奥古斯都乌斯”(拉丁文为“神圣”、“至尊”的意思)。

安东尼

古罗马统帅，前57—前54年在巴勒斯坦、埃及任骑兵指挥官。前53年起成为恺撒的部将，参加高卢战争。罗马内战中积极支持恺撒。前48年参加法萨罗之战。前44年任执政官。恺撒被刺后，与屋大维发生权力之争，不久言和，并联合雷必达结成“后三头同盟”。前42年秋参与指挥菲利皮之战，消灭共和派布鲁图和喀西约的势力。前40年回罗马与屋大维调整关系，获得罗马东部行省统治权。雷必达失势后，与屋大维成东西对峙之势。前37年与埃及女王克里奥帕特拉七世结婚，并宣称将罗马东部行省部分土地赠给她和她的儿子，引起元老院强烈不满。前32年与屋大维公开决裂，并被元老院和公民大会宣布为“公敌”。前31年9月与埃及女王在亚克兴海战中战败，逃回埃及，次年绝望自杀。

狄奥多里克

东哥特国王（493—526年在位），也

叫做狄奥多里克大王，东哥特人首领狄奥德米尔之子。生于潘诺尼亚。少时曾作为人质羁留于拜占庭帝国都城君士坦丁堡，深受罗马传统影响。471 年其父死后被推为首领，不久率众移居下默西亚。489 年在拜占庭皇帝芝诺鼓动下，率 10 万东哥特人西征意大利的奥多亚克王国，越过阿尔卑斯山，打败前来迎战的奥多亚克。经三年围攻于 493 年占拉韦纳，杀奥多亚克，建立名义上臣属于拜占庭帝国的东哥特王国，辖意大利北部和中部。在位期间，保留罗马旧制，保护文化艺术，实行宗教宽容。曾多次对外用兵，使其统治范围从意大利半岛扩大到西西里岛、达尔马提亚和普罗旺斯等地。

威廉一世

法兰西诺曼底公爵，英国国王。生于诺曼底。1035 年其父死后袭爵位，1042 年受封骑士。因是私生子且幼年即位，公爵领地贵族不断发动暴乱，企图推翻其统治。他在镇压贵族叛乱过程中积累了作战经验，能审时度势，随机应变。1047 年平息叛乱后开始对外扩张。1063 年吞并缅因，次年迫使布列塔尼称臣。1066 年英王爱德华去世后，以爱德华生前曾答应他为王位继承人为由，纠集诺曼底贵族和法国各地骑士，在教皇支持下发兵攻打英国。同年 9 月率军在英国南部登陆，10 月在黑斯廷斯之战中指挥若定，临危不乱，反败为胜。同年圣诞节加冕为英国国王，建诺曼王朝。1071 年镇压各地起义，巩固了在英国的统治地位，被称为“征服者威廉”。1072 年率军入侵苏格兰，1081 年入侵威尔士，并先后在两国边境地区建立伯爵领地，巩固边防。他对内实行封建专制，在诺曼底重用亲信，诛杀异己，禁止贵族私战，确定封臣义务并把教会作为统治工具。征服英国后，将法国的封建体制移植英国，加速了英国的封建化进程。1085 年在面临丹麦人入侵威胁情况下，为筹措军费下令调查全国地产，次年制成《土地调查清册》(俗称《末日审判书》)。1087 年 7 月在与法王腓力一世争夺领地的战争中负重伤，不久去世。

撒拉丁

撒拉丁 (1138—1193)，埃及国王，军事统帅，库尔德人。1169 年任赞吉王朝驻埃及军事长官，后任埃及法蒂玛王朝宰相。1171 年取代法蒂玛王朝，建立阿尤布王朝。1174 年摆脱原宗主赞吉王朝独立。在位期间统一叙利亚。多次率军抗击“十字军”，成为当时阿拉伯世界抗击“十字军”的领袖。1187 年 7 月在海廷会战中大胜“十字军”，俘获耶路撒冷国王，攻克耶路撒冷。1189—1192 年率军抵抗“十字军”进攻，1192 年与英王查理一世签订停战和约。

帖木儿

帖木儿帝国创建者，军事统帅。生于中亚谒石城（在今乌兹别克斯坦境内）附近一突厥化蒙古贵族家庭，曾任西察合台汗国大臣。14世纪60年代政局动乱时期，周旋于河中地区（阿姆河与锡尔河之间）诸封建主之间。击败政敌后，于1370年杀其同盟者侯赛因，自立为大埃米尔，建都撒马尔罕。1372—1388年五次出征花剌子模，征服阿富汗、伊朗。1389—1395年三次远征金帐汗国，同时入侵伊拉克，占领巴格达，北进南高加索，夺取格鲁吉亚和亚美尼亚，并侵入俄罗斯境内。1398年进兵印度，攻陷德里。1399年西征小亚细亚。1402年7月在安哥拉之战中，打败奥斯曼土耳其军队。至此，建立起东到北印度、西达幼发拉底河、南濒阿拉伯海和波斯湾、北抵里海和威海的大帝国。1404年率兵20万东征中国。翌年死于进军途中。

穆罕默德二世

穆罕默德二世（1432—1481），奥斯曼土耳其帝国苏丹，军事统帅，是历史上以尚武好战著称的苏丹。在位期间几乎连年作战，大规模扩展了土耳其疆域，有“法齐赫”（意为征服者、两地两海的主人）之称。1453年攻陷君士坦丁堡（灭亡了延续一千多年的拜占庭帝国），并把君士坦丁堡作为奥斯曼帝国的首都，改称伊斯坦布尔。然后吞并塞尔维亚、波斯尼亚、阿尔巴尼亚、黑塞哥维那、摩里亚等地；征服詹达尔奥卢公国、特拉比松帝国、卡拉曼公国及黑海北岸的克里木汗国，将东部边界扩至幼发拉底河。在威尼斯—土耳其战争中，夺取爱琴海大部岛屿，1480年攻占意大利半岛南部的塔兰托，创建了地跨欧亚的庞大奥斯曼帝国。

克伦威尔

英国资产阶级革命主要领导人，英国内战时期军事统帅。1642年8月第一次内战爆发后，组建60人的骑兵队，10月参加埃奇丘陵之战。1643年3月晋上校，5—10月率部参加格兰瑟姆、盖恩斯伯勒和温斯比之战，连战皆捷，同年参与组建东部联盟军。1644年1月擢升为中将，任东部联盟军骑兵司令，7月在马斯顿荒原之战中击败王党军，扭转战局，其部队被誉为“铁骑军”。12月向议会提出军队改组方案，主张废除雇佣兵制，实行募兵制，建立“新模范军”。1645年6月，率新模范军大败王党军，取得纳西比战役胜利。1647年8月率军进入伦敦，驱散议会中的长老派议员。1648年春第二次内战爆发，率军击败王党。1649年处死国王查理一世，宣布成立共和国。1653年自任“护国公”，建立军事独裁统治。他在创建武装力量、建立共和政体中作出了卓越贡献。其军事思想的基本特点是战术灵活多变，善于运用骑兵，指挥坚决果断等。

拿破仑

拿破仑·波拿巴（1769—1821），法兰西第一共和国第一执政（1799—1804），法兰西第一帝国及百日王朝的皇帝

(1804—1814，1815)、著名军事家、政治家，曾经占领过西欧和中欧大部分领土。生于科西嘉岛的没落意大利贵族家庭，毕业于法国布利纳堡预备军校和巴黎高等军事学校，专攻炮兵学，1785年任炮兵少尉。法国大革命爆发后参加革命军。1793年7月，带兵攻克保王党的堡垒土伦，晋升准将；1795年平定保王党武装叛乱，升陆军少将兼巴黎卫戍司令；1796年率军进攻意大利，打败奥地利与皮埃蒙特组成的第一次反法同盟联军，迫使对方签署了有利于法国的停战条约。1798年远征埃及，遭受重大挫折，后秘密回国。1799年发动雾月政变成功，成为法兰西共和国第一执政，1802年改为终身执政，1804年称帝（称拿破仑一世），颁布《拿破仑法典》，这就是历史上的法兰西第一帝国。1812年进攻俄国失败，1814年欧洲反法联军攻克巴黎，被放逐到厄尔巴岛。1815年3月重返巴黎，建立百日王朝。同年6月滑铁卢会战失败后，被放逐到圣赫勒拿岛。1821年死于该岛。拿破仑多次打败欧洲反法联盟，亲自指挥会战50余次，表现出卓越的军事才能。

库图佐夫

米哈伊尔·伊拉里奥诺维奇·库图佐夫（1745—1813），俄国陆军元帅。1759年炮兵工程学校毕业后留校任教。1768—1774年俄土战争中鬓角和右眼受重伤。1787—1791年俄土战争中率部强攻并占领伊兹梅尔，在默钦交战中，给土军以毁灭性打击。后任俄国驻土耳其特命大使、陆军贵族武备学校校长、驻芬兰部队司令、立陶宛和彼得堡督军。1805年对法国战争中指挥俄军成功进行战略机动退却，使俄军摆脱了被合围的危险。奥斯特里茨会战失败后被诿过遭贬。1811年俄土战争中，以少胜多，大败土军，迫使土耳其签订了有利于俄国的《布加勒斯特和约》。1812年拿破仑进攻俄国后出任俄军总司令，指挥俄军节节抗击强大的拿破仑大军，在波罗底诺会战中重创法军，打破了法军不可战胜的神话，最后将法军赶出国境。1813年率俄军向法国进军途中去世。

谢尔曼

美国内战时期联邦军著名将领，陆军上将，1840年毕业于美国陆军军官学校（西点军校）。参加过1841—1842年对佛罗里达州印第安人的作战和美墨战争。1853年退役，1859年重返军界，任路易斯安那州军事学校校长。内战爆发后，历任联邦军团长、旅长、师长，参加布尔河、维克斯堡、查塔努加等作战。1864年3月任联邦军西战区司令，与格兰特共同制订东西战场协同作战、分割歼敌的计划。9月率部攻占战略要地亚特兰大，11月起率兵6.2万人深入南部同盟腹地佐治亚州，攻占萨凡纳，成功地实施了“向海洋进军”的作战方案。而后挥师北上，配合格兰特围攻南军主力，迫其投降。在作战指挥上反对墨守成规，主张以连续进攻摧毁敌抵抗意志，善于以骑兵实施远程奔袭。

1869年接替格兰特任陆军总司令，晋升为陆军上将。1884年2月退休，著有《美国内战回忆录》。

麦克阿瑟

美国陆军五星上将，生于阿肯色州小石城一军人世家。小学毕业后入西得克萨斯军校中学，1899年考入美国陆军军官学校（西点军校）。1917年任陆军第42师参谋长，赴法参加第一次世界大战。1919年任西点军校校长，1928年任驻菲美军司令，1941年7月复入军界，任远东美军司令。太平洋战争爆发后，在菲律宾指挥美菲军抵御日军进攻，因作战失利被迫放弃马尼拉，退守巴丹半岛。1942年3月被调往澳大利亚，不久出任西南太平洋盟军总司令。他强调太平洋战场的重要性，对“先欧后亚”的战略方针持异议。同年7月至次年1月指挥西南太平洋盟军取得巴布亚战役的胜利，随后挥师西进，运用“蛙跳”战术多次实施两栖登陆，至1944年7月夺取新几内亚，同年10月开始实施菲律宾战役，12月攻取莱特岛。1945年1月率部在吕宋岛登陆，3月初攻占马尼拉，7月占领整个菲律宾群岛。8月被任命为盟军最高统帅，执行对日占领任务。9月2日代表盟国接受日本投降。在占领日本期间，全面推行民主改革，对日本战后历史产生重大影响。1950年6月朝鲜战争爆发后，任“联合国军”总司令，命令美国第8集团军进入朝鲜。后在中国人民志愿军和朝鲜人民军有力反击下，被迫退守三八线以南地区。因竭力主张扩大侵朝战争规模，公开指责杜鲁门总统的全球战略，于1951年4月被解职。回国后曾参加总统竞选，失败。1952年出任雷明顿—兰德公司董事长。

史迪威

美国陆军上将（临时），生于佛罗里达州帕拉特卡。1904年毕业于美国陆军军官学校（西点军校），参加过第一次世界大战。1920—1923年赴华工作，1926—1929年在中国天津任驻华美军营长、代理参谋长，1935—1939年任驻华武官。太平洋战争爆发后，任中缅印战区美陆军司令兼中国战区总司令蒋介石的参谋长，指挥盟军抗击日军入侵缅甸。1943年兼任东南亚盟军最高副司令，在缅北反攻战役中指挥盟军与侵缅日军作战。因同情中国共产党领导的抗日民族解放事业，与蒋介石发生矛盾，于1944年10月奉调回国。次年1月任国内陆军地面部队司令，6月任驻冲绳美第10集团军司令，8月接受琉球群岛日军投降。1946年3月任第6集团军司令。遗著被后人汇编为《史迪威文件》。

巴顿

美国陆军上将，生于加利福尼亚州圣加夫列尔一军人世家。1909年美国陆军军官学校（西点军校）毕业后在骑兵部队服役，1917年11月负责组建美军第一个装甲旅。1918 年 9 月指挥该旅参加圣米耶勒战役。1942 年后负责组建美国第 7 集团军，1943 年 3 月任美第 2 军军长，4 月晋中将，7—8 月指挥美第 7 集团军参加西西里岛登陆战役。1944 年 1 月在英国就任美国第 3 集团军司令。7 月赴法国诺曼底，8 月 1 日率部投入战斗，突入布列塔尼半岛和法国中部。而后协同盟军其他部队在法莱斯战役中重创德军，并向洛林方向追击逃敌。阿登战役中，奉命率部驰援被围困在巴斯托涅的美军，击退德军进攻。1945 年 3—5 月率军突破齐格菲防线，强渡莱茵河，突入德国腹地，占领捷克斯洛伐克西部，进抵捷奥边境。德国投降后任巴伐利亚军事长官，同年 10 月转任第 15 集团军司令，12 月因车祸丧生。他作战勇猛顽强，指挥果断，富于进攻精神，善于发挥装甲兵优势，实施快速机动和远距离奔袭，被部下称为“血胆老将”。

朱可夫

格奥尔吉·康斯坦丁诺维奇·朱可夫(1896—1974)，苏联元帅，军事家。1915 年应征加入俄国军队，参加第一次世界大战，1918 年参加红军，1919 年加入俄共。1939 年任外蒙（今蒙古国）苏军第 1 集团军集群司令，指挥苏蒙军在诺门坎地区给武装进犯的日关东军以毁灭性打击，巩固了苏联边境。1941 年 1 月至 7 月任副国防人民委员兼总参谋长。苏德战争期间，历任最高统帅部大本营成员、第一副国防人民委员、方面军司令、方面总司令、最高副统帅等职。直接参与指挥莫斯科保卫战、斯大林格勒会战、列宁格勒会战、库尔斯克会战和第聂伯河会战的各方面军的计划和行动，打破了德军不可战胜的神话，扭转了苏德战场的战局，夺回了战略主动权，显示出卓越的统帅才能。1943 年 1 月，晋升为苏联元帅。直接组织和协调实施了白俄罗斯战役、维斯瓦河—奥得河战役和柏林战役，攻占柏林，代表苏军最高统帅部接受德军投降。战后任驻德苏军总司令，国防部第一副部长、部长，1958 年退休。

蒙哥马利

伯纳德·劳·蒙哥马利（1887—1976)，英国陆军元帅，第二次世界大战中盟军杰出的指挥官之一。桑德赫斯特英国皇家军官学校毕业。1908 年开始服役，任英国驻印度的皇家沃里克郡团少尉排长。参加过第一次世界大战。第二次世界大战爆发时率远征军第 3 师横渡英吉利海峡，参加了在法国和比利时的战斗，1940 年 5 月随英远征军从敦刻尔克撤回英国。1942 年临危受命任英国第 8 集团军司令，发动了著名的阿拉曼战役，击溃隆美尔指挥的德国非洲军团，扭转了北非战局。次年，迫使退守突尼斯的德意军队投降。1943 年率英军在西西里登陆，协同美军实施意大利战役，进军意大利半岛。1944 年任盟军第 21 集团军群司令，参与指挥诺曼底登陆战役，此后转战西北欧，参与指挥了阿纳姆战役和阿登战役。1944 年晋升为元帅。1945 年指挥第 21 集团军横渡莱茵河进入德国本土，之后日夜兼程向波罗的海进发，迫使驻荷兰、德意志西北部和丹麦的150万德军投降。第二次世界大战结束后，任驻德英国占领军司令和盟国对德管制委员会英方代表。1946年任英国总参谋长，封阿拉曼子爵。1948年任西欧联盟各国陆海空军总司令委员会常任主席。1951年任北大西洋公约组织司令部副司令。1958年退休。

古德里安

海因茨·冯·古德里安（1888—1954），德国陆军大将，德国坦克部队的创建者，装甲兵之父，德国“闪击战”创始人。1934年倡议建立3个坦克师，任师长，创立了在战争中大量集中使用坦克作战的战术。1939年，任第19军军长(含第3装甲师)。第二次世界大战初期，率部闪击波兰和法国。1941年率坦克第二集团军参加对苏战争，在5个月内，连续进行了明斯克战役、斯摩棱斯克战役、基辅会战和维亚兹马会战，直逼莫斯科城下，但在誓死抵抗的苏联红军和俄罗斯严寒的冬天面前，德军的战斗力锐减，古德里安断定攻取莫斯科无望，因而极力建议将部队撤往冬季防线，休整再战，而惹恼了希特勒，被解职。1943年任坦克兵总监，1944年任陆军总参谋长。1945年3月，因力主停战而再次被解职，5月10日在慕尼黑家中被美军俘虏，不久获释。著有回忆录《闪击英雄》和《注意！坦克！》等。

丰臣秀吉

日本战国时代末期封建领主，统一全国的武将，生于尾张国中村（今属名古屋）。始姓木下，改姓羽柴，赐姓丰臣。早年为尾张国大名（领主）织田信长的部将，屡建战功。1577年信长开始统一全国的战争后任征西先锋，在中国（今本州西部地区），以及四国、九州等地指挥作战，先后平定播磨（今兵库县南部）、备前（今冈山县南部）、美作（今冈山县北部）、但马（今兵库县北部）、因幡（今鸟取县东部）五国。1582年进攻中国，包围高松城（在今冈山市附近），与毛利氏决战。同年信长被部将明智光秀杀害后，与毛利氏讲和，回师讨伐光秀，并拥立信长幼孙秀信为继承人。但信长部将柴田胜家拥立信长三子信孝。1583年，秀吉经贱岳之战消灭胜家与信孝的联军。同年建大阪城，作为统一日本的根据地。1584年与信长次子信雄和德川家康联军战于小牧，失利后媾和，并与家康结盟，确立织田信长继承人的地位。1585年率10万大军平定四国领主长宗我部，出任关白（辅助天皇处理政务的最高官职）。翌年兼任太政大臣，控制军政大权。1587年兴兵30万进取萨摩国（今鹿儿岛县西部），进而平定九州。1590年出动26万大军灭北条氏，平定奥羽地方，完成日本统一大业。1591年将关白职位让予养子秀次，自称“太阁”。1593年将北海道正式划入日本版图。1592年和1597年两次出兵侵略朝鲜。1598年8月因侵朝失败，郁闷而死。执政期间，丈量农地，增加贡租；收缴武器，实行农、兵分离；统一货币，废除关卡，建立中央集权的封建领主统治，为幕藩体制奠定基础。

德川家康

日本江户幕府创建者和第一代将军，三河国（今爱知县东部）冈崎城主松平广忠之长子。1566年敕姓德川。6岁起先后为尾张国大名织田信秀和骏河国大名今川义元的人质。1560年今川在桶狭间之战中战死后回冈崎。1562年与信秀之子织田信长结盟，势力大增。后经略三河，镇压一向宗起义，蚕食今川义元领地，攻占远江，并吞骏河。1582年信长被部将明智光秀杀害后，拥立信长之子信雄与丰臣秀吉对立。双方战于小牧，后言和。1590年协助秀吉灭北条氏，成为控制关东八州的大领主，移驻江户（今东京）。1598年秀吉死后，成为五大老（最高行政长官）之首。1600年经关原之战打败石田三成等，掌握全国政权。1603年任征夷大将军，建立江户幕府。1605年让位其子秀忠后，仍亲裁国政。1614—1615年经大阪冬、夏两役，灭丰臣氏。1616年3月任太政大臣。执政期间，建严密控制各地大名的参觐交代制度，确立新军制，奠定幕藩体制基础。

东乡平八郎

日本海军大将，对外侵略扩张政策的积极推行者，萨摩藩（今鹿儿岛县西部）藩士出身。1863年随父参加萨英战争。1866年加入萨摩藩海军，1868年参加日本戊辰战争。1870年任“龙骧”舰见习官，1871—1878年在英国学习海军技术。1884年任“天城”号舰长，赴上海、汉口、福州、香港和台湾等地，以考察中法战争为名刺探中国军情。1890年任吴镇守府参谋长。1894年任“浪速”号舰长，参加侵略朝鲜和中国的中日甲午战争，7月在丰岛海战中下令击沉中国政府雇佣运兵的英商船“高升”号，9月参加黄海海战后率部侵占金州半岛。1895年1月参加威海卫之战，2月晋少将，3—8月指挥常备舰队第1游击队支援陆军侵占中国澎湖和台湾。1896年任海军大学校长，1898年5月晋中将，1899年1月任佐世保镇守府司令。1900年5月任常备舰队司令，参与八国联军侵华战争，率部从大沽口登陆，侵占天津。1903年任日本联合舰队总司令兼第1舰队司令。1904—1905年参加日俄战争，指挥日本舰队袭击停泊在中国旅顺口和朝鲜仁川港的俄国舰队，封锁对马海峡，夺取黄海制海权，保障陆军在朝鲜西海岸和辽东半岛登陆，配合陆军歼灭坚守旅顺的俄国太平洋第1分舰队；而后将联合舰队主力集结在对马海峡机动作战，歼灭从波罗的海前来增援的俄国太平洋第2、第3分舰队。1904年6月晋大将，1905年任海军军令部总长。1913年4月被授予元帅称号，成为日本海军元老。1914年任东宫御学问所总裁。1934年受封侯爵，死于东京。

山本五十六

日本海军大将。生于新潟县长冈市，本姓高野，继承山本家业后改姓。1904年毕业于江田岛海军兵学校。1905年任“日进”号装甲巡洋舰见习枪炮长，参加日俄战争，在对马海战中负重伤。1914年进海军大学，1916年毕业后任第2舰队参谋。1919年赴美从事驻外工作，1921年回国后任海军大学教官。1923年赴欧美考察，翌年任霞浦航空队总教官兼副队长，1925年任驻美海军武官。驻外工作和出国考察期间，从欧美诸国航空兵的发展中得到启示，积极主张加强海军航空兵建设。1928年回国，先后任“五十铃”号巡洋舰和“赤城”号航空母舰舰长，1930年任海军航空本部技术部长。1933年调任第1航空战队司令。1935年任海军航空本部长，次年任海军次官。大力发展航空母舰和舰载飞机，并组织部队进行严格训练，对日本海军航空兵的发展起了重要作用。1939年任日本联合舰队总司令兼第1舰队司令，1940年晋大将。拥护日本军国主义侵略扩张政策，支持并参与侵华战争；尽管不主张对英、美、荷开战，但坚决执行大本营决策。强调先发制人、速战速决、掌握主动，力主在对美开战之初以舰载航空兵袭击珍珠港，消灭美国太平洋舰队主力，确保日军进攻东南亚的侧翼安全。重视海军航空兵在海战中的作用，但未能完全摆脱“巨舰大炮制胜”理论的束缚，企图在美太平洋舰队得到加强前以海上决战的传统战法将其歼灭，结果导致日本海军在中途岛海战和瓜达尔卡纳尔岛海战中遭惨败。1943年4月在视察部队途中，其座机在布干维尔岛上空被美机击落而丧生，死后被追授元帅称号。

第三辑　世界军事百科常识

第一章　世界军事会议和条约常识

维也纳会议

欧洲各国在拿破仑战争结束前夕举行的一次重新划分欧洲版图的国际会议。1814 年 9 月至 1815 年 6 月在奥地利首都维也纳召开。这是世界近代史上一次规模空前的国际会议，除奥斯曼帝国外，欧洲各国都派代表出席，共 216 人，包括俄皇亚历山大一世、奥皇弗兰茨一世和普王腓特烈·威廉三世等。

会议为俄、普、英、奥四国所把持，主要围绕华沙公国（波兰）和萨克森问题展开争斗。俄国欲兼并华沙公国，普鲁士欲兼并萨克森王国，遭到英奥反对；法国则利用矛盾，联合英奥对抗俄普。会议期间，英、奥、法于 1815 年 1 月 3 日缔结反俄普的秘密协定，规定：如一国遭到威胁或进攻，另两国应各出兵 15 万援助。在英奥支持下法国随之进入参与对重大问题的决策。经过 4 个多月争执，直到 1815 年 2 月 11 日各国才在华沙公国和萨克森问题上达成妥协。3 月 1 日，拿破仑一世逃出厄尔巴岛，回到巴黎重登帝位。面对新的共同威胁，各国停止争执，结成第七次反法联盟，并在 6 月 9 日签订《维也纳会议最后议定书》。

柏林会议

西方列强瓜分非洲的国际会议。1884 年 11 月 15 日至 1885 年 2 月 26 日在柏林举行，德国、法国、英国、比利时、葡萄牙、俄国、美国等 15 国参加。1884 年，法比和葡为争夺刚果河（今扎伊尔河）流域发生矛盾。英支持葡的要求，但遭到德法反对。后由德首相俾斯麦倡议，召开此次国际会议，以调解列强在非洲中部的争执。会上，德、法、美等国宁可让比较弱的比利时在刚果占有优势，也不愿让操纵葡萄牙的英国在那里取得霸权。比利时国王利奥波德二世因而得以个人名义领有“刚果自由邦”（其范围是刚果河盆地），葡萄牙被迫放弃刚果河河口北岸（卡宾达飞地除外)。会议最后通过了《关于非洲的总议定书》。议定书共5章38条,主要内容是:划定"刚果自由部"与法属、葡属殖民地的边界;宣布在该地区贸易自由;刚果河与尼日尔河自由通航;禁止买卖奴隶;规定任何国家以后凡在非洲取得新领土,都必须是"实际有效"的占领并通告议定书各签字国;英国和法国应分别"保证"尼日尔河下游和上游的航行自由等。此次会议,西方列强划分了在非洲中部的势力范围,确定了在非洲拓展殖民地的共同准则,从此掀起瓜分非洲的高潮。

华盛顿会议

第一次世界大战后,帝国主义列强调整海军力量对比和重新划分远东、太平洋地区势力范围的国际会议,也叫做"九国会议"或"太平洋会议"。1921年11月12日至1922年2月6日在美国首都华盛顿举行。参加国有美国、英国、日本、法国、意大利、比利时、荷兰、葡萄牙和中国。1919年巴黎和会所建立的凡尔赛体系,暂时调整了帝国主义战胜国在西方的相互关系。但在远东、太平洋地区,它们之间的矛盾仍很尖锐。日本利用第一次世界大战期间的有利条件,积极进入该地区进一步扩展势力。美国一方面对巴黎和会的结果不满,另一方面对日本扩张不安,急欲拆散英日同盟,从而导致美日矛盾迅速发展。同时,列强的争夺也导致各国海军军备竞赛的加剧。在此背景下,由美国总统W.G.哈定倡议,召开了这次会议。会议有两个主要问题,一是限制海军军备问题,二是远东和太平洋问题。为此,除由9国代表参加的大会外,还设立了由美、英、日、法、意五国组成的"缩减军备委员会",和由9国组成的"远东和太平洋问题委员会"。会议实际上是在美、英、日三国操纵下进行的。

洛迦诺会议

欧洲列强调整彼此关系,并在政治上扶植德国的国际会议。1925年10月5—16日在瑞士洛迦诺召开,参加国有英国、法国、德国、意大利、比利时、波兰和捷克斯洛伐克。

会议着重讨论了德国西部边界现状、德国与东部邻国关系及德国加入国际联盟等问题。法国力主维持德国东西部边界的现状,但德国只答应维持其西部边界现状,英国出于抑制法国和对付苏联的需要,支持德国的主张。这既打击了法在中欧的军事同盟体系,又鼓励了德国向东方扩张。德国还要求在不承担国际联盟盟约第16条关于对违约国制裁条款义务的前提下加入该组织。与会国经过争论与妥协,草签了《洛迦诺会议最后议定书》等8个文件,统称《洛迦诺公约》。公约于1925年12月1日在伦敦正式签署,次年9月14日德国加入国际联盟(未明确承担盟约第16条义务)并成为常任理事国后生效。

开罗会议

1943年11月22—26日，美国总统罗斯福、英国首相丘吉尔、中华民国政府主席蒋介石在开罗举行的讨论制订联合对日作战计划和解决远东问题的国际会议。经过会谈，中、美、英三国最后签署《开罗宣言》。《开罗宣言》向全世界宣告了反法西斯同盟国团结合作、彻底打败日本的决心，打击了日本的侵略气焰，其基本原则和主要内容符合中国和全世界人民的要求，是确定日本侵略罪行及战后处置日本问题的重要国际文件之一。但宣言只规定剥夺日本占领的太平洋岛屿的统治权，却不谈如何处理，关于朝鲜独立日期的规定含糊不清，对香港的地位亦未作确定。这些都为战后美英在远东恢复殖民利益埋下伏笔。

德黑兰会议

第二次世界大战期间，苏联、美国、英国三国首脑斯大林、罗斯福、丘吉尔讨论盟国战略以及战后和平问题的第一次会晤。三方终于就对德作战问题达成一致意见，签署了秘密作战计划《苏美英三国德黑兰总协定》，会议还通过了《关于伊朗的宣言》。苏联同意欧洲战争结束半年后参加对日作战。德黑兰会议及其宣言是反法西斯联盟主要国家在战争后期建立有效军事合作的重要步骤，对加强盟国团结，加快第二次世界大战进程，彻底打败德、意、日法西斯产生了重大作用和影响。

雅尔塔会议

第二次世界大战后期，苏联、美国和英国三国首脑斯大林、罗斯福、丘吉尔举行的一次重要国际会议，又称克里木会议。1945年2月4—11日在苏联克里木半岛的雅尔塔举行。

雅尔塔会议是在世界反法西斯战争即将取得最后胜利的情况下召开的。1945年初，苏联红军逼近柏林，美英正准备在西欧发动新攻势，中国抗日战争节节胜利，美英军队已逼近日本本土。与此同时，苏联和美英之间的矛盾亦有所发展。美国最关心的是成立联合国、处置德国和尽快结束战争，英国极力维护大英帝国的传统势力和利益以及建立欧洲均势，苏联则急需确保战后安全和恢复经济。在上述形势下，三国为协调最后打败德国法西斯的军事行动、商定处置战败德国的基本原则、迫使日本尽快投降、安排战后世界一系列政治问题，在克里木举行最高级会晤，并签署了《苏美英三国雅尔塔会议公报》、《雅尔塔会议议定书》和当时未公布的《雅尔塔协定》等文件。

欧洲安全与合作会议

旨在维护欧洲地区安全以及促进经济、科技、文化和环境保护等方面合作的会议，简称“欧安会”。1973年7月31日开始分阶段举行，至1975年8月1日结束。此后又召开一系列续会。最初，与会国包括除阿尔巴尼亚外的所有欧洲国家以及美国、加拿大、土耳其和塞浦路斯共35国。进入20世纪90年代，由于苏联解体、南斯拉夫分裂及阿尔巴尼亚加入，至1994年12月，其成员增至53国。1995年1月1日起，该会议改称“欧洲安全与合作组织”。

1964年12月14日，《华沙条约》缔约国通过波兰外长在第19届联大会议上提出召开欧安会的建议。1966年7月，华约组织政治协商会议正式建议召开欧安会。但美国表示反对，并以召开中欧裁军会议的建议相抗衡。经过长期谈判，苏美于1972年5月就同时召开欧安会和中欧裁军会议问题达成协议。同年11月22日至1973年6月8日，与会35国在芬兰赫尔辛基召开大使级欧安会筹备会议，草拟了《赫尔辛基最后建议蓝皮书》，对会议讨论议题和议事日程作了规定。

日内瓦公约

1864—1949年在瑞士日内瓦缔结的关于保护平民和战争受难者的一系列国际公约的总称。

日内瓦公约是随着红十字会运动的产生、发展而制定的。1863年，由瑞士公民J.H.迪南发起的伤兵救护国际委员会(1880年改称红十字国际委员会)，于日内瓦诞生。次年8月在该委员会倡导下，瑞士政府在日内瓦召集了有法国、意大利、西班牙等国参加的国际会议。8月22日，与会12国签署《改善战地武装部队伤者境遇的公约》(也叫做《万国红十字公约》)。这是关于战时伤病员待遇的第一个日内瓦公约，它规定了军队医院和医务人员的中立地位；规定伤病军人不论国籍应受到接待和照顾，并按公约规定的条件遣返他们。该公约的签署标志着战争法规中人道主义法的诞生。

《尼翁协定》

关于保护不属于西班牙内战任何一方的商船在地中海不受潜艇袭击的国际协定。由英国、法国、苏联、保加利亚、希腊、埃及、罗马尼亚、土耳其、南斯拉夫9国于1937年9月14日在瑞士尼翁签署，当即生效。意大利于同年9月30日加入。

1936年7月，西班牙内战爆发。9月，欧洲26个国家签订《不干涉协议》，禁止向西班牙输出武器和军用物资。但德意两国不仅承认佛朗哥叛军政权，而且进行包括武器援助在内的武装干涉，并对他国舰船采取强制性行动。1937年8月底至9月上旬，在地中海连续发生苏英等国舰船遭到不明国籍潜艇袭击事件。为制止事态发展，9月9日，英法两国邀请同地中海有利害关系的各国在尼翁举行会议，签订了《尼翁协定》。协定签订后，在地中海对中立国商船的攻击基本停止。

裁军和限制军备条约

国家或国家集团之间为了各自的安全和战略利益而缔结的有关削减和限制各方武装力量和各类武器装备的数量与质量的国际书面协议，又称军备控制与裁军条约。其内容包括：裁减和限制缔约各方的军队编制单位与人数，限制和禁止核武器与常规武器的发展、储存和部署，部分并最终彻底销毁核武器、生物武器、化学武器等大规模毁灭性武器，建立无核武器区或和平区，规定外层空间或其他地区非军事化或非武器化的措施，确定为防止偶发性核战争或军事冲突的相互信任措施等。裁军和限制军备条约的历史发展是漫长而曲折的，它与战争、军备竞赛、裁军谈判及和平运动密切相连。

全面禁止核试验谈判

美国、英国和苏联于1977—1982年举行的关于禁止所有各类核爆炸的谈判。美、英、苏签署《部分禁止核试验条约》后，1977年初，美向苏提议就缔结一项全面禁止核试验条约进行谈判。同年3月，双方同意恢复美、英、苏三国禁核试验谈判。7月26日，谈判在日内瓦正式开始。

谈判伊始，美苏分歧严重。随着1979年底苏军对阿富汗的入侵，东西方关系再度转趋紧张，全面禁止核试验谈判遂于1980年11月中断。1982年2月9日，美国政府发表声明，指出在当前形势下，全面禁止核试验无助于减少核武器的威胁或保持核平衡的稳定。同年7月19日，美国总统里根正式决定不再恢复美、英、苏三方谈判。至此，该项谈判被搁置起来，全面禁止核试验问题只作为日内瓦裁军谈判会议中的一个议题保持一般性的讨论。

全面禁止核试验是美苏裁军谈判中的关键问题之一。苏联于1985年7月29日宣布单方面暂停核试验5个月，后又宣布将此期限延长到1987年1月1日，以促美采取同样行动。但美一再宣称停止核试验不符合美安全利益，始终拒绝作出响应，苏遂于1987年2月16日宣布恢复核试验。为推动美恢复全面禁核试验谈判，苏于同年3月6日同意与美就关于限制地下核试验和限制地下核爆炸两项条约的核查问题进行谈判，并于1990年6月1日签署两项条约的《核查议定书》。1993年8月，日内瓦裁军谈判会议决定设立全面禁止核试验特设委员会，并于翌年1月正式开始谈判。1996年9月，联合国大会审议通过该委员会拟订的《全面禁止核试验条约》草案，全面禁止核试验问题最终得以解决。

《部分禁止核试验条约》

苏联、美国和英国为巩固其核垄断地位而缔结的条约，全称《禁止在大气层、外层空间和水下进行核武器试验条约》。1963年8月5日由三国外长在莫斯科签署，同年10月10日生效，无限期有效。

该条约向所有国家开放签署。至1990年底，共有123个国家批准或加入。条约由序言和5条正文组成。

《外层空间条约》

国际上第一个规定外空活动法律原则的条约，全称《关于各国探索和利用包括月球和其他天体在内外层空间活动的原则条约》。1966年12月19日联合国大会通过，1967年1月27日在伦敦、莫斯科、华盛顿开放签署，同年10月10日生效，无限期有效。至1990年1月，已有93个国家批准加入。

条约由序言和17条正文组成。该条约是外空法方面的第一个成文法，它确立的有关外层空间活动的原则对于各国和平探索和利用外空活动有一定指导意义，有助于限制外层空间的军备竞赛。中国于1983年12月30日加入该条约，并在加入书中声明，台湾当局于1967年1月27日和1970年7月24日以中国名义对该条约的签署与批准是非法的、无效的。

《不扩散核武器条约》

也叫做《防止核武器扩散条约》，1968年6月12日联合国大会通过，7月1日在莫斯科、伦敦和华盛顿开放签署，1970年3月5日生效，有效期25年。1995年5月11日，《不扩散核武器条约》审议与延期大会决定条约无限期延长。至1995年5月,共有179个国家批准或加入。1957年8月，美国、英国、法国和加拿大向联合国裁军小组委员会提出防止核扩散问题。1961年，爱尔兰向第16届联大提出《关于防止核扩散的国际协定》草案。1962年3月，防止核扩散问题被列入十八国裁军委员会谈判日程，美苏就这一问题开始双边谈判。1964年10月，中国成功地进行了第一次核试验后，美国担心更多的国家成为核国家，便积极推动与苏联的谈判。双方于1967年8月向十八国裁军委员会联合提出《不扩散核武器条约》草案。次年5月，美苏向联合国大会第一委员会提出最后修改案，经审议后通过。无核国家认为，它们已自愿放弃寻求拥有核武器的选择，核武器国家理应保障它们免受核攻击和核威胁。

《海床条约》

也叫做《海床军备控制条约》，全称《禁止在海床洋底及其底土安置核武器和其他大规模毁灭性武器条约》，1970年12月7日联合国大会通过，1971年2月11日于华盛顿、伦敦、莫斯科开放签署，1972年5月18日生效。至1995年1月，共有92个国家签署并交存批准书。条约由序言和11条正文组成。中国于1991年2月28日加入该条约，并在加入书中申明：条约任何规定均不得解释为以任何方式损害中华人民共和国对其领海及邻接其领海的海域、海床及其底土的主权和其他权利，台湾当局以中国名义于1971年11月2日签署并于1972年2月22日批准该条约是非法的、无效的。

《欧洲常规武装力量条约》

也称《欧洲常规裁军条约》，1990 年 11 月 19 日由出席欧洲安全与合作会议首脑会议的北大西洋条约组织和华沙条约组织的 22 国首脑在巴黎签署，1992 年 7 月临时生效，11 月正式生效，无限期有效。

《巴黎条约》

英国、葡萄牙同法国、西班牙为结束七年战争而缔结的和约，1763 年 2 月 10 日签订于巴黎。条约共 27 条，主要内容是：

1. 法国将其北美属地加拿大、布雷顿角岛、密西西比河以东的全部土地（新奥尔良除外）及法属西印度的多米尼加、圣文森特、格林纳达、特立尼达和多巴哥诸岛，非洲的塞内加尔割让给英国；将攻占英国的梅诺卡岛和汉诺威选帝侯领地归还原主；在印度只保留本地治里等 5 个沿海城市，放弃对其他地区的领土要求。

2. 西班牙将佛罗里达以及密西西比河以东和东南的全部领土割让给英国，从法国得到马略卡岛、路易斯安那西部及一笔补助金。

3. 英国将戈雷、马提尼克、圣卢西亚、瓜德罗普、玛丽加朗特诸岛归还法国，将古巴还给西班牙。

4. 英法从德意志境内撤军，法西从葡萄牙及其属地撤军。

该和约削弱了法国的海外势力，确立了英国的海上霸权。

《法兰克福和约》

法国与德意志帝国为结束普法战争而缔结的和约。1871 年 1 月 18 日，普鲁士国王威廉一世在凡尔赛宫加冕称帝，宣布成立德意志帝国，10 天后德法签订停战协定。2 月 26 日，两国订立预备和约。5 月 10 日，双方在莱茵河畔法兰克福签订正式和约。主要内容是：法国将重要工业区阿尔萨斯（贝尔福地区除外）和洛林东部连同梅斯要塞割让给德国；法国向德国支付 50 亿法郎赔款，分 3 年付清；德军得以留驻法国，直至法赔款支付完毕为止，军费由法国承担。和约削弱了法国，增强了德国的实力，导致法德间长期尖锐对立。第一次世界大战后，法国根据 1919 年《凡尔赛和约》收回其割让的领土。

《洛桑条约》

全称《协约及参战各国对土耳其和约》，又称《洛桑和约》。1923 年 7 月 24 日，以英国、法国、意大利、日本、希腊、罗马尼亚、塞尔维亚—克罗地亚—斯洛文尼亚国等 7 个协约国为一方，以土耳其为另一方在瑞士洛桑缔结，次年 8 月 6 日生效。

《慕尼黑协定》

德、英、法、意关于肢解捷克斯洛伐克的协定，全称《关于捷克斯洛伐克割让苏台德领土给德国的协定》，又称《德国、联合王国、法国及意大利间的协定》。1938年9月30日（协定文本注明日期为29日）签订于德国慕尼黑。

协定包括8条正文、1个附件和3项声明。主要内容是：捷将苏台德地区割让给德国，德军于1938年10月1—10日分阶段完成对上述地区及其他日耳曼人占居民多数地区的占领，这些地区存在的任何设备必须完好地交给德国；对尚不能确定日耳曼人是否占居民多数的捷其他地区，应暂由英、法、德、意、捷代表组成的国际委员会占领，于11月底前举行公民投票，以确定其归属，并划定最后边界；捷政府应在4周内释放正在服刑的苏台德政治犯；有关政府须在3个月内解决捷境内的波兰和匈牙利少数民族问题，否则，德、英、法、意首脑将再次开会讨论；英法保证捷新边界不受侵略；在捷境内少数民族问题已告解决时，德意也将对捷提供保证。

《德意同盟条约》

德国、意大利之间的军事政治同盟条约，因德意称其为“钢铁般的条约”，故又称《钢铁盟约》。1939年5月22日在柏林签订，同日生效，有效期10年。主要内容是：缔约国一方的安全或其他重大利益受到外来威胁时，另一方将给予充分的政治上和外交上的支持，以消除威胁；如缔约一方卷入与其他一国或数国的军事冲突时，另一方应立即以陆海空军支援；缔约双方保证一旦共同作战时，对于缔结停战协定成和约，彼此必须完全一致；为保证履行上述义务，两国决定在军事和军事经济范围内加强合作，并为此设立常设委员会。条约的缔结是两个法西斯国家进一步勾结、准备发动世界大战的重要步骤。

《苏德互不侵犯条约》

简称《苏德条约》，1939年8月23日苏联和德国在莫斯科签订，当即生效，有效期10年。条约包括7条正文和1项秘密附加议定书。第二次世界大战爆发前，苏联曾积极倡导集体安全政策，谋求与英法等国建立反法西斯统一战线。但英法政府推行绥靖政策，与德国签订《慕尼黑协定》，使苏联面临德国侵略的危险。1939年3月德国占领整个捷克斯洛伐克后，英德矛盾加剧。德国为离间苏、英、法关系，解除侵略波兰的东顾之忧，急于同苏修好；苏联在面对德国和日本东西两面压力的情况下，为了自身安全，同意就德国提出的关于改善两国关系的建议举行谈判，并签订本条约。

《苏德互不侵犯条约》的签订，为苏联进行反侵略战争准备争取了一定时间，但同时也消除了纳粹德国两面作战的威胁，使其得以按原定计划发动第二次世界大战。1941年6月22日，德国撕毁该条约，发动苏德战争。

《大西洋宪章》

第二次世界大战期间，美国总统罗斯

福和英国首相丘吉尔发表的关于《两国国策中某些共同原则的声明》，也叫做《罗斯福丘吉尔联合宣言》。1941年8月13日签署，14日正式公布。1941年6月，苏德战争爆发。8月9—12日，罗斯福和丘吉尔在大西洋北部纽芬兰岛普拉森舍湾的美国军舰上举行会晤，双方就苏德战争爆发后的国际形势、两国关系和对德对苏政策，以及战时和战后世界重要问题等进行了磋商，最后签署了《大西洋宪章》。该宪章对鼓舞世界人民反法西斯斗争和促进反法西斯统一战线的形成具有积极作用。9月24日在伦敦举行的同盟国会议上，苏联、比利时、捷克斯洛伐克、希腊、波兰、荷兰、挪威、南斯拉夫、卢森堡和自由法国的代表同意宪章的基本原则并加入宪章。1942年1月1日，赞同宪章的26个国家在华盛顿签署《联合国家宣言》，正式结成反法西斯同盟，该宪章后来成为《联合国宪章》的基础。

《联合国家宣言》

第二次世界大战期间建立的国际反法西斯联盟的共同宣言，也叫做《联合国家共同宣言》。由对德国、意大利、日本轴心国作战的26个国家共同签署。

1941年6月，苏德战争爆发，英美表示支持苏联抵抗法西斯侵略。同年8月，美英签署《大西洋宪章》。12月，太平洋战争爆发，美国正式参战，建立国际反法西斯统一战线的条件成熟。12月22日，美英两国首脑在华盛顿召开代号为“阿卡迪亚”的会议，商讨两国的全球战略。会议期间，美国倡议所有对轴心国作战的国家签署一项共同宣言。经与英苏磋商并修改后，宣言草案分送各国政府。1942年1月1日，26个国家的代表在《联合国家宣言》上签字。至此，国际反法西斯统一战线正式形成。《联合国家宣言》的签署，为反法西斯战争的最后胜利和战后联合国组织的建立奠定了基础。

《雅尔塔协定》

苏联、美国和英国关于苏联对日作战条件的秘密协定，全称《苏美英三国关于日本的协定》。1945年2月11日由斯大林、罗斯福和丘吉尔在雅尔塔会议上签署。

《雅尔塔协定》确定了苏联参加对日作战的时间，协调了同盟国对日作战的军事行动，对加速击败日本起了积极作用。但是，苏、美、英背着反法西斯战争主要盟国的中国，在中国和远东地区划分势力范围，是对中国领土、主权的严重侵犯，是大国沙文主义和强权政治的表现。中华人民共和国建立后，经过中苏双方1950、1952和1954年3次谈判，苏联先后将大连港、中长铁路和旅顺口海军基地的有关权益全部归还中国。

《波茨坦公告》

全称《中美英三国促令日本投降之波茨坦公告》，也叫做《波茨坦宣言》。波茨坦会议期间，中国、美国和英国于1945

年7月26日发表，苏联于同年8月8日加入。公告全文13条，主要内容有：宣布盟国对日作战，直至其停止抵抗为止；日本政府应立即宣布无条件投降等。公告是在法西斯德国已经投降，日军在亚洲和太平洋战场屡遭失败、行将彻底崩溃的背景下产生的。公告的发表使日本统治集团十分恐慌。同年8月6日、9日，美国分别在广岛和长崎投下原子弹；9日，苏联对日作战。日本政府被迫于10日通过中立国瑞士向中、美、英、苏发出乞降照会。8月15日，日本天皇裕仁发表接受《波茨坦公告》的停战诏书，宣布无条件投降。

《巴黎和约》(1898)

1898年4月，美西战争爆发。同年7月，西战败求和，于8月12日被迫在华盛顿同美签订停战协定。10月1日，美西开始在巴黎举行和会，12月10日签订本和约。和约共17条，主要内容有：

1. 西班牙放弃对古巴的一切主权要求和所有权，由美国予以占领。

2. 西班牙将波多黎各岛和西印度群岛中其他西属岛屿及关岛让与美国。

3. 西班牙将通称菲律宾群岛的各岛屿让与美国，在本条约互换批准书后3个月内付给西2000万美元。

4. 双方互相遣返战俘。

5. 两国互换条约批准书后，西军撤离菲律宾和关岛，各处堡垒和海岸防御工事中的重型大炮（野战炮除外）在条约生效后6个月内仍置原地，美国可出资购买。

6. 美国承诺在互换条约批准书之日起10年内，允许西班牙船舶和货物以美国船舶和货物所得到的同样条件进入菲律宾群岛各港口；西班牙有权在已放弃或让与其主权的领地的港口和地方设立领事馆。

美国通过该和约夺得西属大片殖民地，增强了其在拉丁美洲和亚洲的政治、经济与军事地位，揭开了帝国主义列强重新瓜分殖民地的序幕。

《朝鲜停战协定》

全称《朝鲜人民军最高司令官及中国人民志愿军司令员一方与联合国军总司令另一方关于朝鲜军事停战的协定》。1953年7月27日在朝鲜板门店签订，同日生效。协定规定，协定各条款在未为双方共同接受的修正与增补、或未为双方政治及和平解决的适当协定中的规定所明确代替前，一直有效。协定包括序言和正文5条63款，并附有《中立国遣返委员会的职权范围》和《关于停战协定的临时补充协议》。《朝鲜停战协定》的签订，标志着历时三年多的朝鲜战争以朝中人民的胜利和美国的失败而告结束，但这并不意味着朝鲜问题的和平解决。

《日美共同合作和安全条约》

日本与美国缔结的军事同盟条约，通称《新日美安全条约》。1960年1月19日在华盛顿签署，同年6月23日生效，有效期10年。1970年6月条约期满时，两国政府分别发表声明，宣布该条约无限期延长。

日美安全条约是日美军事同盟战略协作的重要文件，日美军事同盟成为东亚和太平洋地区重要的军事力量。

《五国联防协议》

英国、澳大利亚、新西兰、新加坡和马来西亚缔结的多边军事协议，也叫做《五国防务安排协定》。1971年4月15—16日在伦敦部长级防务会议期间签订，同年11月1日生效。主要内容是：1971年11月1日《英马防务协定》期满后，五国在防务方面进行合作；英、澳、新（西兰）在1971年年底之后继续在新（加坡）、马驻军；如发生由外部组织或其支持的对新（加坡）、马任何形式的武装攻击或武力威胁，五国政府将立即进行磋商，以决定集体或单独地采取措施对付这种攻击或威胁；建立新（加坡）、马两国统一的空防体系；设立联合磋商委员会，联合空防委员会和英、澳、新（西兰）联合部队司令部，司令部下辖一支由以上三国陆、海、空军组成的联合部队。该协议是《英马防务协定》行将期满，英决定从新（加坡）、马撤军的情况下，为继续维护其在东南亚的利益而签订的。后因澳、新陆续从新加坡撤军，联合部队司令部于1976年4月宣布解散。但英、澳、新（西兰）对新（加坡）、马的防务承担仍保持不变。

《戴维营协议》

埃及和以色列达成的关于和平解决中东问题的原则性协议。1978年9月17日在华盛顿签署。协议包括《关于实现中东和平纲要》和《关于签订埃及同以色列之间和平条约的纲要》两个文件。前一纲要的主要内容是：各方决心通过在联合国安理会第242号和338号决议基础上缔结和平条约来达成一项公正、全面和持久的解决中东冲突的办法；在约旦河西岸和加沙地带建立自治机构，并安排一个不超过5年的过渡期，在此期间，各方举行谈判，确定上述地区最后地位问题和同邻近地区的关系。后一纲要主要内容有：西奈半岛归还埃及；埃以在本纲要签字后3个月内举行谈判并缔结和约；在缔结和约后3～9个月内，以军从西奈半岛部分地区撤出，埃以建立正常外交关系；和约签订后2～3年内，以军完全撤出西奈半岛；以色列船只可在苏伊士运河、蒂朗海峡和亚喀巴湾自由航行。纲要还对埃在西奈的驻军人数、位置作了限制。协议的签订为实现中东和平开辟了一条新途径，使阿拉伯国家同以色列的关系开始由对抗向对话方向发展。1979年3月，埃以缔结和约。但是，由于协议未提出解决巴勒斯坦民族自决权和归还其他阿拉伯被占领土等问题，引起大多数阿拉伯国家的不满和反对，使阿拉伯联盟发生严重分裂，约旦河西岸和加沙地带的自治安排也未如期实施。

《朝美核问题框架协议》

朝鲜和美国关于全面解决朝鲜半岛核问题的框架协议，1994 年 10 月 21 日由双方首席代表在日内瓦签署。协议共 4 条，主要内容是：

1. 美承诺向朝提供 1 ～ 2 个轻水反应堆以取代朝现有石墨减速反应堆及有关设备，其发电能力在 2003 年前达到 2000 兆瓦；作为能源补偿，在轻水堆建成前，美每年向朝提供 50 万吨重油；朝保证完全冻结其石墨堆和有关设备并在轻水堆工程完工时予以拆除，允许国际原子能机构监督整个冻结过程。

2. 美正式保证不对朝进行核威胁或使用核武器；朝保证重返《不扩散核武器条约》，履行根据该条约达成的安全保障协议，接受国际原子能机构对不属于冻结范围的设施进行特别和例行检查，并采取措施实施北南双方关于朝鲜半岛无核化的共同宣言。

3. 双方将走向政治、经济关系完全正常化，减少贸易和投资壁垒，在对方首都开设联络处，并最终把双边关系升至大使级。该协议是双方就朝鲜半岛核问题多次举行高级会谈的重要成果，协议的签署使历时一年半的朝鲜核危机出现决定性转折，有利于维护朝鲜半岛的和平与稳定。

第二章　世界兵器常识

手枪

手枪是一种单手握持瞄准射击或本能射击的短枪管武器，通常为指挥员和特种兵随身携带，用在 50 米近程内自卫和突然袭击敌人。现代手枪的基本特点是：变换保险、枪弹上膛、更换弹匣方便、结构紧凑、自动方式简单。现代军用手枪主要有自卫手枪和冲锋手枪。自卫手枪射程一般为 50 米，弹匣容量 8 ～ 15 发，发射方式为单发，重量在 1 公斤左右。冲锋手枪亦叫战斗手枪，全自动，一般配有分离式枪托，弹匣容量 10 ～ 20 发，平时可当冲锋枪使用，有效射程可达 100 ～ 150 米。现代手枪主要有左轮手枪、自动手枪（实际是半自动手枪）、全自动手枪三种类型。

驳壳枪

盒子炮，中国又称驳壳枪，正式名称是毛瑟军用手枪。毛瑟厂在 1895 年 12 月 11 日取得专利，隔年正式生产。由于其枪套是一个木盒，因此在中国也有称为匣枪的。有全自动功能的，又称快慢机，毛瑟厂则称之为速射型（Schnellfeuer），在 1931 年 5 月量产。另一个较少人知道的名称是自来得手枪，许多人以为只有速射型称为自来得，这是不正确的，事实上，自来得一直是这一类手枪在中国比较正式的通称。

勃朗宁手枪

1911 式 .45 口径手枪，是二战时期最著名的美国手枪。在美西战争期间，美军普遍反映小口径的左轮手枪威力不足，军队急需一种有较大威力的大口径手枪。在这种需求下，1911 式 .45 口径勃朗宁手枪诞生了。Colt 和 Springfield 兵工厂在 1911 至 1915 年间生产这种手枪，到一次世界大战结束时，60% 在法国的美军士兵都配备了它。一战后，又在扳机、撞针、握把和结构上对它进行了改进，主要是使它更轻便。在二战期间，它只配备给军官和班长，并不是美军步兵的制式武器。但是禁止士兵配备手枪的条例被扔到了一边，在前线许多士兵都拥有一把 1911 式手枪。它被认为是最后可以依靠的武器，尽管几乎所有的士兵都有更有效的武器可用，但没有人会否认它所带来的安全的感觉。直到 1984 年，它仍然是标准的美军随身武器。

无声手枪

无声手枪射击时并非绝对无声，只是声音很轻，以致离射击地点稍远一点就听不到枪声，或者即使听到声音，也不会认为是枪声。

一般枪在射击时，会产生强烈的噪声，这是由于高温、高压的火药气体从枪口喷出时，冲击周围空气，产生激波，发出声音；子弹以超音速在空气中飞行时也会产生激波，发出啸声；自动枪运动时也发出零件的撞击声。

无声手枪实际上就是针对以上几点采取了一系列消声措施：首先，枪弹采用速燃火药，从而大大降低了膛口压力，减小了排气时的噪声；第二，采用枪口消声装置，进一步降低喷出枪口的火药气体的压力，减小对大气的冲击，从而达到消声的目的；第三，使弹丸飞行速度小于音速，以消除啸声；第四，采用非自动射击为主的射击方式，以减少撞击声。

正是因为采取了这样一些消声手段，无声手枪射击时才会显得悄然无声。

AK74 自动步枪

AK74 步枪是由前苏联枪械设计师卡拉什尼科夫领导的设计小组在 AKM 突击步枪的基础上改进而成的，由前苏联制造。1974 年定型生产，它是前苏联装备的第一种小口径步枪，也是世界上大规模装备部队的第二种小口径步枪（第一种是美军的 M16 自动步枪）。AK74 于 20 世纪 70 年代装备苏联军队，逐步取代 AKM，首次露面是在 1974 年 11 月 7 日的莫斯科红场阅兵式上。在 20 世纪 80 年代是前苏联军队制式步枪。

M16 自动步枪

M16 是美国军方给由阿玛莱特公司的 AR–15 发展而来的步枪家族所指定的代

号。它是一种突击步枪，使用北约标准的5.56毫米口径弹药。M16曾经是自1967年以来美国陆军使用的主要步兵轻武器，也被北约15个国家使用，更是同口径枪械中生产得最多的一个型号。

M16具有通过导气管由高压气体直接推动枪机框操作启动的回转式枪机。它由钢、铝以及复合塑料制成。该武器的最初版本仍然有库存，主要供留用，以及给国民警卫队以及美国空军使用。M16A3是M16A2的全自动改型，主要在美国海军中使用。

狙击步枪

狙击手使用的装有光学瞄准镜的步枪，用于对最重要的单个目标实施精确射击，利用光学瞄准镜可以在能见度不好的条件下进行有效的观察，从而提高瞄准精度。夜间实施射击时，在狙击步枪上装有夜视瞄准镜或者接通光学瞄准镜的分划照明。狙击步枪分为非自动与半自动两种。半自动狙击步枪应用最广。狙击步枪性能和构造与一般步枪基本相同，不过枪身比步枪更长，多数配装光学瞄准镜或夜视瞄准具及折叠式双脚架，有的还带有消声、消焰装置。20世纪80年代开始，大口径（12.7毫米）狙击步枪出现，其战术任务主要是在较远距离上（1500米左右）摧毁敌装备器材。

手榴弹

手榴弹的历史悠久，最先是中国人发明的。15世纪欧洲出现了装黑火药的手榴弹，当时主要用于要塞防御和监狱。17世纪中叶，欧洲一些国家在精锐部队中配备了野战用手榴弹，并把经过专门训练使用这种弹药的士兵称为掷弹兵。到19世纪，随着枪炮的发展和城堡攻防战的减少，手榴弹曾一度受到冷遇。

1904年日俄战争中，手榴弹又在战场上发挥了作用。第一次世界大战中，由于堑壕的兴起，手榴弹得到了广泛应用。当时较为典型的手榴弹有德国的木柄手榴弹和英国的菠萝形米尔斯式手榴弹等。这些手榴弹亦为后来手榴弹的发展奠定了基础。

第二次世界大战期间，手榴弹不仅应用广泛，而且得到了迅速发展，出现了空心装药反坦克手榴弹。当时手榴弹的发展主要表现在以下几个方面：

1. 改进发火方式，出现了方向碰炸机构，并开始应用在手榴弹引信上。

2. 将空心装药结构用于手榴弹战斗部，成为反坦克手榴弹。

3. 各种特种手榴弹相继出现，如发烟、燃烧、催泪、震晕手榴弹等。

4. 新材料开始在手榴弹上应用。20世纪中期，电子引信、钢丝缠绕的半预制和钢珠全预制高速小破片、塑料及其他非金属材料等在手榴弹上的应用，使手榴弹的发展进入了一个新阶段。美国的M 26

式手榴弹、英国的 L2A1 式手榴弹、比利时的 PRB423 式手榴弹等都是这一时期出现的典型产品。

火箭筒

火箭筒是一种发射火箭弹的便携式反坦克武器，主要用于近距离打击坦克、装甲车辆和摧毁工事等目标。

早在 1598 年，中国明朝人赵士桢就曾发明过一种叫“火箭溜”的火箭发射装置，它可赋予火箭一定的射向和射角，堪称是现代军用火箭发射装置的原始雏形。

第一次世界大战中，坦克出现在战场上。第二次世界大战中，纳粹德国大量使用坦克，给美、英、苏等反法西斯盟国的军队以巨大威胁，各国都大力研制便携式的步兵反坦克武器。

1942 年春天，在美国的阿伯丁试验场上，反坦克枪榴弹的发射试验即将开始，这时，两个青年军官带着他们自己研制的另一种反坦克武器，悄悄来到试验场的一侧。当一辆配合枪榴弹试验的坦克靶车返回时，这两个青年军官瞄准靶车射击，随着“呲……轰”的声响，第一发击中目标，接着第二发也准确命中。这一突如其来的情况，使在场观看枪榴弹试验的将校们大为愕然，一齐把视线转向这两个年轻人。其中，负责美国地面部队武器发展工作的陆军少将巴尼斯，接过青年人手中的武器打了一发，命中目标。参谋人员也接踵而至，直到把所有的火箭弹打光为止。这种反坦克武器的意外出现，使为发展反坦克武器而焦虑的巴尼斯将军喜出望外，当场投入小批量生产，并迅速装备部队。而那两位青年军官则更是欣喜若狂，他们没料到，在经历了长期冷遇后，他们的梦想竟会如此奇迹般地得以实现。

这种新型武器就是世界上最早的反坦克火箭筒，这两个青年军官就是它的发明人，陆军上校斯克纳和他的助手中尉厄尔。

火箭筒由发射筒和火筒弹两部分组成，发射筒上装有瞄准具和击发机构。射击时，火箭弹飞行，火箭弹后部多半装有稳定尾翼，弹头多为穿甲弹或破甲弹。火箭筒的有效射程一般为 100 ~ 400 米。

斯克纳和厄尔发明的火箭筒于 1942 年 5 月投入生产，6 月份就生产了 5000 个，并交付部队使用。当时，美军第 1 集团军正在非洲北部的突尼斯与德军“沙漠之狐”隆美尔率领的装甲军团激烈鏖战。第一批利器初试锋芒，便首战告捷，为挫败德军起到了重要作用。火箭筒当时尚未正式定名，而它的外形颇似美国一位著名喜剧演员所使用的长管形乐器“巴祖卡”(Bazooka)，因而美军士兵把这种新型武器谑称为“巴祖卡”。直至今天，在美国和西欧，仍把反坦克火箭筒称为“巴祖卡”。

20 世纪 70 年代以后，尽管反坦克导弹得到迅速发展和普遍使用，但火箭筒仍是近距离主要反坦克武器之一。在 1973 年第四次中东战争中，埃及军队使用火箭筒和其他反坦克武器相配合，曾给以色列的装甲部队以沉重打击，取得颇为可观的战果。

坦克

坦克是具有强大直射火力、高度越野机动性和坚固防护力的履带式装甲战斗车辆。它是地面作战的主要突击兵器和装甲兵的基本装备，主要用于与敌方坦克和其他装甲车辆作战，也可以压制、消灭反坦克武器，摧毁野战工事，歼灭有生力量。到现在坦克仍然是未来地面作战的重要突击兵器，许多国家正依据各自的作战思想，积极地利用现代科学技术的最新成就，发展新型主战坦克。坦克的总体结构可能有突破性的变化，出现如外置火炮式、无人炮塔式等布置形式。

坦克的历史

乘车战斗的历史，可以追溯到古代，中国早在夏代就有了从狩猎用的田车演变而来的马拉战车。但坦克的诞生，则是近代战争的要求和科学技术发展的结果。

第一次世界大战期间，交战双方为突破由堑壕、铁丝网、机枪火力点组成的防御阵地，打破阵地战的僵局，迫切需要研制一种火力、机动、防护三者有机结合的新式武器。1915年，英国政府采纳了E.D.斯文顿的建议，利用汽车、拖拉机、枪炮制造和冶金技术，试制了坦克的样车。1916年生产了I型坦克，外廓呈菱形，刚性悬挂，车体两侧履带架上有突出的炮座，两条履带从顶上绕过车体，车后伸出一对转向轮。该坦克乘员8人，有“雄性”和“雌性”两种。“雄性”装有2门57毫米火炮和4挺机枪，“雌性”仅装5挺机枪。1916年9月15日，有49辆I型坦克首次投入索姆河战役。当时为了保密，英国将这种新式武器说成是为前线送水的“水箱”（英文“tank”）。结果这一名称被沿用至今，“坦克”就是这个单词的音译。

这种称为游民I型的坦克靠履带行走，能驰骋疆场，越障跨壕，不怕枪弹，无所阻挡，很快就突破德军防线，从此开辟了陆军机械化的新时代。从那时起到现在，世界上已经建造了数十万辆坦克，成为各国陆军、海军陆战队和空降兵的主战武器。

主战坦克

20世纪60年代开始，各国将原来的轻、中、重型坦克重新分类。中、重型坦克一般也是各国家装甲部队的主力，也被称作主战坦克（主力战车）。

主战坦克是装有大威力火炮，具有高度越野机动性和装甲防护力的履带式装甲战斗车辆，一般全重为40～60吨，从20世纪80年代开始各国的主力战车的重量有快速飙涨的趋势。火炮口径目前多为105毫米以上，滑膛炮也在20世纪80年代开始成为许多国家设计新一代主力战车的首选，以增强对装甲车的破坏力。主要用于与敌方坦克和其他装甲车辆作战，也可以摧毁反坦克武器、野战工事，歼灭有生力量。

目前世界各国装备的主战坦克，几乎都是第二次世界大战后设计的产品。根据生产年代和技术水平可分为三代，20世纪60代末至90年初生产的属于第三代，代表车型有苏联的T-72和T-80、美国的M1/M1A1、英国的“挑战者”、法国的“勒克莱尔”、德国的“豹”Ⅱ等。第三代坦克装有1门105～125毫米坦克炮，发射尾翼稳定式脱壳穿甲弹，直射距离1800～2200米；配备热成像瞄准具和先进的火控系统，具有全天时作战能力；采用复合装甲或贫铀装甲，有的还披挂反应装甲，防护力比第二代坦克提高1倍；战斗全重一般在50吨左右，最轻的35吨，最重的62吨；越野速度45～55千米/小时，最大速度达75千米/小时；装有陆地导航设备，能大纵深运动而不迷航。

值得一提的是，中国的ZTZ-99式也是威力无比，跻身先进主战坦克的行列。

M1A2坦克

M1A2是目前世界上装备的火控系统最先进的坦克之一，不仅装有高精度、全数字式的火控系统，还是世界上第一种装备车载信息系统的坦克。车载信息系统大大提高了战场指挥与控制能力，“车际信息系统”也称“车辆战场管理系统”，主要由战区地图系统、位置/导航系统、数字式电台系统、双重计算机系统、敌我识别系统组成。

“豹”Ⅱ坦克

德国“豹”Ⅱ坦克装有不同的火控系统和炮塔，车体主要由间隙复合装甲制成，分成3个舱：驾驶舱、战斗舱、动力舱。坦克有着良好的机动性，当其“披挂上阵”时，可以安装更厚实的附加装甲。

战斗机

战斗机是指主要用于保护己方运用制空权以及摧毁敌人使用空权之能力的军用机种。特点是飞行性能优良、机动灵活、火力强大；战斗机过去根据执行任务又可分为“歼击机”(战斗机)和“截击机”(拦截机)。新一代战斗机的发展方向是更高的机动性、更远的射击距离、多目标的攻击能力和隐形的外形设计。新技术的出现使21世纪的战斗机成为更冷酷的“空中利剑”，典型机种有美国的“JSF”和俄罗斯的“MIG1.44”。

武装直升机

装有武器并执行作战任务的直升机，亦称攻击直升机或强击直升机。主要用于攻击地面、水面和水下目标，为运输直升机护航，也可与敌直升机进行空战。具有机动灵活，反应迅速，适于低空、超低空抵近攻击，能在运动和悬停状态开火等特点。多配属陆军航空兵，是航空兵实施直接火力支援的新型机种。武装直升机可分为专用型和多用型两种。多用途武装直升机除用来执行攻击任务外，还可用于运输、机降、救护等。反坦克作战是武装直升机的主要用途之一。武装直升机广泛用于现代局部战争，在战争中发挥了重要作用，受到世界各国的广泛关注。

F-16 战斗机

F-16“战隼”轻型战斗机，美军主力轻型战斗机。1972 年 1 月，美国空军正式提出“轻型战斗机”研制计划，目的是验证在战斗机上采用新技术，并没打算真的搞一个投产型号。4 个月后，就从 5 家参加投标的公司中选定通用动力公司的 401 和诺斯罗普公司的 P600 两个方案，并签订合同要求两家公司各制造两架原型机，进行试飞竞争。通用动力公司的 401 方案军用编号为 YF-16，故名。

F-117 隐形战斗机

F-117A 是美国前洛克希德公司研制的隐身攻击机，是世界上第一种可正式作战的隐身战斗机。设计始于 20 世纪 70 年代末。1981 年 6 月 15 日预生产型飞机在绝对保证秘密的情况下试飞成功，1982 年 8 月 23 日向美国空军交付了第一架飞机，共向空军交付 59 架。F-117A 服役后一直处于保密之中，直到 1988 年 11 月 10 日，空军才首次公布了该机的照片，1989 年 4 月 F-117A 在内华达州的内利斯空军基地公开面世。

U-2 侦察机

U-2 侦察机，绰号“黑寡妇”，是马丁公司开发的高空间谍侦察机，在 1955 年 8 月 4 日进行首次试飞,共计生产 55 架，是冷战时代美国重要信息来源方式之一。

U-2 飞行高度为 25000 米，装载侦察用特殊照相机，以苏联等社会主义阵营的弹道导弹配置状况为首要的机密信息摄影。飞机原型是 F-104，为了使其拥有超出常规的高度，不被击落，拥有巨大机翼。

由于战斗机和地对空导弹技术的进步，高空侦察具有很大危险。1960 年 5 月，在苏联斯维尔德洛夫市上空被首次击落，美国空军于 1970 年停止了使用。不过，电子 / 光学传感器（装载量约 1.36 吨）的进步，侦察卫星可以从静止卫星轨道直接收集情报。U-2 的改进型 SR-71，作为侦察海湾和波斯尼亚地区使用。U-2 的改装型 ER-2，作为 NASA 研究机用于大气的测量使用。

B-52 战略轰炸机

B-52 是美国波音飞机公司为美国空军研制的亚音速远程战略轰炸机。1948 年提出设计方案，1952 年第一架原型机首飞，1955 年批生产型开始交付使用，先后发展了 B-52A、B、C、D、E、F、G、H 等 8 种型别，1962 年停止生产，总共生产了 744 架飞机。20 世纪 90 年代是 B-52 轰炸机使用的鼎盛时期，有 600 多架 B-52 各型飞机在美国战略空军服役，以后大多数早期型号先后退役。现在有 95 架 B-52H 型仍在服役，与 97 架 B-1B 和 20 架 B-2 一起共同组成美国空军的战略轰炸机机队。B-52H 是最后一种改进型，估计平均机龄也已达 35 年左右。轰炸机的正常寿命一般是 30 年，因此 B-52 已算是超期服役。

米格 -31 战斗机

米格 -31 战斗机是由米高扬和格列维奇飞机设计局设计的一种防空截击机，主要截击对象是 SR-71 超音速高空战略侦察机和低空来袭的“战斧”巡航导弹。

该机气动外形与米格 -25 很相近，采用上单翼、双立尾、两侧进气布局。机长 22.69 米，翼展 13.46 米，机高 6.15 米，装有两台 D-306 加力式涡扇发动机，每台最大推力 14600 公斤，高空（18300 米）最大飞行速度 M 数 2.83，低空飞行速度 M 数 1.63，作战半径 1500 千米，最大起飞重量 46200 公斤，实用升限 24000 米，最大续航时间 3.6 小时，一次空中加油可续航 6 ～ 7 小时。

苏 -27 战斗机

苏 -27 是前苏联苏霍伊设计局研制的单座双发全天候空中优势重型战斗机，主要任务是国土防空、护航、海上巡逻等。北约组织给予的绰号是“侧卫”(Flanker)。该机于 1969 年开始研制，1977 年 5 月 20 日首飞，1979 年投入批量生产，1985 年进入部队服役。该机采用翼身融合体技术，悬壁式中单翼，翼根外有光滑弯曲前伸的边条翼，双垂尾正常式布局，楔型进气道位于翼身融合体的前下方，有很好的气动性能，进气道底部及侧壁有栅型辅助门，以防起落时吸入异物。全金属半硬壳式机身，机头略向下垂，大量采用铝合金和钛合金，传统三梁式机翼。4 余度电传操纵系统，无机械备份。该机主要是针对美国的 F-16 和 F-15 设计的，用以取代雅克 -28P、苏 -15 和图 -28P/128 截击机，具有机动性和敏捷性好、续航时间长等特点，可以进行超视距作战。该机完成的“普加乔夫眼镜蛇”机动动作显示出了其优异的飞行性能和操纵性能，以及发动机良好的加速性能，飞行性能要高于第三代战斗机。但其机载电子设备和座舱显示设备相对来讲要落后许多，且不具隐身性能。该机有多种改型，包括苏 -27P 单座陆基型、苏 -27UB 串列双座教练型、苏 -27K 舰载战斗 / 攻击型、苏 -27KU 并列双座战斗轰炸型、P-42（由苏 -27 专门改装的飞机，创造了 31 项官方世界纪录）等。至 1992 年，独联体国家已装备了 300 多架苏 -27 飞机，目前生产的飞机主要用于出口。

苏 -37 攻击机

苏 -37 是在苏 -35 的基础上改进而成的，它是一种单座多用途全天候超机动作战飞机。苏 -37 原型机在 1996 年范堡罗航展上首次公开露面。它采用了推力矢量技术，这种技术是世界上最先进的前沿技术之一。在那次航展上，它的“钟式机动”再一次震撼世界。“钟式机动”可快速改变方向，咬住敌机，这是飞机近距离格斗的致命招法。

苏-37把苏-27、苏-35的性能提高到了一个新的水平。先进的机身结构采用碳纤维和铝—锂合金材料。AL-37FU发动机也在苏-27的基础上进行了改进，更加适合于推力换向系统的操纵和控制。两个发动机的喷嘴可以偏转相同或者不同的角度，以提高飞机的操作性能和机动性能。

苏-37的电子装置也作了许多改进，它的雷达系统可以同时监视空中和地面的目标，机尾同样装有后视雷达。12个外挂点可以携带空对空、空对地武器。如采用多负载挂架，这些外挂点可以增加到14个。

幻影2000战斗机

继著名的幻影Ⅲ和幻影F1战斗机后，法国达索航空公司于20世纪80年代开发出了幻影2000多用途战斗机，并于1984年开始在法国空军服役。该机技术先进，是世界上为数不多的完全不“师承”苏美技术的战斗机之一。随后的时间里，幻影2000战斗机先后为埃及、希腊、印度、秘鲁、卡塔尔、阿联酋所采用。目前幻影2000已成为世界上最好、分布最广泛的战斗机之一。

幻影2000重新启用幻影Ⅲ的无尾三角翼气动布局，以发挥三角翼超音速阻力小、结构重量轻、刚性好、大迎角时的抖振小、机翼载荷低和内部空间大以及贮油多的优点。但在技术发展的条件下，解决了无尾布局的一些局限。主要措施为采用了电传操纵、放宽静稳定度、复合材料等先进技术，弥补了该布局的局限。进气道旁靠近机翼前缘处有小边条，边条有明显的上反角。

幻影2000和幻影Ⅲ相比，翼载荷减小约10%，翼面积增大15%，进场速度低20%，爬升率是幻影Ⅲ的两倍。因大量采用碳纤维和硼纤维复合材料，结构部件重量减轻15%～20%。

“鹞”攻击机

“鹞”（曾译为“猎兔狗”）是英国航宇公司生产的世界上第一种实用的固定翼垂直—短距起落飞机。它装有一台推力转向的“飞马”涡轮风扇发动机，主要用于近距空中支援和战术侦察，也可用于空战。

1957年，英国原霍克飞机公司和布里斯托尔航空发动机公司（后来分别并入霍克·西德利公司和罗耳斯·罗伊斯公司，霍克·西德利公司随后又并入英国航宇公司）在法国工程师克尔·威布勒研究工作的基础上，开始研制P.1127垂直—短距起落攻击机，这一计划后来得到英国政府的支持。1960年6月，英国政府与公司签订了试验原型机的研制合同，共研制6架原型机，都以一台“飞马”推力转向涡扇发动机为动力装置。第一架P.1127原型机于1959年开始制造，1960年10月开始系留悬停试验，随后又进行了自由悬停和常规试飞。第二架原型机装推力

60千牛（6120千克）的“飞马”发动机，于1961年9月首次完成悬停到向前飞行的过渡飞行试验。同年11月失事坠毁。最后一架P.1127于1964年2月参加试飞。

喷气式飞机

喷气式飞机是一种使用喷气发动机作为推进力来源的飞机。螺旋桨飞机是靠螺旋桨旋转时产生的力来使飞机向前飞行的。但是当螺旋桨的转速和飞机的飞行速度达到一定程度时，就无法再靠加快螺旋桨转速使飞机更快了。而喷气式飞机所使用的喷气发动机靠燃料燃烧时产生的气体向后高速喷射的反冲作用使飞机向前飞行，它可使飞机获得更大的推力，飞得更快。特别是在1万～2万米空气比较稀薄的高空，喷气发动机更有着螺旋桨活塞发动机所无法比拟的优越性。

隐形飞机

隐形对于一般人来说都不陌生，虽然这些说法大多数来自小说和神话，但是在现实生活中也不乏隐形的例子。比如说变色龙就能够通过改变自己的颜色来进行隐形。人们通过研究仿生学，并且应用了最新的技术和材料，终于在庞大的飞机上也实现了隐形。

从原理上来说，隐形飞机的隐形并不是让我们的肉眼都看不到，它的目的是让雷达无法侦察到飞机的存在。隐形飞机在现阶段能够尽量减少或者消除雷达接收到的有用信号，是最为秘密的军事机密之一，隐形技术已经受到了全世界的极大关注。

隐形飞机最重要的两种技术是形状和材料。首先，隐形飞机的外形上，避免使用大而垂直的垂直面，最好采用凹面，这样可以使散射的信号偏离力图接收它的雷达。例如，SR-71“黑鸟”飞机和B-1隐形轰炸机采用的弯曲机身，贝尔AH-1s“眼镜蛇”直升机最先采用的扁平座舱盖，在海湾战争中发挥重要作用的F-117A“大趋势”隐形战斗机采用的多面体技术，美国波音F-111实验机上的任务自适应机翼等。这些飞机的造型之所以较一般飞机古怪，就是因为特种的形状能够完成不同的反射功能。其次，隐形飞机采用非金属材料或者雷达吸收材料，吸收掉而不是反射掉来自雷达的能量。

预警机

用于搜索、监视空中或海上目标，主要指挥引导己方飞机执行作战飞行任务的飞机。机上装有雷达和电子侦察设备，飞机起飞后能大大增加雷达的搜索范围和探测距离，增长预警时间，发现低空、超低空和海上飞行目标的作用尤为显著。战时可迅速飞往作战地区，进行警戒和引导己方飞机作战，平时可在国界或公海上空巡逻，侦察敌方动态，防备敌方突然袭击。预警机通常由大型运输机改装而成，在现代战争中具有重要作用。

加油机

专门给正在飞行中的飞机和直升机补加燃料的飞机。可使受油机增大航程，延长续航时间，增加有效载重，提高远程作战能力。空中加油机多由大型运输机或战略轰炸机改装而成，加油设备大多装在机身尾部或机翼下吊舱内，由飞行员或加油员操纵。空中加油技术出现于1923年。在第二次世界大战后，空中加油机大量装备部队。20世纪80年代初，美国研制了新型的KC-10A空中加油机，机上装有伸缩管加油设备，主管长8米，套管长6米多，全长14米，总载油16.1万千克，可同时给3架飞机进行加油，该飞机在海湾战争中发挥了重要作用。

无人驾驶机

由无线电遥控设备或自动程序控制装置操纵的不载人飞机。具有结构简单、重量轻、尺寸小、成本低、机动性高、隐蔽性好等特点。无人驾驶飞机的机体与有人驾驶飞机大致相同，但主要材料为非金属，机上有自动驾驶仪、程序控制装置、遥控和遥测设备、电视摄像机、自动导航设备、起飞和着陆系统等。有一次使用的，也有多次使用的。多次使用的无人机，可自动着陆，或用降落伞回收。无人驾驶飞机的主要军事用途是：供高射炮、地空导弹部队打靶，担负昼间和夜间战术、战略侦察，以及施放电子干扰等。此外，还可用于通信、反潜、火炮射击校正、核武器试验取样和特种战争效果评定等。无人驾驶飞机除具有广泛的军事用途外，也广泛用于民用的大气测量、气象观测、地球资源勘查、森林防火、人工降雨等方面。

水雷

水雷是布设在水中的一种爆炸性武器，它可由于舰船碰撞或进入其作用范围而起爆，用于毁伤敌方舰船或阻碍其活动。水雷具有隐蔽性好、布设简便、造价低廉等特点，按水中的状态区分，有触发水雷，非触发水雷和控制水雷。

航空母舰

航空母舰，简称“航母”、“空母”，是一种可以提供军用飞机起飞和降落的军舰。航空母舰是一种以舰载机为主要作战武器的大型水面舰艇。现代航空母舰及舰载机已成为高技术密集的军事系统工程。航空母舰一般总是一支航空母舰舰队中的核心舰船，有时还作为航母舰队的旗舰。舰队中的其他船只为它提供保护和供给。依靠航空母舰，一个国家可以在远离其国土的地方、不依靠当地的机场施加军事压力和进行作战。

潜艇

潜艇是一种能潜入水下活动和作战的舰艇，也称潜水艇，是海军的主要舰种之一。潜艇在战斗中的主要作用是：对陆上战略目标实施核袭击，摧毁敌方军事、政治、经济中心，消灭运输舰船，破坏敌方海上交通线，攻击大中型水面舰艇和潜艇，执行布雷、侦察、救援和遣送特种人员登陆等。

潜艇具有以下特点：能利用水层掩护进行隐蔽活动和对敌方实施突然袭击；有较大的自给力、续航力和作战半径，可远离基地，在较长时间和较大海洋区域以至深入敌方海区独立作战，有较强的突击威力；能在水下发射导弹、鱼雷和布设水雷，攻击海上和陆上目标。

按作战使命分为攻击潜艇与战略导弹潜艇；按动力分为常规动力潜艇（柴油机—蓄电池动力潜艇）与核潜艇（核动力潜艇）；按排水量分，常规动力潜艇有大型潜艇（2000吨以上）、中型潜艇（600～2000吨）、小型潜艇（100～600吨）和袖珍潜艇（100吨以下），核动力潜艇一般在3000吨以上；按艇体结构分为双壳潜艇、个半壳潜艇和单壳潜艇。

驱逐舰

驱逐舰是一种多用途的军舰，19世纪90年代至今的海军重要的舰种之一。

早期驱逐舰的排水量只有200～300吨，且其主要职能也仅限于驱逐敌鱼雷艇，无法适应恶劣的海况和气象条件。而现代的驱逐舰装备有防空、反潜、对海等多种武器，既能在海军舰艇编队担任进攻性的突击任务，又能担任作战编队的防空、反潜护卫任务，还可在登陆、抗登陆作战中担任支援兵力，以及担任巡逻、警戒、侦察、海上封锁和海上救援等任务。舰体空间增大，舰上条件逐步改善，可以在舒适的封闭的舱室中值勤，利用自动化技术操纵战舰。

两栖攻击舰

在20世纪50年代，美军诞生了登陆战的“垂直包围”理论。它要求登陆兵从登陆舰甲板登上直升机，飞越敌方防御阵地，在其后降落并投入战斗。这样可避开敌反登陆作战的防御重点，并加快登陆速度。两栖攻击舰便是在这种作战思想指导下产生的新舰种。1955—1960年，美国将7艘老式的航空母舰改装为两栖攻击舰。1959年4月，美国开始建造世界上第一艘两栖攻击舰“硫磺岛”号，1960年9月下水，第二年8月服役。它在外形上很像直升机母舰，有从艏至艉的飞行甲板。甲板下有机库，还有飞机升降机。它可载12～24架不同型号的直升机，必要时还可载4架AV-8B型垂直/短距离起降战斗轰炸机（英国“鹞”式飞机的引进型）。“硫磺岛”的满载排水量为18000吨，可运载一个加强陆战营（1746人）及其装备，航速约46千米/小时，续航能力1850千米。

20世纪70年代初，美国又建造了一种更先进、更大的登陆舰艇，被称为通用两栖攻击舰，它实际是集坞式登陆舰、两栖攻击舰和运输船于一身的大型综合性登陆作战舰只，它既有飞行甲板，又有坞室，还有货舱。以往运送一个加强陆战营进行登陆作战，一般需要坞式登陆舰、两栖攻击舰和两栖运输船只5艘，而通用两栖攻击舰只需一艘就可都代替它们。世界上第一艘通用两栖攻击舰是美国的“塔拉瓦”号，于1971年1月动工，1973年12月下水，1976年5月服役。它的满载排水量39300吨，航速约44.5千米／小时，续航能力1850千米。它可载1个加强战营的人员及装备，28～36架不同类型的直升机，必要时还可载AV–8B型战斗轰炸机，10艘不同类型的登陆艇或45辆两栖车辆。20世纪80年代中期,美国又开始建造更大的“黄蜂”号通用两栖攻击舰。

护卫舰

护卫舰是以舰炮、导弹、水中武器（鱼雷、水雷、深水炸弹）为主要武器的中型或轻型军舰。它主要用于反潜和防空护航，以及侦察、警戒巡逻、布雷、支援陆军保障陆军濒海翼侧等，在现代海军编队中，护卫舰是在吨位和火力上仅次于驱逐舰的水面作战舰只。

护卫舰诞生于20世纪初。1904—1905年，日俄战争中，日本舰艇曾多次闯入旅顺口俄国海军基地，对俄国舰艇进行了多次鱼雷、炮火袭击，并布放水雷，用沉船来堵塞港口，限制俄国舰队的行动。起初俄舰队巡逻、警戒港湾的任务由驱逐舰执行，但因驱逐舰数量少，本身还承担有其他任务，而改装的民用船战术、技术性能又很差，于是在日俄战争后，俄国建造了世界上第一批专用护卫舰。最初的护卫舰排水量小（400～600吨），火力弱，抗风浪性差，航速低，只适合在近海活动。

第一次世界大战时，德国针对英、法等国的海上运输线展开了大规模的潜艇战。各国又建造了能够担负远洋护航反潜任务的护卫舰，新的护卫舰吨位、火力、续航性等方面都有了提高。

第二次世界大战期间，德国展开了更猛烈的潜艇攻势，并且飞机也日益成为舰队和运输船队的严重威协，这就使护卫舰的需要量增大，其担负的任务也更加多样化。各国大量建造性能更好的护卫舰，仅英、美、法、德、意5国就建造护卫舰达1800艘之多。护卫舰在第二次世界大战的反潜、防空、护航作战中发挥了重要作用，并多次参加机动编队海战和两栖登陆作战。这期间的护卫舰满载排水已达800～1300吨，装备76～127毫米舰炮2～3门，高射机关炮8～10门，并装备了鱼雷、水雷、深水雷达、声呐等。

20世纪50年代后，护卫舰的发展趋势与驱逐舰相类似，向着大型化、导弹化、电子化、指挥自动化的方向发展，并有专用的防空、反潜、雷达警戒护卫舰的分工，一些护卫舰上还载有反潜直升机。现代护卫舰与驱逐舰的区分并不明显，只是前者在吨位、火力、续航能力上稍逊于后者，甚至一些国家的大型护卫舰在这些方面还强于某些驱逐舰。目前的护卫舰排水量一般在1500～4000吨,少数达5000吨以上。

自行火炮

车炮一体可自身机动行进的火炮。越野性能好，进出阵地快，有装甲防护，战场生存能力强，便于和坦克、步兵战车协同作战。

自行火炮主要由武器系统、车辆底盘和防护装甲组成。种类较多，有自行榴弹炮、自行迫击炮、自行反坦克炮、自行高射炮和自行火箭炮等。

自行火炮出现于第一次世界大战时期，后得到迅速发展。现代自行火炮大多装有自动瞄准装置和射击指挥系统，有的自行榴弹炮还配有专门的弹药支援车。

导弹

导弹是“导向性飞弹”的简称，是一种依靠制导系统来控制飞行轨迹的可以指定攻击目标，甚至追踪目标动向的火箭或无人驾驶飞机式的武器，其任务是把炸药弹头或核弹头送到打击目标附近引爆，并摧毁目标。导弹是依靠自身动力装置推进，由制导系统导引、控制其飞行路线，并导向目标的武器。具有射程远、速度快、精度高、杀伤破坏性大等特点。导弹通常由战斗部（弹头）、弹体结构系统、动力装置推进系统和制导系统等四部分组成。

弹道导弹

“弹道导弹”航天火箭是指在火箭发动机推力作用下按预定程序飞行，关机后按自由抛物体轨迹飞行的导弹。这种导弹的整个弹道分为主动段和被动段。主动段弹道是导弹在火箭发动机推力和制导系统作用下，从发射点起到火箭发动机关机时的飞行轨迹。被动段弹道是导弹从火箭发动机关机点到弹头爆炸点，按照在主动段终点获得的给定速度和弹道倾角做惯性飞行的轨迹。弹道导弹按作战使用分为战略弹道导弹和战术弹道导弹，按发射点与目标位置分为地地弹道导弹和潜地弹道导弹，按射程分为洲际、远程、中程和近程弹道导弹，按使用推进剂分为液体推进剂和固体推进剂弹道导弹，按结构分为单级和多级弹道导弹。

巡航导弹

是依靠喷气发动机的推力和弹翼的气动升力，主要以巡航状态在大气层内飞行的导弹，曾被称为飞航式导弹。它可从地面、水面或水下发射，攻击地面、水面固定目标或移动目标。

世界上第一枚巡航式导弹是德国的V-1飞弹。第二次世界大战期间，德国曾向英国发射了10500枚V-1飞弹，但落在英国本土的只有约3200枚。战后，美、苏借鉴V-1的技术，分别研制了本国的第一代巡航导弹，它们大都比较笨重、体积大、速度慢、飞行高度高、命中精度低、机动性差，易被对方发现和拦截。但大都装备了核弹头。

20世纪70年代后，诞生了以美国的

"战斧"式为主的高性能新型巡航导弹，其特点是体积小、重量轻、雷达波有效反射面小，可超低空机动飞行，不易被发现和拦截，既能在地面、空中发射，又可从水面、水下发射，命中精度高，既能核装药又可常规装药。1991年的海湾战争中，美国向伊拉克的重要目标发射了数百枚"战斧"式巡航导弹,大都准确击中了目标。

巡航导弹是长距离的发射后不管型武器，它可以自己找到目标。与其他所有的炮兵部队相同的是，巡航导弹没有任何的近距离攻击或防御力,只能进行远程轰炸。

钻地弹

钻地弹是携带钻地弹头（又称侵彻战斗部），用于对机场跑道、地面加固目标及地下设施进行攻击的对地攻击弹，从20世纪80年代起由欧洲率先开始研制。这种钻地弹最初用于攻击飞机跑道，由飞机挂载，如德国的MW－2机载布撒器携带的戴维斯反跑道动能侵彻弹和法国的强盗AP反跑道布撒器携带的10枚520千克的反跑道侵彻弹。海湾战争中，GBU－28掩体破坏者取得了较好之战果。此后，钻地弹受到各国的重视，并得到迅速发展。

钻地弹一般由载体和侵彻战斗部组成，载体一般为巡航导弹弹体、航空炸弹弹体及火箭等，其运载功能是使侵彻战斗部在末段达到足够的速度。侵彻战斗部由内侵彻弹头、高爆装药和引信组成，侵彻头一般为高强度钢或重金属合金材料，采用破片杀伤方式，引信通常为延时近炸引信或智能引信。侵彻战斗部一般采用大长径比，因武器携载能力限制，其直径一般不超过50厘米。此外，为进行精确打击，弹上还装有控制、导引机构。

按功能，钻地弹可分为反跑道、反地面掩体和反地下坚固设施三种类型；按携带工具，钻地弹可分为巡航导弹（包括空射、舰射、陆射巡航导弹）型钻地弹、航空炸弹型钻地弹、精确制导型钻地弹（如GBU－28激光制导钻地弹)、航空布撒器携带的侵彻弹、炮射钻地弹及肩射火箭型侵彻弹等；按侵彻头类型，钻地弹可分为动能侵彻型和复合弹头型。

动能侵彻型：依靠弹体飞行动能侵彻到掩体内部后，引爆弹头内的高爆装药，毁伤目标。美国研制的450千克的J－1000型、225千克的I－500型、900千克的BLU－109型及特制的1800千克的BLU－113型战斗部，均属这种类型。因重量受携带能力的限制，要提高战斗效能，一是选取适当长径比，以提高对目标单位面积上的压力；二是提高末速度，以450米／秒的速度侵入之战斗部，就足以钻透1米厚的混凝土结构。

除以上因素，弹着角和攻击角对战斗效果也影响较大。一般弹着角90度为最佳，攻击角限制在±5度。为了增加末速度，美国目前正在研制带火箭发动机或其他动力装置的可推进侵彻战斗部，末速度可达1200米／秒，这种战斗部将用于联合直接攻击弹（JDAM)。

复合弹头系统（MWS)：包括一个预

侵彻弹头（先导弹头）和一个主侵彻弹头（后继弹头）。预侵彻弹头内含一个或多个预制装药，爆炸能量及柱状装药在轴向产生的射束流使弹头破片速度达6000米/秒，将目标炸开一个洞口，主侵彻战斗部沿此洞口继续侵彻，弹头上以延时或智能引信最终引爆主侵彻战斗部装药，毁伤目标。MWS之战斗效能取决于预侵彻战斗部装药直径、主侵彻战斗部速度和主侵彻战斗部单位面积压力三大因素。与动能侵彻战斗部相比，MWS减轻了重量，增加了弹着角范围（25°～90°），更适于加装到标准武器上。

燃烧弹

装有燃烧剂的航空炸弹、炮弹、火箭弹、枪榴弹和手榴弹，又称纵火弹。主要用于烧伤有生力量，烧毁易燃的军事技术装备和设备。通常由弹体、燃烧剂、炸药或抛射药、引火管、引信等组成。燃烧剂多选用铝热剂、黄磷、凝固汽油、稠化三乙基铝和稠化汽油等，用于产生高温，毁伤目标；抛射药或炸药用于将弹体炸碎，将燃烧剂引燃抛散至目标。在现代战场中使用较多的是燃烧航空炸弹，常用的有混合燃烧航空炸弹和凝固汽油航空炸弹。前者装有铝热剂的稠化汽油，弹体较小，弹重10～50千克；后者装有凝固汽油和黄磷，弹重可达500千克。现代燃烧弹弹种日趋增多，燃烧剂所产生的热量和燃烧时间等性能在不断提高。

空空导弹

从飞行器上发射攻击空中目标的导弹。歼击机的主要武器之一，也用做歼击轰炸机、强击机、直升机的空战武器。它也可以作为加油机、预警机等军用飞机的自卫武器。空空导弹由制导装置、战斗部、引信、动力装置、弹体与弹翼等组成。它与机载火力控制、发射装置和测试设备等构成空空导弹武器系统。具有反应快、射程远、命中精度高、威力大、机动性能好、尺寸小、重量轻、使用灵活方便等特点。它与机载火控系统、发射装置和检查测量设备构成空空导弹武器系统。

“战斧”式巡航导弹

“战斧”式巡航导弹是美国研制的一种从敌防御火力圈外投射的纵深打击武器，可以从水面作战舰艇或潜艇上发射，攻击舰艇或陆上目标，主要用于对严密设防区域的目标实施精确攻击。该导弹于1972年开始研制，1976年首次试飞，1983年开始服役。该导弹飞行速度快，在航行中采用惯性制导加地形匹配或卫星全球定位修正制导，可以自动调整高度和速度进行高速攻击。导弹表层有吸收雷达波的涂层，具有隐身飞行性能，是美国军械库中最有威力的“防空区外发射”导弹。

“战斧”式巡航导弹是一种全天候巡航导弹。由于“战斧”式巡航导弹截面积小，飞行高度低，所以雷达很难发现。它长6.25米，直径0.52米，翼展2.62米，全重1452千克。其航程为1112～1297千米，弹头重454千克，飞行最大时速891千米，最大高度30千米，使用涡轮风扇发动机几乎没有热能散发出来，所以也很难用红外线探测。最新型号的"战斧"式巡航导弹为卫星制导式，并配有由电脑处理的地形跟踪程序，先由该程序把导弹引到目标区域，接着再由一个目标匹配成像系统引导它打击具体目标。

"飞毛腿"导弹

"飞毛腿"是前苏联制造的一种短程机动发射地对地导弹，"飞毛腿B"（北约的叫法，美国称SS-1C，俄罗斯称R-17和R-300）是"飞毛腿A"的改进型，自1962年起在苏军服役，已成为目前世界上广泛装备的一种导弹。导弹采用简易惯性制导系统，可配用核、化学弹头和中子弹头，使用液体火箭发动机，车载越野机动发射。该导弹曾先后用于第四次中东战争、两伊战争和海湾战争，取得良好战果。俄现装备的改进型性能有所提高。

飞毛腿是美国人的"老朋友"了，在海湾战争中，美军最大的失败就是没有能彻底摧毁伊拉克的飞毛腿发射系统。当时，美军前后共开展了2493次"飞毛腿大搜捕"行动，结果竟然连一发飞毛腿导弹或者移动发射装置都没能发现，最主要战果就是破坏了几辆给导弹加注燃料的卡车和原东德生产的假冒飞毛腿。正是这种10多米长的苏联设计导弹击中了美国在沙特的一个兵营，结果造成28名美军死于非命。这一数字占到了整个海湾战争期间美军伤亡人数的20%以上。

洲际弹道导弹

弹道导弹是一种无人驾驶的无翼飞行器，它沿一定的空间轨迹（即弹道）飞行，攻击固定的目标。根据射程远近，弹道导弹可以分为近程、中程、远程和洲际四种。洲际弹道导弹的射程在8000千米以上。根据发射位置的不同，它可分为地对地弹道导弹和潜对地弹道导弹两种。所谓潜对地，即从导弹核潜艇上对准目标发射。

导弹点火以后，先垂直向上飞行，几秒或十几秒后，导弹开始转弯，按预定的弹道飞行。当导弹的位置和速度能保证导弹命中预定目标时，发动机熄火。这时，导弹的弹头将和弹体分离，依靠惯性飞向目标。因为这一段飞行是在大气层外，弹道受地心引力的影响，呈椭圆形。这一段飞行的最大高度离地面1000千米以上，约飞行30分钟，最大速度7千米／秒。

洲际弹道导弹的内部结构比较复杂，大体上可分成以下几个部分：

战斗部，又叫弹头。洲际导弹的弹头一般采用核弹头。

发动机，又叫推进系统。现代弹道式导弹的推进剂占整个起飞重量的90%。推进剂有液体的，也有固体的。

当推进剂在燃烧室里燃烧时，燃烧物向后喷射，获得的推力是非常巨大的。例如，一个射程10000多千米的洲际弹道导弹，发动机推力可达 100 吨，功率可达几百万千瓦。这功率与一座发电厂供给 100 万人口的城市的功率相当。

洲际导弹一般做成两级或多级。

制导系统是导弹的“大脑”。它的任务是保证垂直发射的导弹按一定程序准确地飞入预定的位置。

舰舰导弹

是从水面舰艇发射攻击水面舰艇的导弹，是现代舰艇间海战的主要武器之一。

世界上最早的舰舰导弹是苏联于 20 世纪 50 年代中期装备军队的 SS—N—1 型导弹，它是大型舰舰导弹，可携带常规弹头或核弹头，核弹头当量为 1000 吨级，主要用于攻击航空母舰等大型水上目标。但大多数舰舰导弹是中小型的。1967 年 10 月 21 日，埃及使用“蚊子”级导弹快艇发射苏制 SS—N—2“冥河”式舰舰导弹，击沉了以色列“埃特拉”号驱逐舰，这是舰舰导弹击沉敌舰的首次战例。

导弹“自毁”装置

导弹即使很精密，击中目标也有非常大的把握，可是，导弹也可能出现一些故障。这样，导弹就不可以准确无误地飞向目标。因此，专家们就要安排导弹在空中自行销毁。这是由于，一颗完不成任务的导弹有可能会伤及无辜。

导弹的自毁方式各不相同，如果是一般的导弹，能通过引爆来自毁，但装有核弹头的导弹就不可能引爆了，通常是采用空中化学爆炸，用来防止核爆炸。

导弹自毁时，能通过地面控制系统向导弹发出引爆的指令。这样，在飞行过程中导弹就可以爆炸自毁了。

雷达

雷达概念形成于 20 世纪初，雷达是英文 radar 的音译，意为无线电检测和测距，是利用微波波段电磁波探测目标的电子设备。各种雷达的具体用途和结构不尽相同，但基本形式是一致的，包括五个基本组成部分：发射机、发射天线、接收机、接收天线以及显示器，此外还有电源设备、数据录取设备、抗干扰设备等辅助设备。雷达的优点是白天黑夜均能探测远距离的目标，且不受雾、云和雨的阻挡，具有全天候、全天时的特点，并有一定的穿透能力。因此，它成为军事上必不可少的电子装备。

核武器

利用能自行核裂变或聚变反应释放的能量，产生爆炸作用，并具有大规模杀伤破坏效应的武器的总称。其中主要利用铀 235 或钚 239 等重原子核的裂变链式反应原理制成的裂变武器，通常称为原子弹；主要利用重氢（D，氘）或超重氢（T，氚）等轻原子核的热核反应原理制成的热核武器或聚变武器，通常称为氢弹。通常将核武器按其作战使用的不同划分为两大类，即用于袭击敌方战略目标和防御己方战略要地的战略核武器，和主要在战场上用于打击敌方战斗力量的战术核武器。

原子弹

原子弹是利用铀235或钚239等重原子核裂变反应，瞬时释放出巨大能量的核武器，又称裂变弹。原子弹的威力通常为几百至几万吨级TNT当量，有巨大的杀伤破坏力。它可由不同的运载工具携载而成为核导弹、核航空炸弹、核地雷或核炮弹等，或用做氢弹中的初级（或称扳机），为点燃轻核，引起热核聚变反应提供必需的能量。

氢弹

利用原子弹爆炸的能量点燃氢的同位素氘、氚等轻原子核的聚变反应瞬时释放出巨大能量的核武器。又称聚变弹、热核弹。氢弹的杀伤破坏因素与原子弹相同，但威力比原子弹大得多。原子弹的威力通常为几百至几万吨级TNT当量，氢弹的威力则可大至几千万吨级TNT当量。还可通过设计增强或减弱其某些杀伤破坏因素，其战术技术性能比原子弹更好，用途也更广泛。氢弹具有巨大杀伤破坏威力，它在战略上有很重要的作用。对氢弹的研究与改进主要在三个方面：提高其威力和使之小型化，提高突防能力、生存能力和安全性能，研制各种特殊性能的氢弹。

中子弹

中子弹是一种以高能中子辐射为主要杀伤力的低当量小型氢弹。只杀伤敌方人员，对建筑物和设施破坏很小，也不会带来长期放射性污染，尽管从来未曾在实战中使用过，但军事家仍将之称为战场上的“战神”——一种具有核武器威力而又可用的战术武器。

一般氢弹由于加一层铀238外壳，氢核聚变时产生的中子被这层外壳大量吸收，产生了许多放射性污染物。而中子弹去掉了外壳，核聚变产生的大量中子就可以毫无阻碍地大量辐射出去，同时，却减少了光辐射、冲击波和放射性污染等因素。

中子弹的内部构造大体分4个部分：弹体上部是一个微型原子弹，上部分的中心是一个亚临界质量的钚239，周围是高能炸药。下部中心是核聚变的心脏部分，称为储氚器，内部装有含氘氚的混合物。储氚器外围是聚苯乙烯。中子弹的外层用铍反射层包着，引爆时，炸药给中心钚球以巨大压力，使钚的密度剧烈增加。这时受压缩的钚球达到超临界而起爆，产生了强γ射线和X射线及超高压，强射线以光速传播，比原子弹爆炸的裂变碎片膨胀快100倍。当下部的高密度聚苯乙烯吸收了强γ射线和X射线后，便很快变成高能等离子体，使储氚器里的含氘氚混合物承受高温高压，引起氘和氚的聚变反应，放出大量高能中子。

鉴于中子弹具有的这一特性，如果广

泛使用中子武器，那么战后城市也许将不会像使用原子弹、氢弹那样成为一片废墟，但人员伤亡却会更大。

贫铀弹

贫铀弹是弹芯用贫铀合金制成的炮弹或炸弹。所谓贫铀是从金属铀中提炼出核材料铀 235 以后得到的副产品，其主要成分是不具放射性的铀 238，故称贫化铀，简称贫铀。它的密度为 18.7 克／立方厘米，是钢密度的 2.8 倍。但是，铀蒸气有毒，贫铀也不是绝对不含铀 235，仍有微弱的放射性，这些都会对人体产生伤害，对环境造成污染。

蘑菇云

又名蕈状云，指爆炸产生的强大的爆炸云，类似于蘑菇，上头大、下面小而得名。云里面可能有浓烟、火焰和杂物，一般指原子弹或者氢弹爆炸形成的云。火山爆发或天体撞击也可能生成天然蘑菇云。

为了在核爆炸地点造成最大可能的破坏，如攻击像导弹地下仓库及雷达设施等具体军事目标，核弹需要在接近地面时引爆。核战略家们创造了一个恰当的名词“地爆”来称谓它。作为核爆炸的形式之一，地爆的声响就好似一场大暴雨或是气球炸裂时发出的声音。此外，在日本广岛和长崎投下的原子弹是在远离地面的空中爆炸的，被称做“空爆”。“空爆”的杀伤范围更大，但它的点爆炸威力却较弱。

在地爆时，地面被炸出一个巨大的弹坑，大量的泥土和碎石被抛向空中。在“爆心投影点”，即爆点附近，爆炸的威力可以使岩石熔化，甚至水分蒸发。在间隔一段时间后，离爆心较远的岩石也将被粉碎，从弹坑中散射出来。这一过程的发生，连同烧焦了的弹体和弹壳的残骸，都加剧了核火球把大量的尘埃带入到大气层中，被蒸发了的岩石和金属以及被熔化成液态状的岩石很快就凝缩成极小的尘埃微粒。核爆炸的强烈放射性使得一切都变成了带有放射性污染的废墟。放射性持续的时间取决于是什么样的放射材料。为了增加放射性强度，核弹表面可涂上一层像钚那样具有高度放射性的物质，这种核弹常被称作“脏弹”。而最大的“洁弹”是中子弹。它爆炸时产生的能量几乎都变成具有很大杀伤力的中子束，而不是冲击波，就像放射性一样，具有致命的杀伤力，它使所有与中子冲撞的东西也具有放射性。但中子弹的目标是杀伤人，而建筑设备却完好无损。一般说来，既消灭敌人的有生力量，又占领敌人的城市（在放射性允许的条件下），是夺取战争胜利的理想方式，正是基于这种考虑，人们才研制中子弹。

被核爆炸掀起的大石块虽然很快从空中落回地面，但是一个巨大的、由放射性微粒构成的烟柱却腾空而起，一直进入大气层。核爆炸会产生一股强大的向上对流的空气，这股气流有助于把核尘埃带到地球大气层中的逆温层顶部，即人们所熟知的对流层顶。对流层顶以下就是对流层。在这里，空气的温度随着高度的下降而降低并且易于形成不稳定的对流。大多数气候现象都在对流层生成，如云、暴风雪、锋（即冷热团的分界处）等。对流层顶以上是同温层。空气的温度在这里随着高度的增加而升高，而空气的运动变得相对稳定。地面至对流层顶的高度，在极地为6英里，在赤道则为11英里。同时，对流层顶在不同地区上空的高度还根据不同气候条件的变化而有所不同。当核尘埃烟柱到达对流层顶时，便开始沿水平方向向四周扩散，形成人们所熟知，然而却决不愿亲眼目睹的蘑菇状烟云。它非常像在冷锋中积雨云的风暴云层加速展开的情景，当其升到对流层顶时，同样也是水平地向四周扩散，从而形成一个“铁钻”的形状。在爆炸当量为100万吨级或更大威力的核爆炸中，核尘埃将升入同温层，抵达15英里的高空，当爆炸当量为500万吨级时，核尘埃则上升到30英里的高空。

最大的被拍摄照片的蘑菇云是在舒梅克·利维九号彗星撞击木星出现的，蘑菇云升到云层几百千米之上。

激光武器

激光武器是一种利用定向发射的激光束直接毁伤目标或使之失效的定向能武器。根据作战用途的不同，激光武器可分为战术激光武器和战略激光武器两大类。武器系统主要由激光器和跟踪、瞄准、发射装置等部分组成，通常采用的激光器有化学激光器、固体激光器等。激光武器具有攻击速度快、转向灵活、可实现精确打击、不受电磁干扰等优点，但也存在易受天气和环境影响等弱点。低能激光武器已经投入使用，主要用于干扰和致盲较近距离的光电传感器，以及攻击人眼和一些增强型观测设备；高能激光武器主要采用化学激光器。

鉴于激光武器的重要作用和地位，美、俄、以色列和其他一些发达国家都投入了巨额资金，制订了宏伟计划，组织了庞大的科技队伍，开发激光武器。至20世纪90年代初，仅美国政府对激光武器的研究投资就达90亿美元。20世纪80年代中后期，苏联和英国的军舰或陆上已有实验性战术激光武器装备，美、法、德等国也做了大量试验。战略激光武器研究费用高，技术难度大，其前景还有待观察。

激光武器的效率比是比较高的。在防空武器方面，当前主体是导弹，激光武器与之相比消耗费用要低得多。例如，一枚“爱国者”导弹要60万～70万美元，一枚短程“毒刺”式导弹要2万美元，而激光发射一次仅需数千美元，今后随着技术的发展，激光发射一次的费用可降至数百美元。

计算机病毒武器

把计算机病毒送入敌方计算机系统，对其系统内的文件、战术程序等进行干扰、更改或破坏，使其系统功能受到削弱，直到完全失效或瘫痪的一种新型非致命武器。

生物武器

旧称细菌武器，生物武器是生物战剂及其施放装置的总称，它的杀伤破坏作用靠的是生物战剂。生物武器的施放装置包括炮弹、航空炸弹、火箭弹、导弹弹头和航空布撒器、喷雾器等。与生物战剂杀死有生力量和毁坏植物的武器统称为生物武器。

化学武器

化学武器是以毒剂杀伤有生力量的各种武器、器材的总称，是一种威力较大的杀伤武器。其作用是将毒剂分散成蒸汽、液滴、气溶胶或粉末状态，使空气、地面、水源和物体染毒，以杀伤和迟滞敌军行动。其特点是杀伤途径多，范围广、持续时间长，但受气象、地形条件影响较大。

化学武器是在第一次世界大战期间逐步形成具有重要军事意义的制式武器。

按毒剂的分散方式，化学武器可分为爆炸分散型、热分散型、布撒型。

军用毒剂是化学武器的基本组成部分，按毒理作用分为六类：神经性毒剂、糜烂性毒剂、窒息性毒剂、全身中毒性毒剂、刺激性毒剂、失能性毒剂。

第三章　军事谋略和作战方式常识

《战争论》

《战争论》是普鲁士克劳塞维茨所著，写于1818—1830年间，1833年出版。全书共3卷8篇124章，60余万字。作者运用德国古典哲学的辩证法考察战争，对战争性质、战争理论、战略、防御、进攻及战争计划等进行了分析论述，提出了“战争无非是政治通过另一种手段的继续”等一系列战争理论中的革命性思想和“在战争中所能追求的目的中，消灭敌人军队永远是最高的目的”，“战略上最重要而又最简单的准则是集中兵力”等著名观点。克劳塞维茨在很大程度上发展了资产阶级军事科学，特别是在战争哲学、战争理论原则等方面发展了资产阶级军事科学。恩格斯称克劳塞维茨是普鲁士军事学术界的第一流人物，列宁称克劳塞维茨是非常有名和造诣极高的军事问题的著作家。许多年来，《战争论》一直是各国军事专家、军官们的必读书。

制海权

近代资本主义国家为了争夺世界霸权，控制世界贸易和海外资源及市场的需要，把制海权作为决定国家兴衰和前途命运的关键，国家军事战略重点由制陆权向制海权转变。比较成型的制海权理论是由美国马汉（1840—1914）提出的。主要著作有《制海权对历史的影响：1660—1783》(1890年出版)和《海军战略》(1911年出版）等。马汉是美国军事理论家、海权论创始人。他从英国成功的经验中认识到制海权对于国家发展的重要性，认为国家的强大、繁荣和商业贸易与国家制海权息息相关。美国要想成为强国，就必须抛弃“大陆主义”，必须拥有一支强大的海军，占领海上关键岛屿作为海军基地以保护美国在海外的商业利益。马汉关于制海权的理论提出后，被世界资本主义国家广范采纳，美、英、德、日等工业国家大规模扩充海军，围绕海洋控制权进行了激烈争夺。制海权理论至今仍是英美国家制定军事战略和外交政策的重要理论基石。

制空权

制空权理论产生于20世纪20年代，它的创立人是意大利人杜黑。杜黑于1921年出版了《制空权》，1927年出版了第二版，是最早论述空军建设和作战的理论。杜黑认为飞机用于战争将彻底改变战争的面貌，是战争发展史上的重要转折点。强调在未来战争中夺取制空权绝对重要，主张建立与陆、海军并列的独立空军；把轰炸机部队作为空军的主要力量，通过毁灭性轰炸迫使敌人屈服；空军的首要任务是夺取制空权，然后集中轰炸敌国重要行政、经济、交通枢纽等战略目标，摧毁其战斗意志与潜能，即可赢得战争胜利。杜黑的制空权理论，反映了人类社会进入了飞行时代后战争行动从海地平面向空中立体化发展的历史趋势，对世界各国空军建设产生了重大影响。

《总体战》

20世纪30年代德国军事理论著作，总体战理论奠基之作，德国军事理论家鲁登道夫所著，1935年出版。其主要思想观点是：现代战争是全民族的战争，不仅战争已扩展到参战国的全部领土，卷入战争的人员也由军队扩大到全体民众。总体战的基础是民族的精神团结。为此应当采取特别措施，控制新闻舆论工具，镇压泄露军情和不满分子。利用一切手段进行精神动员。实行国民经济军事化。军事行动要贯彻协同、突然、迅猛的原则，达成战略的突然性。要速战速决，不要打一场旷日持久的消耗战。鲁登道夫的总体战理论是根据第一次世界大战的经验教训和20世纪初工业生产、科学技术和武器装备发展水平提出的，对现代军事思想的发展有重大促进作用。这一理论对纳粹德国军事思想的形成产生了重大影响，希特勒将此理论用于第二此世界大战，给人类历史以巨大影响。

地毯式轰炸

地毯式轰炸是美军在越南战争中使用的一种战术轰炸方式，即每间隔50米投下1枚炸弹，对目标区进行大面积盲目轰炸，像耕地一样把目标区的整个土地翻个身，希望能一个不剩地将敌人全部消灭。地毯式轰炸虽然采用较落后的武器，但作为一种战术进攻方式却有着独特的功效。首先，地毯式轰炸可以大面积地杀伤对方。其次，持续不断的爆炸声对涣散敌人的军心、威慑敌军，更是一帖灵丹妙药。再次，大量过时的炸弹如果堆在仓库里，需要付出高额的保管费，倒不如扔到敌方的阵地上去。正因为如此，地毯式轰炸这种看似陈旧的战术仍是现代战争中的一张王牌，只要有能力打这张牌，战争的双方都会不惜一试的。工业时代大面积的“地毯式”轰炸已经成为历史的遗容，代之而起的是信息时代的“精确打击”。这是空中力量战法运用上的最重要的内容之一，也是新技术革命在空中力量运用方法上的必然结果。

外科手术式打击

所谓“外科手术式打击”，通常是使用空中力量或远程导弹武器对对方的要害目标实施打击，以达成一定的战役、战略目的。这种作战理论形成于 20 世纪 60 年代，真正用于实战则是在 20 世纪 80 年代。随着精确制导技术使空中武器命中精度提高，空中加油技术也使飞机的作战航程大幅度提高，“外科手术式打击”已成为现代局部战争中的一种重要作战方式。1981 年 6 月 7 日以色列空军“巴比伦行动”（袭击伊拉克核反应堆）便是这一战法的典型战例。“外科手术式打击”具有突然性大、规模小、精度高、可靠性强、易打易撤、代价小且便于达到目的等特点。

斩首行动

在 2003 年 3 月 20 日美国发动的伊拉克战争中，美军最先实施了“斩首行动”(Decapitation Strike)——企图用巡航导弹和精确制导导弹消灭伊拉克总统萨达姆及其他要员。

据载，现代战争中的“斩首”概念，是由英国的军事理论家富勒提出的。第一次世界大战后期，他提出攻击敌方指挥系统为首要目标的“瘫痪攻击”，亦称“斩首攻击”。“擒贼先擒王，打蛇打七寸”形象反映了这种思想。美国的一些信息战专家认为，信息作战时，尤其是美国在与发展中国家进行信息作战，应遵循“斩首”原则。所谓“斩首”，就是打击“敌方的头部，而不是他的躯体”。这一原则要求：战争要首先攻击敌国指挥当局、联合参谋部、战区总部及各级部队司令部，破坏敌方所有信息传媒——电话、无线电频谱、电缆和其他传输手段，制止敌方使用第三方的通信系统，包括通讯卫星。

在战争中，战争对手作为一个大系统，通常由五个环节组成：“指挥领导环节”，即指挥系统；“有机必需品环节”，即电力等相关的工业以及弹药、食品等；“基础结构环节”，即交通航线等基础设施；“个体群环节”，即人口；“野战部队环节”，即以保护己方系统内部环节、攻击敌方系统各环节的环节。

按信息战原则，这五个环节中，力量最弱的是第一环，其功能和构成决定了它是整个作战系统中智力、技术和信息最为密集的要穴部位，但同时也是作战能力和自我保护能力最弱的部位，因此历来是兵家追求的首选打击目标。

电子战

电子战，也称为电子对抗。主要是指以专用电子设备、仪器和电子打击武器降低或破坏敌方电子设备的使用效能，保护己方电子设备正常发挥效能而采取的措施和行动。其基本手段是电子侦察与反侦察，电子干扰与反干扰，反辐射摧毁与反摧毁。电子战是争夺制电磁权即对电磁频谱的有效使用权的作战手段和保障手段。随着信息技术的突飞猛进，世界各国对空间信息系统的依赖程度已达到前所未有的新高度。在现代军事斗争中，战争形态已由机械化向信息化演变，电子对抗是控制战场主动权、形成战略威慑的重要因素之一。许多国家投入大量人力物力，加速研发电子战武器和设备，不断进行电子对抗试验，组建电子对抗力量，部署电子对抗系统，展开了以争夺电磁信息优势为核心的新一轮角逐。

藤吉郎惑敌巧筑城

日本战国时代，藩侯割据，战乱不休。一次，武将藤吉郎（即丰臣秀吉）奉命在敌人阵地前突击筑城，但由于大规模筑城目标很大，很容易被敌人发现，而敌人一旦发现这个企图，一定会大举反扑，不仅使筑城的计划难以实现，而且有导致失败的危险。因为在此之前，曾两次有人有这种打算，都因被敌人发现而告失败。面对这种情况，藤吉郎想出一个妙计，准备用假象来迷惑对方。他让士兵在江河涨水时进入阵前筑城，并在城堡台基的上上下下挂满了纸，从远处看去，好像城堡已经筑完。果然，敌人见了大为惊骇，一时举棋不定，不敢贸然出兵，这就为藤吉郎赢得了宝贵的时间。抓住这个时机，士兵们一鼓作气，日夜加紧施工，终于使一座坚固的城堡在敌阵前矗立起来了。

拿破仑的“声东击西”

1798 年 5 月，拿破仑远征埃及。他担心在地中海会遭到英国舰队的截击，便采用各种手段到处散布假情报，说法国地中海舰队将进入大西洋，在爱尔兰登陆。因为两年前确实有一支法国军队企图开赴爱尔兰，曾使英国受到一次虚惊。英国海军指挥官纳尔逊害怕拿破仑这一次是真的进攻英国本土，便把舰队调集在直布罗陀海峡，准备截击从这里通过的法军。拿破仑看到英国已上当，便乘机从土伦军港出发，开赴埃及，并顺利地在埃及登陆，拿破仑声东击西的诡计得逞。

拿破仑舆论诱奥军

1805 年，法国拿破仑的军队在莱茵

河前线伺机进攻奥、俄军队，但无法下手。为了诱歼奥、俄军队，拿破仑决定制造假象、迷惑敌人。他特令法国报界大造法国政局动荡，各地动乱蜂起的舆论。一时间，各报出“专刊”、“号外”，连篇累牍地报道法国各地学生罢课、工厂罢工、群众上街示威游行同警察发生流血冲突等假消息。奥军很快得知了法国的动乱情况，并从截获的法军信件内得到了这一动乱使法军军心浮动的消息。奥军统帅马克认为，在此情况下，拿破仑肯定已暗中从莱茵河前线调走他的军队，以应付国内事态，便率军追击法军。在追击中，马克发现上当了，奥军已被法军名将缪拉统帅的精锐部队包围在乌尔姆了。结果，奥军这支最精锐的师团全部成了法军的俘虏。

多点篝火吓退法军

1812年6月12日，拿破仑率领50万大军偷渡尼门河入侵俄国。10月初，法俄两军在马洛雅罗斯拉夫维茨城郊战斗之前，形势对俄军极为不利，拿破仑企图强迫俄军将领库图佐夫在不利条件下进行一次大会战。当时，两军遥遥相对，夜间，双方的营地都燃起了一堆堆篝火，对于有经验的指挥员来说，可以根据这些篝火判断出对方兵力多寡的大致情况。库图佐夫为了迷惑对方，用了一个小小的计谋：命令所有分队都多点一倍的篝火。法军根据篝火判断，俄军晚上又有大量援兵，便不敢恋战，不战而退。库图佐夫乘机对法军进行了反攻。

英船伪装击毁德舰

第一次世界大战中，德国使用潜艇袭击英国的海上舰船，掠夺作战物资，对英国的贸易和战争补给航道造成了严重威胁。英国海军虽然有为数不多的猎潜舰，但是由于探测系统落后，又没有装备深水炸弹，所以对德国潜艇一筹莫展。后来，他们发现德国人袭击的目标主要是武装商船，而对没有装舰炮的舰船只是开炮警告，在船员登上救生艇之前是不予击沉的。于是，英国海军部决定将计就计。他们改装了一艘猎潜舰，故意把舰体上的油漆弄得斑驳陆离，在大炮周围装上护墙伪装成货舱，让士兵们换上各色水手服，然后大模大样地驶上了航道。德国潜艇发现这艘陈旧而笨重的英国货船后，开炮让它停船。船上人员故意装成惊慌混乱的样子，甚至把德国人也逗乐了。正当德国潜艇进入射程的一刹那间，英国皇家海军军旗升上了桅杆，伪装护墙突然倒下，事先装备好的舰炮突然开火了，德潜艇没有来得及做出任何反应便被击沉了。在这之后，德军为防止再次上当，在海上碰到英国船只时，不管是否有武装，都要先发射鱼雷。根据这一情况，英国海军又采取了相应的对策，为了使船体被击中后保持不沉，用软木装镶船体，使其浮力大大增加。有一次，英国一艘伪装船被德海军的一枚鱼雷击中，船壳被打得裂开一道缝；但英军水兵仍坚守在机器舱内的岗位上，当海水灌满无法工作时，就隐蔽地躺在甲板上。德国人观察了半个小时，只见敌船开始徐徐下沉，便慢慢驶向猎物。不料，德艇长刚从驾驶塔钻出来，就被从英船上射出的第一发炮弹打死。接着，30多发炮弹陆续飞向德艇。德国人猝不及防，全部葬身海底。战斗结束后，英船立即发出求救信号，作为胜利者被拖回了港口。

英军假情报骗土军

1917年，英国军队在巴勒斯坦地区与土耳其军队的作战中，有一天土军巡逻分队发现了一名英军骑兵，便开枪射击。随着枪响，英军骑兵倒在马背上跑远了，丢下一个满是鲜血的背囊和一支步枪。根据背囊中的文件、地图和信件，土军判断英军将于11月4日进攻加沙。正当土军对此将信将疑之际，英军搜索队到处寻找那个丢失的背囊，被土军新抓到的英军俘虏也供述了丢失背囊会带来的“灾难”。这使土军对所获得的情报确信无疑，便调动部队，准备在加沙地区同英军作战。

10月31日，英军突然在比尔谢巴地区向土军发起了进攻。土军毫无准备，一时不知所措，防线顷刻间瓦解，英军以很小的代价攻占了耶路撒冷。原来，这一切都是英军少校迈纳茨哈根设下的圈套。那个骑兵根本没有受伤，背囊和步枪是他主动丢下的，上面涂的是马血，背囊中的文件等全是伪造的。

德“神经战”闪击法国

第二次世界大战期间，希特勒为了伪装闪击法国的军事行动，麻痹盟国首脑，曾经不厌其烦地29次改变入侵法国的开战时间，并多次把改变的日期通过某种途径故意让西方国家的政府和参谋部获悉，使之逐步习以为常，从而使西方国家的军政首脑失去警惕性。当英法情报机关在德国正式发动进攻前夕，再次获悉德国军队正在向法国边境调动的消息时，英法当局还认为这又是一次“神经战”，根本没有引起注意。1940年5月10日，德国突然进攻法国，6月，法国投降。

隆美尔假降赚法军

第二次世界大战初期，法军为抵御德军的进攻，在马其诺防线前面的一大片森林中构筑了坚固的防御工事。1940年5月16日，被称为“魔鬼之师”的德军第7装甲师在隆美尔的率领下，到达马其诺防线的前沿。隆美尔经过仔细察看地形，想出了一个突破前沿的巧妙方法：命令坦克中的乘员除驾驶员外全部都坐在坦克外面，不许放枪，摇动白旗，呐喊着向前开进。于是，德军向前走，边喊着“停战！投降！”快速地穿过了法军筑有坚固防御工事的森林。法军被“这支庆祝狂欢节似的队伍”弄得目瞪口呆，站在工事上一枪未放，眼看着德军毫无阻挡地穿过了森林。这时，德军所有坦克突然一齐向法军开了火，以最快的速度通过了马其诺防线的堡垒地带。法军士兵被这突如其来的情况搞得晕头转向，不知所措。结果，隆美尔的部队一夜之间推进了近 60 千米。

韦维尔设诈解危局

1940 年 9 月，意大利依仗 31 万军队的优势，从利比亚向仅有 3600 人的驻埃及英国远征军发起了大规模的进攻。英军由于兵力处于绝对劣势，而从英国开来的增援部队还在途中，只得向后节节败退，情况十分危急。为了摆脱被动局面，英军司令韦维尔决定设计诈骗，布置了一个虚张声势的迷魂阵。他们用数百个橡皮充气做成假坦克、野炮和载重卡车，并制造了假公路和坦克履带痕迹，一直将其修到埃及的西迪巴拉尼以南。与此同时，找了很多阿拉伯人，牵着拖有耙形装置的骆驼和马匹，在公路上掀起漫天尘埃，从空中看去，就像是一支正在开进的庞大的机械化部队。意军高空侦察拍摄的照片，竟呈现出这样的部署：在意军右翼，英军集结了大量的“坦克”、“火炮”，同时又听说英军增援部队正在开进途中。为了避免遭到英军从侧翼的攻击，意军停止了进攻，沿着亚历山大公路，掘壕据守，转入防御。英军利用意军转入防御的机会，迅速调整了部署，得到了增援。虽然实力仍然处于劣势，但他们利用意军的忧虑、恐慌和迟疑的心理状态，大胆地发起了反攻。在英军的打击下，意军开始溃退，从 1940 年 12 月到 1941 年 2 月，英军向前推进了 650 英里，并缴获了 400 辆坦克、1200 门大炮，俘虏了 18 万意军官兵。

伪装使列宁墓无损

第二次世界大战中，德国曾一度轰炸莫斯科。苏军最高指挥部命令使用一切方法保障列宁墓和克里姆林宫的绝对安全。通过反复研究，最后决定根据画家和建筑学家的意见，对列宁墓进行伪装。在很短的时间里，人们就准备了 1500 块伪装布，并在两三天内缝制成房屋的样子。画家们在一排排布房子上画了门窗。然后把这些伪装布覆盖在克里姆林宫和列宁墓地区，伪装成一片普通的房屋。在莫斯科河上的舰船上也都覆盖了画有门窗和树林的伪装网。苏军飞行员在空中进行了实地观察后说：整个红场地区，在空中看起来就像是普通街道。1941 年 7 月，德军飞机飞临莫斯科上空。克里姆林宫附近落下了 15 枚炸弹，并遭到数千发子弹的扫射，但这一地区和列宁墓安然无损。

假基地使德军中计

1941 年 11 月初，英军第 8 集团军为了进攻德军在利比亚和埃及边境设置的防线，于一望无际的沙漠里建立了一个大型铁路终点站，以供装卸和储备大量的汽油、弹药和轻重武器装备等作战物资。为了迷惑德军，牵制德军的轰炸机，掩护终点站的安全，英军总司令部在这个终点站前方不远的地方，设立了一个假补给基地。为了使德军以假当真，在真终点站与假补给基地之间铺设了一段假铁路，铁路上经常有一辆辆机车、煤水车、棚车和油槽车，这些车辆还不断重新编组，以造成运输繁忙的现象。在假补给基地的空地上，整齐地停放着大批卡车、装甲车、坦克和其他补给物资。为了给人一种货物搬运频繁，不断运来、运走的感觉，经常变换这些作战物资的摆放位置。为了逼真，一些卡车运输队不停地在假基地内来往穿行；假基地周围还配置了几个高炮连，既增加了真实感，又阻止了德军侦察机的接近，防止被德军看出真相。这个假补给基地中的所有东西，除几个高炮连以外，都是假的。机车也是个模型，里面生了一个火炉，昼夜冒烟、喷火。德军对这个假补给基地深信不疑，致使它对英军的作战行动往往作出错误的判断。

先假后真德军上当

在1942年9月的阿拉曼战役中，英军为造成突然性，采取了一项欺骗措施。他们让工兵在灌木稀少的沙漠上修筑了“三个半野炮团”阵地，掩体里的“大炮”全是用伪装网罩起来的电线杆，但又故意露出一些破绽，让德军能透过伪装看出这是假炮阵地，从而使他们丧失警惕。德军通过侦察，确认英军这些假炮阵地后，便不予理睬。在战斗打响之前，英军悄悄地把真炮推了进去。进攻开始后，这些“假炮”却猛然开火了。这突如其来的变化使德军惊慌失措，遭到了很大损失。

“肉馅行动”德军受骗

第二次世界大战中，盟军于1942年下半年在非洲击溃德军之后，以意大利西西里岛为基地的德国空军对盟军马耳他的运输船队威胁极大，英军便把下一步的进攻矛头指向西西里岛。为了避免暴露上述意图，将德军的视线从西西里岛引向希腊，英国军事情报第5处经过10个月的精心策划，制订了一个名为“肉馅行动”的计划。他们从医院里搞来一具无人认领的死尸，给他穿上军服，带上信件，并取名“马丁”少校。他身上文件上的签名、图章和密封，都同真的一样。由于西班牙与德国勾结很紧，西班牙南部海滨城市韦尔发处于从英国飞往北非的航线上，当地的潮汐情况也正好适合此次行动，德国驻韦尔发的领事是一个老奸巨猾的职业特务。根据以上这些情况，把“马丁少校”装进一个里边放有干冰的大木箱，然后由潜艇运往“飞机失事”地点——韦尔发。潜艇于1943年4月19日起航。这一天深夜，所有通往圣洛赫港的道路都被保安部队切断了，整个港区实行了灯火管制。一辆罩得严严实实的军用卡车开进港区，几个年轻人抬着一个巨大的箱子从车上下来，登上了“六翼天使”号潜艇。就连艇长杰威尔少校也根本不知道要去干什么。上司只命令他要绝对服从穿便衣的年轻人的指挥。4月30日凌晨，潜艇将“马丁少校”的尸体和一个橡皮艇秘密地扔在距离韦尔发1英里的海滩上。为了增加这一事件的真实性，英国驻西班牙大使馆人员随之表现出“惊慌失措”，要求西班牙协助寻找一架“失事飞机的残骸”；驻西使馆的海军武官还特地赶到西班牙海军部进行交涉……一切都安排的天衣无缝。30日天亮后，海浪将“马丁少校”冲上了岸边。西班牙人发现这具身穿英国皇家海军陆战队战地服装的尸体和附近那只被撞坏了的橡皮救生艇后，很快就偷偷运走了。他们从死者身上的文件看出，他是英军联合作战司令部参谋马丁少校，是在乘飞机前往盟军地中海联合舰队的途中，因飞机失事而坠海身亡的。西班牙总参谋部便将这些文件拍成照片，送给了德国人。“马丁少校”的口袋里装有两张4月22日的戏票存根，表示那天晚上他还在看戏呢！德国人通过研究这些文件，特别是其中有盟军联合作战总指挥蒙巴顿勋爵写给美国五星上将艾森豪威尔的亲笔信，还有英国陆军副参谋长写给美国第18兵团司令官的信。信中说，为了迷惑敌人，打算用意大利的西西里岛来掩护对撒丁岛和科西嘉岛的登陆作战。德军最高统帅部经过鉴定，信件确属蒙巴顿亲笔，信上的指纹以及证件，都使德国人深信不疑。于是，希特勒命令德军很快抽调驻西西里岛的兵力、交通运输和通信联络器材等，加强撒丁岛和科西嘉岛的防御，并把警戒西西里岛的鱼雷快艇调往爱琴海，西西里岛仅留下很少的一部分守军。正当希特勒准备在撒丁岛和科西嘉岛同盟军决战时，7月10日，艾森豪威尔指挥盟军在西西里岛东南方登陆，全歼守敌16.7万人，盟军方面仅伤亡2.1万人。

隆美尔伪装突敌阵

1943年2月22日，德军应援突尼斯，占领了北非战场重要的卡塞林山口后，为迅速夺取英军第26装甲旅的防御阵地，隆美尔用一辆缴获的英军坦克领头，将部队伪装成从前方撤退下来的英军，向英军阵地开去。英军士兵误以为是自己的坦克开来，并未引起注意。当德军坦克驶近后，方知上当了，但已来不及还手了。就这样，德军很快突入英军阵地，激战3个小时，以损失12辆坦克的代价，击毁英军第26旅的40多辆坦克，俘虏英军士兵700余人。

制造假象登陆成功

1943年春，盟军为实现对欧洲大陆的反攻，制订了声东击西的作战计划，力图将德军西线主要兵力吸引到距法国诺曼底海岸较远的地方去，以便盟军集中兵力横渡英吉利海峡，实现诺曼底登陆计划。为此，英国电影制片厂的布景师们赶制了大批假登陆艇，还用帆布、铁皮等材料制作了许多假弹药库、医院、兵营、飞机等，用充气橡胶制造了一个装甲旅的假坦克。这些“武器装备”引人注目地分布在英国东南沿海一带，以配合盟军佯攻法国的加来地区。德军果然上当，将精锐部队调往加来方向。1944年6月6日晨，英美百万大军横渡英吉利海峡，使这次“瞒天过海”战术获得成功。

假命令使德军上当

1943年秋，苏联百万大军沿着第聂伯河，在约1000千米的战线上，向德军发动了猛烈的进攻，德军防线多处被突破。在基辅地区，由于德军迅速把强大的兵力调到基辅南面的布克林方向防守，致使苏军的3次主要攻击都遭到失败。10月24日，苏军最高统帅部决定改变主攻方向，将近卫坦克第3集团军隐蔽调往基辅以北，协同该地区苏军部队由基辅北部实施主攻，夺占基辅。可是这样变动后，德军很可能迅速将重兵调到基辅北部去加强防守。因此，如何从敌人的鼻子底下，悄悄地把近卫坦克第3集团军从基辅以南调到基辅以北，就成了此次行动的关键。研究军队调动的会议开了一次又一次，苏军将领们想了不少办法。最后，采用了近卫坦克第3集团军司令雷巴尔的“金蝉脱壳”计：苏军故意拟制了一份命布克林地区的苏军部队暂停进攻，转入防御的命令。然后找来一具尸体，换上军官服，戴上大尉军衔，挎上公文包，将这份“命令”放进这位“大尉”的公文包里，一块放到阵地上。在德军发起反击时，苏军部队有意在一个地段上向后撤，以便给德军一个机会，能够从这“大尉”身上取走公文包，得到那份文件。同时，以少数装甲车辆在浅近纵深的阵地上来回开动，一部分步兵、炮兵故意在显眼的地方构筑工事，以显示苏军正在转入防御、调整部署。而近卫坦克第3集团军则在黑夜掩护下，悄悄地由布克林地区机动到了基辅以北，做好了从北面进攻基辅的准备，德军果然中计。几名德军从苏军“大尉”身上得到“命令”后，立即上交德军南方集团军群司令部。根据此“命令”和苏军阵地上的种种迹象，确信苏军正在转入防御。正当德军调兵遣将，准备在布克林一带组织一次大规模的反击，夺回被苏军占领的阵地时，11月3日，苏军主力部队突然在基辅北面对德军发动猛烈攻击。等德军北调部队组织抵抗时，苏军已突进基辅城里。11月6日，基辅获得解放。

苏军音响掩护调军

1944年1月，苏军在进行科尔宋—合甫琴柯夫斯基战役时，为了掩护基洛夫格勒地域的近卫坦克第5集团军转移到主要突击方向上去，在夜间采取了一个欺骗敌人的方法：用扩音器播放坦克开动的噪音，同时悄悄地将坦克调走。德军误以为苏军将在基洛夫格勒实施主要突击。始终不敢调走该地区的部队。苏军在音响掩护下，顺利地完成了部署调整，保证了在兹维尼哥罗德卡方向实施主要突击。

反常用将德军受骗

第二次世界大战期间，美军著名将领巴顿被称为足智多谋的“铁胆将军”。德军最高统帅部从对历次较大规模战役的分析中得出一个结论，即巴顿在哪里出现，哪里就会有大的军事行动。根据德军这一经验性判断，盟军在诺曼底登陆战役即将开始时，最高统帅艾森豪威尔决定以反常用将的手法制造假象，欺骗德军。艾森豪威尔把担任诺曼底登陆作战的主要任务和指挥权交给了第 1 集团军司令布莱德雷将军，而命令巴顿不得参加任何战斗，不准他在公共场合露面。德军最高统帅部得知盟军诺曼底登陆作战的指挥官不是巴顿，便认为诺曼底不是战役的主要方向。他们到处寻找巴顿的踪影，却放松了对诺曼底的防守。这是盟军在诺里底登陆前欺骗德军的手段之一，也是登陆获得成功的原因之一。

纳粹特工手段奇特

1944 年 12 月，为了有效地阻止盟军的进攻，纳粹德国党卫军上校斯科尔兹率领特工旅分散渗入阿登森林，化装冒充美军宪兵，到处设关卡，谎说是“奉命查捕混在美军内企图行刺美国总统的纳粹敢死队”。他们扰乱交通，调换路标，捕杀美军传令兵。有时摸到敌人眼皮底下，或把手雷塞进敌人的碉堡，或将火炮化整为零运到敌人心脏地带重新组装，瞅准机会按预先计算好的距离，对敌实施突然猛烈的攻击，打完后留下定时炸弹弃炮而去。有时潜入敌库区连续破袭，破坏敌人的补给系统，使敌陷入后援不济的困境。有时还挖地道钻入并夺占敌警戒森严的首脑机关，敌人围追堵截时，又躲进地洞，然后伺机逃出……这一连串怪僻的打法，迫使美第 1 军团的优势兵力陷入窘境。而其他地区执行正规防御的德军重兵集团却几乎都没能阻滞盟军的进攻。德军这种以特工队潜入敌后，采取奇特的手段，分散活动，出奇制胜的做法，收到了意想不到的效果。

以假乱真夺取港口

1956 年，埃及政府宣布苏伊士运河收归国有，英法等国进行武装干涉，企图占领运河港口塞得港。11 月 5 日，英法军在塞得港空投了大量木头人和橡皮人。埃军不知是计，立即组织火力进行袭击，接着出动军队进行围歼。英法航空兵随即杀了个回马枪，埃军伤亡很大。英法军紧接着又空投了 3 个真的伞兵营。双方激战正酣时，又有大批身穿埃及军装的军队登陆。埃军以为援兵赶到，毫无警惕。没想到这些“埃军”登陆后和敌人联合起来夹击埃军。等埃军明白过来以后，已为时太晚了。

美军设计越军受骗

1966 年 7 月初，越军第 272 团获得可靠情报：7 月 9 日，美国第 1 步兵师的一支运输车队，在很少的兵力护送下，由安禄开往明盛。越军决定对美运输车队进行一次伏击。9 日中午，美运输队进入越军伏击圈。车上只有不多的几个士兵，都背着枪，嘴里嚼着口香糖，说说笑笑，毫无顾忌。周围埋伏的越军看到这种情景，十分高兴。当战斗打响后，出乎越军的意料，这支美军运输队不但没有惊慌失措，反而像事先经过排练一样，按照既定计划有条不紊地进行抵抗，而且兵力越来越多。10分钟后，兵力已达1个步兵连和两个装甲骑兵连，不但轰炸机在空中助战，而且有炮兵进行轰击。接着，美军又有3个步兵营来增援。至此，越军已被完全包围了。经过一天多的顽强战斗，到10日黄昏，越军272团的少数剩余人员才在夜幕、大雾的掩护下，化整为零，突出美军的包围圈。原来，这是美军为保障运输线的安全，精心策划的一次代号为“坎尔帕索”的计划，并故意将此计划泄露给越军，致使越军受欺，遭到重大损失。

以军化装潜入敌后

在第四次中东战争中，以军根据高空侦察机和美国间谍卫星提供的情报，发现埃军第2军团与第3军团在陶索姆附近的结合部有7～10千米的间隙。埃军主力调到了第一线，后方空虚。以军便决定组织一支穿插部队，化装潜入埃军后方。一天傍晚，以军第45装甲师师长沙龙，集中了第三次中东战争中缴获的埃及的数十辆苏制坦克和装甲车，全部印上埃军标记，又挑选了数百名会讲阿拉伯语的军官和士兵，身穿埃军军服，配备苏制武器，组成一支装甲特遣队，乔装成由前线调回后方的埃军，朝着伊斯梅利亚以南埃军架设的一座浮桥急驰而来。埃军守桥卫兵纳闷：为啥其他人都是开往前线去，他们却往回开？当车队开到桥头停下时，一位军官跳下来朝警卫走来。“辛苦了，兄弟！”军官用一口流利的阿拉伯语向警卫致意。“你在前线打以色列才辛苦哩，少校阁下！”警卫一个立正，恭敬地回答。“您是哪个部队的，要过河吗？”“我们是21装甲师的，要回西岸执行任务，后天就回前线。”军官回答。“现在前线情况怎么样？”“真主保佑，好极了！我们这次狠狠揍了以色列人，把他们打得狼狈不堪。我们完成任务后，还要回西奈揍他们哩！”“太好啦！那你们就请吧，少校！”警卫一个立正，军官向车队一挥手：“按次序过桥，保持距离！”又转向警卫说：“再见了，兄弟！真主保佑你！”车上的士兵也纷纷用流利的阿拉伯语向警卫致意。不一会儿，这些化装的以色列先遣队就顺利地混过了浮桥。与此同时，以军又派遣由数十辆坦克和水陆车辆组成的特遣分队，从大苦湖北部西渡潜入德维斯瓦地区，在西岸建立桥头堡。至24日，以军过河部队已达5个旅，500辆坦克，2万多人，进占阿达比亚，包围苏伊士城，完成了对埃军第3军团约2万人、300多辆坦克的合围，致使一直处于被动地位的以军扭转了战局，控制了西线战场的主动权。

假武器救了两个厂

意大利有两家车壳工厂，成批生产冒牌武器，其中有假坦克、假歼击机、假战斗轰炸机以及假地对空导弹发射架等，原料是6厘米厚的塑料板。这些产品的种类很多，有美式的、苏式的、英式的、法式的，从造型大小到油漆颜色，简直可以乱真。一辆“坦克”售价 1.6 万美元，一架“喷气歼击机”售价 1.9 万美元，“地对空导弹发射架”每具 9000 美元。说来有趣，这两家车壳工厂本来由于订货减少，眼看不得不关门了。有人出主意说，既然小孩喜欢玩具刀枪，何不按坦克、飞机的原型大小，生产一批模型，以供那些爱壮观场面而又舍不得花大本钱的阔佬们充充门面呢？结果出乎意料，产品销路很好。伊拉克就先后订购了数百辆“坦克”，部署在阵地上。伊朗空军发现这些目标后，便猛烈进行攻击。伊拉克就这样，用每辆仅值 1.6 万美元的假坦克换取了伊朗大量的空对地火箭。只是伊朗的飞行员们直纳闷：伊拉克哪来的这么多打不完的坦克！生产假武器，救了两个工厂。